中国增材制造产业年鉴

（2022）

工业和信息化部装备工业发展中心　指导

中国增材制造产业联盟
北京艾迪智联科技有限责任公司　编著

中国商业出版社

图书在版编目（CIP）数据

中国增材制造产业年鉴. 2022/中国增材制造产业联盟，北京艾迪智联科技有限责任公司编著. --北京：中国商业出版社，2023.4

ISBN 978-7-5208-2442-2

Ⅰ.①中… Ⅱ.①中… ②北… Ⅲ.①立体印刷-制造工业-中国-2022-年鉴 Ⅳ.①F426.4-54

中国国家版本馆CIP数据核字（2023）第040610号

责任编辑：陈　皓
策划编辑：常　松

中国商业出版社出版发行
（www.zgsycb.com　100053　北京广安门内报国寺1号）
总编室：010-63180647　编辑室：010-83114579
发行部：010-83120835/8286
新华书店经销
北京虎彩文化传播有限公司印刷

*

889毫米×1194毫米　16开　14.75印张　460千字
2023年4月第1版　2023年4月第1次印刷
定价：388.00元

* * * *

《中国增材制造产业年鉴（2022）》编辑委员会

何戈宁　核动力研究院增材制造中心　主任
贺晓宁　重庆摩方精密科技有限公司　董事长
黄卫东　西北工业大学　教授
姜　勇　南通金源智能技术有限公司　副总经理
姜闻博　上海市增材制造研究院　常务副院长
蒋保林　江苏威拉里新材料科技有限公司　总经理
焦志伟　北京化工大学　教授
金　良　浙江迅实科技有限公司　董事长兼 CEO
赖运金　西安欧中材料科技有限公司　总经理
黎海雄　北京南极熊科技有限公司　总经理
李　涛　先临三维科技股份有限公司　董事长、总经理
李　伟　苏州倍丰智能科技有限公司　总经理
李　伟　湖南骅骝新材料有限公司　总经理
李广生　天津镭明激光科技有限公司　总经理
李海斌　中机研标准技术研究院（北京）有限公司　副院长
李占琪　中山市增材制造协会　会长
李志勇　航天增材科技（北京）有限公司　总经理
栗晓飞　中国航空综合技术研究所　融融研究院院长
林　鑫　西北工业大学　教授
刘　斌　康硕电气集团有限公司　董事长
刘　斌　鑫精合激光科技发展（北京）有限公司　副总经理
刘　干　江西宝航新材料有限公司　市场总监
刘　利　北京清研智束科技有限公司　董事长
刘　平　浙江亚通焊材有限公司　副总经理
刘　青　北京阿迈特医疗器械有限公司　董事长
刘　涛　飞而康快速制造科技有限责任公司　董事长
刘建业　广东汉邦激光科技有限公司　董事长
骆永进　河南省增材制造产业联盟　秘书长
马劲松　上海联泰科技股份有限公司　总经理
马少华　清华大学　副教授
马振华　思看科技（杭州）股份有限公司　副总裁
牛　飞　中国运载火箭研究院　主任设计师
庞瑞峰　北京京城增材科技有限公司　总经理
彭　凡　共享装备股份有限公司　董事长
彭　炜　盘星新型合金材料有限公司　总经理
祁俊峰　北京卫星制造厂有限公司　部长
屈　志　广东峰华卓立科技股份有限公司　董事长兼总经理
尚　鹏　北京汇天威科技有限公司　技术总监
史玉升　华中科技大学　教授
宋延林　中国科学院化学研究所　研究员
谭文杰　3D 打印资源库　主编
汤守志　深圳市优奕视界有限公司　总经理
田宗军　江苏三维智能制造研究院　院长
童朝健　芜湖市繁昌区增材制造产业发展领导小组办公室　副主任
王　磊　堃腾（上海）信息技术有限公司　总经理
王　林　南京铖联激光科技有限公司　董事长
王长春　四川增材制造协会　秘书长
王浩伟　上海交通大学　教授
吴朋越　易加三维增材技术（北京）有限公司　总经理
向长淑　西安赛隆增材技术股份有限公司　总经理
肖承翔　中机生产力促进中心有限公司　总经理

邢　飞　南京中科煜宸激光技术有限公司　董事长
熊　英　重庆市增材制造产业协会　会长
徐铭恩　杭州电子科技大学　教授
薛　蕾　西安铂力特增材技术股份有限公司　董事长兼总经理
严振宇　首都航天机械有限公司廊坊增材制造分公司　副总经理
杨　光　河北科技大学机械工程学院　院长
杨　光　沈阳航空航天大学　教授
杨　军　安徽省增材制造协会副会长兼秘书长
杨　锐　中国科学院金属研究所　研究员
杨现锋　长沙理工大学　教授
杨新岐　天津大学　教授
杨义浒　深圳光华伟业股份有限公司　董事长
杨永强　华南理工大学　教授
姚学峰　清华大学　教授
袁玉宇　广州迈普再生医学科技股份有限公司　董事长
苑承志　广东银纳科技有限公司　副总经理
张　憨　江南大学　教授
张　昱　上海酷鹰机器人科技有限公司　总经理
张朝鑫　上海漫格科技有限公司　总经理
张冬云　北京工业大学　教授
张国明　安世亚太科技股份有限公司　董事长
张海鸥　华中科技大学　教授
张学军　中国航发北京航空材料研究院　副总工程师
赵　枫　浙江天钛增材制造技术有限公司　总经理
赵　浩　北京三帝科技股份有限公司　副总经理
赵庆洋　杭州喜马拉雅信息科技有限公司　董事长
赵文军　宁波众远新材料科技有限公司　董事长
赵文天　中国兵器科学研究院宁波分院　副研究员
赵新明　有研增材技术有限公司　副总经理
赵宇辉　辽宁机械工程学会增材制造分会　常务副秘书长
周　钢　湖北省3D打印产业技术创新联盟　秘书长
周星晨　辽宁冠达新材料科技有限公司　总经理
朱　凡　爱司凯科技股份有限公司　总经理
朱立光　河北增材制造学会　理事长
邹锢钫　广西增材制造协会　会长

《中国增材制造产业年鉴（2022）》编制办公室

主　任　李方正
副主任　郭　丹　林　峰　李涤尘　宗贵升　王玉健
成　员　张　坤　郑兰斌　郭宇晴　王　磊　薛　莲　李　博　佟　彤

前　言

增材制造作为战略性新兴产业的典型代表，已成为新一轮科技革命和产业变革的重要驱动力，是培育发展新动能、获取未来竞争新优势的关键领域。持续推动增材制造创新发展已成为美、德、日等世界主要工业大国的共识。党中央、国务院高度重视增材制造产业发展，《中华人民共和国国民经济和社会发展第十四个五年规划和 2035 年远景目标纲要》提出“发展增材制造”，带动制造业核心竞争力提升。“十三五”以来，在以制造强国战略为引导，《国家增材制造产业发展推动计划（2015—2016 年）》《增材制造产业发展行动计划（2017—2020 年）》等相关政策的支持下，我国增材制造产业发展取得显著成效，供给能力大幅提升，应用成效不断显现，发展环境逐步优化。

《中国增材制造产业年鉴（2022）》（以下简称《年鉴》）在《中国增材制造产业年鉴（2020）》基础上不断充实完善，集权威性、专业性、指导性、学术性和综合性于一体，真实地记录了我国增材制造产业的发展情况、政策信息、新技术的创新与应用和企业信息。《年鉴》通过汇总详实的数据信息和国内外权威专家的观点，科学、系统、真实、全面地梳理了我国增材制造行业目前的发展情况，客观地反映了我国增材制造行业当前发展面临的各种机遇与挑战；致力于打造增材制造行业不可或缺的信息资料支撑、促进多方技术交流合作和提升品牌推广效果的重要平台。《年鉴》深入挖掘了增材制造行业产业链、价值链的优质资源，为我国政府部门出台增材制造产业相关政策法规和企业制订相关战略规划提供了重要参考和有效借鉴。

《年鉴》征集增材制造领域的重点企事业单位的生产经营及技术研发的相关数据及进展情况，经严格筛选，最终收录了百余家单位的相关信息。另外，《年鉴》还邀请十余位行业权威专家围绕增材制造领域焦点问题进行了全面、深入、系统地汇总和梳理，勾勒出增材制造行业未来的走向与发展趋势，以期帮助我国增材制造产业持续、健康、高质量发展。

本书在征集资料及编制过程中，得到来自工业和信息化部装备工业一司、工业和信息化部装备工业发展中心及各地方行业组织的关怀和指导，并获得了全国增材制造标准化技术委员会（SAC/TC 562）、国家增材制造产品质量检验检测中心（江苏）、国家增材制造创新中心等单位的大力协助和支持，在此表示诚挚的谢意。

本书共九个篇章、五个附录。综述篇着重阐明了增材制造的国内外产业发展现状、趋势及未来展望；政策篇重点更新了国内增材制造发展的政策体系；产业篇从专用材料、核心零部件、装备、软件系统、云平台及垂直自媒体等多层次、多维度、全方位地系统梳理了产业情况；技术篇重点展示了典型工艺技术、创新技术和系统解决方案；应用篇展示了增材制造技术在航空航天、汽车、核电、生物医疗、文化创意和教育等领域的典型应用；地区篇系统梳理了我国不同区域的增材制造产业概况，并分析了各地代表性园区的发展现状；企业篇着重从成形工艺、装备角度展示了增材制造工艺分类及代表性企业的产品；组织机构篇列举了国家及地方的增材制造行业组织；科研团队及技术中心篇列举了国内主要科研团队及重点技术中心的情况。附录一至附录五梳理了行业大事记、新增国内外重点融资案例、近三年装备进出口情况、2021 年十大工业级增材制造装备、中国增材制造产业联盟成员单位名录。

《年鉴》历时一年编写完成，由于增材制造涉及面极广，而编者学识水平有限，再加上时间仓促，因此书中内容难免有疏漏之处，敬请各位读者谅解。本书在编写过程中得到了各大单位及专家学者的大力支持，在此，编者致以衷心的感谢，并希望各大单位与专家学者能进一步为《年鉴》提供信息和技术支持，为行业发展建言献策，加强技术交流与市场合作。同时也欢迎各位读者对《年鉴》提出宝贵意见和建议，一并致以谢意！

《中国增材制造产业年鉴（2022）》

编制办公室

2022 年 8 月

目　录

第一篇　综述篇

一、产业综述

(一)2021 年中国增材制造产业发展概况

2022 年 3 月，中国增材制造产业联盟面向国内 50 家规上企业(不包括涉密单位、高校、研究院所等)，组织开展调研统计工作。此次统计涵盖与商业相关的零部件、装备、材料、服务、工业软件、培训等业务的相关营收数据。

1. 产业发展现状

(1)产业整体情况。

近年来，随着增材制造技术的不断成熟，产业总收入持续增加，头部企业快速发展。根据国家统计局和中国增材制造产业联盟等相关数据统计，2021 年，我国增材制造企业营收约为 265 亿元，同比增长 31%，近四年平均增长率较全球高出 10 个百分点，具体如图 1-1 所示；规模以上企业由 2016 年的 20 余家增加至 2021 年的 100 余家，营收超过 1 亿元的企业数量已超过 40 家；现有以增材制造为主营业务的上市公司 22 家(含新三板)，国家级专精特新“小巨人”企业 10 家，鑫精合、上海联泰、西安赛隆等企业单次融资均超过 1 亿元。

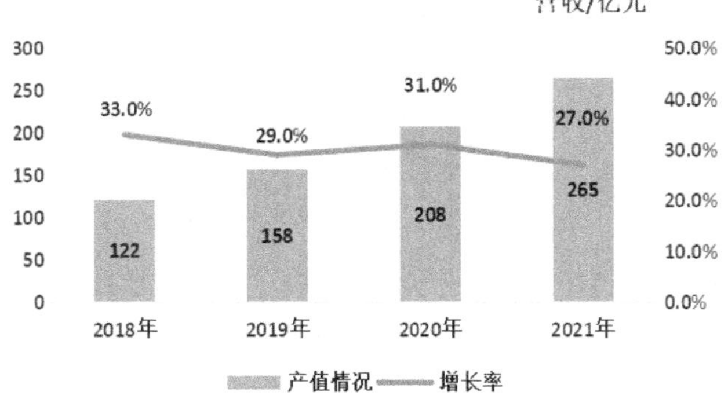

图 1-1　近四年中国增材制造产业营收情况

(2)调研企业产业发展情况。

此次参与调研的 50 家企业的总营收达到 91.21 亿元，相比 2020 年的 65.54 亿元增长了 39.2%，近四年的平均增长率为 29.2%，具体的营收和增长率情况如图 1-2 所示，与整体产业发展趋势总体保持一致。

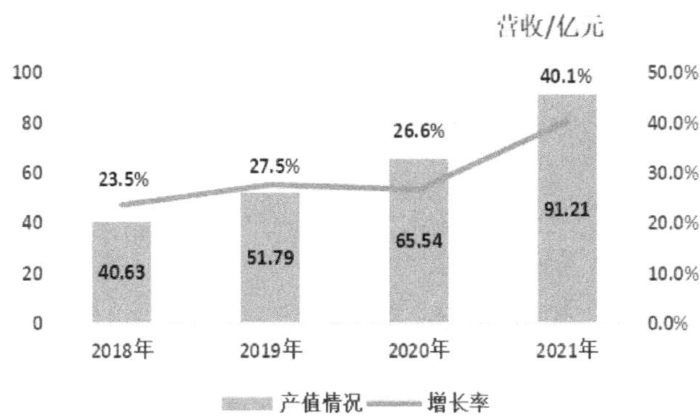

图 1-2　近四年调研企业营收情况

将参与调研企业按照经营业务分为增材制造装备商、材料供应商、综合服务商(经营两种以上业务)和其他类型。其中综合服务商数量达到 22 家，接近半数；专业从事装备、材料、零部件生产的商家分别为 11 家、9 家和 5 家；从事孵化、培训等业务的其他类型企业仅 3 家，具体如表 1-1 所示。多数增材制造企业已发展成材料、装备、服务等业务结合于一体的综合供应商。

表 1-1　调研企业经营业务情况

经营业务	装备	材料	零部件	综合	其他
数量	11	9	5	22	3

从原材料和零部件(包括三维扫描仪)生产、装备制造、产品供应等产业链条环节进行分类分析，专用材料、零部件、装备、服务等各个环节营收分别为 14.7 亿元、5.61 亿元、50.8 亿元和 19.1 亿元，占总营收的比重分别为 16%、7%、55%和 21%。此外，工业软件销售营收、培训和产业孵化等平台机构等其他业务的营收为 1 亿元左右，仅占总营收的 1%，各产业链环节营收情况如图 1-3 所示。

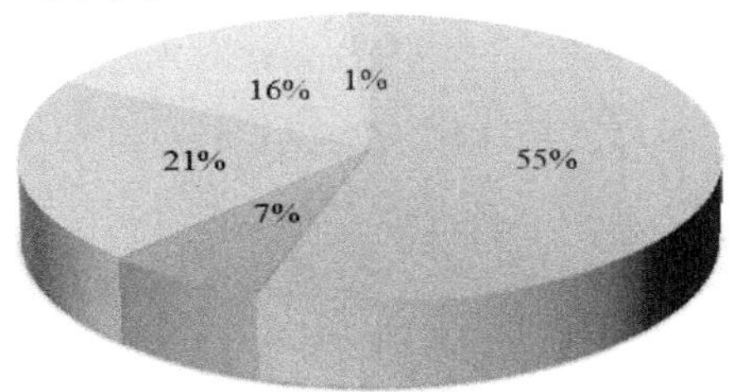

图 1-3　产业链各环节营收情况

2021 年调研企业零部件营收达到 5.61 亿元。激光器销量约为 150 台，扫描振镜销售量约为 100 台，营收为 1 亿元。三维扫描仪营收约为 4.61 亿元。2021 年调研企业专用材料营收达到 14.7 亿元。以 PLA、ABS、PA 为主的高分子材料(包括生物、医疗类原材料如干细胞等)的年产量约 800 吨，营收为 6.5 亿元，占材料营收的 44%；以高温合金、钛合金、铝合金为主的金属材料年产量约 700 吨，营收达到 5.5 亿元，占材料营收的 37%；以陶瓷和砂型为代表的无机非金属材料的年产量约 400 吨，营收为 2.7 亿元，占材料营收的 18%，各种类材料营收占比如图 1-4 所示。

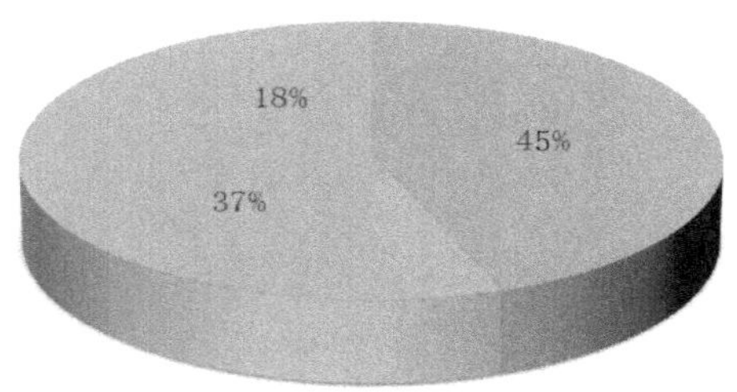

图 1-4　各类材料生产情况

2021 年调研企业装备营收达到 50.8 亿元，占总营收的 55%。其中 FDM 消费级增材制造装备营收居首位，达到 20.6 亿元，占装备营收的 40%；光固化(SLA)装备次之，营收达到 15.6 亿元，占装备营收的 30%；包括粉末床熔融、微纳增材制造和黏结剂喷射(PBF、micro-AM、BJ)等铺粉工艺装备营收达到 13.5 亿元，占装备营收的 26%；定向能量沉积(DED)增材制造装备营收仅为 1.6 亿元，占装备营收的 4%，各类型工艺装备销售情况对比如图 1-5 所示。

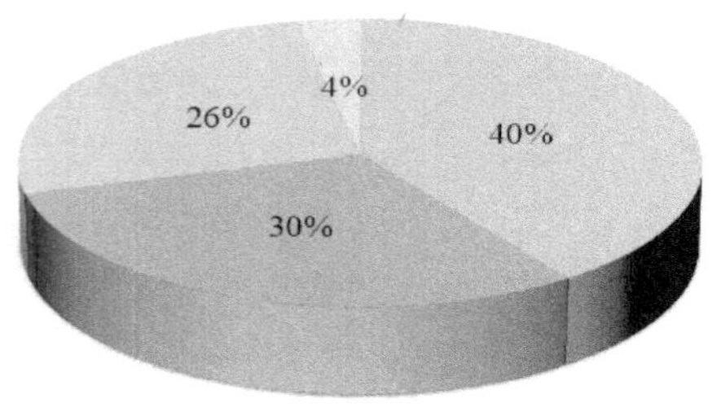

图 1-5　各类型工艺装备销售情况

2021 年调研企业服务总营收达到 19.1 亿元(航空航天、核电、军工等领域涉密业务不在统计范围内)。在医疗、航空航天、汽车、消费产品、核电能源等领域营收分别为 12.7 亿元、4 亿元、1 亿元、1.2 亿元和 0.2 亿元，分别占服务总营收的 65%、23%、5%、6% 和 1%，增材制造在各领域应用情况如图 1-6 所示。

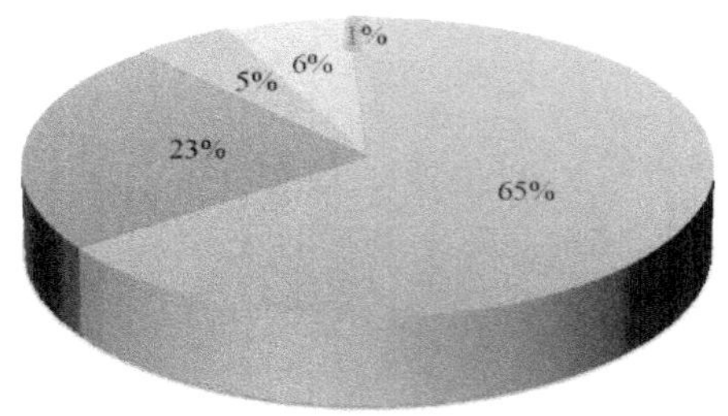

图 1-6　增材制造在各领域应用情况

2. 产业发展趋势

(1)产业融资需求迫切，规模将超 70 亿元。

据统计，2021 年中国增材制造企业融资总额达到 48 亿元左右，较 2020 年增加 33.3%；全球增材制造融资总额 648 亿元，融资增速 66%，现有投资总额与投资增速与国外相比仍有差距。此次统计调研企业融资需求达到 31.25 亿元，预计 2022 年中国增材制造行业融资需求将超 70 亿元。

(2)中端装备用零部件有望实现全国产化代替。

近年来国内增材制造零部件厂商研发投入不断增加，大族思特、武汉锐科等国产零部件已在齿科激光选区熔化、光固化等领域装备稳定使用。随着需求不断增加，零部件国产化进程加速，中端装备用零部件有望实现全国产化代替。

(3)工业级装备呈现大尺寸、高效率、专用化趋势。

随着技术进步和工艺的革新，应用要求持续提升，应用场景不断拓展，增材制造装备逐步呈现大尺寸、高效率、专用化趋势。清研智束研制出 2×2 阵列式电子束选区熔化装备，铂力特发布 10 激光器激光选区熔化装备。同时，针对医疗、建筑、文物保护领域的不同需求特点，目前国内企业已推出齿科用激光选区熔化装备、文物仿制专用立体光固化装备、建筑用机械摇臂材料挤出装备。

(4)消费级装备销量增速放缓。

在全球疫情的背景下，消费级装备需求呈现爆发态势，2020 年全年销量为 270 万台，出口额为 5.1 亿美元，2021 年进一步扩大，出口数量已达 288 万台，出口额达 5.9 亿美元。近两年，消费级装备增长率由 2020 年的 75% 降低为 2021 年的 16%。由于海外市场趋于饱和、疫情防控期间国际运输成本增加等原因，预计在 2022 年消费级增材制造装备增长趋势会逐步放缓。

(5)服务市场规模持续扩大，铸造等应用领域将迎来爆发。

Wohlers Report 报告数据显示，国际增材制造服务企业占比逐年增加，2021 年增材制造服务市场规模约为 62.5 亿美元，占整个市场规模的 41%，这意味着服务已经成为行业发展的重要推动力量。国内增材制造服务商目前仍然较少，根据调研企业统计数据显示仅为 21% 左右。国内现有的服务商如鑫精合、康硕集团等企业新建的厂房已经陆续投产，预计 2022 年国内服务市场规模将有较大提升。未来，增材制造服务供应商将逐渐成长为涵盖设计、制造、后处理为一体的方案系统解决方案供应商。

根据中国铸造协会统计，我国有 24000 家铸造厂，砂型铸件的市场规模约 1200 亿元，利用增材制造可将铸造的工艺流程从 15 步缩减至 8 步。在“双碳”背景下，增材制造技术持续赋能铸造行业，预计未来五年砂型增材制造装备的需求量将超过 2000 台。

据统计，2021 年仅齿科增材制造装备销售额就预计达到 4.5 亿元，南京铖联 2021 年销售了 300 台齿科增材制造装备，是往年销量之和的 1.5 倍。另外，大量的康复器具、骨科植入物获批通过医疗 2 类、3 类许可证，预计 2022 年将是快速增长期。

（中国增材制造产业联盟　王玉健　郭丹）

（二）2021 年全球增材制造产业发展概况

2022 年，Wohlers Associates 对世界增材制造产业进行统计，2021 年全球增材制造市场规模达到 152.44 亿美元，相比 2020 年增长 19.5%，高于此前 7.5% 的增长率。152.44 亿美元的市场规模仅涉及与增材制造直接相关的装备、材料、软件、培训、售后、展会等，并不包括在汽车、航空航天、医疗/牙科产品、体育用品、珠宝等应用端所产生的价值，同时也不包含风险投资和其他投资形式。

在装备市场上，2021 年全球有 266 家制造商生产和销售工业增材制造装备（价格高于 5000 美元）参与本次数据统计，与 2020 年相比增加了 38 家，自 2012 年以来，工业增材制造商的数量增长了近 8 倍。

2021 年，约有 26272 套工业级增材制造装备售出，销售额为 34.17 亿美元，相比 2020 年的 21029 套上升 24.9%。美国公司占总销量的 37.8%，高于 2019 年的 8.4%。在所有工业级增材制造装备中，共售出 2397 台金属增材制造装备，销售额达到 12.34 亿美元，较 2020 年的 2165 台上升 10.7%；聚合物工业级增材制造装备的销量则是金属机的 10 倍。低成本桌面级增材制造装备的销量持续增长。其中，中国公司在 2020 年生产了 320 多万台价格低于 1000 美元的增材制造装备，多数被送往欧洲和美国用于生产个人防护装备及响应其他疫情防护需求。

2021 年，全球用于所有增材制造工业和桌面增材制造装备的材料市场规模为 25.98 亿美元。比 2020 年的 21.05 亿美元增长了 23.4%。包括用于增材制造的粉末、液态光敏聚合物、线材、片材和所有其他材料的销售额。

用于粉末床熔融技术（PBF）的全球聚合物材料消费量增长至 9.02 亿美元，比 2020 年增长 43.3%，这包括用于激光 PBF 的粉末和用于多射流融合技术（MJF）的材料；金属增材制造材料收入增长 23.5%，估计为 4.736 亿美元，高于 2020 年的 3.834 亿美元。金属增材制造应用主要是粉末，但也包括丝材和线材；全球聚合物丝材销售额增长 24.6%，达到 5.159 亿美元，相比之下，2020 年为 4.141 亿美元。

2021 年，全球增材制造服务商累计总收入估计为 62.29 亿美元，比 2020 年的 53.03 亿美元增长 17.5%。这一数值相当于整个市场规模的 50%，也意味着服务已经成为行业发展的重要推动力量。

未来，随着疫情逐渐平稳，增材制造产业仍将保持高速发展，工业级增材制造应用场景将继续增加，消费级增材制造将趋于平稳。美国、欧洲等科技强国将持续对增材制造产业注能，国内在低端市场保持一定优势，但在高端市场研发投入仍有待加强，尤其是提高效率和稳定性以及新技术新工艺的投入。

（翻译自 *Wohlers Report2022　Terry Wohlers*）

二、技术综述

相对于车铣刨磨为代表的减材制造和铸锻为代表的等材制造技术，增材制造技术发展时间短但潜力巨大。中国已成为制造业大国，但产品创新开发能力严重不足成为制约我国制造业发展的瓶颈。促进创新和创业是我们未来的核心任务。而增材制造技术为创新和创业开辟了巨大空间。增材制造可以快速高效地实现新产品零件的制造，为产品研发提供快捷的技术途径。增材制造技术降低了制造业的资金和人员技术门槛，有助于催生小微制造服务业，有效提高就业水平，有助于激活社会智慧和资金资源，实现制造业的结构调整，促进制造业由大变强。增材制造技术给制造业变革和新产品发展提供了重大机遇。

(一)增材制造基础技术

1. 设计技术

现状：设计技术主要是实现对结构的优化和多功能的设计。目前主要依靠设计师根据增材制造的特点和自身经验进行设计，增材制造结构件大都基于现有结构的直接替换或简单的改进，其分析与优化设计多基于现有的算法，在进行有限的元分析和结构优化设计时，则无法摆脱几何的高度复杂性引发的技术瓶颈。设计技术在数据格式和设计方式都存在许多问题，如STL格式在梯度材料描述等方面存在一些限制，需要发展更合适的格式；目前，拓扑优化设计软件昂贵的计算费用还难以满足复杂增材制造零部件的设计；设计多个物理场的复杂增材制造工艺过程的仿真的计算效率仍然不高；包含模型准备、工艺过程仿真、自动优化设计等增材制造全流程的设计平台尚未建立。

挑战：在设计中为了实现设计与优化一体化，需要解决高度复杂3D打印模型与有限元分析模型的精准转换问题，实现有限元分析模型的自动生成和参数化。需要发展非均匀/多材料构成的复杂多层级结构性能的高效高精等效分析方法。注重发展面向增材制造的快速高效拓扑优化设计技术。拓扑优化与增材制造形成技术优势互补，但计算成本极其高昂，进行几何高度复杂的增材制造结构设计且保证其可制造性，仍是一个巨大的挑战。

2. 智能化技术

现状：增材制造过程智能化程度低，各环节处于研究开发阶段。在线检测是对工艺控制的基础，如对粉末床熔融(PBF)成形工艺，铺粉过程中刮板振动的监测、铺粉后粉末床平整度的检测、成形过程温度场/熔池的监测以及成形后沉积层形貌/缺陷的检测等。在检测的手段上，仍然较多地局限于粉末床及工件的表面特征，光学成像(检测粉末床及沉积层表面形貌)、熔池光强监测已经逐渐得到应用，红外/双色成像(测量粉末床成形区域或熔池温度场)、超声探测(探测制件内部缺陷)、光谱信号(检测熔池中化学成分)、超快X射线等监测方法正在研发中。检测得到的信号数据或图像，经过滤波、降噪处理后，通过标定、对比、特征识别或处理后，可以应用于成形质量分析，但主要是事后分析，还没有能够实现在线缺陷修复和成形质量控制。在模拟计算技术中有一些仿真算法和模型应用于增材制造中，例如：采用离散元算法对激光选区熔化工艺铺粉过程中的粉末与粉刷相互接触、碰撞、摩擦进行预测和分析，近年来还增加了电磁作用、合金成分浓度扩散模拟、气孔形成与湮灭等更加丰富的物理作用与过程，基于有限元热力学模型对增材结构应力变形进行有效预测以及工艺优化等。当前，对于增材制造成型过程中单一尺度以及单一物理场的仿真计算已经较为成熟，然而，对于多尺度多物理场方面，只能通过简单的耦合方式来建立关联模型；同时，多尺度产生的计算量极大，往往需要通过简化模型来加快求解速度。

挑战：在线检测系统对增材制造成形环境的耐受性是这一技术面临的重要挑战。针对PBF工艺，对粉末床深层状况或工件内部缺陷等重要信息尚缺乏成熟、可靠的探测手段，尤其是对工件内部孔洞、未熔合等成形缺陷的探测。同时，测量精度、分辨率与测量范围、时长之间几个数量级的差距对在线检测技术要求苛刻。增材制造过程往往需要连续工作数十小时，且在工艺过程中还存在强光辐射、电磁干扰、粉末飞溅、烟尘、羽辉等干扰因素，对在线检测技术及设备的长期、稳定、可靠运行，提出了非常严峻的挑战。在模拟技术方面，由于介观模型计算的尺度极小，计算几个毫米的扫描路径或数道、数层的熔化沉积过程需要数天的时间，尚无法对尺寸较大的构件进行成型过程模拟；而宏观模型则无法模拟成型缺陷、表面形貌等介观特征。大型结构尺度的多尺度仿真计算存在着计算量和精确度难以协调的问题。在建模精度方面，许多合金材料的高温(液态)物性参数不全，只能采用相近成分的材料或单质元素的物性参数，同时，复杂的液体流动、润湿行为、气体流动难以描述，进而造成一定的计算误差。

(二)金属增材制造技术

1. 金属粉末床增材制造技术

现状：选区激光熔化技术(SLM)国内商用化装备对外发售的最大成型尺寸为西安铂力特增材技术股份有限公司的BLT-S800，成型幅面800mm×800mm×800mm。效率最高为德国SLM Solutions公司的NXG XII 600设备，配备12台激光器，成型效率可达2000cm^3/h。由于SLM工艺中激光光斑较小，层厚一般在20～100μm，成型零件表面质量较好，在Ra3.2左右。

电子束熔化技术(EBM)装备主要来自瑞典和中国，最大的成型尺寸为350mm×350mm×400mm，保证了大型零件的成形。EBM制件的表面粗糙度较高，一般为Ra20，符合医疗植入器械对粗糙表面的需求，被大量应用于钛合金、钴铬合金医疗植入器械的增材制造中。近年来，通过将激光集成到EBM设备中，实现了电子束填充+激光轮廓扫描的复合选区熔化技术，改善了制件的表面质量。

黏结剂喷射技术(BJ)装备主要来自德国、瑞典和美国，代表性企业主要包括Voxeljet、Digital Metal、HP、Desktop Metal等。BJP制件质量会受到粉末分布、粉末填充密度、黏结剂沉积、黏结剂饱和度和打印过程中黏结剂的干燥等因素的影响。黏结剂的稳定性和后期烧结工艺至关重要。目前，由于黏结剂制备技术还不成熟，加之粉体材料的批次稳定性问题，BJP的产品精度还不能与激光增材制造构件相媲美。

挑战：成型尺寸受限是SLM技术面临的最重要的挑战。增大成型尺寸的主要方式为增加激光数量，目前国内最多为四激光，一般成型幅面低于800mm×800mm。国外虽提出移动振镜式扫描原理样机，但仍需进行进一步的可行性试验与验证。目前，四激光的成型效率为100cm^3/h，较之前有提升，但仍面临效率低下的问题。国外已提出高功率激光器扫描以及更多激光器全幅面搭接成型装备，但仍需进行应用验证。此外，随着成型尺寸的增大，SLM成型过程热应力变形问题严重，使得成型过程变形控制成为又一挑战。改善制件的表面粗糙度，并在保证热应力控制的前提下防止内部结构中的粉末因粉末床温度较高而烧结成块，是目前EBM工艺面临的最重要的挑战。对于电子束轰击导电性较差的粉末床时产生电荷滞留，进而因电荷斥力引发粉末飞散的“吹粉”现象，近年来英国Wayland公司提出离子“中和”方法、日本JEOL公司提出“电屏蔽罩”方法，但实际效果仍需验证。因此，彻底消除“吹粉”现象的发生，或将其控制在可修复范围，是一个重要难点。

2. 金属沉积增材制造技术

现状：金属沉积增材制造技术得到了广泛应用，美国Sandia国家实验室利用该技术制备的TC4构件已成功应用于F-22战斗机大尺寸悬臂和F/A-18E/F战斗机机翼拼接板。在我国，北京航空航天大学、西北工业大学和华中科技大学等多家科研机构开展了大量相关研究，北航团队制备出的机身起落架连接框、机翼滑轮架等钛合金主承力构件也在民航客机、运输机等重大装备中工程应用，至今已安全服役10余年。电子束熔化沉积增材制造以丝材为原材料，制造过程必须在真空室内完成。美国Sciaky公司实现电子束沉积钛合金构件的最大效率可达18kg/h，力学性能满足AMS4999标准要求。我国中航工业北京航空制造工程研究所在2012年实现了电子束增材制造钛合金构件在国内飞机结构的装机应用。电弧熔化沉积技术也以丝材为添加材料，具有效率高、生产成本低的优势。英国Cranfield大学基于熔化极电弧和非熔化极电弧(GTA/GMA)开发出的增材制造系统，熔化沉积速率达到数千克/每小时，金属丝材利用率高达90%以上。我国首都航天机械公司(211厂)、西安交通大学和华中科技大学等单位开展了大量电弧增材制造研究，西安交通大学制备出直径10m级重型运载火箭连接环，211厂制备的高强铝合金环形框已成功装箭。目前，国内金属沉积领域仍面临专用材料短缺、设备自动化/智能化平低、缺乏评价标准等难题。

挑战：金属沉积技术与粉末床增材制造技术相比，对技术人员的依赖性很强，如构件数模处理与路径规划、过程监控与工艺调整、后处理工艺等，都需技术人员依据经验进行处理，在一定程度上限制了增材制造的效率，提高了生产运营成本。因此，需进行增材制造工艺及装备的智能化研究，充分发挥增材制造高效率短周期制造优势。金属沉积技术专用材料是难点，目前金属沉积技术选用的材料多为面向传统铸锻焊技术开发的成熟牌号材料，如316L不锈钢、TC4钛合金、2219铝合金、GH4169高温合金等，这些成熟牌号材料的增材制造成形性差异很大，有些材料如7075铝合金、DD5高温合金等在增材制造过程中非常容易开裂；另外，传统牌号材料难以发挥增材制造独有的小熔池极端冶金与快速凝固的优势，如2219铝合金和GH4169高温合金则是专门为塑性变形加工成形工艺设计的材料，采用增材制造制备也无法发挥相应材料本身的强化潜力。目前增材制造专用材料的研发仍处于起步阶段。关于激光、电子束、电弧等高能束形成的熔池特性认识尚不清楚，如何有效利用小熔池冶金与凝固条件设计材料强化机理非常困难，同时，金属沉积技术涉及的材料范围很广，几乎涵盖了全部金属材料，其专用材料的开发也需经过多方式考核、多轮迭代优化才能形成标准规范，研究内容庞大、周期长，如何利用高通量制备与表征、机器学习、云计算等先进技术辅助专用材料研发也是需关注的焦点问题。

3. 增等减材复合制造技术

现状：这一技术在航天航空领域取得广泛应

用。美国 Relativity Space 火箭公司利用增减材复合制造技术将火箭零件数量降低到同类火箭的零件数量的1/100(Terran 1 火箭只有730个零件),可以在30天内打印出整个整流罩。中国国家增材制造创新中心于2020年9月推出了五轴激光增减材复合制造装备,能够实现增材成形和减材加工的自由切换,完美呈现精密复杂结构零件精整加工,满足增等减材复合制造及修复再制造的需求。具有代表性的增等减材复合制造包括英国克兰菲尔德大学的电弧增材+层间轧制技术,印度理工学院提出的电弧增材+层间锤击的工艺,西安交通大学以及中国国家增材制造创新中心致力于电弧增材+层间锤击的研究与应用,而南昌大学主要研究激光送粉+超声微锻造技术。华中科技大学的微铸锻铣复合制造技术则包含了增等减材(电弧增材+原位轧制+铣削)三种工艺的复合,武汉天昱智能制造有限公司致力于该技术的应用,目前已在航空航天、高铁、舰船、核电等多个领域具有广泛应用。

挑战:需要对增材减材制造系统进行整体系统优化设计,确保激光增材制造过程中激光能量在成形平面上的均匀性和稳定性,机加工减材制造过程中系统刚度与加工精度,且二者能逐层无干涉切换。针对模具高强度、高硬度、高一致性要求等特点,装备需要保证其稳定性和可靠性。等材过程会引入除热源外的一个附加装置,如气锤、轧辊等,减材会使用刀具,增等减材三种工艺的适时切换,热源与附加装置的协同控制和路径规划给数控编程带来了极大困难。受制于增材制造工艺特征,所使用的材料种类仍有一定的局限性,如何扩展成形材料种类,开发适用于不同能量源和材料的增减材复合制造方法与装备仍是热点与挑战。需要认识不同工艺对成形制件的力学性能、硬度、尺寸精度以及显微组织的影响规律,获得能满足零件使用要求的工艺参数,通过控制关键影响因素获得稳定可靠的成形制件,探究材料在高能束作用下的组织、缺陷形成机理,提出合理的增等减材工艺及控制方法。

4. 新型合金多材料增材制造

现状:新型合金是满足工程特殊需要的新材料和新结构,有利于发展新的增材材料和新工艺装备。针对新型合金多材料增材制造的组分设计,主要包括新型二元或多元合金、纳米颗粒改性金属基复合材料、原位增强金属基复合材料以及金属层状和梯度等类型。通过调控新型二元或多元合金中的合金成分,选择合适的纳米颗粒及原位增强相,增强组织过冷能力,使因激光增材制造高冷却速率和高温度梯度诱导产生的柱状晶粒转变为具有完全等轴状的细晶组织,从而提高材料性能。新型合金多材料增材制造跨尺度结构设计可以实现从纳/微米级显微组织至宏观毫米及以上的多层级、大跨尺度调控,从而实现材料性能的突破。在增材制造工艺装备方面,目前基于激光直接能量沉积技术与设备,可通过计算机控制集成机器人、激光器、送粉器等设备协同运作,实现构件在不同位置用不同工艺参数及不同材料的成形,获得具有独特的微观结构和相的结合。利用多送粉器激光直接能量沉积系统,通过原位合金化可在特定结构中实现微观组织、相组成和性能的空间梯度分布。对于激光粉末床熔化技术,目前采用的点对点送粉/吸粉多材料激光增材制造工艺,可实现层内和不同层的多材料结合。

挑战:对于金属层状结构与梯度结构多材料设计,重点关注异质材料之间的相容性及其界面结合问题。目前已制备出组织致密、具有一定性能的多种金属层状和梯度多材料。新型合金多材料增材制造跨尺度界面调控涉及亚晶界、晶界、相界面、增强颗粒/基体界面及金属多材料界面调控,其关键在于构建梯度界面或过渡层。考虑到不同材料之间的热物理性能差异及宏/微观尺度激光增材制造多材料结构的变形与应力控制难等问题,揭示新型合金多材料增材制造过程中原位反应、界面反应及微观组织演变机制是一项重要挑战。借助于增材制造技术的复杂结构和多材料一体化成形能力,在金属构件三维空间不同位置成形不同的材料,对激光增材制造的工艺和装备提出了更高的要求。成形工艺上依赖于更为精准的微/宏观尺寸调控与优化,成形装备上的粉末输运系统、铺粉系统、粉末收集系统及对应的软件控制系统均需重新设计。

5. 金属增材再制造技术

现状:增材制造再制造是采用增材制造原理对缺损零件进行精确修复的技术,主要由缺损数据测量、修复材料和修复装备工艺等技术环节组成。目前,金属增材再制造数模处理的三维扫描、点云处理、模型构建、分层切片、轨迹规划等环节主要依赖人工操作,精度不高、效率较低,无高质量专用软件支撑,难以实现批量化作业。增材再制造具有材质种类多、性能需求各异等特点,如何采用少数几种成形材料来同时满足多种损伤再制造的材质匹配需求,对成形材料的集约化程度提出了更高的要求。目前,通用成形材料主要

有316L、AlSi10Mg、GH4169、TC4等，但这些合金都是针对铸造或变形加工设计的成分而制造的，数百种合金中满足增材再制造要求的仅有少数几种，且由于冶金过程的复杂性，极易产生缺陷。金属增材再制造性能的提升主要是以牺牲部分成型效率为前提。激光增材再制造精度通常可达±0.5~1.0mm，而电弧、等离子相对较低；再制造件拉伸强度基本可达锻件水平，但因热应力等因素导致的抗疲劳、抗冲击等性能与使用要求差距较大。目前，金属增材再制造装备通常以机器人、数控机床等为执行机构，基本都是采用固定式结构布局，刚性好、强度高，较好地满足了车间环境下的作业需求。但是，对于大型结构件或现场增材再制造需求，该类型装备面临组装工作量大、机动性差等不足。

挑战：在缺损测量方面，为提升再制造数模构建精度和处理速度，需探索与装备零件结构复杂性、损伤随机性、修复区域不确定性等相适应的高效处理方法，主要面临着三维形貌快速测量、关键特征准确提取，再制造模型精确重构、复杂构型科学分层及路径规划等难题。为提高再制造成形质量，探索适于增材再制造工艺特性的集约化材料设计方法，主要面临着冶金相容性、界面匹配性、性能稳定性及工艺适配性等问题。为兼顾金属增材再制造的高性能和高效率，需探索高能效增材再制造技术及成形过程动态监测及反馈方法，主要面临着热源特性表征、形位精度调控及工艺特性——成形特征关联关系揭示等难题。为提升金属增材再制造装备的现场适应性，需突破传统设计理念，主要面临着与现场多约束条件相适应的装备系统架构设计、部组件研制等挑战。

(三)非金属增材制造技术

1. 陶瓷光固化增材制造技术

现状：陶瓷光固化成形技术以光敏树脂—陶瓷粉体混合浆料或者有机前驱体陶瓷树脂为原料。已成功应用于能源环保领域(如多孔催化剂载体结构)、生物医疗领域(如牙齿和骨骼植入物)、机械电子领域(如传感器、压电元件及光子晶体)及高温结构部件(如涡轮叶片)等。目前国内外陶瓷光固化增材制造设备厂商较多，成形的形性可控精密多孔复杂陶瓷结构如图1-7所示。

挑战：与传统的制造技术相比，当前光固化增材制造技术所用的陶瓷原料存在品种较少、品质较低且制备成本较高等问题，难以满足陶瓷零件增材制造的需求。在我国，在高性能陶瓷粉体方面仍然依赖于进口。陶瓷增材制造工艺还不够成熟，陶瓷零件增材制造工艺直接影响着制品的宏微观结构、性能以及生产周期和成本。陶瓷粉体与树脂折射率差大、紫外线吸收强，且陶瓷颗粒容易发生散射和沉淀，导致高精度复杂陶瓷构件成形难、尺寸小、易开裂。

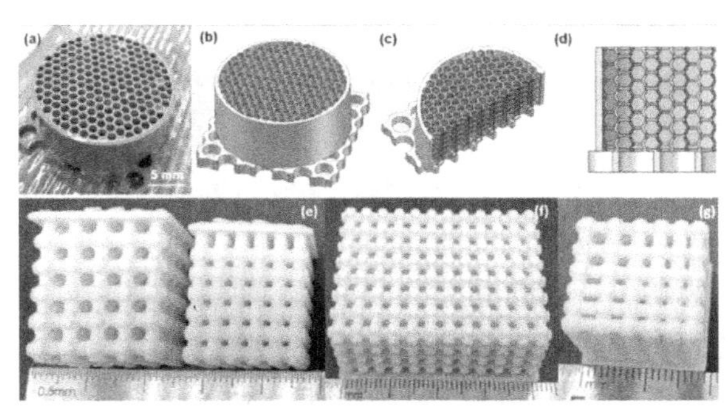

图1-7　光固化增材制造的形性可控精密多孔复杂陶瓷结构

2. 聚合物粉末床激光增材制造技术

现状：目前，尼龙是使用最广泛、成形效果最好的材料之一，我国湖南华曙高科和广东银禧科技是尼龙及其复合材料研发的领军企业，主要有尼龙粉材、尼龙/玻璃微珠复合粉材和尼龙/碳纤维复合粉材等，但通用型聚合物材料的耐温性和强度等综合性能具有一定的局限性。近几年来，聚醚醚酮(PEEK)、聚醚酰亚胺(PEI)等高性能聚合物材料受到广泛关注，具有良好强度、耐热性和热稳定性，但PEEK粉末在成形前需预热到200℃~300℃，因此需要一个密闭的恒温环境系统，对装备也提出了非常高的要求。华中科技大学通过高温激光选区烧结成形了PEEK点阵结构和内嵌均匀点阵的椎间融合器及椎体。

挑战：现阶段聚合物粉末床增材制造存在材料强度低、耐高温性差、装备工艺控制不成熟等突出问题。如何提升材料性能以及探索材料强化方法，解决耐温性、强度等综合性能的局限性问题，是其面临的重要难题。在工艺方面，控温技术是关键，高性能聚合物一般熔点较高(超过250℃)，极易出现因温度场不均和表面张力过大造成的翘曲变形、分层明显等缺陷，导致精度和性能下降，如何精准控制成形面温度场，建立合适的智能扫描策略，是性能提升面临的重要挑战。在应用方面，聚合物成形件材料老化、缺乏循环/再利用能力，难以应用在特殊环境中，如何从概念设计转向应用，实现复杂结构聚合物功能零件的直接制造，是产业化应用的重要挑战之一。

3. 材料挤出增材制造技术

现状：在挤出成形中，复合材料是发展方向，其中连续碳纤维增强热塑性复合材料增材制造技术是具有创新性的方向，该技术具有材料利用率高、结构设计与制造一体化、无须模具等优点，可以实现复合材料制备与构件成形制造一体化。我国在增材制造成形方法、工艺和装备方面进行了相关研究和探索，可实现连续纤维增强热塑性复合材料构件的快速制造，并在发动机壳体、卫星翼板、无人机支架等处应用。面对航空航天领域大尺寸构件的高精度、高性能、高效率的制造需求，亟须研究大尺寸复合材料增材制造成形的新理论、新方法，研制大尺寸连续纤维复合材料成形装备，解决增材制造过程中的界面强度弱、层间强度差、工艺参数匹配难等瓶颈问题，提高成形构件的层间力学性能，推动热塑性复合材料在航空航天、生物医疗等领域的应用。

挑战：在大尺寸复合材料增材制造过程中，如何实现纤维/树脂界面的结合控制，解决纤维表面光滑、缺乏极性基团、活性低等问题，提升界面间的载荷传递能力，发挥纤维优异的承载性能，是面临的挑战之一。增材制造逐层堆叠的成形方式导致增强纤维只能沿平面内方向放置，在垂直于成形面的方向无法实现有效的三维连接，层间是富树脂区，是孔隙缺陷和纤维折断、磨损的聚集处，容易成为微观损伤和破坏的起源，成为服役过程中的薄弱环节。此外，大尺寸构件在成形过程中，易产生内应力和翘曲变形。如何通过多物理场的耦合工艺优化、层间缺陷控制和界面黏合质量调控，提升复合材料构件的性能，是其面临的挑战。

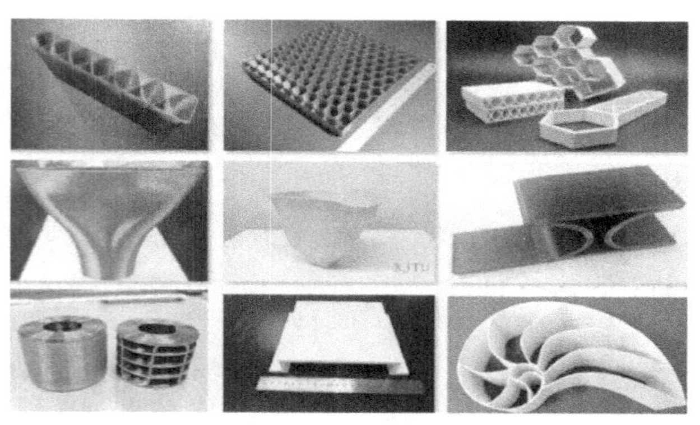

图 1-8 3D 打印连续纤维增强复合材料结构

4. 喷射增材制造技术

现状：喷射成形技术发展的特点是向高性能发展，其中喷射烧结技术是新方向。喷射烧结技术与现有的激光烧结技术相比，该技术使用喷头与辐射灯的组合代替激光器与振镜，将激光逐点扫描的热量施加方式替换为喷头施加熔融助剂后辐射灯一次性加热整个粉床，实现高分子粉末的选择性烧结。助剂喷射烧结技术显著缩短了单层打印时间，提高了成型效率，并且核心器件的改变还降低了成形装备的制造和维护成本，同时相比于激光烧结技术，也更容易突破成型尺寸和打印速度方面的限制，是一种极具竞争力的高分子粉末增材制造技术。主要的应用材料包括聚酰胺(PA)及其复合增强材料、热塑性弹性体材料(TPE)、聚甲基丙烯酸甲酯(PMMA)、聚丙烯(PP)、乙烯-醋酸乙烯共聚物(EVA)等多种聚合物材料体系，在定制机械工程结构件、个性化鞋类组件、精密熔模铸造等方面有大量使用案例。

挑战：使用喷射增材制造技术的成形过程逐层叠加的本质容易造成生产出的零件层内与层间粉末结合强度不同，零件的宏观整体上表现出力学性能的各项异性。例如，有关墨水中辐射吸收材料的选择以及墨水配制方法的研究较少，墨水成分与不同高分子材料体系的相互作用仍待探索。在打印过程中，粉床需要被加热到接近聚合物熔点的温度，而喷头需要近距离接触打印平面以将墨水精确喷射在粉末表面。而市面上大多数的打印喷头及附属的电路板等硬件在设计时并未考虑到高温环境下使用的可靠性，这造成了部分高熔点聚合物无法通过这项技术进行加工，同时高温也对墨水体系的稳定性提出了要求。

(四)生物增材制造技术

1. 个性化假体增材制造技术

现状：增材制造技术为设计制造与患者骨缺损区域精确适配的个性化假体提供了重要的技术手段。自 2001 年基于增材制造技术的个性化下颌骨全球首例临床应用以来，增材制造技术逐渐被用于人体关节、颅颌面、脊柱、胸肋骨、盆骨、肩胛骨等假体的定制化制造。2018 年，“个体化下颌骨重建假体”获得我国首个个性化增材制造假体的注册证，成为我国增材制造假体领域发展的里程碑。近年来，随着生物增材制造技术的发展与完善，越来越多新型医用金属材料(例如镁合金、锌合金)和高性能聚合物(如聚醚醚酮)假体已进入研究或用于临床实践，逐渐成为生物增材制造假体领域的研究和应用热点。随着增材制造个性化假体的质量评价和监管体系的不断健全，基于增材制造技术的个性化假体将逐渐从临床试验阶段走向产业化应用阶段。

挑战：个性化假体不仅体现在对人体组织宏观几何形状的仿形，更体现在希望能与人体软组织和骨组织形成长期的融合共生，因此，个性化假体设计中需实现缺损功能重建、力学性能和生物功能化的复杂需求，发展面向增材制造的个性化假体设计理论是未来主要方向和挑战。增材制造假体逐渐向聚合物、多材料和梯度化方向发展以期满足人体复杂的力学和生物学功能需求，因此，高精度“形”“性”可控的聚合物复合材料增材制造技术将是假体增材制造技术领域发展的主要挑战。由于个性化假体独一无二的特殊性，目前行业和监管部门缺乏系统的质量评价方法和标准化体系，成为个性化假体走向产业化应用的壁垒，因此，个性化增材制造假体的科学监管方法是其走向产业化应用的重要挑战。

2. 组织工程支架增材制造技术

现状：可降解组织工程支架增材制造是实现人体软硬组织缺损个性化修复的理想途径。当支架植入体内后，自体细胞与组织会沿着支架微结构进行生长，从而实现材料降解过程中机械结构向自体活性功能组织的转化。增材制造技术为组织工程支架宏微结构的可控制造提供了实现手段。目前，国际上已实现增材制造的可降解气管外支架、乳腺支架、耳郭软骨支架的临床试验，但软质血管化器官支架的增材制造技术受生物材料、复杂结构、成形精度的限制，尚处于研究探索阶段。

挑战：缺乏材料纯度、尺寸和形态与增材制造工艺相匹配的专用生物可降解材料体系与功能化修饰方法，难以满足生物相容性、降解性、力学特性与可打印性的多重需求。软组织的个性化功能修复需要从微观结构仿生、动态力学适配、组织诱导再生等多层次发展可降解软组织支架宏微结构的仿生设计理论与增材制造技术。单一材料或结构的组织工程支架难以满足组织再生过程对力学、组织生长与软硬组织固定的需求，急需发展异质异构支架的设计与多材料设计增材制造技术。微纳结构对组织再生具有积极作用，现有组织工程支架增材制造技术的精度普遍较低（>200微米），无法满足活性纳米材料与仿生微纳结构的可控制造需求，需要发展面向组织工程支架的宏微纳生物增材制造工艺与装备。

3. 细胞打印技术

现状：细胞打印技术是将细胞、生长因子、基因等活性材料与生物水凝胶相结合进行活体组织的直接打印。2015 年，美国 Organovo 公司基于细胞打印技术研发了商业化的体外人体肝组织模型 exVive3DTM Liver，成功应用于新药研发；2019 年，*SCIENCE* 期刊报道了基于细胞打印技术的活性心肌、肺脏单元等血管化气管模型。虽然细胞打印的类组织结构体与自然组织尚有一定差距，但是，相信随着干细胞、生物打印及活性墨水材料的突破，在体外打印出生物活性的三维组织模型、器官芯片乃至可移植的活性人体器官将是未来的前沿发展方向。

挑战：面向细胞打印的活性生物墨水研发滞后，缺乏精准可控且稳定的生物墨水体系，无法同时满足微结构打印成形、细胞活性、长期结构稳定性及功能化生长的需求。需要发展高精度、高活性、高效率的细胞打印工艺，将复杂组织器官内部的细胞类型多样性、细胞因子多样性和细胞外基质成分多样性简化到可打印级别，实现多种材料（细胞、生长因子、基因）、多种细胞的空间精确定位与三维排布。利用细胞打印构建大块活性组织器官或类器官芯片，高效营养传输网络的设计制造及其与宿主血液循环系统的融合生长实现血管化是关键。现有的细胞技术尚未考虑类生命结构体与宿主神经系统的融合生长，类脑组织及神经网络的细胞打印技术的前沿发展方向。现有的细胞打印理念是在体外打印培养后植入人体缺损区域，未来将和微创/无创手术机器人技术相结合实现体内原位打印，将面临体内细胞固定技术、生长调控及与周围组织的融合生长等问题。

4. 药物 3D 打印技术

现状：3D 打印为发展先进制药技术提供了新手段，有望引领制药技术领域取得重大突破，可用于药物研发及生产的各个环节，包括药物制备装置、释药系统、药物制剂等，在合成药物、改善药物功效及成药性等方面有重要应用。2015 年，美国 FDA 批准了世界上首个 3D 打印药物上市，即 Aprecia 制药公司的用于治疗癫痫的左乙拉西坦药物制剂 SPRITAM。我国企业研发的 3D 打印药物也已进入临床试验阶段，这为发展 3D 打印药物提供了示范和经验借鉴。

挑战：3D 打印药物的性质受设备、材料、结构、配方、工艺等多种因素的影响，这些影响决定了 3D 打印药物设计的复杂性，所以，3D 打印药物的设计原理方面的研究有待进一步加强。针对不同的生物医学应用，需要不同的 3D 打印系统以满足应用需要，目前常用的 3D 打印机不能满足药物制备的所有技术要求。3D 打印药物常常具有传统药物不具有的一些新特点，例如，个性化、特殊释药行为等，为 3D 打印药物的评价、审批、监管及定价等带来了新挑战，所以，迫切需要建立适用于 3D 打印药物的评价、审批及监管体系，以便既充分保障药物的有效性和安全性，又促进更多的3D打印药物进入临床试验及上市。

(五)特种增材制造及技术

1. 微纳增材制造

现状：微尺度增材制造已经日趋成熟，生产效率和成形精度不断提高，适合成形材料不断扩展，部分技术和装备已经进入规模化工业应用。微细电路和共形电路(天线)是目前微增材制造最具有代表性的应用和产品。美国Optomec气溶胶喷射具有打印最小线宽10μm微细电路能力，实现共形天线和3D传感器制造，已用于手机3D天线、汽车和医疗MIDs电路批量化生产。在金属微结构增材制造方面，德国3D MicroPrint微激光烧结制造的金属微结构分辨率已经达到15μm，表面粗糙度Ra1.5μm，高宽比达到300，烧结材料的相对密度高于95%。在3D结构电子、柔性混合电子和3D微传感器制造方面，德国Neotech、美国nScript和NextFlex以及Voxel8已经开展了基于多材料宏/微3D打印制造这些器件的探索性研究。

亚微米和纳尺度增材制造代表微纳增材制造发展方向，近年来在分辨率、效率、材料(尤其是金属、陶瓷、纳米材料等)、成型尺寸等方面不断取得突破，成为当前增材制造最活跃和创新性最强的领域。双光子聚合微纳3D打印是亚微尺度增材制造的最具代表性工艺，它能实现亚微尺度任意复杂三维结构制造，目前最高分辨率是120nm。电流体动力喷射打印技术目前实验室精度已达到50nm，结合自组装其分辨率可以达到15nm。瑞士科学家3D打印出5nm厚的传感器。其他诸如等离子3D纳米打印、基于空气动力学聚焦纳米3D打印、聚焦电子束诱导沉积、激光诱导向前转移、弯月面约束电沉积(MCED)等新兴纳尺度增材制造技术不断涌现。但是，亚微尺度和纳尺度增材制造目前还停留在实验室和原型阶段，距离普遍工业化应用尚有一定距离。

图1-9　微纳3D打印的大高宽比微细电路、嵌入金属网格柔性透明电极、组织支架

挑战：成型效率低，难以实现多喷头(阵列喷头)并行微纳3D打印；材料兼容性差；缺少适合亚微尺度3D打印的低成本和环境友好型导电材料；难以实现兼容多种打印材料的宏/微/纳跨尺度制造工艺；难以实现多喷头皮升/飞升微液滴高效率和均匀一致打印。

2. 4D打印

现状：现有4D打印研究大多集中在将智能材料应用到增材制造工艺中，仅处于形状变化的现象演示阶段，如何实现性能变化和功能变化的相关研究成果还较少，还没有形成较为成熟的技术方案和解决策略；目前缺乏针对智能构件设计的理论与方法体系，缺乏材料与工艺的匹配性研究，尚无对智能构件功能的评测与验证方法。目前，针对4D打印的模拟仿真研究在国内尚属空白，国外的报道也较少，尤其缺少有效的仿真分析工具对4D打印过程进行定量分析。4D打印使用材料主要有智能材料和非智能材料，其中智能材料包括智能金属(如形状记忆合金)、智能聚合物(如形状记忆聚合物)和智能陶瓷(如压电陶瓷)等。镍钛(NiTi)合金因其稳定的形状记忆效应是目前4D打印领域研究最广、应用最多的智能金属材料，其增材制造主要采用基于粉体或丝材的逐点熔融叠加法。形状记忆聚合物(包括水凝胶、热固/热塑性塑料、共聚物等材料)按其机理方式可分为热敏型、光敏型、化学敏感，其增材制造主要采用喷墨打印、光固化成型、熔融沉积成型等。智能陶瓷是无机非金属成形领域最具前瞻性的研究方向。现有的4D打印仍以传统的3D打印工艺和装备为主，缺乏多种成型手段的协同创新，尚未开发出面向4D打印的专用工艺和装备。目前构件变形驱动方式单一，驱动源主要是温度场。

挑战：目前4D打印智能构件变形、变性、变功能的形式简单，驱动方式单一，还没有形成较为系统的设计理论与方法。传统的有限元模型难以准确模拟4D打印工艺和智能材料的特性，亟待开发新的4D打印模拟仿真技术，建立能够同时表达智能构件的几何、材料、结构、内应力和预置信号等信息的全生命周期、全维度、全工艺信息模型。现有的智能材料经过4D打印成形构件后，其变形、变性、变功能特性无法达到预期值，需要开发面向4D打印新型材料。现有的单材料变形能力有限，亟待开发多种材料协调变形的4D打印。智能构件具有自适应变化特性，其验证方法区别于常规构件，亟须建立有效的评测方法与验证体系。

3. 太空增材制造

现状：2014年，美国NASA与Made in Space公司合作，向国际空间站发射了第一台3D打印机，它被安装在微重力科学手套箱内，在轨共计完成14种21个样件打印。2016年，他们将第二代空间3D打印机送往国际空间站，目前已经完成一百多个样件的打印。欧洲航天局对在轨3D打印开展了相关研究，采用与NASA相同的熔融沉积成型工艺，研制出Manufacturing of Experimental Layer Technology(MELT)打印机，可以打印ABS、聚醚醚酮等热塑性材料，并通过多方位(正、倒、立)试验验证了层间结合性能。2020年5月6日，航天五院529厂和西安交通大学联合研制的复合材料空间3D打印系统，搭载新一代载人飞船试验船，采用连续碳纤维增强复合材料，成功实现了两个样件在轨打印。系统历经上升段、在轨微重力状态以及返回高速冲击后，开舱提取设备和样件状态完好，无分层卷曲，重量、线宽、精度在预定范围内，纤维与树脂结合良好。该项在轨打印试验，验证了复合材料空间3D打印的关键技术，为太空环境增材制造技术的工程化应用奠定了基础。

挑战：首先，太空环境增材制造面临空间环境适应性的挑战，太空环境既是制造环境又是服役环境，高真空、微重力、高低温交变环境、宇宙高能粒子流辐射等多因素，耦合作用于3D打印成形过程。同时，空间3D打印是即造即用的模式，材料成形过程与服役环境相同，成形过程中需要考虑高低温环境引起的成形变形、真空环境导致的分子溢出、辐照引起的材料失效等问题。空间微重力环境是地面制造所不具有的因素。其次，空间3D打印效率低，层间结合强度较弱。最后，太空环境增材制造还受能源功耗、重量体积、机械控制等多方面的限制。

(摘自《中国机械工程技术路线图》，西安交通大学　李涤尘等)

三、标准综述

(一)国内标准现状

全国增材制造标准化技术委员会(SAC/TC562)自成立以来，截至2021年12月，共组织提出了32项国家标准、12项行业标准(见表1-2)。同时由SAC/TC562与全国有色金属标准化技术委员会、全国特种加工机床标准化技术委员会、全国生铁及铁合金标准化技术委员会等联合归口管理和组织制定了29项国家、行业标准(见表1-3)，最大限度吸收材料、装备等专家参与研制，有效满足了增材制造交叉融合发展需求，保证了标准质量。其中，《增材制造材料粉末床熔融用尼龙12及其复合粉末》(标准编号：GB/T 39955—2021)1项国家标准于2021年正式发布，《增材制造通则增材制造零件采购要求》等2项国家标准和2项行业标准顺利报批，其余19项标准在严格按照国家/行业标准制修订工作的有关要求下，由SAC/TC562组织行业专家积极开展工作，保证标准的有效推进。

表1-2　SAC/TC562负责归口的增材制造标准

序号	标准号/计划号	标准名称	标准性质
1	GB/T 35351—2017	增材制造术语	国家标准
2	GB/T 35352—2017	增材制造文件格式	国家标准
3	GB/T 35021—2018	增材制造工艺分类及原材料	国家标准
4	GB/T 35022—2018	增材制造主要特性和测试方法零件和粉末原材料	国家标准
5	GB/T 37698—2019	增材制造设计要求、指南和建议	国家标准
6	GB/T 37463—2019	增材制造塑料材料粉末床熔融工艺规范	国家标准
7	GB/T 37461—2019	增材制造云服务平台模式规范	国家标准
8	GB/T 39252—2020	增材制造金属材料粉末床熔融工艺规范	国家标准
9	GB/T 39253—2020	增材制造金属材料定向能量沉积工艺规范	国家标准
10	GB/T 39247—2020	增材制造金属制件热处理工艺规范	国家标准
11	GB/T 39328—2020	增材制造塑料材料挤出成形工艺规范	国家标准
12	GB/T 39331—2020	增材制造数据处理通则	国家标准
13	GB/T 39254—2020	增材制造金属制件机械性能评价通则	国家标准
14	GB/T 39329—2020	增材制造测试方法标准测试件及其精度检验	国家标准
15	GB/T 39251—2020	增材制造金属粉末性能表征方法	国家标准
16	GB/T 39955—2021	增材制造材料粉末床熔融用尼龙12及其复合粉末	国家标准
17	20194024—T-604	增材制造通则增材制造零件采购要求	国家标准

续表

序号	标准号/计划号	标准名称	标准性质
18	20194025—T-604	增材制造术语坐标系和测试方法	国家标准
19	20201428—T-604	增材制造金属粉末空心粉率检测方法	国家标准
20	20203751—T-604	增材制造设计高分子材料激光粉末床熔融	国家标准
21	20203752—T-604	增材制造设计金属材料激光粉末床熔融	国家标准
22	20204706—T-604	增材制造工艺参数库构建规范	国家标准
23	20204707—T-604	增材制造定向能量沉积—铣削复合增材制造工艺规范	国家标准
24	20204708—T-604	增材制造材料挤出成形用丙烯腈－丁二烯－苯乙烯(ABS)丝材	国家标准
25	20204709—T-604	增材制造定向能量沉积用钛合金粉末	国家标准
26	20214876—T-604	增材制造金属粉末再利用技术规范	国家标准
27	20214881—T-604	增材制造金属制件孔隙率工业计算机层析成像(CT)检测方法	国家标准
28	20214900—T-604	增材制造金属粉末定向能量沉积设备激光熔覆头测试方法	国家标准
29	20214899—T-604	增材制造三维工艺模型质量要求	国家标准
30	20214903—T-604	增材制造结构轻量化设计要求	国家标准
31	20214924—T-604	增材制造系统性能和可靠性航空航天用金属材料激光金属粉末床熔融设备验收试验	国家标准
32	20214560—T-604	增材制造金属铸件用砂型性能检测方法	国家标准
33	2019—0622T-AH	增材制造桌面级材料挤出成形设备安全技术要求	行业标准
34	2019—0623T-AH	增材制造材料挤出成形 3D 打印笔	行业标准
35	2019—0629T-AH	增材制造点光源立体光固化工艺规范	行业标准
36	2019—0633T-AH	增材制造面光源立体光固化工艺规范	行业标准
37	2019—0624T-AH	增材制造点光源立体光固化成形设备	行业标准
38	2019—0625T-AH	增材制造金属材料激光粉末床熔融设备	行业标准
39	2019—0626T-AH	增材制造柔性机器人安全评价规范	行业标准
40	2019—0627T-AH	增材制造模具钢激光粉末床熔融工艺规范	行业标准
41	2019—0628T-AH	增材制造镍基高温合金选区激光熔融工艺规范	行业标准
42	2019—0630T-AH	增材制造选区激光熔融用模具钢粉末	行业标准
43	2019—0631T-AH	增材制造高分子材料激光粉末床熔融设备	行业标准
44	2019—0632T-AH	增材制造选区激光熔融金属件成形态缺陷评价规范	行业标准

表 1-3　　SAC/TC562 第二归口的增材制造标准

序号	标准号/计划号	标准名称	标准性质
1	GB/T 38971—2020	增材制造用球形钴铬合金粉	国家标准
2	GB/T 38975—2020	增材制造用钽及钽合金粉	国家标准
3	GB/T 38974—2020	增材制造用铌及铌合金粉	国家标准
4	GB/T 38970—2020	增材制造用钼及钼合金粉	国家标准
5	GB/T 38973—2020	增材制造制粉用钛及钛合金棒材	国家标准
6	GB/T 38972—2020	增材制造用硼化钛颗粒增强铝合金粉	国家标准
7	GB/T 40210—2021	增材制造云服务平台参考体系	国家标准
8	20192050—T-610	增材制造用钨及钨合金粉	国家标准
9	20192051—T-610	粉末床熔融增材制造镍基合金	国家标准
10	20201524—T-610	增材制造用镍粉	国家标准
11	20202890—T-610	增材制造用铜及铜合金粉	国家标准
12	20202959—T-610	粉末床熔融增材制造钽及钽合金	国家标准
13	20202875—T-605	增材制造用金属铬粉	国家标准
14	20204835—T-610	增材制造用高熵合金粉	国家标准

续表

序号	标准号/计划号	标准名称	标准性质
15	20210821—T-610	增材制造用钛及钛合金丝材	国家标准
16	20203755—T-604	铸造砂型3D打印设备通用技术条件	国家标准
17	20210708—T-604	激光增材制造机床通用技术条件	国家标准
18	20210709—T-604	电子束选区熔化增材制造机床通用技术条件	国家标准
19	20213152—T-610	增材制造用铂及铂合金粉	国家标准
20	20214355—T-610	增材制造用锆及锆合金粉	国家标准
21	20214662—T-610	增材制造用镍钛合金粉	国家标准
22	2018—0710T-JB	增材制造设备桌面型熔融挤出成形机	行业标准
23	2020—1356T-JB	增材制造装备树脂光固化面曝光三维打印机	行业标准
24	2020—0382T-HB	航空钛合金零件激光选区熔化增材制造工艺控制要求	行业标准
25	2019—1189T-JB	增材制造设备激光选区熔化成形机床第1部分：精度检验	行业标准
26	2020—0381T-HB	航空钛合金零件激光选区熔化增材制造制件热处理	行业标准
27	2020—1633T-JB	激光选区烧结成形机床通用技术条件	行业标准
28	2020—1634T-JB	熔融沉积成形机床通用技术条件	行业标准
29	2021—0007T-YB	增材制造用高强不锈钢粉末	行业标准

(二)标准与产业发展的结合情况

近年来，我国增材制造在航空航天、生物医疗等领域应用得越来越广泛，相关技术和产品在“天问一号”火星探测器等取得了实质性应用。中国已经成为桌面级材料挤出设备的主要出口国，涌现出一批高水平的企业和多个发展势头较好的产业集聚区，已初步形成了以环渤海地区、长三角地区、珠三角地区为核心，中西部地区为纽带的产业空间发展格局。增材制造正在从实验室向工程化、产业化阶段加速转变，对于增材制造的需求越来越旺盛。

增材制造标准与产业的结合越来越紧密，SAC/TC562推动一批创新性、先导性技术和产品通过团体标准实现规范和推广，《增材制造主要特性及测试方法》等团体标准通过先试先行上升为国家标准。同时，SAC/TC562加快实施已发布增材制造相关标准，比如《增材制造术语》国家标准首次规范了全球同行的7大主流工艺技术，有效地避免了企业使用FDM、SLM等传统术语导致的侵权风险；《增材制造主要特性和测试方法零件和粉末原材料》为某航天器用主体集成结构力学性能、尺寸精度、组织结构测试和评价提供了依据，推动了模型设计和成形工艺的不断迭代优化，在不降低性能的前提下，减重15%、生产周期缩短70%、材料利用率达到90%以上。

SAC/TC562对口的国际标准化组织，国际标准现状及国际标准转化情况：与其他发达国家相比，我国标准总体水平存在的差距。

SAC/TC562对口的国际标准化组织是ISO/TC 261，成立于2011年，秘书处设在德国。下设术语，工艺、系统和材料，测试方法和质量规范，数据和设计，环境、健康和安全5个工作组，以及与ISO/TC 44/SC 14合作的JWG 10航空航天应用工作组和与ISO/TC 61/SC 9合作的JWG 11高分子材料工作组。目前，有26个P成员国和9个O成员国，发布相关标准20项，在研标准34项(见表1-4)。

表1-4　ISO/TC 261已发布和在研国际标准

序号	计划号	标准英文名称	备注
		WG 1(发布1项) Terminology 术语	
1	ISO/ASTM 52900：2021	Additive manufacturing-General principles-Fundamentals and vocabulary	发布
		WG 2(发布6项，在研7项) Processes，systems and materials 工艺、系统和材料	
2	ISO 17296—2：2015	Additive manufacturing-General principles-Part 2：Overview of process categories and feedstock	发布
3	ISO/ASTM 52901：2017	Additive manufacturing-General principles-Requirements for purchased AM parts	发布
4	ISO/ASTM 52903—1：2020	Additive manufacturing-Material extrusion-based additive manufacturing of plastic materials-Part 1：Feedstock materials	发布

续表

序号	计划号	标准英文名称	备注
5	ISO/ASTM 52903—2：2020	Additive manufacturing-Material extrusion-based additive manufacturing of plastic materials-Part 2：Process equipment	发布
6	ISO/ASTM 52904：2019	Additive manufacturing-Process characteristics and performance-Practice for metal powder bed fusion process to meet critical applications	发布
7	ISO/ASTM TS 52930：2021	Additive manufacturing-Qualification principles-Installation, operation and performance (IQ/OQ/PQ) of PBF-LB equipment	发布
8	ISO/ASTM CD 52903—2	Additive manufacturing-Material extrusion-based additive manufacturing of plastic materials-Part 2：Process equipment	在研
9	ISO/ASTM CD 52904	Additive manufacturing of metals-Process characteristics and performance-Metal powder bed fusion process to meet critical applications	在研
10	ISO/ASTM DTR 52906	Additive manufacturing-Non-destructive testing and evaluation-Intentionally seeding flaws in parts	在研
11	ISO/ASTM DIS 52920	Additive manufacturing-Qualification principles-Requirements for industrial additive manufacturing sites	在研
12	ISO/ASTM CD 52928	Additive manufacturing-Feedstock materials-Powder life cycle management	在研
13	ISO/ASTM CD 52939	Additive Manufacturing for construction-Qualification principles-Structural and infrastructure elements	在研
14	ISO/ASTM AWI 52945	Additive manufacturing for Automotive-Qualification principles-Generic machine evaluation and specification of Key Performance Indicators for PBF-LB/M processes	在研
		WG 3(发布 4 项，在研 9 项) Test methods and quality specifications 测试方法和质量规范	
15	ISO 17296—3：2014	Additive manufacturing-General principles-Part 3：Main characteristics and corresponding test methods	发布
16	ISO/ASTM 52902：2019	Additive manufacturing-Test artifacts-Geometric capability assessment of additive manufacturing systems	发布
17	ISO/ASTM 52907：2019	Additive manufacturing-Feedstock materials-Methods to characterize metal powders	发布
18	ISO/ASTM 52921：2013	Standard terminology for additive manufacturing-Coordinate systems and test methodologies	发布
19	ISO/ASTM DIS 52902	Additive manufacturing-Test artifacts-Geometric capability assessment of additive manufacturing systems	在研
20	ISO/ASTM DTR 52905	Additive manufacturing of metals-Non-destructive testing and evaluation-Defect detection in parts	在研
21	ISO/ASTM CD 52908	Additive Manufacturing of Metals-Post-processing methods-Quality assurance and post processing of powder bed fusion metallic parts	在研
22	ISO/ASTM DIS 52909	Additive manufacturing of metals-Finished part properties-Orientation and location dependence of mechanical properties for powder bed fusion	在研
23	ISO/ASTM DTR 52913—1	Additive manufacturing-Feedstock materials-Part 1：Parameters for characterization of powder flow properties	在研
24	ISO/ASTM DTR 52917	Additive manufacturing-Round Robin Testing-General Guidelines	在研
25	ISO/ASTM DIS 52921	Additive manufacturing-General principles-Part positioning, coordinates and orientation	在研
26	ISO/ASTM CD 52927	Additive manufacturing-General principles-Main characteristics and corresponding test methods	在研
27	ISO/ASTM DTR 52952	Additive Manufacturing of metals-Feedstock materials-Correlating of rotating drum measurement with powder spreadability in PBF-LB machines	在研
		WG 4(发布 6 项，在研 4 项) Data and Design 数据和设计	
28	ISO/ASTM 52910：2018	Additive manufacturing-Design-Requirements, guidelines and recommendations	发布
29	ISO/ASTM 52911—1：2019	Additive manufacturing-Design-Part 1：Laser-based powder bed fusion of metals	发布
30	ISO/ASTM 52911—2：2019	Additive manufacturing-Design-Part 2：Laser-based powder bed fusion of polymers	发布
31	ISO/ASTM TR 52912：2020	Additive manufacturing-Design-Functionally graded additive manufacturing	发布
32	ISO/ASTM 52915：2020	Specification for additive manufacturing file format(AMF) Version 1.2	发布
33	ISO/ASTM 52950：2021	Additive manufacturing-General principles-Overview of data processing	发布
34	ISO/ASTM CD 52910	Additive manufacturing-Design-Requirements, guidelines and recommendations	在研

续表

序号	计划号	标准英文名称	备注
35	ISO/ASTM DIS 52911—3	Additive Manufacturing-Design-Part 3：Electron beam powder bed fusion of metals	在研
36	ISO/ASTM PRF TR 52916	Additive Manufacturing for Medical-Data-Optimized medical image data	在研
37	ISO/ASTM CD TR 52918	Additive manufacturing-Data formats-File format support，ecosystem and evolutions	在研
		WG 6(发布 0 项，在研 3 项) Environment，health and safety 环境、健康和安全	
38	ISO/ASTM DIS 52931	Additive manufacturing-Environmental health and safety-Standard guideline for use of metallic materals	在研
39	ISO/ASTM AWI 52933	Additive manufacturing-Environment，health and safety-Consideration for the reduction of hazardous substances emitted during the operation of the non-industrial ME type 3D printer in workplaces，and corresponding test method	在研
40	ISO/ASTM AWI 52938—1	Additive manufacturing of metals-Environment，health and safety-Part 1：Safety requirements for PBF-LB machines	在研
		JWG 10(发布 2 项，在研 8 项) Joint ISO/TC 261—ISO/TC 44/SC 14 WG：Additive manufacturing in aerospace applications 航空航天联合工作组	
41	ISO/ASTM 52941：2020	Additive manufacturing-System performance and reliability-Acceptance tests for laser metal powder-bed fusion machines for metallic materials for aerospace application	发布
42	ISO/ASTM 52942：2020	Additive manufacturing-Qualification principles-Qualifying machine operators of laser metal powder bed fusion machines and equipment used in aerospace applications	发布
43	ISO/ASTM CD 52926—1	Additive manufacturing of metals-Qualification principles-Part 1：General qualification of machine operators	在研
44	ISO/ASTM CD 52926—2	Additive manufacturing of metals-Qualification principles-Part 2：Qualification of machine operators for PBF-LB	在研
45	ISO/ASTM CD 52926—3	Additive manufacturing of metals-Qualification principles-Part 3：Qualification of machine operators for PBF-EB	在研
46	ISO/ASTM CD 52926—4	Additive manufacturing of metals-Qualification principles-Part 4：Qualification of machine operators for DED-LB	在研
47	ISO/ASTM CD 52926—5	Additive manufacturing of metals-Qualification principles-Part 5：Qualification of machine operators for DED-Arc	在研
48	ISO/ASTM CD 52935	Additive manufacturing of metals-Qualification principles-Qualification of coordinators for metallic parts production	在研
49	ISO/ASTM AWI 52937	Additive Manufacturing of metals-Qualification principles-Qualification of designers	在研
50	ISO/ASTM AWI 52943—2	Additive manufacturing for aerospace-Process characteristics and performance-Part 2：Directed energy deposition using wire and arc	在研
		WG 11(发布 1 项，在研 3 项) Joint ISO/TC 261-ISO/TC 61/SC 9 WG：Additive manufacturing for plastics 塑料联合工作组	
51	ISO 27547—1：2010	Plastics-Preparation of test specimens of thermoplastic materials using mouldless technologies-Part 1：General principles，and laser sintering of test specimens	发布
52	ISO/ASTM DIS 52924	Additive manufacturing of polymers-Feedstock materials-Qualification of materials for laser-based powder bed fusion of parts	在研
53	ISO/ASTM DIS 52925	Additive manufacturing of polymers-Qualification principles-Classification of part properties	在研
54	ISO/ASTM DIS 52936—1	Additive manufacturing of polymers-Powder bed fusion-Part 1：General principles and preparation of test specimens for PBF-LB	在研

SAC/TC562 经过翻译学习和试验验证，ISO/TC 261 发布的 20 项国际标准(包括 1 项 TR 技术文件标准、1 项 TS 技术规范标准)，并结合我国标准化现状，对部分标准进行了转化，转化率为 72%。具体包括：已发布的 GB/T 35352—2017 等同采用国际标准 ISO/ASTM 52915：2016，GB/T 35021—2018、GB/T 37698—2019、GB/T 39331—2020 修改采用国际标准 ISO 17296—2：2015、ISO/ASTM 52910：2018、ISO 17296—4：2014，已报批的零件采购需求、坐标系和测试方法标准

修改采用国际标准 ISO/ASTM 52901：2017、ISO/ASTM 52921：2013，在研的高分子材料激光粉末床熔融设计、金属材料激光粉末床熔融设计、设备验收试验标准等同采用国际标准 ISO/ASTM 52911—1：2019、ISO/ASTM 52911—2：2019、ISO/ASTM 52941：2020，术语、主要特性和测试方法、金属材料粉末床熔融工艺规范、金属粉末性能表征方法、标准分别参考了国际标准 ISO/ASTM 52900：2015、ISO 17296—3：2014、ISO/ASTM 52904：2019、ISO/ASTM 52907：2019。

随着增材制造的应用场景越来越丰富、工程化应用的潜力越来越凸显，世界各国都在积极用好标准"先手棋"，努力通过加强标准化工作引领增材制造产业发展。

从标准数量增长看，以美国为例，2009 年就组建了全球第一个增材制造标准组织 ASTM F42(ASTM 即美国材料与试验协会，对等我国团体标准组织，是美国增材制造标准的主导者，在全球已经形成较强影响力)，先后组建下设标准制定组织 25 个，累计制定标准 99 项(已发布标准 31 项、在研标准 68 项)。在这些标准中，89 项为 2016 年以后新立项和发布的标准(新发布标准为 21 项)，占到标准总量的 89.9%，且标准数量增长速度越来越快。

从合作模式看，成立于 2011 年的国际标准化组织 ISO/TC261，在成立之初就与 ASTM F42 建立了紧密的合作关系，双方通过 PSDO 模式共同推进国际标准化工作，在已发布的 19 项国际标准中，16 项采用了 ISO/ASTM 双编号形式，另外在研的 35 项国际标准都将采用 PSDO 模式推动编制、ISO/ASTM 双编号形式发布。2015 年，欧洲标准化组织 CEN/TC 438 也加入其中。三方提出了全球共用一套增材制造标准体系、共同制定和实施同一套增材制造技术标准的发展思路，增材制造领域"国际标准(ISO) = 美国标准(ASTM) = 欧洲标准(CEN)"高度统一的标准化工作格局基本形成。

从关注重点看，以 ISO/TC 261 为例，在成立了 WG1 术语，WG2 工艺、系统和材料，WG3 测试方法和质量规范，WG4 数据和设计，WG6 环境、健康和安全等工作组的基础上，近些年与信息技术、粉末冶金、无损检测、自动化系统与集成、航空、航天、焊接等多个领域 26 个国际标准组织 TC、SC，以及欧洲机床工业协会(CECIMO)、欧洲粉末冶金协会(EPMA)等建立了联络员关系。另外，自 2019 年起，ISO/TC 261 制定的国际标准标题都将采用 3 段式进行统一命名(例如：Additive Manufacturing for Medical-data-XXX)，通过标题第 1 段直接明确国际标准关注的范围，涉及金属、聚合物、陶瓷、复合材料、医疗、汽车、核电、海事、航空、航天、电子、建筑、石油和天然气、运输和重型机械 14 个重点方向，标准与具体应用行业领域结合越来越紧密。

与国外发达国家相比，我国增材制造的标准化工作起步不晚，目前累计新制定增材制造标准 165 项，包括政府主导制定标准(国家和行业标准)73 项(已发布标准 23 项、在研标准 50 项)，和团体标准 92 项，并发布 1 项国际标准，由政府主导制定标准和市场自主制定标准协同推进的新型标准体系基本形成。

但是，近年来，随着各领域对增材制造的需求逐步显现，因标准供给不足导致技术虽好、行业却不敢用或使用成本过高的情况仍然存在。以 C919 国产大飞机为例，虽已实现 28 个增材制造零部件装机使用，但由于缺乏有效的制备标准指导加工生产、检测方法标准指导关键性能评价等，导致仅测试项目就消耗了 10 吨钛合金材料，打印了 3000 多根不同热处理条件的测试样品，经过了 9 批次重复验证，测试费用高达约 2000 万元，耗时两年多才完成。另外，从前期参与国际标准化工作的情况来看，不能及时得到美国等国家签证、中国提出提案立项艰难等问题仍然存在。

我国增材制造标准化工作初显成效，目前国际标准发布 1 项，国家标准已发布 23 项、在研 31 项，行业标准在研 19 项，初步奠定了我国增材制造标准化工作的基础。

我国牵头制定的首项增材制造国际标准 ISO/IEC 23510 于 2021 年 10 月正式发布，标志着我国该领域国际标准化工作实现了零的突破。该标准结合当前增材制造智能化、服务化的发展趋势，基于我国作为增材制造最大应用市场前期积累的经验和成果，在全球率先对增材制造服务平台(Additive Manufacturing Service Platform，AMSP)进行了定义，提出了增材制造服务平台的通用架构，对 AMSP 应该具备的基本功能、不同功能的基本要求等做出了界定，同时给出了多个典型增材制造服务平台的运作模式，对于规范和促进全球增材制造平台化、服务化、智能化发展具有重要作用，是我国在前沿新兴领域国际标准化工作的典型代表，标志着我国在先进制造领域牵头制定国际标准又迈出了重要一步。

《增材制造主要特性和测试方法零件和粉末

原材料》《增材制造工艺分类及原材料》等5项国家标准均于2019年正式实施，涉及增材制造设计、工艺、测试方法和服务四个方面，对促进我国增材制造的规范化发展具有重要意义，也为制定更多的增材制造标准、建立和完善增材制造标准体系奠定了基础。尤其是主要特性和测试方法标准，已经在以国家增材制造产品质量监督检验中心(江苏)为代表的多家机构、企事业单位等得到实施与应用；工艺分类及原材料标准已经在共享智能铸造产业创新中心有限公司、湖南华曙高科技股份有限公司等企业得到应用和实施，为开展增材制造产品设计、制造、加工和使用人员提供一套完整的工艺原理和材料分类，从根本上解决增材制造技术工艺原理和材料分类描述不统一的问题。例如，湖南华曙公司将该标准用于选区激光烧结设备、选区激光熔融设备及相关3D打印产品的设计、研发、生产、检测等，建立了较为成熟完善的研发制造及生产工艺体系，支撑了高分子复杂结构增材制造国家工程实验室、工信部3D打印智能制造试点示范项目的建设，陆续形成了具备国际视野的研发体系和全球销售服务网络。

《增材制造金属材料粉末床熔融工艺规范》《增材制造金属材料定向能量沉积工艺规范》《增材制造金属制件热处理工艺规范》《增材制造塑料材料挤出成形工艺规范》《增材制造数据处理通则》《增材制造金属制件机械性能评价通则》《增材制造测试方法标准测试件及其精度检验》《增材制造金属粉末性能表征方法》8项国家标准于2021年6月1日正式实施，已在航空航天、工业机械、生物医疗、汽车电子等领域得到了广泛应用。例如，工艺类标准规范了增材制造的几大典型工艺过程，进一步提升增材制造技术的工艺水平，积极促进并提高传统制造企业与增材制造技术结合开展产品研发与核心零部件制造；再如，测试方法类标准将为设备制造商、材料供应商、设备使用者、零件供应商、客户提供检测评价依据，指导用户把控产品(包括原材料、设备和制件)质量，促进制造商针对产品出现的问题进行改善，或做降低成本等方面的改进，推动增材制造技术进步与规模化应用，促进增材制造产业发展及标准体系的完善。

GB/T 39955—2021《增材制造材料粉末床熔融用尼龙12及其复合粉末》国家标准于2021年10月1日正式实施。该标准除规定了粉末床熔融用尼龙12及其复合粉末的性能要求，还创新性地提出了成形试样性能的技术要求，对提高行业门槛、促进产业快速发展具有重要意义，同时倒逼生产厂家提升产品性能、提高研发能力，如粉末粒径分布范围更集中，成形性能更好；成形试样表观性能和力学性能得到提升。该标准一经发布，已经在国内的尼龙12粉末生产厂家中得到应用，尤其是以广东银禧科技股份有限公司、湖南华曙高科技股份有限公司为代表的多家机构和企事业单位。目前，银禧和华曙两家公司按照标准规定的试验方法对尼龙12及其复合粉末材料进行出厂检验，其销售的粉末材料按照标准规定包装、运输和贮存，提供质量证明书，同购货方签订标准规定的订货单，该标准促进银禧公司建立了较为成熟完善的研发制造、生产与销售体系，支撑了广东省3D打印高分子及其复合材料企业重点实验室等示范项目的建设。市场对该标准反映良好，用户认为该标准的实施对产品和试样的性能、检验方法等方面进行了切实的规范，保障了消费者的利益。

(全国增材制造标准化技术委员会　薛莲，中国航空综合技术研究所　栗晓飞)

四、专利综述

随着科学技术的进步与知识经济的发展，知识产权作为一个企业乃至国家提高核心竞争力的战略资源，正在凸现出前所未有的重要地位。本部分首先针对增材制造技术领域国内外论文、专利文献进行检索、分析，在此基础上，分析研究全球以及国内增材制造技术的基础研究、专利技术现状，归纳总结了增材制造主流技术、新兴技术的专利申请趋势。

(一)研究背景

《中华人民共和国民法典》中规定了6种知识产权类型，即著作权、专利权、商标权、发现权、发明权和其他科技成果权，并规定了知识产权的民法保护制度。随着知识经济全球化进程的加快，论文、专利文献作为反映科技发展，特别是技术发展态势的重要情报来源，在科技战略制定中发挥着日益重要的作用。增材制造知识产权分析可以帮助企业从宏观层面了解专利技术发展脉络、技术热点和整个领域的专利布局竞争态势，从微观层面进一步明晰可借鉴的布局策略、筛选和判定有价值空白点，从竞争层面可以分析竞争对手布局特点和布局策略；也可以帮助研发人员发现新的技术领域和技术手段、激发新的创意、规避专利侵权、提高研发技术的质量，最终促进创新活动，推进技术研发并转发成相应专利成果。

本文关于增材制造的术语主要参考国家标准(GB/T 35351—2017)规定。考虑到增材制造是新兴技术，在近30多年的发展历史上，增材制造技术概念和内涵也不断演变，不同增材制造技术和工艺曾有多种不同表述，且技术本身也在不断发展。本文针对增材制造相关专利分析也考虑了相关演变过程。

(二)增材制造技术开发现状

专利信息作为专利活动的主要产物，涵盖了全球90%以上的最新技术情报，翔实地记录了各项发明创造和技术演进轨迹，已成为当今时代最重要的技术文献和知识宝库。

1. 全球专利申请现状分析

由图1-10可知，2003年至2021年增材制造专利申请基本可以划分为两个阶段：2003年到2011年的概念导入期和2012年到2021年的快速发展期。在2003—2011年期间，增材制造专利年申请量稳定在1000件以下，该阶段专利申请量虽然保持一定的年增长率，但增速较缓，平均年专利申请增长率大约为14%，其中2003年增材技术专利申请年增长率近49%，成为技术引入期阶段内专利增长最快的年份。自2012年开始，伴随着增材制造技术在消费商品、电子产品、医学和牙科、航空航天等领域的深入应用，全球增材制造技术申请进入快速发展期，其中2012—2018年专利年增长率均高于28%，2018年申请量高达9957件，专利相对增长率(RGR)和相对增长潜力率(RDGR)持续走高。需要说明的是，由于发明专利申请通常是自申请日起18个月后被公开，本次检索时有因部分2019年、2020年、2021年的专利申请未被公开而引起的误差。

如图1-11所示，目前全球拥有增材制造技术专利最多数量的国家是中国，专利申请量为32053件，占增材制造技术专利全球申请总量的62.1%；其次为美国，专利申请量为8031件，占申请总量的15.6%；韩国位列第三，申请量为3063件，占申请总量的6%，德国紧随其后，申请量为2862件。世界知识产权组织和欧洲专利局的申请量分别位列第五第六，申请量合计约占申请总量的8.7%。由统计出的专利申请数据可知，申请量占前五位的国家——中国、美国、德国、韩国、日本所持有的专利申请量共占据增材制造全球申请总量的89%。这一数据表明中国、美国、德国、

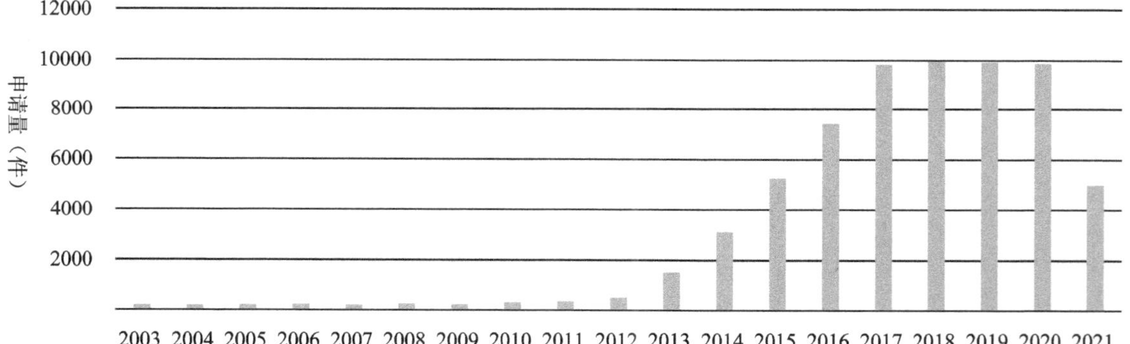

图1-10　增材制造技术全球专利申请趋势

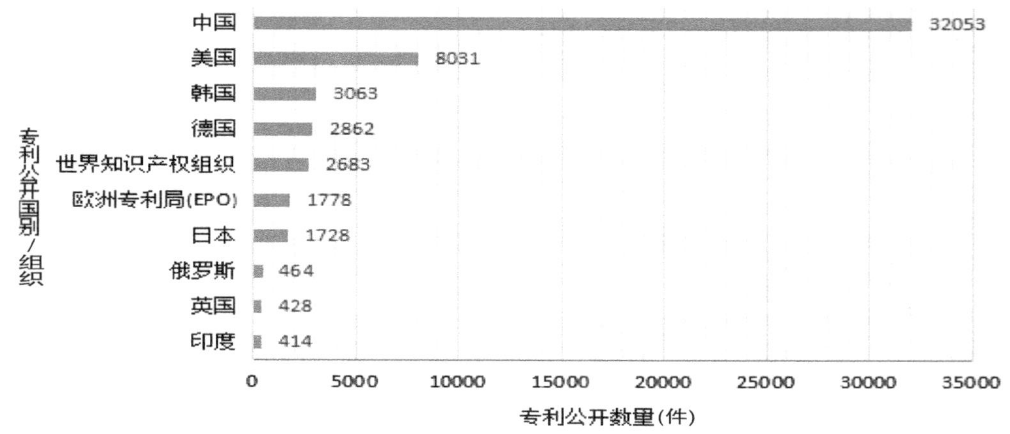

图1-11　增材制造全球专利申请国别/组织排名图

韩国、日本不仅是增材制造技术主要的研发创新国家，更是增材制造技术应用方面备受重视的五大国际市场。另外，世界知识产权组织和欧洲专利局的申请量的占比，表明各个国家都开始重视国际专利布局，占据国际市场。

虽然近年来中国在增材制造技术专利申请的数量上已赶超美国，但对全球增材制造专利申请按照优先国别进行排序后可发现(见图 1-12)，中国仍落后于美国、德国，在专利申请优先权国别排名第三。其中美国拥有全球增材制造原创专利的 38.23%，德国拥有 16.1%，而中国仅有 9.1%，这一数据表明美国和德国仍保持增材制造主要原创专利产出国的重要地位，掌握大部分增材制造核心技术，且具有较高的自主创新能力。中国虽然在专利申请数量上遥遥领先，但受限于专利申请的原创性及创新程度，专利申请的市场价值及技术含量仍有待提高。

增材制造技术专利原创地域是指最早研发某项增材制造技术并已递交专利申请的国家或地区。在表 1-5 中，行标签为专利申请人国别，列标签为专利申请国家或地区，从该表结果可知，美国、德国、日本籍的专利申请人在专利布局时注重在国际市场，例如美国和日本籍专利发明人申请的专利中均有 57% 在国外申请，德国的海外专利也达到 54.3%。相对而言，我国专利申请人专利布局重点仍局限于国内，只有少数向国外申请专利保护，从数据上看国内申请的专利占总量的 89.2%，而仅有 10.8% 的专利走向海外。

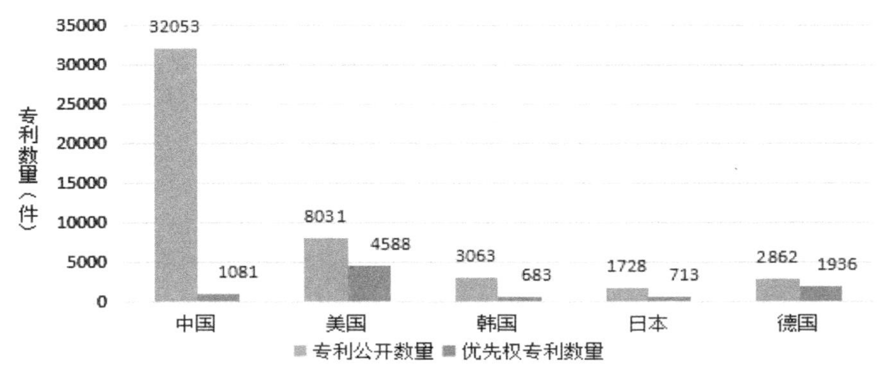

图 1-12　增材制造技术全球专利公开/优先权数量对比图

表 1-5　　主要国家/组织申请人增材制造技术专利布局情况　　单位(件)

国别＼区域申请人	中国	美国	韩国	世界知识产权组织	欧洲专利局	日本	德国	澳大利亚	英国	印度	国内/总量	国外/总量
中国	28569	2266	326	510	112	157	16	8	52	12	89.2%	10.8%
美国	1151	5213	186	952	838	431	126	27	73	46	57.6%	42.3%
韩国	86	231	2862	212	73	40	5	0	2	6	81.3%	18.6%
德国	498	410	80	425	569	117	2608	32	30	30	54.3%	45.6%
日本	163	259	49	151	207	1220	38	4	30	0	57.5%	42.4%

全球增材制造技术专利类型及有效性分布如图 1-13 所示。其中，创新程度较高的发明申请占主导地位，高达 63%，且专利有效的比例较高。除未决申请外，处于有效状态的专利申请量占总申请量的 49%；处于失效状态的专利申请还不足专利申请总量的 29%，且主要是国内申请人提出的专利申请。上述专利分析结果说明全球增材制造技术还处于一个技术发展期。虽然我国增材制造技术专利虽然在数量上已经追上竞争对手，但是面对增材制造日益激烈的国际竞争形势，我国技术发明人应积极抢占国际增材制造技术制高点，加强专利海外布局意识，努力减少未来产业国际化道路上的风险。

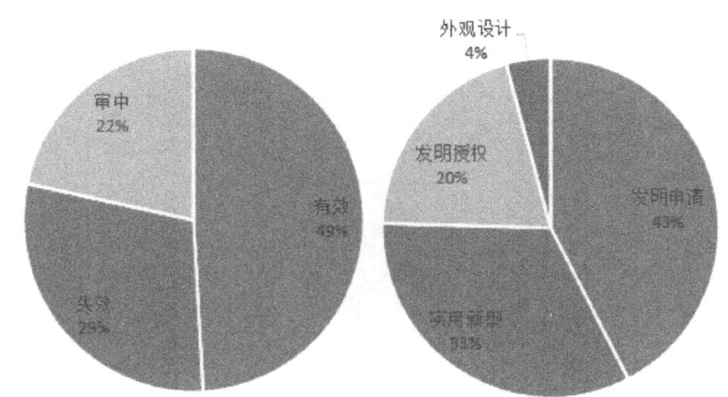

图 1-13　全球增材制造技术专利类型及有效性分布

按照年份整理全球增材制造技术各类型专利

的授权情况，如图 1-14 所示。2003 年至 2012 年全球增材制造技术专利申请类型以发明专利为主，2013 年开始发明专利和实用新型专利申请数量有明显上升趋势，而外观设计专利的申请数量增长相对缓慢得多。这一现象与发明、实用新型、外观设计专利保护的侧重点及增材制造技术、产业发展脉络息息相关。在增材制造技术的引入期，SLA 技术、FDM 技术和 BJ 技术等各种增材技术相继被发明，各国发明人更多进行以保护技术方案为主的发明专利申请，抢占增材制造技术的制高点。2012 年，美国提出《先进制造业国家战略计划》，将促进先进高端制造业发展提高到美国国家战略层面，自此以后以美国为代表的世界发达国家开始重新重视制造业，纷纷提出“再工业化计划”，增材制造作为“第三次工业革命”的关键技术之一，获得世界各主要国家的高度重视。我国也在同一时期开始积极推动增材制造技术的快速发展。因此，2012 年以后，增材制造技术相关发明专利及与产品、构造紧密相关的实用新型专利申请量呈现飞速增长趋势，而随着增材制造市场的日益繁荣及产值的快速攀升，以保护工业品外观设计为重点的专利申请也相应增加。

2. 中国专利申请现状分析

中国增材制造专利申请趋势如图 1-15 所示。中国与其他国家增材制造技术专利申请量对比如图 1-16 所示。对比可知，中国增材制造技术起步稍晚于其他发达国家，在 2000 年至 2008 年间，中国增材制造技术专利申请数量一直少于美国，国内增材制造技术尚处于萌芽阶段。而 2008 年以后，尤其是 2012 年开始，中国增材制造技术专利申请数量迅猛增长，已在专利申请数量上领先其他国家。其中，2013 年中国专利申请数量较 2012 年增长了两倍多，到 2020 年中国增材制造技术专利申请达到最高峰 7880 件，当年美国同技术领域内专利申请量仅有 821 件，仅为同期中国增材制造技术专利申请量的 9%。这一现象除了与计算机技术的持续发展以及新材料不断涌现有关，更与我国增材制造相关支持政策的颁布息息相关。增材制造这一极具发展前景的智能制造技术，已成为我国深化实施制造强国战略的重点方向之一。特

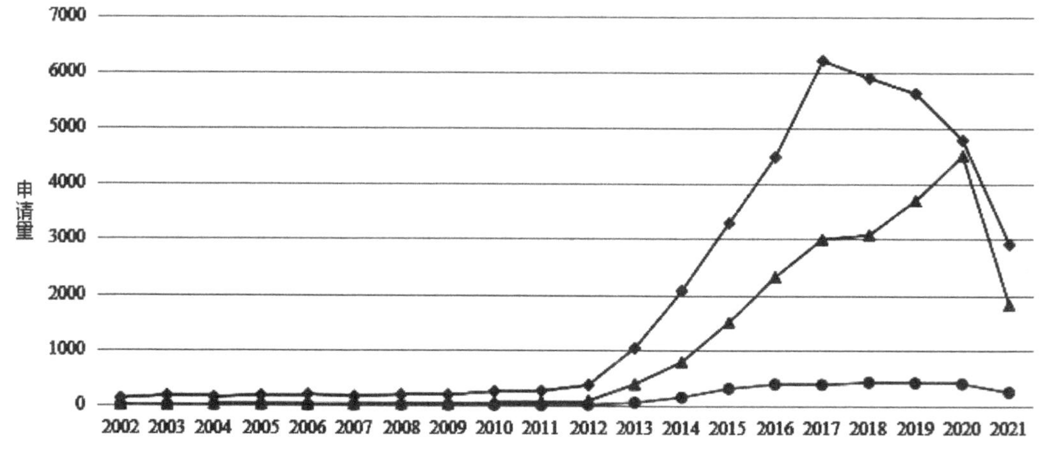

图 1-14 全球增材制造技术各类型专利公开情况

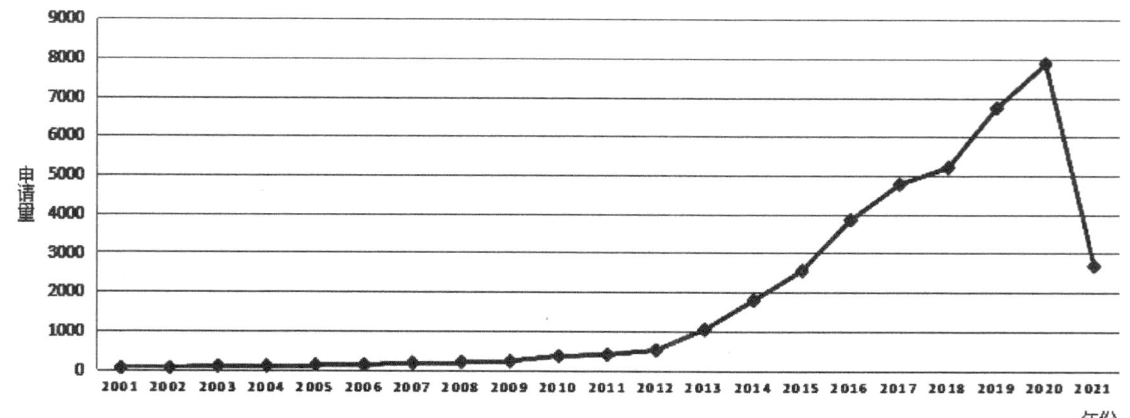

图 1-15 中国增材制造专利申请趋势

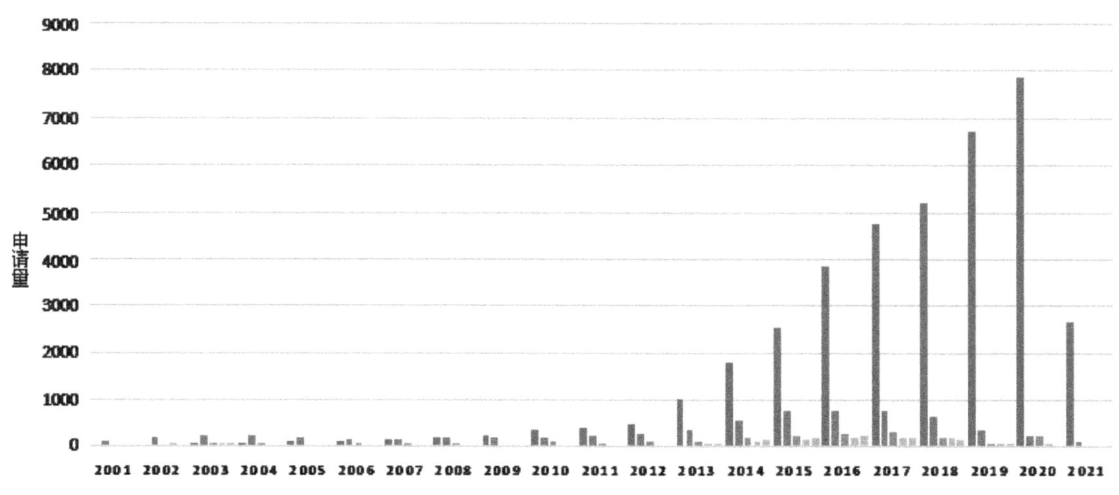

图 1-16　中国与其他国家增材制造技术专利申请量对比

别是近年来，我国增材制造技术研究和应用在全国各大高校和科研院所遍地开花，大批科研人员同时对增材制造的不同技术分支开展技术攻关和科学探索，并积极布局相关专利，所以专利申请数量保持快速增长的发展势头。

国内增材制造企业及科研院所在地域分布上较为集中，因此导致所在地域的专利申请量差别较大，增材制造技术排名前十的申请人省市为广东、江苏、北京、浙江、上海、陕西、安徽、四川、山东及辽宁，见表 1-6。其中广东省增材制造技术专利申请人以华南理工大学、广东工业大学、东莞理工学院为主，江苏省专利申请人排名靠前的为苏州大学和江苏大学，北京市相关领域专利申请人同样是以北京工业大学、清华大学为代表的众多高校。

表 1-6　增材制造技术排名前十的申请人省市及专利数量

排名	申请人省市	专利数量（件）	排名	申请人省市	专利数量（件）
1	广东	8473	6	陕西	2402
2	江苏	6205	7	安徽	2392
3	北京	3847	8	四川	1890
4	浙江	2930	9	山东	1832
5	上海	2528	10	辽宁	1627

对中国增材制造技术专利公开类型进行统计分析，如图 1-17 所示，已公开专利中 52% 的专利类型为发明专利申请，其中 15% 的专利类型为发明授权，44% 的专利类型为实用新型专利申请，而仅有 4% 的专利为外观设计。相比全球增材制造技术专利申请类型，我国专利申请类型中实用新型专利占比偏高，且近年来实用新型专利授权量增速较快，该现象有导致专利申请质量及稳定性不佳的风险。

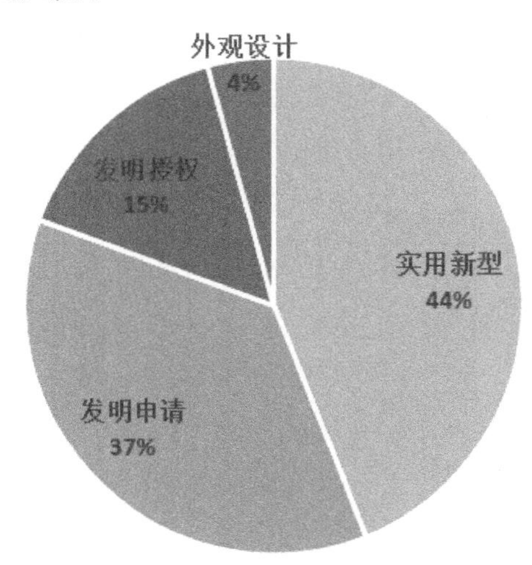

图 1-17　中国增材制造技术专利申请类型示意图

3. 专利技术分布及热点

当前，以增材制造为代表的新制造技术无论在基础研究、关键技术和产业发展方面正在飞速发展，其行业正在快速崛起。增材制造新工艺、新原理、新材料和新应用不断涌现，4D 打印、太空 3D 打印、电子 3D 打印、细胞 3D 打印、食品 3D 打印、建筑打印等新概念不断出现，其影响正从传统的制造业向社会的各个领域发展，并且应用范围不断扩展。在工业领域，增材制造正在成规模的集成到现有产品的业务流程或供应链中，以生产使用传统制造方法难以制造或成本太高的部件。增材制造不同于以往的生产技术，增材制造本身的数字化技术特征从一开始就与互联网、大数据、网络化云平台、移动终端、区块链和人工智能等科技紧密融合，伴随着这些科技的进步而快速发展。

针对全球增材制造相关专利 IPC 分类号分布进行整理分析，如图 1-18 和表 1-7 所示。目前全球增材制造技术中利用激光辐射或等离子体的金属增材制造专利申请数量较多，其次为塑料丝材的熔融沉积成形，利用喷射熔融金属，例如喷射烧结、喷射铸造技术的增材制造专利数量也位居前列。另外，围绕增材制造核心元器件如打印头、送料、平台基板及加热机构等的专利布局较为密集。除此之外，增材制造装置控制、数据处理、辅助操作相关专利也是申请热点。

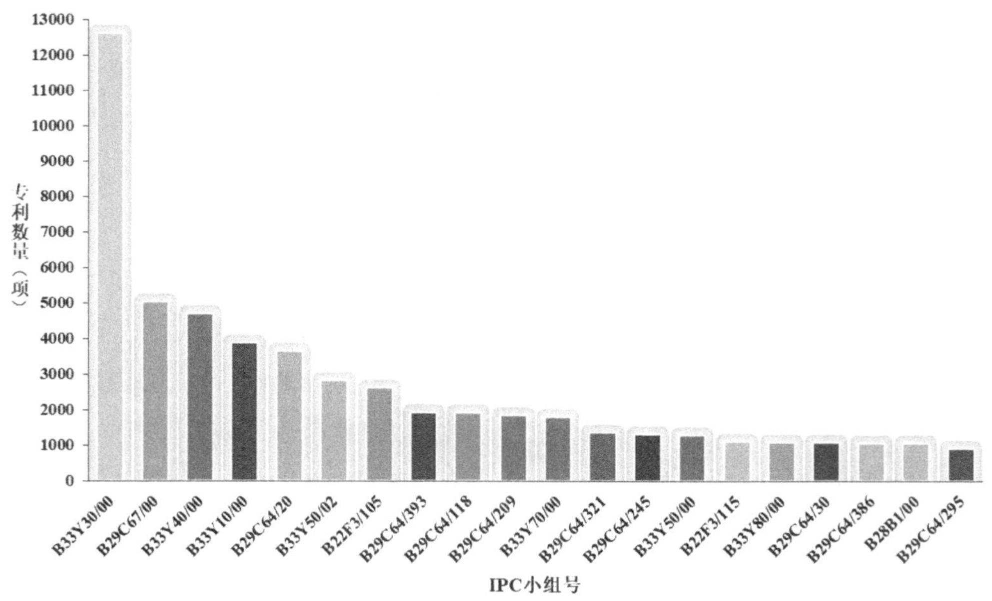

图 1-18 全球增材制造置专利排名前 20 位的 IPC 小组号

表 1-7 全球增材制造装置专利排名前 20 位的 IPC 小组号及含义

IPC 小组号	含义
B33Y30/00	附加制造设备
B29C67/00	不包含在 B29C39/00 至 B29C65/00，B29C70/00 至 B29C73/00 组中的成形技术
B33Y40/00	辅助操作或设备，如用于材料处理
B33Y10/00	附加制造的过程
B29C64/20	附加制造装置
B33Y50/02	用于控制或调节附加制造过程
B22F3/105	利用电流、激光辐射或等离子体
B29C64/393	用于控制或附加制造工艺
B29C64/118	使用被熔化的细丝材料，例如熔融沉积模制成形
B29C64/209	喷头；喷嘴
B33Y70/00	适用于附加制造的材料
B29C64/321	送料
B29C64/245	平台或基板
B33Y50/00	附加制造的数据获得或数据处理
B22F3/115	利用喷射熔融金属，例如喷射烧结、喷射铸造
B33Y80/00	附加制造的产品
B29C64/30	辅助操作或设备
B29C64/386	附加制造的数据获得或数据处理
B28B1/00	由材料生产成形制品
B29C64/295	加热元件

4. 小结

近年来，增材制造技术实现了爆发式发展，增材制造通过形形色色的打印材料和制造手段引领制造与科技创新，从一个个的研究点发展为一个热点的科学技术领域。增材制造研究覆盖了新原理、新方法、控形控性原理与方法、材料设计、结构优化设计、装备质量与效能提升、质量检测与标准、复合增材制造等全系统。

（西安交通大学　王磊等）

五、融资综述

中国增材制造产业联盟联合北京南极熊科技有限公司，统计了2021年全球的增材制造公司投融资情况。此次统计了全球142个投融资案例，涵盖了国内外的装备企业、材料供应商、软件企业、服务商等企业。

(一)投融资概况

近年来，随着增材制造技术的不断成熟，产业总投入持续增加，优势企业发展壮大，风险投资机构对于增材制造企业的投资规模也在不断攀升。据统计，2021年，全球增材制造企业投融资案例142例，其中，国内投资案例34例，国外投资案例108例。全球增材制造投融资案例数量比2020年的100例增长42%，其中，国内增长9.7%，国外增长56.5%，如图1-19所示。资本市场对增材制造上下游企业投资保持积极态度，一方面得益于增材制造产业日趋成熟，另一方面也受到国外货币超发带来的影响。

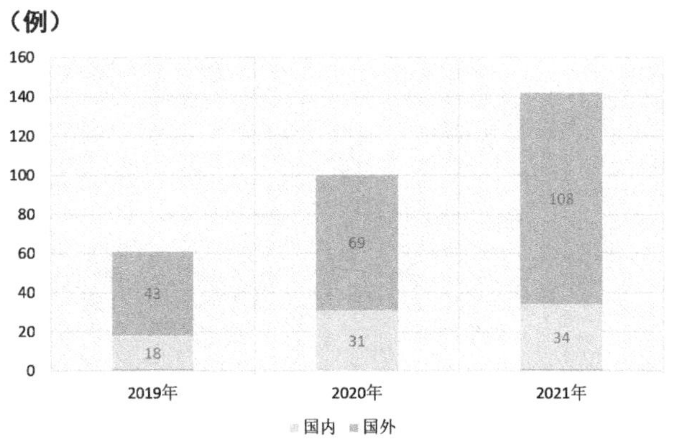

图1-19　2019年~2021年全球增材制造企业投融资案例数

在投融资金额方面，2021年也保持了较大幅度的增长，2021年全球增材制造企业投融资总额达到648亿元，其中，中国增材制造项目融资总额达到48亿元左右，与2020年相比增加了33.3%。国外增材制造项目融资总额达到650亿人民币左右，与2020年的融资总额360亿元(剔除了美国Aerojet 44亿美元的收购)相比增长了66.7%，如图1-20所示。

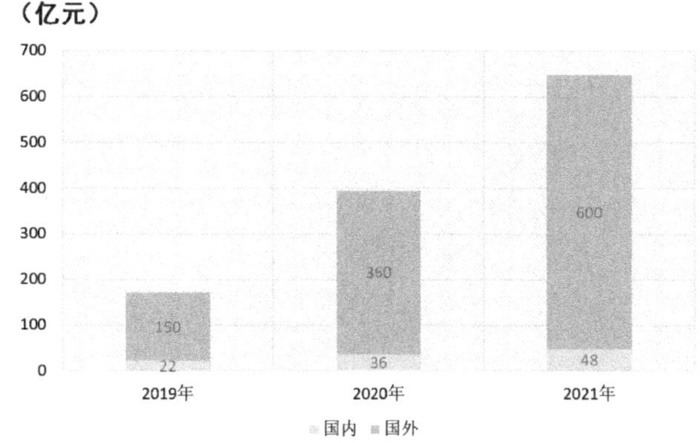

图1-20　2019年~2021年全球增材制造项目投融资总额

(二)获得投资的企业概况

本次统计到的增材制造企业，按照投资轮次进行划分，大部分项目集中在A轮和B轮，另外国外上市和收购案例较多，可以说迎来了增材制造行业的资本盛宴。统计到的增材制造收购案例有44例，IPO上市案例有10例。如图1-21所示。

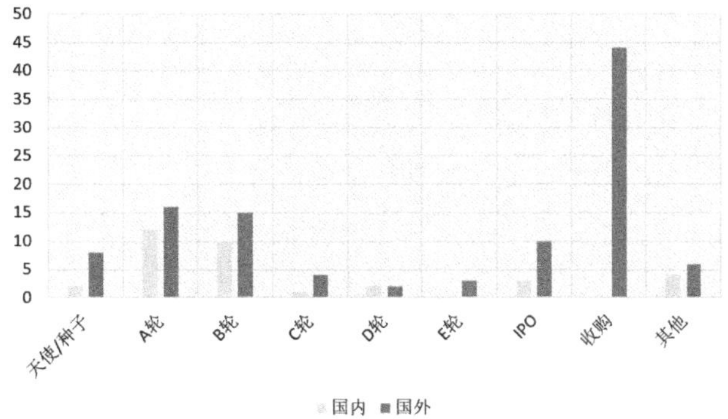

图1-21　2021年全球增材制造项目投融资轮次

获得投资的企业按照经营业务分为增材制造装备商、材料供应商、软件开发商、综合服务商和其他类型。在中国获得投资的34个案例中，综合服务商数量达到16例，接近半数；专业从事装备、材料、软件生产的商家分别为11例、2例和3例，如表1-8所示。其中，有7家公司在2021年获得了两轮投资，分别是华天软件、未来工场、远铸智能、镭镆科技、知象光电、三迭纪、西湖未来智造。

表1-8　中国获得投资的增材制造企业情况

经营业务	装备	材料	综合服务	软件	其他
投资案例数量	11	2	16	3	2

在国外获得投资的108个案例中，综合服务商数量达到41例，专业从事装备、材料、软件生产的商家分别为41例、5例和15例，其他项目6

例，如表 1-9 所示。

表 1-9 国外获得投资的增材制造企业情况

经营业务	装备	材料	综合服务	软件	其他
投资案例数量	41	5	41	15	6

(三) 增材制造企业投融资趋势

进入 2022 年以来，国内的头部增材制造企业进一步受到投资机构的青睐，投融资情况活跃，新增资金的投入将进一步推动国内增材制造行业的发展，国内将新增多家增材制造上市公司。从国外来看，随着美联储加息等政策的影响，以及 2021 年异常活跃的投融资，国外增材制造行业投融资将难以保持较高的活跃度。

（北京南极熊科技有限公司 黎海雄）

第二篇　政策篇

2021 年，国家及地方政府共发布 21 份增材制造相关政策文件，大力支持增材制造关键技术突破及应用推广，推动增材制造产业发展。

一、2021 年国家主要政策

《中华人民共和国国民经济和社会发展第十四个五年规划和 2035 年远景目标纲要》在“专栏 4 制造业核心竞争力提升”中明确提出“发展增材制造”。

《“工程科学与综合交叉重点专项”2021 年度项目申报指南》，涉及三维纳米结构激光快速加工原理与方法研究、对混凝土 3D 打印及其装配化与高效智能建造原理的研究、月球模拟环境下大尺寸的三维打印的研究。

《“先进结构与复合材料”重点专项 2021 年度项目申报指南》涉及对 TiAl 合金粉末制备、高强铝合金增材制造技术、低面密度空间轻量化碳化硅增材制造工艺及光学部件制造、金刚石超硬复合材料制品增材制造技术、增材制造用高性能高温合金集成设计与制备技术、增材制造实时表征技术等研究。

《“高端功能与智能材料”重点专项 2021 年度项目申报指南》，涉及对大尺寸类骨无机非金属材料 3D 打印关键技术及表面后处理技术的突破，实现多种无机非金属材料的研发。

在《2021 年度实施企业标准“领跑者”重点领域》的“通用设备制造业”的产品类别中，新增“增材制造装备”。

《“十四五”医疗装备产业发展规划》在重点发展领域的“有源植介入器械”内容中，提出推动 3D 打印技术应用。

《“十四五”智能制造发展规划》，在重点任务第一条中提出“开发应用增材制造、超精密加工等先进工艺技术”，并将增材制造列为专栏“智能制造技术攻关行动中”的“关键核心技术”。同时，将“激光/电子束高效选区熔化装备、激光选区烧结成形装备等增材制造装备”列为“十四五”期间重点发展的“通用智能制造装备”。

在《进口不予免税的重大技术装备和产品目录 2021 版》中，新增“高功率光纤激光器”“粘结剂喷射成形增材制造装备”“粉末床激光增材制造装备”“送粉式激光增材制造装备”“送丝式电子束增材制造装备”等装备和零部件。

国家发布增材制造相关文件见表 2-1，相关信息摘录见下文。

表 2-1　国家 2021 年增材制造相关政策汇总

发文部门	时间	政策名称
国家规划	2021 年 3 月	《中华人民共和国国民经济和社会发展第十四个五年规划和 2035 年远景目标纲要》
科学技术部	2021 年 2 月	《“工程科学与综合交叉重点专项”2021 年度项目申报指南》
科学技术部	2021 年 2 月	《“高端功能与智能材料”重点专项 2021 年度项目申报指南》
科学技术部	2021 年 2 月	《“先进结构与复合材料”重点专项 2021 年度项目申报指南》
市场监督管理局	2021 年 6 月	《2021 年度实施企业标准“领跑者”重点领域》
工业和信息化部、国家发展和改革委员会、教育部、科学技术部、财政部、人力资源和社会保障部、国家市场监督管理总局、国务院国有资产监督管理委员会	2021 年 12 月	《“十四五”智能制造发展规划》
工业和信息化部、国家卫生健康委员会、国家发展和改革委员会、科学技术部、财政部、国务院国有资产监督管理委员会、国家市场监督管理总局、国家医疗保障局、国家中医药管理局、国家药品监督管理局	2021 年 12 月	《“十四五”医疗装备产业发展规划》
工业和信息化部、财政部、海关总署、国家税务总局、国家能源局	2021 年 12 月	《进口不予免税的重大技术装备和产品目录》

(一)《中华人民共和国国民经济和社会发展第十四个五年规划和2035年远景目标纲要》(摘录)

第八章 深入实施制造强国战略

坚持自主可控、安全高效，推进产业基础高级化、产业链现代化，保持制造业比重基本稳定，增强制造业竞争优势，推动制造业高质量发展。

> **专栏 制造业核心竞争力提升**
>
> **03 智能制造与机器人技术**
>
> 重点研制分散式控制系统、可编程逻辑控制器、数据采集和视频监系统等工业控制装备，突破先进控制器、高精度伺服驱动系统、高性能减速器等智能机器人关键技术。发展增材制造。

(二)《2021年度实施企业标准"领跑者"重点领域》(摘录)

序号	产品类别	领域
111	通用设备制造业	增材制造装备

(三)《"十四五"医疗装备产业发展规划》(摘录)

三、重点发展领域

(七)有源植介入器械

加快植入式心脏起搏、心衰治疗介入、神经刺激等有源植介入器械研制。发展生物活性复合材料、人工神经、仿生皮肤组织、人体组织体外培养、器官修复和补偿等。推动先进材料、3D打印等技术应用，提升植介入器械生物相容性及性能水平。

(四)《"十四五"智能制造发展规划》

智能制造是制造强国建设的主攻方向，其发展程度直接关乎我国制造业质量水平。发展智能制造对于巩固实体经济根基、建成现代产业体系、实现新型工业化具有重要作用。为贯彻落实《中华人民共和国国民经济和社会发展第十四个五年规划和2035年远景目标纲要》，加快推动智能制造发展，编制本规划。

一、现状与形势

近十年来，通过产学研用协同创新、行业企业示范应用、央地联合统筹推进，我国智能制造发展取得长足进步。供给能力不断提升，智能制造装备市场满足率超过50%，主营业务收入超10亿元的系统解决方案供应商达40余家。支撑体系逐步完善，构建了国际先行的标准体系，发布国家标准285项，牵头制定国际标准28项；培育具有行业和区域影响力的工业互联网平台近80个。推广应用成效明显，试点示范项目生产效率平均提高45%、产品研制周期平均缩短35%、产品不良品率平均降低35%，涌现出离散型智能制造、流程型智能制造、网络协同制造、大规模个性化定制、远程运维服务等新模式新业态。但与高质量发展的要求相比，智能制造发展仍存在供给适配性不高、创新能力不强、应用深度广度不够、专业人才缺乏等问题。

随着全球新一轮科技革命和产业变革突飞猛进，新一代信息通信、生物、新材料、新能源等技术不断突破，并与先进制造技术加速融合，为制造业高端化、智能化、绿色化发展提供了历史机遇。同时，世界处于百年未有之大变局，国际环境日趋复杂，全球科技和产业竞争更趋激烈，大国战略博弈进一步聚焦制造业，美国"先进制造业领导力战略"、德国"国家工业战略2030"、日本"社会5.0"等以重振制造业为核心的发展战略，均以智能制造为主要抓手，力图抢占全球制造业新一轮竞争制高点。

当前，我国已转向高质量发展阶段，正处于转变发展方式、优化经济结构、转换增长动力的攻关期，但制造业供给与市场需求适配性不高、产业链供应链稳定面临挑战、资源环境要素约束趋紧等问题凸显。站在新一轮科技革命和产业变革与我国加快高质量发展的历史性交汇点，要坚定不移地以智能制造为主攻方向，推动产业技术变革和优化升级，推动制造业产业模式和企业形态根本性转变，以"鼎新"带动"革故"，提高质量、效率效益，减少资源能源消耗，畅通产业链供应链，助力碳达峰碳中和，促进我国制造业迈向全球价值链中高端。

二、总体思路

(一)指导思想

以习近平新时代中国特色社会主义思想为指导，全面贯彻党的十九大和十九届二中、三中、四中、五中、六中全会精神，立足新发展阶段，完整、准确、全面贯彻新发展理念，构建新发展格局，深化改革开放，统筹发展和安全，以新一代信息技术与先进制造技术深度融合为主线，深入实施智能制造工程，着力提升创新能力、供给能力、支撑能力和应用水平，加快构建智能制造发展生态，持续推进制造业数字化转型、网络化协同、智能化变革，为促进制造业高质量发展、加快制造强国建设、发展数字经济、构筑国际竞争新优势提供有力支撑。

(二)基本原则

坚持创新驱动。把科技自立自强作为智能制造发展的战略支撑，加强用产学研协同创新，着力突破关键核心技术和系统集成技术。支持企业、高校、科研院所等组建联合体，开展技术、工艺、装备、软件和管理、模式创新，提升核心竞争力。

坚持市场主导。充分发挥市场在资源配置中的决定性作用，强化企业在发展智能制造中的主体地位。更好发挥政府在战略规划引导、标准法规制定、公共服务供给等方面作用，营造良好环境，激发各类市场主体内生动力。

坚持融合发展。加强跨学科、跨领域合作，推动新一代信息技术与先进制造技术深度融合。发挥龙头企业牵引作用，推动产业链供应链深度互联和协同响应，带动上下游企业智能制造水平同步提升，实现大中小企业融通发展。

坚持安全可控。强化底线思维，将安全可控贯穿智能制造创新发展全过程。加强安全风险研判与应对，加快提升智能制造数据安全、网络安全、功能安全保障能力，着力防范化解产业链供应链风险，实现发展与安全相统一。

坚持系统推进。聚焦新阶段新要求，立足我国实际，统筹考虑区域、行业发展差异，加强前瞻性思考、全局性谋划、战略性布局、整体性推进，充分发挥地方、行业和企业积极性，分层分类系统推动智能制造创新发展。

(三)发展路径和目标

“十四五”及未来相当长一段时期，推进智能制造，要立足制造本质，紧扣智能特征，以工艺、装备为核心，以数据为基础，依托制造单元、车间、工厂、供应链等载体，构建虚实融合、知识驱动、动态优化、安全高效、绿色低碳的智能制造系统，推动制造业实现数字化转型、网络化协同、智能化变革。到2025年，规模以上制造业企业大部分实现数字化网络化，重点行业骨干企业初步应用智能化；到2035年，规模以上制造业企业全面普及数字化网络化，重点行业骨干企业基本实现智能化。

2025年的主要目标是：

转型升级成效显著。70%的规模以上制造业企业基本实现数字化网络化，建成500个以上引领行业发展的智能制造示范工厂。制造业企业生产效率、产品良品率、能源资源利用率等显著提升，智能制造能力成熟度水平明显提升。

供给能力明显增强。智能制造装备和工业软件技术水平和市场竞争力显著提升，市场满足率分别超过70%和50%。培育150家以上专业水平高、服务能力强的智能制造系统解决方案供应商。

基础支撑更加坚实。建设一批智能制造创新载体和公共服务平台。构建适应智能制造发展的标准体系和网络基础设施，完成200项以上国家、行业标准的制修订，建成120个以上具有行业和区域影响力的工业互联网平台。

三、重点任务

(一)加快系统创新，增强融合发展新动能。

强化科技支撑引领作用，推动跨学科、跨领域融合创新，打好关键核心和系统集成技术攻坚战，构建完善创新网络，持续提升创新效能。

加强关键核心技术攻关。聚焦设计、生产、管理、服务等制造全过程，突破设计仿真、混合建模、协同优化等基础技术，开发应用增材制造、超精密加工等先进工艺技术，攻克智能感知、人机协作、供应链协同等共性技术，研发人工智能、5G、大数据、边缘计算等在工业领域的适用性技术。

加速系统集成技术开发。面向装备、单元、车间、工厂等制造载体，构建制造装备、生产过程相关数据字典和信息模型，开发生产过程通用数据集成和跨平台、跨领域业务互联技术。面向产业链供应链，开发跨企业多源信息交互和全链条协同优化技术。面向制造全过程，突破智能制造系统规划设计、建模仿真、分析优化等技术。

推进新型创新网络建设。围绕关键工艺、工业母机、数字孪生、工业智能等重点领域，支持行业龙头企业联合高校、科研院所和上下游企业建设一批制造业创新载体。鼓励研发机构创新发展机制，加强数据共享和平台共建，开展协同创新。推动产业化促进组织建设，加快创新成果转移转化。建设一批试验验证平台，加速智能制造装备和系统推广应用。

专栏1　智能制造技术攻关行动

关键核心技术。突破产品优化设计与全流程仿真、基于机理和数据驱动的混合建模、多目标协同优化等基础技术；增材制造、超精密加工、近净成形、分子级物性表征等先进工艺技术；工业现场多维智能感知、基于人机协作的生产过程优化、装备与生产过程数字孪生、质量在线精密检测、生产过程精益管控、装备故障诊断与预测性维护、复杂环境动态生产计划与调度、生产全流程智能决策、供应链协同优化等共性技术；5G、人工智能、大数据、边缘计算等新技术在典型行业质量检测、过程控制、工艺优化、计划调度、设备运维、管理决策等方面的适用性技术。

系统集成技术。开发基于信息模型和标准接口的可复用数据集成技术；制造装备、产品设计软件、管控软件、业务管理软件等之间的业务互联技术；面向产业链供应链协同的包含订单、质量、生产实绩等内容的企业信息交互技术；公有云、混合云和边云协同的灵活云化部署技术；涵盖设计、生产、管理、服务等制造全过程的复杂系统建模技术；基于模型的价值流分析和优化技术。

(二)深化推广应用，开拓转型升级新路径。

聚焦企业、行业、区域转型升级需要，围绕车间、工厂、供应链构建智能制造系统，开展多场景、全链条、多层次应用示范，培育推广智能制造新模式。

建设智能制造示范工厂。加快新一代信息技术与制造全过程、全要素深度融合，推进制造技术突破和工艺创新，推行精益管理和业务流程再造，实现泛在感知、数据贯通、集成互联、人机协作和分析优化，建设智能场景、智能车间和智能工厂。引导龙头企业建设协同平台，带动上下游企业同步实施智能制造，打造智慧供应链。鼓励各地方、行业开展多场景、多层级应用示范，培育推广智能化设计、网络协同制造、大规模定制、共享制造、智能运维服务等新模式。

专栏2　智能制造示范工厂建设行动

智能场景。推动数字孪生、人工智能、5G、大数据、区块链、虚拟现实(VR)/增强现实(AR)/混合现实(MR)等新技术在制造环节的深度应用，探索形成一批"数字孪生+""人工智能+""虚拟/增强/混合现实(XR)+"等智能场景。

智能车间。覆盖加工、检测、物流等环节，开展工艺改进和革新，推动设备联网和生产环节数字化连接，强化标准作业、可视管控、精准配送、最优库存，打造一批智能车间，实现生产数据贯通化、制造柔性化和管理智能化。

智能工厂。支持基础条件好的企业，围绕设计、生产、管理、服务等制造全过程开展智能化升级，优化组织结构和业务流程，强化精益生产，打造一批智能工厂，推动跨业务活动的数据共享和深度挖掘，实现对核心业务的精准预测、管理优化和自主决策。

智慧供应链。面向汽车、工程机械、轨道交通装备、航空航天装备、船舶与海洋工程装备、电力装备、医疗装备、家用电器、集成电路等行业，支持智能制造应用水平高、核心竞争优势突出、资源配置能力强的龙头企业建设供应链协同平台，打造数据互联互通、信息可信交互、生产深度协同、资源柔性配置的供应链。

推进中小企业数字化转型。加快实施中小企业数字化促进工程，针对中小企业典型应用场景，推广一批符合中小企业需求的数字化产品和服务。支持专精特新"小巨人"企业发挥示范引领作用，开展装备联网、关键工序数控化、业务系统云化等改造，推动中小企业工艺流程优化、技术装备升级。依托数字化服务商，提供数字化咨询诊断、智能化改造、上云用云等服务。

拓展智能制造行业应用。针对装备制造、电子信息、原材料、消费品等领域细分行业特点和痛点，制定智能制造实施路线图，分步骤、分阶段推进。支持有条件有基础的企业加大技术改造投入，持续推动工艺革新、装备升级、管理优化和生产过程智能化。建设行业转型促进机构，加快数据、标准和解决方案深化应用。组织开展经验交流、供需对接活动，总结推广智能制造新技术、新装备和新模式。

专栏3　行业智能化改造升级行动

装备制造领域。满足提高产品可靠性和高端化发展等需要，开发面向特定场景的智能成套生产线以及新技术与工艺结合的模块化生产单元；建设基于精益生产、柔性生产的智能车间和工厂；大力发展数字化设计、远程运维服务、个性化定制等模式。

电子信息领域。满足提高生产效率和产品良率、缩短研制周期等需要，建立复杂电磁环境下的企业通信网络和主动安全防护系统，实现企业内数据可靠传输；推进电子产品专用智能制造装备与自动化装配线的集成应用；开发智能检测设备与产品一体化测试平台；建设智能物流配送系统，优化生产经营决策系统。

原材料领域。满足安全生产、降耗减碳、提质降本等需要，实施大集团统一管理下的多基地协同制造；探索人工智能技术应用，实现工艺流程优化、工序动态协同、资源高效配置和智慧决策支持；针对民爆、矿山、危化品等危险性较大企业推广少人无人作业，实施安全一体化监控；实施大型制造设备健康监测和远程运维，保证流程安全运行；打造全生命周期数据共享平台，实现全产业链优化。

消费品领域。提高产品质量和安全性，满足多样化、高品质需求，大力推广面向工序的专用制造装备和专用机器人；支持供应链协同和用户交互平台建设，发展大规模定制；促进全产业链解决方案服务平台建设。

促进区域智能制造发展。鼓励地方创新完善政策体系，探索各具特色的区域智能制造发展路径。推动跨地区开展智能制造关键技术创新、供需对接、人才培养等合作。鼓励地方、行业组织、龙头企业等联合推广先进技术、装备、标准和解决方案，加快智能制造进园区，提升产业集群智能化水平。支持产业特色鲜明、转型需求迫切、基础条件好的地区建设智能制造先行区，打造智能制造技术创新策源地、示范应用集聚区、关键装备和解决方案输出地。

(三)加强自主供给，壮大产业体系新优势。

依托强大国内市场，加快发展装备、软件和系统解决方案，培育发展智能制造新兴产业，加速提升供给体系适配性，引领带动产业体系优化升级。

大力发展智能制造。针对感知、控制、决策、执行等环节的短板弱项，加强用产学研联合创新，突破一批"卡脖子"基础零部件和装置。推动先进工艺、信息技术与制造装备深度融合，通过智能车间/工厂建设，带动通用、专用智能制造装备加速研制和迭代升级。推动数字孪生、人工智能等新技术创新应用，研制一批国际先进的新型智能制造装备。

专栏4　智能制造装备创新发展行动

基础零部件和装置。研发微纳位移传感器、柔性触觉传感器、高分辨率视觉传感器、成分在线检测仪器、先进控制器、高精度伺服驱动系统、高性能高可靠减速器、可穿戴人机交互设备、工业现场定位设备、智能数控系统等。

通用智能制造装备。研发智能立/卧式五轴加工中心、车铣复合加工中心、高精度数控磨床等工作母机；智能焊接机器人、智能移动机器人、半导体(洁净)机器人等工业机器人；激光/电子束高效选区熔化装备、激光选区烧结成形装备等增材制造装备；超快激光等先进激光加工装备；高端分布式控制系统、可编程逻辑控制器、监视控制和数据采集系统等工业控制装备；数字化非接触精密测量、在线无损检测、激光跟踪测量等智能检测装备和仪器；智能多层多向穿梭车、智能大型立体仓库等智能物流装备。

专用智能制造装备。研发汽车发动机、变速箱等高效加工与近净成形成套装备，航空航天大型复合材料智能铺放、成形、加工和检测成套装备，航空航天智能装配装备，船舶板材激光焊接成套装备，高精度智能化热/冷连轧成套装备，百万吨以上智能化乙烯成套装备，新型干法水泥全流程智能化生产线，食品高黏度流体灌装智能成套装备，连续式针织物/纯涤纶织物印染成套装备，满足GMP要求的无菌原料药智能成套装备，极大规模集成电路制造成套装备，新型平板显示制造成套装备等。

新型智能制造装备。研发融合数字孪生、大数据、人工智能、边缘计算、虚拟现实/增强现实(VR/AR)、5G、北斗、卫星互联网等新技术的智能工控系统、智能工作母机、协作机器人、自适应机器人等新型装备。

专栏5　工业软件突破提升行动

研发设计类软件。开发计算机辅助设计(CAD)、计算机辅助工程(CAE)、计算机辅助工艺计划(CAPP)、计算机辅助制造(CAM)、流程工艺仿真、电子设计自动化(EDA)、产品数据管理(PDM)等。

生产制造类软件。开发制造执行系统(MES)、高级计划排程系统(APS)、工厂物料配送管控系统(TMS)、能源管理系统(EMS)、故障预测与健康管理软件(PHM)、运维综合保障管理(MRO)、安全管理系统、环境和碳排放管理系统等。

经营管理类软件。开发企业资源计划系统(ERP)、供应链管理系统(SCM)、客户关系管理系统(CRM)、人力资源管理(HRM)、质量管理系统(QMS)、资产绩效管理系统(APM)等。

控制执行类软件。开发工业操作系统、工业控制软件、组态编程软件等嵌入式工业软件及集成开发环境。

行业专用软件。开发面向特定行业、特定环节的模型库、工艺库等基础知识库，面向石化、冶金等行业的全流程一体化优化软件，面向大型装备的设计/生产/运维一体化平台软件，面向中小企业的综合管控平台软件等。

新型软件。开发工业APP、云化软件、云原生软件等。

着力打造系统解决方案。鼓励智能制造系统解决方案供应商与用户加强供需互动、联合创新，推进工艺、装备、软件、网络的系统集成和深度融合，开发面向典型场景和细分行业的解决方案。聚焦中小微企业特点和需求，开发轻量化、易维护、低成本的解决方案。加快系统解决方案供应商培育，推动规范发展，引导提供专业化、高水平、一站式的集成服务。

(四)夯实基础支撑，构筑智能制造新保障

瞄准智能制造发展趋势，健全完善计量、标准、信息基础设施、安全保障等发展基础，着力构建完备可靠、先进适用、安全自主的支撑体系。

深入推进标准化工作。持续优化标准顶层设计，统筹推进国家智能制造标准体系和行业应用标准体系建设。加快基础共性和关键技术标准制修订，加强现有标准的优化与协同，在智能装备、智能工厂等方面推动形成国家标准、行业标准、团体标准、企业标准相互协调、互为补充的标准群。加快标准的贯彻执行，支持企业依托标准开展智能车间/工厂建设。积极参与国际标准化工作，推动技术成熟度高的国家标准与国际标准同步发展。

专栏6　智能制造标准领航行动

标准体系建设。定期修订《国家智能制造标准体系建设指南》，建设纺织、石化、建材、汽车、航空、船舶、电力装备、轨道交通装备、家电、食品、钢铁、有色金属、新能源等细分领域的行业应用标准体系。

标准研制。加大标准试验验证力度，推动数字孪生、数据字典、人机协作、智慧供应链、系统可靠性、信息安全与功能安全一体化等基础共性和关键技术标准制修订，满足技术演进和产业发展需求，加快开展行业应用标准研制。

标准推广应用。围绕智能车间/工厂建设、新模式应用、供应链协同、新技术应用等方面，开展智能制造标准应用试点，形成国家标准、行业标准、团体标准协调配套的标准群，推进试点成果在中小企业和同行业企业的应用。

标准国际合作。继续加强中德智能制造/工业4.0标准合作，拓展中日、中英等合作，积极参与国际标准化活动，持续提升中国方案在国际标准中的贡献度，深化双边、多边标准化交流机制，形成一批标准化成果。

完善信息基础设施。加快工业互联网、物联网、5G、千兆光网等新型网络基础设施规模化部署，鼓励企业开展内外网升级改造，提升现场感知和数据传输能力。加强工业数据中心、智能计算中心等算力基础设施建设，支撑人工智能等新技术应用。支持大型集团企业、工业园区，围绕内部资源整合、产品全生命周期管理、产业链供应链协同、中小企业服务、工业数据处理分析，建立各具特色的工业互联网平台，实现全要素、全产业链数据的有效集成和管理。

加强安全保障。加强智能制造安全风险研判，同步推进网络安全、数据安全和功能安全，推动密码技术深入应用。实施企业网络安全分类分级管理，督促企业落实网络安全主体责任。完善国家、地方、企业多级工控信息安全监测预警网络，加快建设工业互联网安全技术监测服务体系。探索建立数据跨境传输备案与监管机制。建立符合政策标准要求的技术防护体系和安全管理制度。培育安全服务机构，加大网络安全技术产品推广应用，提升诊断、咨询、设计、实施等服务能力。

强化人才培养。定期编制智能制造人才需求预测报告和紧缺人才需求目录，研究制定智能制造领域职业标准。依托高技能人才培训基地等机构，开展大规模职业培训。加强应届毕业生、在职人员、转岗人员数字化技能培训，推进产教融合型企业建设，促进智能制造企业与职业院校深度合作，探索中国特色学徒制。深化新工科建设，在智能制造领域建设一批现代产业学院和特色化示范性软件学院，优化学科专业和课程体系设置，加快高端人才培养。弘扬企业家精神和工匠精神，鼓励开展智能制造创新创业大赛、技能竞赛。

四、保障措施

(一)强化统筹协调

加强部门协同，统筹实施智能制造工程，深入开展技术攻关、装备创新、示范应用、标准化、人才培养等。加强央地协作，鼓励地方出台配套政策和法律法规，引导各类社会资源聚集，形成系统推进工作格局。充分发挥智能制造专家咨询委员会及相关高校、科研机构、专业智库作用，开展智能制造前瞻性、战略性重大问题研究。鼓励企业结合自身实际加快实施智能制造，持续做好安全生产和环境保护工作。

(二)加大财政金融支持

加强国家重大科技项目、国家重点研发计划等对智能制造领域的支持。落实首台套重大技术装备和研发费用加计扣除等支持政策。鼓励国家相关产业基金、社会资本加大对智能制造的投资力度。发挥国家产融合作平台作用，引导金融机构为企业智能化改造提供中长期贷款支持，开发符合智能制造特点的供应链金融、融资租赁等金融产品。鼓励符合条件的企业通过股权、债权等方式开展直接融资。

(三)提升公共服务能力

鼓励行业组织、地方政府、产业园区、高校、科研院所、龙头企业等建设智能制造公共服务平台，支持标准试验验证平台和现有服务机构提升检验检测、咨询诊断、计量测试、安全评估、培训推广等服务能力。制定智能制造公共服务平台规范，构建优势互补、协同发展的服务网络。建立长效评价机制，鼓励第三方机构开展智能制造能力成熟度评估，研究发布行业和区域智能制造发展指数。

(四)深化开放合作

加强与相关国家、地区及国际组织的交流，开展智能制造技术、标准、人才等合作。鼓励跨国公司、国外科研机构等在华建设智能制造研发中心、示范工厂、培训中心等。加强知识产权保护，推动建立数据资源产权、交易流通、跨境传输和安全保护等基础制度和标准规范。依托共建“一带一路”倡议、金砖国家合作机制、区域全面经济伙伴关系协定(RCEP)等，鼓励智能制造装备、软件、标准和解决方案“走出去”。

五、组织实施

工业和信息化部会同有关部门做好规划的组织实施，各有关部门按照职责分工，采取切实有效的政策措施，抓好重点任务落实。各地要结合本地实际，落实相关配套政策，做好信息反馈工作。相关行业组织要充分发挥桥梁和纽带作用，协同推动规划的贯彻落实。有关部门、各地方、相关行业组织要加强智能制造经验模式总结和宣传推广。

(五)《进口不予免税的重大技术装备和产品目录2021版》(摘录)

编号	设备名称	技术规格要求	税则号列(供参考)
64	粘结剂喷射成形增材制造装备	所有规格	84748090
69	高功率光纤激光器	所有规格	90132000
70	粉末床激光增材制造装备	所有规格	8474
71	送粉式激光增材制造装备	所有规格	8474
72	送丝式电子束增材制造装备	所有规格	8474

二、2021年地方主要政策

广东、江苏、浙江、上海、山东、重庆、陕西等多地方政府在核心政策文件中明确增材制造在整体高端制造业发展中的重要地位。

《广东省制造业高质量发展“十四五”规划》中明确了建立培育激光与增材制造战略新兴产业集群的计划，并且在众多重点发展方向中也多次提到增材制造技术，具体包括在“先进材料”方向中明确发展碳纤维增材制造技术、在“前沿新材料”方向中提出重点突破低成本增材制造材料研究、在“激光与增材制造”方向中确立了对增材制造装备制造和产业规模发展的奋斗目标等内容。《广东省加快先进制造业项目投资建设若干政策措施》表示会设立增材制造产业专项资金，对引进、建设企业予以支持和奖励。《广东省制造业数字化转型实施方案(2021—2025)》重点强调建立激光与增材制造产业集群，促进增材制造产业与各行业的深度结合，打造应用技术与服务等为一体的全流程数字产业链。

《江苏省“十四五”制造业高质量发展规划》提出建设新型医疗器械集群和绿色食品集群，重点发展“个性化3D打印骨科植入物”和“细胞工程和食品3D打印技术”。

《浙江省新材料产业发展“十四五”规划》明确重点发展10个先进制造集群，其中在新型医疗器械集群方面以高端化、智能化、特色化为方向，大力发展3D打印可降高分子材料等植入医用耗材和个性化骨科植入物等模式的新型产业；绿色食品集群以生物技术创新为引领，大力发展细胞工程和食品3D打印等技术；高端装备集群坚持智能化、成套化、服务化、高附加值方向，发展增减材一体化制造激光加工技术。《浙江省高端装备制造业发展“十四五”规划》中明确提出加强增材制造装备和核心零部件研制的需求。

《2021年度上海市创新产品推荐目录》中增添了增材制造设备相关内容。《上海市战略性新兴产业和先导产业发展“十四五”规划》提出重点培育生物增材制造方向，努力形成一批具有自主知识产权的国际领先的原创核心技术企业。《上海市高端装备产业发展“十四五”规划》强调推动关键装备研制和加快核心零部件国产替代进度，增强本土化供给能力。

山东省发布的《2021年全省智能制造工作要点》提出增强智能制造装备供给能力。重点围绕增材制造核心装备，培育首台(套)重大技术装备；《山东省建材工业“十四五”发展规划》明确提出在推广应用新技术新工艺方面发展增材制造技术。

《重庆市装备制造业高质量发展行动计划(2021—2025年)》总体思路中，“发展新兴高端装备”“夯实产业发展基础”明确提出了加大激光、电子束、离子束驱动的增材制造装备企业以及超细合金粉末、高性能塑料粉末等企业引育力度，打造增材制造装备产业链和加快增材制造高效制造的研究。

《陕西省人民政府办公厅关于进一步提升产业链发展水平的实施意见》明确增材制造产业链为重点产业链。

由上述分析可知，华南、华东地区整体部署更加完善，主体目标把握更加清晰，整体智能制造进程较快，具体政策见表2-2：

表2-2　地方政府2021年增材制造相关政策汇总

地区	省份	政策名称
华南	广东省	《广东省制造业高质量发展“十四五”规划》
	广东省	《广东省培育激光与增材制造战略性新兴产业集群行动计划(2021—2025年)》
	广东省	《广东省加快先进制造业项目投资建设若干政策措施》
	广东省	《广东省制造业数字化转型实施方案(2021—2025)》
华东	江苏省	《江苏省“十四五”制造业高质量发展规划》
	浙江省	《浙江省新材料产业发展“十四五”规划》
	浙江省	《浙江省高端装备制造业发展“十四五”规划》
	上海市	《上海市战略性新兴产业和先导产业发展“十四五”规划》
	上海市	《上海市高端装备产业发展“十四五”规划》
	山东省	《2021年全省智能制造工作要点》
	山东省	《山东省建材工业“十四五”发展规划》
西南	重庆市	《重庆市装备制造业高质量发展行动计划(2021—2025年)》
西北	陕西省	《陕西省人民政府办公厅关于进一步提升产业链发展水平的实施意见》

(一)《广东省制造业高质量发展“十四五”规划》(以下简称《规划》)(摘录)

前言

《规划》提出高起点谋划发展战略性支柱产业、战略性新兴产业以及未来产业，战略性支柱产业是广东制造稳定器，包括新一代电子信息、绿色石化、智能家电、汽车、先进材料、现代轻工纺织、软件与信息服务、超高清视频显示、生物医药与健康、现代农业与食品；战略性新兴产业是广东制造推进器，包括半导体及集成电路、高端装备制造、智能机器人、区块链与量子信息、前沿新材料、新能源、激光与增材制造、数字创意、安全应急与环保、精密仪器设备；未来产业包括卫星互联网、光通信与太赫兹、干细胞等。《规划》着力推动产业由集聚化发展向集群化发展转变，深入实施制造业高质量发展“六大工程”，打造先进制造业基地、制造业创新集聚地、开放合作先行地、发展环境高地，加快实现从制造大省到制造强省的历史性转变，推动广东打造新发展格局的战略支点，努力在全面建设社会主义现代化国家新征程中走在全国前列、创造新的辉煌。

专栏 先进材料重点细分领域发展空间布局

4. 化工材料。以广州、珠海、佛山、深圳、东莞、惠州、中山、江门、湛江、汕头、揭阳、茂名、韶关、云浮等市为依托，发展化工材料。广州重点发展化学纤维及制品、高性能膜材料、高性能塑料及树脂、高性能橡胶及弹性体、新型功能涂层材料、专用化学品及材料等先进高分子材料，加快建设纳米科技核心研发区、中试孵化区等核心功能区。珠海充分发挥珠海高栏港绿色新材料产业园及港口交通优势，大力发展功能高分子材料。佛山着力发展以塑料、涂料为主的化工材料。深圳、东莞重点发展以高性能塑胶制品为主的化工材料，以高端电子化学品、电子陶瓷和电子玻璃为主的电子材料。惠州重点发展聚烯烃、工程塑料、聚酯产品、功能性材料和化学品。中山重点发展家电用塑胶、化学涂料、先进膜材料等化工材料。江门着力发展油漆、涂料等化工产品。湛江着力发展以化工新材料、合成材料、有机原料、专用与精细化学品为主体的高端化工材料。汕头加快建设化学与精细化工省实验室，做强做大化学试剂及化工新材料产业。揭阳着力发展循环再利用差别化涤纶短纤维和原液着色“绿色纤维”。茂名重点发展碳纤维、3D打印(增材制造)材料产业，以及造纸涂料、建筑涂料、石油催化剂载体等材料。韶关重点发展油漆涂料、油墨、胶黏剂、树脂及各类助剂等产品。云浮重点发展硫化工、钛白粉等产业。

5. 前沿新材料

重点突破超导材料、智能、仿生与超材料、高温合金、极端环境材料等研发制备。着力推动石墨烯材料规模化制备技术研发和产业化应用。突破宽禁带和超宽禁带半导体材料、高性能低成本增材制造材料、高性能铝/镁合金新材料、高端溅射靶材、粉末冶金新材料、高性能复合材料等研制应用。着力突破关键零部件表面功能化及防护关键制备技术。支持纳米材料研发及在光电子、新能源、生物医用、节能环保等领域应用。开展前沿新材料及其相关产品研发、测试、评价新技术研究，开发高端测试仪器设备，突破材料基因工程的高通量计算/实验/专用数据库等关键技术，促进平台融合和协同。到2025年，前沿新材料产业营业收入超过1000亿元，培育建设5个具有全球竞争力的产业基地和7个特色产业集聚区，打造国内领先、世界知名的前沿新材料产业制造高地。

7. 激光与增材制造

围绕光纤激光器和半导体激光器生产、增材制造装备制造等产业重点环节，重点研制大模场光纤、高品质晶体等专用材料，高功率合束器、光纤光栅等核心零部件，半导体激光器、万瓦级工业用光纤激光器等关键器件，数据处理、工艺规划与控制等专用软件，以及精密激光智能装备、增材制造高端装备等重大装备，组织实施省重点领域研发计划重大专项。加快推动激光与增材制造在汽车、模具、核电、船舶等传统产业以及新一代信息技术、超高清视频显示、智能机器人、量子信息等新兴产业领域的融合应用。到2025年，激光与增材制造产业规模保持全国领先，营业收入超过1800亿元，逐步形成具有国际竞争力的激光与增材制造产业集群。

专栏 激光与增材制造重点细分领域发展空间布局

2. 增材制造。以广州、深圳、珠海、东莞、中山、佛山等市为核心，其他市为配套，构建增材制造完整产业链，推进增材制造技术在汽车、船舶等领域的创新应用。广州依托3D打印产业园，重点布局生物增材制造、增材制造装备等。深圳加快高精度增材制造原型技术的产业化转化，开展高性能高精度增材制造打印材料研发。珠海建设粤港澳3D打印产业创新中心，布局打印耗材制造。佛山建设3D打印产业基地，布局增材制造设备制造项目。支持东莞、中山、揭阳、汕头、潮州、江门、河源等市发展特色3D打印项目。

培育战略性产业集群。加快新一代电子信息、绿色石化、智能家电、汽车、软件与信息服务、超高清视频显示、生物医药与健康等战略性支柱产业发展，高水平打造世界级先进制造业集群；加快先进材料、现代轻工纺织、现代农业与食品等特色优势产业转型升级，在细分领域培育一批百亿级、千亿级特色子集群。加快培育半导体与集成电路、高端装备制造、智能机器人、区块链与量子信息、前沿新材料、新能源、激光与增材制造、数字创意、安全应急与环保、精密仪器设备等十大战略性新兴产业集群，推动部分重点领域在全球范围内实现并跑领跑发展。落实省战略性产业集群联动协调推进机制，创新集群治理模式，完善集群发展公共服务体系，培育发展产业集群发展促进组织和战略咨询支撑机构。

(二)《广东省培育激光与增材制造战略性新兴产业集群行动计划(2021—2025年)》(摘录)

为贯彻省委、省政府关于推进制造强省建设的工作部署，加快培育激光与增材制造战略性新兴产业集群，促进产业迈向全球价值链高端，依据《广东省人民政府关于培育发展战略性支柱产业集群和战略性新兴产业集群的意见》(粤府函〔2020〕82号)等文件精神，制订本行动计划。

一、总体情况

(一)发展现状。我省是国内最大的激光与增材制造产业集聚区，2019年全省产业规模和企业数量均占全国30%以上，有效专利量4.4万件，约占全国17%，列国内首位；全省相关企业营收超900亿元，拥有10余家上市企业，年营收超1亿元的企业90余家、超1000万元的企业1000余家。产业链各环节不断完善，初步形成了激光与增材制造材料、扫描振镜、激光器、整机装备、应用开发、公共服务平台等协同发展的产业链，整个产业已成为驱动我省迈向“制造强省”的核心动力源泉。

(二)存在问题与面临挑战。一是部分领域高度依赖进口，特别是特种光纤、激光芯片、扫描振镜、激光器、高端装备等的关键材料和核心零部件，在逆全球化、中美经贸摩擦等背景下，高端环节受限风险激增，产业向高端发展存在较大压力。二是技术应用有待深化，超快激光加工、激光诊疗、激光显示、增材制造等领域技术在相关产业中推广应用不够。三是精密激光智能装备、增材制造装备等自主研发的产品与国外先进水平存在较大差距，总体上处于全球产业链、价值链的中低端，产品质量和可靠性有待提高。四是中小微企业面临较大生存压力，我省激光与增材制造领域的中小微企业占绝大多数，受新冠肺炎疫情等影响，企业生存压力进一步凸显，产业投资减缓趋势明显。

(三)优势与发展机遇。我省在高端装备制造发展基础、资源、技术等领域均处于全国前列，并在激光与增材制造的技术攻关、产业孵化等方面做了前瞻性布局，产业基础具有全国领先优势。产品应用前景广阔，中小功率光纤激光器、激光打标机、激光焊接机、桌面级增材制造设备等产品产量居全球前列，与汽车、模具、核电、船舶等传统产业及新一代信息技术、智能机器人、医疗健康等新兴产业结合日益加深，为产业发展提供了良好的外部机遇。

二、工作目标

到2025年，我省激光与增材制造产业规模与创新能力迈上新台阶，取得一批重大标志性成果，培育一批具有全球影响力的龙头骨干企业，打造创新引领、结构优化的生态体系，稳步提升在全球产业链、价值链中的地位，逐步形成具有国际竞争力的激光与增材制造产业集群。

(一)产业规模保持全国领先。产业不断发展壮大，企业国际竞争力和影响力全面提升。到2025年，产业规模保持在全国领先，年营收超1800亿元，年均增长超15%；累计培育拥有自主知识产权、年营收超50亿元的龙头骨干企业5家以上，超10亿元企业30家以上。

(二)产业创新能力大幅提升。产业技术创新体系逐步完善，在基础与专用材料、核心零部件、高端装备与系统等关键环节取得重大突破。到2025年，专利授权量年均增长超8%，有效发明专利量超1万件，制定国际标准、国家标准、行业标准等200项以上，重点龙头骨干企业研发投入强度超8%，成为全国激光与增材制造产业创新策源地。

(三)产业布局持续优化。坚持错位发展原则，突出战略新兴产业和高端制造定位，打造以广州、深圳为核心，以珠海、佛山、惠州、东莞、中山、江门等地为重要节点的产业发展格局，建成激光与增材制造产业园区5个以上，建设材料、器件、装备与应用基地10个以上，推动产业逐步向价值链高端攀升，形成具有国际竞争力的激光与增材制造产业集群。

(四)产业生态更加完善。集聚国内外创新资源，打造激光与增材制造领域集产品设计、基础材料、专用材料、关键零部件、高端装备与系统、应用技术与服务等为一体的全流程产业链，建成一批创新平台和服务载体，推动在航空航天、电子信息、汽车、船舶等领域创新应用与融合，形成应用示范项目100个以上，基本形成产学研协同、开放创新、安全有序的产业发展生态。

三、重点任务

(一)优化区域布局，促进产业协同发展。广州发挥高校院所众多的优势，为全省产业发展提供关键核心技术和基础人才支撑，重点布局专用材料、精密激光制造、生物增材制造等领域。深圳发挥创新企业聚集和国际合作方面的优势，汇聚产业人才、平台、项目等创新资源，重点布局激光器件、激光与增材制造装备等领域。珠海、佛山、惠州、东莞、中山、江门、阳江等地发挥制造业强市的优势，积极打造一批支撑产业链上中下游协同发展的企业和配套载体，推进激光与增材制造技术在电子信息、汽车、船舶、新能源等领域的创新应用。

(二)培育优势企业，加速产业集群发展。统筹建设激光与增材制造产业园区，引导特种光纤、数字光场芯片、精密激光与增材制造装备等领域的重点企业和重大项目落户我省，推动产业链上下游资源整合和创新发展；大力培育一批具有国际影响力的行业龙头企业，构建以链主企业引领、大中小企业融通发展的产业形态；鼓励省内龙头骨干企业对标国际一流企业，加强技术研发、人才引进和重大研发平台建设，提升核心竞争力，引领产业集群式发展。

（三）强化创新驱动，推动技术跨越发展。积极开展激光与增材制造领域的前沿性、原创性技术研究，围绕光纤器件、激光泵浦源、扫描振镜、激光加工头等关键零部件，以及超短脉冲/超大功率/超大能量激光器、新型智能化/高精度增材制造高端装备等的研制与应用，组织实施一批重大科研项目，加强产学研合作力度，力争取得一批重大标志性成果，全面提升“基础与专用材料—关键零部件—高端装备与系统—应用与服务”的产业链整体创新效能。

（四）加强应用推广，助力产业全面发展。积极建设一批重大产业应用示范项目和示范平台，大力推进高功率激光切割、高速激光熔覆、激光淬火、激光清洗、激光微加工、激光诊疗、大幅面增材制造、复合材料增材制造等技术在重要场景的应用示范，重点支持高功率激光装备在汽车领域，超快激光在医疗健康领域，陶瓷增材制造在电子信息领域，金属增材制造和高分辨率/大幅面增材制造在航空航天、船舶、核电领域的深度融合应用，提升科技成果规模化应用水平。

（五）建设平台载体，支撑产业深度发展。着力建设激光与增材制造高水平创新研究院、技术创新中心、制造业创新中心、新型研发机构、重点实验室、工程实验室、工程技术研发中心、企业技术中心等创新平台，提升原始创新能力；推进中试试验基地、成果转化基地建设，促进重大成果转化和应用；支持建设众创空间、专业孵化器、加速器、技术创新联盟、行业协会等，大力支持初创小微企业发展，推动产业服务资源与企业发展需求无缝对接。

（六）深化开放合作，构建全球创新网络。积极参与“一带一路”和粤港澳大湾区国际科技创新中心建设，加强与国际、港澳地区的交流与合作，设立粤港澳联合实验室、境外研发中心等，推进技术、人才、资金等资源互动，提升全球资源聚合能力；鼓励企业开展跨地域并购、创业投资，做大做强产业链条，加快推进激光与增材制造产业基础高级化和产业链现代化。

四、重点工程

（一）强链补链工程。围绕光纤激光器和半导体激光器生产、增材制造装备制造等产业重点环节，加强重大产业化项目建设，支持核心产品研发迭代，提升企业竞争力，推进产业集群“强筋壮骨”。针对我省高端激光元器件、扫描振镜、高亮度泵浦源等产业短板，强化靶向招商和技术引进力度，着力招引一批有助于突破产业核心技术瓶颈的重大项目和龙头企业分支机构。在项目审批、研发支持、基础配套等方面大力支持中小微企业，打造一批“专精特新”的“小巨人”、“单项冠军”和“瞪羚”企业。

（二）园区增效工程。加强统筹规划、分类指导，因势利导、错位布局，省市联动建设15个以上的激光与增材制造专用材料、零部件、器件、整机装备等产业特色园区（基地）或综合性园区（基地），重点支持园区成建制引进机构、平台、团队等高端创新资源，打造增长潜能巨大，产业链、资金链、创新链有机协同的创新型产业集群。广州重点建设广州市3D打印产业园、深圳重点建设深圳激光谷产业园等，构建全省科技创新和市场应用核心区和引领区；珠海、佛山、东莞、中山、江门等地市重点建设激光打印机高端装备智能制造产业园、佛山南海3D打印产业基地、华南高能激光产业园、东莞激光谷产业园、中山科技创新园、华南激光谷产业园等，构建支撑产业链延伸及完善的重要基地。

（三）创新领航工程。面向激光与增材制造发展前沿，围绕大模场光纤、高品质晶体、高端增材制造材料等专用材料，高功率合束器、光纤光栅、光隔离器、扫描振镜、高亮度芯片、激光加工头等核心零部件，半导体激光器、万瓦级工业用光纤激光器、超短脉冲激光器、高亮度泵浦源、大功率电子枪、3D打印头等关键器件，数据处理、工艺规划与控制等专用软件，精密激光智能装备、增材制造高端装备等重大装备的研制，组织实施省重点领域研发计划“激光与增材制造”重大专项，滚动支持省市联动关键核心技术攻关重大项目，形成若干重大标志性科技成果，提升自主可控能力；鼓励有实力的企业、高校、科研院所联合省外机构申报国家激光与增材制造技术攻关项目，集聚优势力量推动关键核心技术的突破。

（四）应用示范工程。围绕广州、深圳、珠海、佛山等重点地区激光与增材制造产业发展特色和重点应用领域，建立100个以上示范效果突出、带动性强、关联度高的典型产业应用示范场景，进一步推动产业深度应用与推广。积极推动激光与增材制造产业与汽车、模具、核电、船舶等传统产业深度结合，带动传统产业转型升级与高质量发展，大力推进激光与增材制造与新一代信息技术、超高清视频显示、智能机器人、量子信息、新能源等新兴产业深度融合，推动我省光通信、光传感、光制造、光诊疗、光显示、光存储、科研与国防等产业的快速发展。

(五)平台聚势工程。积极推动先进光源、超强超短激光装置、中山光子科学中心等重大科技基础设施建设，强化大科学装置的科技牵引作用和产业集聚效应。推动建设激光与增材制造高水平创新研究院、技术创新中心、新型研发机构等平台，加紧设立光电材料与技术、生物和医学增材制造等重点实验室、工程技术中心。鼓励企业建立开放共享的公共检测服务平台，进一步完善广东省激光与增材制造产业技术创新联盟、行业协会等组织；鼓励高校院所、金融机构和中介机构等参与产业联盟建设，发挥各类创新资源优势，打造共生环境。

(六)质量品牌培育工程。加强精密光学器件、激光加工、增材制造装备等制造工艺研究和应用，提升产品质量设计能力。鼓励创新型企业、高校院所等主导或参与激光与增材制造国际标准、国家标准、行业标准、地方标准及团体标准等的制定与修订工作，提升国际话语权与影响力。积极举办或参加中国国际光电博览会、深圳国际激光展、增材制造技术论坛等各类国际交流活动，打造具有较强竞争力的关键零部件、高性能激光器和高端智能装备等知名品牌，提升国际知名度和产业影响力。

(七)知识产权提升工程。大力支持创新型企业、高校院所等围绕激光与增材制造关键零部件、核心技术、重大装备等开展高价值专利培育，提升各类创新主体的知识产权创造、运用、保护和管理水平。深入开展激光与增材制造重点技术领域专利导航，建立细分领域专利数据库。开展激光与增材制造产业关键技术领域发明专利优先审查和专利快速预审、确权、维权和协同保护工作。完善专利、商标、软件保护机制，建立行业知识产权联盟等各类公共服务平台。鼓励开展知识产权国际注册申请，加强海外维权援助服务。

五、保障措施

(一)加强纵横向联动协同。建立由制造强省建设领导小组统筹协调、各直属部门协同联动的产业协调推进机制，研究部署全省产业发展方向，优化布局政策、资金、项目、人才等创新要素，集中力量解决发展中的重点、难点问题。积极对接国家重大战略布局，争取国家重大装置、重大项目和平台落户广东。加强省市协同，强化区域一体，形成共识、共建、共享、共赢的良好氛围和机制，共同构建优质高效的激光与增材制造产业服务体系。

(二)加大政策扶持与引导。加大重大专项、重大平台、产业园区等政策扶持力度，引导企业和高校院所积极参与；对具有较大影响力及产业带动作用的重大项目，可按照“一事一议”方式予以支持。利用政策性基金、风险投资、天使投资等金融工具，运用科技信贷、科技保险、创业投资等科技金融手段，形成对各类政府扶持资金的放大效应，扩大对重点项目、企业等的扶持力度。落实高新技术企业所得税减免、企业研发费用加计扣除、境外高端人才个人所得税优惠、技术改造奖补等政策；将产业集群建设内容纳入各地国土空间规划，落实各项用地优惠政策。

(三)加快人才培养与引进。支持建立符合产业集群发展特点的人才引育和人才评价方式，强化省市人才引进政策对激光与增材制造产业的倾斜力度，面向全球靶向引进一批有产业背景的高端领军人才、创新团队。鼓励高校院所加大机械、光电子、材料、软件、光学、信息技术、激光医学等学科建设，培育一批具有国际竞争力的专业型技术和管理人才。支持中高职院校设置增材制造技术应用专业，培养一批具有职业资格的技能型人才。强化国家、省、市科研项目对技术带头人、青年骨干的培养力度，造就一支中青年高级技术专家队伍。鼓励采用兼职、短期聘用、定期服务等柔性引才方式，吸引高层次人才来粤服务，探索在科研立项、成果转化、表彰奖励等方面加强配套支持。

(四)建立健全跟踪考评机制。建立健全行动计划工作目标、重点任务、重点工程的动态跟踪服务体系，针对产业技术、工艺装备、核心材料、关键零部件、专业人才、标准/知识产权体系和创新平台等方面短板与需求，制订 2021 ~ 2025 年重点工作计划，推进建设一批产业集群重点项目、创新平台、重点工程；完善考核与评价机制，充分发挥行动计划的激励、支持作用。

(三)《广东省制造业数字化转型实施方案(2021—2025 年)》(摘录)

二、推进思路

聚焦新一代电子信息、绿色石化、智能家电、汽车、先进材料、现代轻工纺织、软件与信息服务、超高清视频显示、生物医药与健康、现代农业与食品等10个战略性支柱产业集群，以及半导体与集成电路、高端装备制造、智能机器人、区块链与量子信息、前沿新材料、新能源、激光与增材制造、数字创意、安全应急与环保、精密仪器设备等10个战略性新兴产业集群，以行业龙头骨干企业、中小型制造企业、产业园和产业集聚区、产业链供应链的数字化转型为切入点，夯实工业软件、智能硬件及装备、平台、网络、安全等基础支撑，以应用拉动相关产业发展，培育壮大新模式新业态。

三、数字化转型及赋能重点方向

(二)战略性新兴产业集群。

17. 激光与增材制造产业集群。以广州、深圳为引领，推动基于数字接口的精密激光智能装备、增材制造高端装备研制，强化激光软件系统的配套服务能力。加快增材制造在三维建模、计算机辅助设计、材料加工与成型等方面融合创新，促进激光与增材制造产业与汽车、模具、核电、船舶等产业深度结合，打造激光与增材制造领域集产品设计、基础材料、专用材料、关键零部件、高端装备与系统、应用技术与服务等为一体的全流程数字产业链。

(四)《广东省加快先进制造业项目投资建设若干政策措施》(摘录)

为进一步发挥制造业投资推动工业经济增长的牵引带动作用，加快先进制造业项目投资建设，促进战略性支柱产业集群和战略性新兴产业集群(以下简称战略性产业集群)高质量发展，加快建设制造强省，制定本政策措施。

一、加强分区域分行业分类指导。围绕“一核一带一区”区域发展格局，按照“十四五”全省制造业总体空间布局，支持各地结合产业发展实际和特色，因地制宜、分类施策，聚焦新一代电子信息、绿色石化、智能家电、汽车、先进材料、现代轻工纺织、软件与信息服务、超高清视频显示、生物医药与健康、现代农业与食品等十大战略性支柱产业集群和半导体与集成电路、高端装备制造、智能机器人、区块链与量子信息、前沿新材料、新能源、激光与增材制造、数字创意、安全应急与环保、精密仪器设备等十大战略性新兴产业集群，立足“招好商、招大商、精准招商、产业链招商”，积极引进产业带动性强、技术水平先进、绿色低碳的先进制造业项目。支持国有企业聚焦主责主业，加大向实体经济特别是先进制造业的投资力度，鼓励省、市、县(区)国有资本深度参与先进制造业项目引进建设。

(五)《江苏省“十四五”制造业高质量发展规划》(摘录)

三、发展重点

“十四五”时期，聚焦新兴领域、突出特色优势，全力打造6个综合实力国际领先或国际先进的先进制造业集群，培育10个综合实力国内领先的先进制造业集群，推动全产业链优化升级，不断增强产业体系国际竞争力、创新力、控制力。

(七)新型医疗器械集群。以高端化、智能化、特色化为方向，大力发展超声成像、离子束放射治疗等高性能诊疗设备、全自动生化分析仪等体外诊断设备、康复等医用机器人、无机材料3D打印及可降解的高分子材料等高端植介入医用耗材、呼吸麻醉急救及体外心肺支持辅助等生命支持设备，支持可穿戴式健康评测设备研发和产业化，发展远程医疗、移动医疗、互联网医疗等新模式新业态，建设5G智慧医疗平台和大数据中心，打造综合实力国内领先的新型医疗器械集群。

高端植介入耗材。以组织替代、功能修复为方向，重点发展脑起搏器、个性化3D打印骨科植入物、眼科人工晶状体、可降解血管支架等高端植介入耗材，支持开展新型人工肌腱、人工神经、仿生皮肤组织、器官等组织工程新产品和再生医学产品的研发。

(十四)绿色食品集群。以生物技术创新为引领，以绿色、健康、安全为方向，巩固提升酿造食品质量和品牌竞争力，加快肉制品生产智能化和产品高端化升级，大力发展功能性食品，增强大宗粮油米面制品、乳制品、果蔬制品、水产品等优质民生食品供应能力，引导创制高效、健康和高附加值食品，加快国民精准营养供给和智能健康管理。鼓励发展中央厨房、冷链物流等线下资源线上配置的新型生产方式，高水平举办中国(淮安)国际食品博览会等，打造综合实力国内领先的绿色食品集群。

功能食品。以满足个性化、差异化、精细化需求为方向，大力发展运动营养食品、老年食品、特殊人群专用健康食品、特殊医学用途配方食品和功能性益生菌制剂及发酵剂等功能性食品，加快食品功能因子生物合成及定向分离、稳态化靶向递送、食品精准制造等技术应用，研发生产营养靶向设计的精准营养食品及重功能性食品，突破蛋白质生物替代等技术，采用合成生物、细胞工程和食品3D打印等技术，研制植物蛋白肉、人造牛奶等新型营养健康食品。

四、主要任务

(二)加快构建以企业为主体的产业创新体系。强化企业创新主体地位,实施企业自主创新升级工程,制定实施企业创新能力提升方案,全力建设具有全球影响力的产业科技创新中心。

专栏　企业自主创新升级工程

协同创新体系建设。以优势产业链为重点,在特种机器人、工业生产线智能装备、增材制造(激光技术及应用)装备、装备关键件、先进储能系统、高性能膜材料、高温合金、高性能碳纤维及复合材料、微纳制造、数字化设计与制造、5G 中高频器件、智能网联汽车、节能与新能源汽车动力总成、水污染防治、智能电网装备、海工装备和高技术船舶智能化动力推进系统等领域,支持建设产业创新中心、制造业创新中心、技术创新中心等创新联合体,承担行业共性技术攻关任务,引导创新平台加大研发投入、增强创新能力、提升服务质量,打造若干立足江苏、辐射长三角乃至具有全国影响力的产业创新平台。

创新成果推广应用。定期发布省重点推广应用的新技术新产品目录,在交通、水利、环保、市政等政府重大工程项目招标中,明确自主新技术新产品应用比例,政府采购每年支持100 项以上自主创新产品应用。

(三)开创全面数字化转型的智能制造新图景。坚持系统推进产业数字化和数字产业化,以智能制造为主攻方向,深入实施智能制造工程,大力发展数字经济,制定智能制造引领制造业高质量发展实施方案,加快制造模式和企业形态变革,打造制造业全面数字化转型江苏样板。

专栏　智能制造工程

装备软件自主供给。重点突破各类产品优化设计与全流程仿真、基于机理和数据驱动的混合建模等基础技术;增材制造、超精密加工、近净成形、分子级物性表征等先进工艺技术;工业现场多维智能感知、基于人机协作的生产过程优化、装备与生产过程数字孪生、质量在线精密检测、生产过程精益管控、装备故障诊断与预测性维护、复杂环境动态生产调度、生产全流程智能决策、供应链协同优化等共性技术;5G、人工智能、大数据等新技术在典型行业质量检测、过程控制、工艺优化、计划调度、设备运维、管理决策等方面的适用性技术;基于信息模型和标准接口的各类可复用数据集成和交互运用技术。大力开发各类基础零部件和装置、通用与专用智能制造装备以及融合数字孪生、大数据、人工智能、VR/AR、5G、北斗等新技术的智能工控系统、智能工作母机、协作机器人等新型智能制造装备。合力发展各类研发设计、生产制造、经营管理、控制执行、行业专用软件以及工业 APP、云化软件、云原生软件等新型软件。到2025 年,认定首台(套)重大装备200 个、首版次软件250 个。

(六)《浙江省新材料产业发展“十四五”规划》(摘录)

三、发展方向

(三)前沿新材料

前沿新材料以构筑未来竞争新优势为主攻方向。面向国际科技前沿,把握未来产业发展趋势,加强基础研究和知识产权布局,培育一批变革性材料,打造有望引领未来发展的新产品,支撑未来产业发展。

重点领域:柔性电子材料、3D 打印材料、超导材料、智能仿生与超材料、石墨烯等纳米材料、液态金属、极端环境材料等。

四、重点任务

瞄准发展目标,聚焦重点领域,推进新材料产品攻关、技术突破、平台建设,通过产业链打造、布局优化、企业培育和项目建设,实现规模倍增。强化数字赋能,构筑面向未来的竞争新优势,促进新材料产业高质量发展。

专栏　重点发展的十大新材料

高端合金材料。重点发展高性能模具钢、轴承钢、核电用钢、汽车用钢、耐高温合金钢、耐腐蚀钢等高端钢材,发展高强高导、耐磨耐疲劳、高阻尼、高弹性抗蠕变等特殊性能的铜合金,高性能镁合金、铝合金、钛合金及型材,高温合金、非晶与高熵合金、可降解生物合金;增材制造专用合金;半导体用高纯金属靶材、粉体,电力电子、催化、传感用铂、钯、金、银等贵金属材料,微电子封装和家电制造用钎焊合金材料,及金属表面防护、表面强化材料等。

高端合金材料领域。合金设计准则与制备技术,高性能合金组织性能调控技术,精密刻蚀、减薄、连接技术,钛合金、镍基合金等粉体制备技术、增材制造技术,金属成形与热处理技术,轻质高强合金结构功能一体化设计技术。

生物医用材料领域。大品种天然和合成型生物医用材料的制备和加工关键技术、高通量基因检测技术、医学影像增强材料与技术、血液净化材料抗凝涂层技术、医用抗菌材料与涂层技术、药用制剂剂型材料、肿瘤与心脑血管疾病或重症感染等药物及中间体绿色生产技术、生物医用高分子及金属材料表面改性技术、生物3D 打印材料成型技术、突发性疾病快速检测与治疗关键材料技术。

(六)培育骨干企业

聚焦新材料核心产业链和重点优势产业集群,突出产业链安全和供应链稳定,深入实施“雄鹰行动”、“凤凰行动”、“雏鹰行动”和“放水养鱼”计划、科技企业“双倍增”计划,培育一批具有国际竞争力的领军企业、单项冠军和隐形冠军企业。

专栏　领军骨干企业重点培育领域

纳米材料领域。围绕石墨烯及其改性材料、增材制造用合金粉体等领域培育3 ~5 家国内领先的新材料企业。

(七)《浙江省高端装备制造业发展“十四五”规划》(摘录)

三、重点领域

增材制造装备。重点突破钛合金、高强合金钢、高强铝合金、高温合金、非金属工程材料与复合材料等高性能大型关键构件高效增材制造工艺、成套装备、专用材料及工程化关键技术，发展激光、电子束、离子束及其他能源驱动的主流工艺装备；攻克材料制备、打印头、智能软件等核心技术和产品。

（六）高端医疗装备

医用生物材料和关键零部件。围绕组织器官修复、功能替代、降解调控等难点问题，开展生物材料的细胞组织相互作用、不同物理因子的生物学效应、生物医用材料表面改性、柔性电极材料、组织工程支架的个性化3D打印、植入及介入材料的生物降解等研究及产品开发。推动血液净化设备用透析膜、人工心肺（ECMO）用中空纤维膜、防护装备高效过滤材料、呼吸机比例阀、注射泵、输液泵等关键核心部件的工程化攻关。

（八）《上海市高端装备产业发展“十四五”规划》（摘录）

三、重点领域

（一）智能制造装备

按照“以示范带应用，以应用带集成，以集成带装备，以装备带强基”的思路推进智能制造装备发展，加强核心装备突破与系统集成应用。

3. 增材制造装备

以集成应用、关键突破为重点，一是推动关键装备研制，重点发展立体光固化设备、选区激光烧结设备、熔融沉积成形设备等非金属增材制造装备，以及激光粉末床熔融、黏合剂喷射、异种金属材料冶金结合成型等金属增材制造技术装备。二是加强核心零部件国产替代，推进大功率激光、扫描振镜、高精度阵列式喷嘴打印头、动态聚焦镜等精密光学器件研制，以及增材制造设计仿真软件和工作流程软件开发，增强本土化供给能力。

（二）民用航空航天装备

1. 民用航空装备

以发展集群、完善体系为重点，一是加快商用飞机产业发展，推进ARJ21规模化生产及商业化运营、C919稳定量产、CR929研发设计，打造数字化柔性装配生产线，提升复合材料研制、检测、维修能力。二是推动通航飞机、无人机发展，提升通航飞机研发制造水平和自主化率，加快研制新机型产品；支持发展长续航、模块化、智能化无人机，推广无人机在多领域示范应用。三是加强商用航发体系配套，重点攻关长江1000、2000、500系列航空发动机，提升关键材料、增材制造、气膜孔加工、涂层制备、叶片制备技术。四是促进机载系统自主化发展，重点突破航电系统、机载嵌入式操作系统等关键技术，提升核心技术自主可控水平。五是提高配套服务保障能力，强化适航审定能力，提升检测验证服务水平，延伸高价值部件维修、整机拆解维修和租赁服务价值链。

（六）高端医疗装备

以拉长长板、打响品牌为重点，推动上海高端医疗装备向数字化、智能化、自主化方向发展，全面增强产品美誉度、品牌认可度与行业影响力。

一是诊断检验装备，发展高端影像诊断装备、高性能临检设备、新型核酸POCT检测系统，以及CT用高能X射线球管、平板探测器等关键零部件，鼓励应用大数据、人工智能等技术辅助诊断。二是治疗、监护与生命支持装备，重点突破肿瘤质子治疗系统、放射治疗设备、体外膜肺氧合机（ECMO）、医疗级可穿戴监护仪、高端心电智能导航及治疗设备等装备，促进重点产品规模化示范应用。三是植（介）入器械，发展骨科植入器械、心脏瓣膜、静脉支架系统、可降解支架等先进植入器械，及静脉球囊、机械取栓导管等先进介入器械，鼓励应用新材料、3D打印等技术提升生物相容性及力学性能水平。四是先进制药设备，支持生物反应器、智能给药系统、冻干系统、药物制备成套系统及核心设备研发创新，推进产业化应用。五是康复辅具装备，积极发展外骨骼（上、下肢）机器人、照护机器人、智能辅助移动设备等康复辅具装备，以及应用虚拟现实、脑机接口等康复训练装备。

（九）上海市战略性新兴产业和先导产业发展“十四五”规划》（摘录）

三、战略性新兴产业发展重点

（八）新材料

到2025年，新材料产业总产值达到3200亿元左右，在3～4个关键领域进口替代及国产化进程取得明显成效，培育一批拥有自主知识产权的细分领域隐形冠军。重点发展：1. 先进基础材料。巩固发展超高强韧汽车用钢、高性能海工钢、高等级硅钢等，培育发展耐高温、抗腐蚀、高强韧的镍基合金、特殊不锈钢、特种结构钢等，完善高端钢铁产业链配套能力。大力发展高性能聚烯烃、高端工程塑料、特种合成橡胶、功能性粘贴剂、可生物降解塑料等先进高分子材料和电子化学品、高端助剂等专用化学品，提高化工新材料整体自给率。2. 关键战略材料。重点发展集成电路与新型显示材料，推进大尺寸（12英寸）硅单晶抛光片、化学机械抛光材料、封装材料等的产业化应用，加快4英寸氮化镓晶圆片、6英寸碳化硅晶圆片、电子级多晶硅及激光晶体材料的研发及示范应用。航空航天及轻量化材料，推进高端高温合金、碳纤维复合材料等在航空、高铁、海工等领域的产业化应用，推动航空玻璃、碳化硅陶瓷等的制备和产业化。生物医用材料，推进可降解聚乳酸材料、骨科植入材料、可降解生物镁合金、闪烁晶体材料、碳纤维及复合材料的研发和应用推广，加快3D生物打印、材料表面生物功能化及改性等关键技术突破。高端装备材料，突破百万千瓦级超高压变压器用高磁感极低损耗取向硅钢和高端无取向硅钢技术，推进高端涂层材料的产业化应用与推广。3. 前沿新材料。培育高温超导材料、石墨烯、3D打印等，努力形成一批具有自主知识产权的国际领先的原创核心技术。

(十)山东省《2021年全省智能制造工作要点》(摘录)

一、提升产业基础能力

2. 增强智能制造装备供给能力。重点围绕高档数控机床、工业机器人、增材制造、智能传感与控制、智能检测与装配、智能物流与仓储等核心装备，培育首台(套)重大技术装备。支持装备制造商、系统解决方案供应商、用户单位联合研制智能化成套装备(生产线)。运用保险补偿等政策，推动创新产品进入重点产业链供应体系。

(十一)《山东省建材工业“十四五”发展规划》(摘录)

第四章发展重点

三、建筑卫生陶瓷行业

推广应用新技术新工艺。推广高温烟气和污水处理陶瓷膜材料的制备技术，鼓励陶瓷薄型化工艺装备技术开发与应用，重点研制干法制粉、喷墨打印、增材制造、陶瓷原料制备控制系统、压机控制系统、机器人注浆修坯、机器人施釉、产品智能检选和包装码堆等技术装备，加快窑炉、喷雾干燥塔等设备节能改造。

(十二)《重庆市装备制造业高质量发展行动计划(2021—2025年)》(摘录)

装备制造业是为满足国民经济发展和国家安全需要而制造的各种技术装备产业的总称，是制造业的核心组成部分。习近平总书记指出，高质量发展是“十四五”时期我国经济发展的必由之路，装备制造业高质量发展更是重中之重。为深入贯彻落实国家和重庆市关于制造业高质量发展的系列决策部署，加快推动我市装备制造业转型升级，实现高质量发展，特制订本行动计划。

二、重点领域

根据全市制造业高质量发展的总体要求，依托我市装备制造业现有基础，瞄准高端装备制造业发展方向，按照“提升传统优势装备、发展新兴高端装备、夯实产业发展基础”的总体思路，切实推进全市装备制造业高质量发展。

(二)发展新兴高端装备。

智能制造装备。以高端数控机床、新型智能机器人和增材制造装备为重点，推动智能制造装备迈向中高端水平。重点支持重庆机床、宏钢数控等发展精密级数控磨齿机、滚齿机、立(卧)式加工中心、五轴联动加工中心等高端金属切削机床，支持江东机械等企业发展等温锻造及超塑成型液压机、超高强钢热冲压成形液压机等智能金属成形机床，推动利勃海尔、埃马克等国际数控机床龙头企业在渝设立研发中心，助推永川数控机床产业园区高质量发展；依托中科院重庆分院、重庆大学、固高科技、鲁班机器人研究院等科研机构围绕高精密减速机、伺服驱动器、高性能控制器、集成一体化关节、灵巧手等关键零部件及机器人系统集成，重点提升机器人运动控制、精确参数辨识补偿、信息技术融合、影像定位与导航精度等性能。支持华数、广数、川崎等工业机器人制造企业全面提高焊接、搬运、涂装等领域工业机器人的速度、载荷、精度、自重比、平均无故障时间等主要技术性能；加大激光、电子束、离子束驱动的增材制造装备企业以及超细合金粉末、高性能塑料粉末等企业引育力度，打造增材制造装备产业链。同时，以集成电路设备加速国产替代为契机，瞄准细分领域国际国内头部企业，引进培育一批半导体设备和零部件制造企业。

(三)夯实产业发展基础。

突破关键材料工艺。围绕关键基础零部件所需的高温高强合金、特高压绝缘材料、高性能密封材料、高强高韧焊接材料、超硬刀具材料、碳纤维复合材料等高品质结构材料和工艺材料，重点发展铸造、锻压、焊接、热处理、表面处理、切削加工及特种加工等基础制造工艺，加快研发高效增材制造、精密及超精密加工、超大型构件成形、复合材料构件制造、复杂铸件无模成形等先进制造工艺等。积极应用先进数字智能控制技术，推动基础制造工艺向精准化、绿色化、高效节能方向发展。

(十三)《陕西省人民政府办公厅关于进一步提升产业链发展水平的实施意见》(摘录)

二、重点任务和发展路径

1. 明确重点产业链。根据我省产业实际，围绕六大支柱十四个重点产业领域，考虑产业规模、现有优势、发展潜力等因素，筛选出数控机床、光子、航空、重卡、生物医药、钛及钛合金、新型显示、集成电路、太阳能光伏、输变电装备、乳制品、民用无人机、氢能、增材制造、钢铁深加工、乘用车(新能源)、物联网、富硒食品、煤制烯烃(芳烃)深加工、铝镁深加工、陶瓷基复合材料、智能终端、传感器等23条重点产业链。根据全省产业链发展情况，重点产业链可适时增加。

表2-3　省级部门领导担任“链长”的12条重点产业链清单(部分)

序号	产业链名称	牵头人	责任部门
3	增材制造产业链	王军	省科技厅

第三篇　产业篇

一、专用材料

(一)钛合金

钛合金具有密度低、比强度高、耐腐蚀、低温性能好、无磁性等良好的综合力学性能和物理化学性能，在航空航天、生物医疗、石油化工等领域获得了广泛的应用，是航空航天的核心支撑材料之一。

增材制造用钛合金粉末的流动性、氧氮含量、批次稳定成为高质量球形钛合金粉应用的关键要求和难点。由于钛合金具有极高的化学活性，在高温下能与绝大多数的耐火材料均发生剧烈反应，因此，钛粉的制备及工艺手段都有极为苛刻的要求。国内钛合金粉末供应商普遍采用的工艺包括电极感应气体雾化(EIGA)、等离子旋转电极雾化(PREP)和等离子丝材雾化(IPCA)等技术。其中EIGA技术应用最广，在粉末床熔融技术(PBF)领域占主导地位；PREP技术制备的钛粉偏粗，多用于定向能量沉积(DED)技术；IPCA技术结合了高频感应与射频等离子，具有粒度细、球形度好等优点，主要目标方向为金属粉末注射成形技术(MIM)。

目前，我国航空航天和医疗领域常用的TA1、TC4和TA15等牌号的钛合金粉已实现国产化，并且粉末质量和批次稳定性已经得到充分验证。EIGA技术主要代表企业有中国兵器科学研究院宁波分院、中航迈特、中天上材、浙江天钛、南通金源、盘星新材料等；PREP技术代表企业有西安欧中、宝鸡海宝、宇光飞利、西安赛隆等；IPCA技术代表企业有江苏金物。除此之外，航空领域需求迫切的TiAl基金属间件化合物凭借优异的抗氧化、高温强度和抗蠕变性能，有望在工程应用方面部分替代高温合金，621所、中科院金属所等已对Ti4822、Ti2AlNb等一批高温钛合金开展技术攻关。随着医疗领域发展，Ti-Zr系、Ti-Nb系、Ti-Cu系、Ti-Mb系等新型医用钛合金材料被相继开发，国内粉末厂商也积极投入研发中。

(二)高温合金

高温合金是指以Fe、Ni、Co为基体，在600℃以上的高温环境服役，能承受苛刻的机械应力，并具有良好的组织稳定性的一类合金，一般具有高的室温和高温强度、良好的抗氧化和抗热腐蚀性能、优异的蠕变与疲劳抗力、良好的组织稳定性和使用可靠性。它是航空发动机涡轮叶片、涡轮盘、燃烧室等热端部件的主要材料，增材制造高温合金粉末要求具有高球形度、流动性好，能够满足增材制造工艺过程严格的质量要求，实现在航空航天领域的应用。

增材制造用高温合金原材料主要为镍基和钴基合金粉末，如GH3230、GH3536、GH3625、GH4169、GH4099、GH5188等。高温合金通常含有活泼元素，合金粉末在制造过程中始终都在真空或惰性气体保护之下进行，如惰性气体雾化法、真空旋转电极法、真空电子束旋转电极法等制粉技术已应用于高温合金粉末的制备；其中，雾化粉末具有球形度高、粉末粒度可控、氧含量低、生产成本低以及适应多种金属粉末的生产等优点，已成为高性能及特种合金粉末制备技术的主要发展方向。多家国产球形金属粉末厂商一直立足于解决核心关键材料国产化，组建专业团队进行高温合金粉末技术攻关。目前可成熟制备的厂家有中航迈特、621所、江苏威拉里、宁波众远、西北有色金属研究院等。

(三)合金钢

合金钢是在普通碳素钢基础上添加适量的一种或多种合金元素而构成的钢铁合金。根据添加元素的不同，并采取适当的加工工艺，获得高强度、高韧性、耐磨、耐腐蚀、耐低温、耐高温、无磁性等特殊性能，依据增材制造钢的使用性能。可分为高强韧钢、耐磨损钢、抗疲劳钢等类型。

增材制造钢粉的制备技术主要分为惰性气体雾化法和等离子体旋转电极法等，其中，惰性气体雾化法常用的有真空感应熔炼气雾化法(VIGA)和电极感应气雾化(EIGA)等。

辽宁冠达新材料科技有限公司最新研发出第二代高Mn-Ni型双相不锈钢合金粉末，克服了气雾化制备高氮合金粉末的难点，利用成熟稳定的控氮工艺，提升氮元素的溶解度，制备出高氮、高锰、低合金经济型双相不锈钢粉末。目前该合金粉末物理性能均达到要求，其微观组织，耐蚀性能均已得到验证。

(四)铝合金

铝合金具有密度低、比强度高、塑性好以及耐腐蚀等特点，是工业应用中使用最为广泛的有色金属材料。在增材制造领域中，铝合金是轻量化材料的代名词，在航空飞行器、运载火箭、卫星、汽车等行业有众多应用。当前，铝合金已经成为与钛合金、高温合金等具有同等重要地位的增材制造金属材料。

高品质球形金属粉末是高性能金属增材制造的重要保障，其成分、氧含量及粉末物理特性(形貌、粒度分布、流动性、松装密度等)对成形过程稳定性和制件理化性能至关重要。粉末球形度差或卫星球比例过高会导致粉末流动性差，直接影响送粉或铺粉质量，进而影响打印件内部和表面质量。铝合金由于密度小，本身就不易获得高的流动性，而且铝合金粉末制备过程的形貌控制较其他合金材料难度要大。近年来，材料厂家不断改进粉末生产工艺，使铝合金粉末的球形度有了较大改善，并随着增材制造技术日趋成熟，连续运行的增材制造智慧工厂亦应运而生，粉末将由当前手动操作转为自动运转，未来增材制造将对高流动性粉末的需求将越发凸显。

有研增材技术有限公司与北京科技大学合作开发了各向同性 Al-Mn-Sc-Zr 系铝合金，实现了多方向极限拉伸强度高于 500Mpa，延伸率高于 10%，同时与北京有色金属研究总院有色金属材料制备加工国家重点实验室合作开发了增材制造用 Al-Cu 系高强耐热铝合金，200℃条件下抗拉强度大于 400MPa；江西宝航新材料有限公司与中南大学合作开发了中强度 Al-Mg-Si-Mn-Ti 打印材料，抗拉强度 450MPa 以上，延伸率 9% 以上的优异性能。且该材料未加入 Sc、Zr 等稀土等昂贵元素，因此成本较低，有望成为介于 AlSi10Mg 和 Scalmalloy 之间的一种新选择。此外，宝航新材料有限公司还参与了西工大 Al-Mg-Sc-Zr 系合金材料的研制，中北大学 Al-Cu 合金材料的研制等；江苏威拉里新材料科技有限公司联合上海交通大学合作开发了陶瓷原位增强铝合金粉末，其打印件的最大抗拉强度超过 540MPa，最大断裂伸长率超过 15%。技术团队引入 TiB_2 纳米颗粒的二次熔炼控制技术，配合成分设计，使 TiB_2 强化相在制备原料、生产粉末和打印成件的过程中，均能维持在相同的状态，不仅克服了铝合金激光吸收率低的问题，还可以形成超细等轴晶结构，解决了陶铝复合材料工业化连续生产难题；宁波众远新材料联合中车研究院研发的 ZYHL-2 高强铝合金热处理后的抗拉强度稳定在 550 ~ 560MPa，延伸率 12% ~14%，同时在 215℃高温仍能达到 250MPa 的抗拉强度，延伸率可达 18% 以上。高强铝合金 ZYHL-2 不仅在航空航天领域，在汽车结构功能部件领域也将取得长足的应用发展；安徽中体新材料科技有限公司发明的独特的雾化生产线(AMP)能够生产出高球形度(>90%)、卫星粉极少、高流动性(霍尔流速约 50s/50g)和低氧低氮含量(均小于 200ppm)的高品质铝合金金属粉末，显著提高松装密度(>1.45g/cm^3)，能够大幅提高成型速度的同时确保零件具有可靠且一致的机械性能。

(五)铜及铜合金

铜及铜合金是一类有重要应用的关键材料。由于具有优良的导热、导电、延展、耐腐蚀等特性，铜在航空航天、武器装备某些应用场合是必选材料。近年来铜及铜合金在增材制造中呈现快速发展趋势，尤其国防军工领域铜合金增材制造应用不断取得重要进展，更促进了铜材料增材制造的发展。

就粉末制备而言，铜及铜合金有其特殊性，当前有几项技术难点值得关注。一是粉末球形度提高，对于纯 Cu 或是高 Cu 含量铜合金而言，保持材料高纯度的同时提高粉末球形度是追求目标。第二是氧化问题，由于铜及铜合金容易氧化，粉末增氧问题值得关注。第三是铜及铜合金粉末成分、氧含量、粒径等因素对打印性能影响数据尚不充足，用户要求差异较大，导致制备工艺还存在多样性。相对于如钛、铝、高温合金等产品，铜及铜合金的增材制造还不成熟，材料更新迭代明显，但可以预见，随着工艺和材料的不断进步，铜材料的增材制造应用将会提升至一个新的水平。

2021 年，有研增材技术有限公司推出与华南理工大学团队合作优化了 CuCrZr 导电性能，热处理后导电率可达到 88.96±0.26% IACS；同时与通快中国公司就纯 Cu 材料性能改进开展了合作，并开发出选区激光熔化的高导电率纯 Cu 粉，粉末纯度高(≥99.9%)，氧含量低(≤500ppm)，在散热、导电器件打印中取得重要应用。

(六)难熔金属

难熔金属包括钨、钼、钽、铌等金属，熔点

高是难熔金属最大的特点，除了熔点高之外，每种金属具有各自的特点，如钨具有高硬度以及良好的射线屏蔽性能，广泛应用于硬质合金，电子行业，核工业以及医疗行业；钽具有非常好的耐腐蚀性能以及优良的电性能，目前最大用量主要是钽电容，此外还包括化工行业、医疗植入物等。

增材制造用难熔金属球形粉末主要应用于航空航天、核工业、医疗以及化工行业。其中，钨及钨合金主要用于射线屏蔽，采用增材制造方法生产的CT设备钨准直器已经在国外长期批量应用，经过长期验证，某些关键性能已超过传统工艺制备的准直器，且成本更低。钽主要用于医疗植入物，国内部分医疗器械公司(如春立、大博)在开发相关的钽植入物产品，有部分临床应用案例，在准入方面，3D打印钽植入物已进入国家集采目录。此外，钽打印有望用于化工行业。

难熔金属熔点较高，通常都在2000℃以上，且在高温下容易氧化，会显著影响打印质量，因此，高品质的难熔金属球形粉末对生产设备及工艺有极其严格的要求，目前常用的方法主要是等离子球化、旋转电极和等离子熔丝雾化以及电爆炸金属丝。另外，有制粉厂家已经开始研发难熔金属合金材料，例如钨钼合金、钨铼合金、钼铼合金等，这种材料具有更优异的性能，有望弥补目前难熔金属纯金属打印中遇到的困难以及开拓更多的应用领域。

纯钨、纯钽、纯钼、纯铌等粉末均已经实现国产化，其中纯钨粉末已批量化使用，粉末的质量批次稳定性已经得到验证，主要生产企业有广东银纳科技有限公司、星尘科技(广东)有限公司、西安赛隆增材技术股份有限公司、中国兵器科学研究院宁波分院、华材(山东)新材料有限公司。广东银纳科技有限公司在医用钽金属增材制造金属材料领域，开发了两款符合国家行业标准的“增材制造的医用纯钽球形粉末”，公司从生产工艺挖潜、严选原材料供应商、重新梳理规范流程等多措并举，规避了行业内“制粉过程用氢还原氧”工艺所造成的氧合格了而氢含量严重超标的行业普遍存在的问题。获得了ISO13485医疗器械质量管理体系认证；安泰科技股份有限公司作为国内领先的钨钼难熔金属精深加工制品制造商，在高端医疗装备用难熔金属3D打印等系列产品技术取得突破并实现批量生产，适形放疗多叶光栅系统被工信部认定为“制造业单项冠军”产品。

(七)尼龙(PA)

尼龙材料具有强度高、韧性好、尺寸稳定、无须后处理等特点，已成为增材制造塑料功能材料的首选材料，在国际上和国内都有着广泛的应用。

尼龙粉末材料制备有着十分苛刻的工艺流程，需要经过中和反应、缩聚反应、溶解析出、干燥筛分、添加助剂五大步骤，最终才能获得具有良好的热性能、物理性能、结晶性能和抗氧化性的材料。

湖南华曙高科技股份有限公司自主研发了FS3200PA尼龙材料，后续又迭代出FS3300PA材料。该材料色泽稳定，抗氧化性好，可制造高精度和可重复制备的零件，能应用于对机械性能和韧性要求高的产品，打破了国外公司对材料的独家垄断，并且极大地降低了成本，给SLS技术产业化应用赢得了更大的市场空间。

目前，国内产业基础还不够大，适合SLS技术粉末制备的基础理论还不够完善，还没有很多化工类型的公司进行SLS材料的研发。虽然万华化学集团和广东银禧科技股份有限公司也在积极研发尼龙材料，但仅处于小规模适用阶段。

(八)聚乳酸(PLA)

聚乳酸，又称聚丙交酯，是以乳酸为主要原料，聚合得到的聚酯类聚合物，是一种新型的生物降解材料。聚乳酸机械性能及物理性能良好、热稳定性好，有良好的抗溶解性，可在多种方式下进行加工，如加压、纺丝、双轴拉伸、注射吹塑。由聚乳酸制成的产品除能生物降解外，生物相容性、光泽度、透明性、手感和耐热性好，还具有一定的抗菌性、阻燃性和抗紫外线性，因此用途十分广泛，可用作包装材料、纤维和非组织物等。目前主要用于服饰、建筑、农业、林业、造纸和医疗卫生等领域。

聚乳酸的原料为乳酸，主要由玉米淀粉等生物质资源合成，是生物基生物降解塑料的代表之一。聚乳酸的合成主要有3种途径：一是乳酸直接缩合；二是将乳酸合成丙交酯，再催化开环聚合；三是固相聚合。国内聚乳酸的合成路线大多以第二种途径为主。

eSUN在对聚乳酸材料进行增韧之后可以拓宽其应用范围，然而增韧后的聚乳酸材料往往存在收缩率增加，冷却变慢，这些弊端使得线材在3D打印时不易成型、容易翘边和开裂。Polymaker通过将聚乳酸和聚丙烯酸酯微球混合，提升了聚乳酸材料的力学性能，尤其是提高了韧性。这种混合物中含有0.1%～10%的聚丙烯酸酯微球，聚丙烯酸酯微球的平均直径为50nm～200μm。江苏永盛三维打印新材料有限公司用甲基丙烯酸甲酯-丙烯酸丁酯共聚物进行增韧改性，或者用聚醚聚酯与聚乳酸熔融共混对进行增韧改性的方法都是克服聚乳酸的脆性、改善材料的抗冲击性的有效方法。但是如果添加的组分含量高将会影响聚乳酸的生物降解性，或者由于工艺复杂而不利于工业化生产。

(九)PETG

PETG材料简要来说是一种透明的非晶型共聚酯，PETG常用的共聚单体为1,4-环己烷二甲醇(CHDM)，全称为聚对苯二甲酸乙二醇酯-1,4-环己烷二甲醇酯。PETG具有较好的黏性、透明度、颜色、耐化学药剂、无毒、生态相容性和抗应力白化能力等物理化学性能。可以采用传统的挤出、注塑、吹塑及吸塑等成型方法，也可以用于3D打印成型，可以广泛应用于板片材、高性能收缩膜、瓶用及异型材等市场，同时PETG二次加工性能优良，可以进行常规的机加工修饰。由于这些出色的性能与特征，PETG广泛用于塑料制品、医疗保健品、包装制品等领域。

增材制造所应用的PETG原材料主要为FDM线材，高质量PETG线材对于PETG增材制造应用起着至关重要的作用。由于PETG熔点高，要求打印温度较高，同时材料成型的机械性能较低、耐热较差，在实际推广过程中严重受阻。因此，PETG通常需要通过改性提高其机械性能及打印性能。国内外3D打印耗材厂商通过对PETG进行增强增韧等改性，均推出了具有各自特色的PETG耗材。例如，美国的3D打印线材生产商Taulman 3D就推出一款名为guideline的线材，该PETG材料具有良好的生物相容性，透明、高强度、耐高温，其中热变形温度达70℃以上；3DxTech公司推出一款名为Nanotube PETG线材，该材料是由PETG与碳纳米管进行复合制备而得，具有优秀的耐化学性、耐热性、极低的吸湿性和优异的尺寸稳定性；我国3D耗材生产商eSUN公司推出一款PETG线材，它具有高透明、环保、抗冲击、高强度(拉伸强度约为52MPa)的特点。

(十)聚氨酯弹性体(TPU)

聚氨酯弹性体是分子链中含有氨基甲酸酯基团(—NHCOO—)的聚合物，是一种含有硬段和软段的嵌段共聚物，既具有塑料热可塑性和力学强度，又具有橡胶弹性，拥有硬度范围广以及耐寒耐油性突出等优异性能，用于制造管材线材、制衣鞋业、医疗卫生、电子电器以及体育用品等方面。

聚氨酯由二元或多元异氰酸酯与二元或多元羟基化合物作用，形成软链段和硬链段的嵌段聚合物，其中，硬段是由异氰酸酯与小分子扩链剂组成，软段由多元醇组成，由于两种链段的热力学不相容性，则产生微观相分离的两相结构，而表现出独特的黏弹行为。由于聚氨酯软段与硬段比例及种类较多，且影响着材料的结晶性，相分离程度、分子链大小、内聚能强度、交联程度等不同，导致聚氨酯类型繁多且形态各异。其中，软段由聚酯、聚醚等低聚物多元醇组成，主要对材结晶性能，耐寒性能，机械性能等产生影响；硬段由多异氰酸酯与扩链剂等组成，其中含各类官能团，对材料的刚性、熔融温度，耐热温度及机械性能均有影响。

增材制造所应用的聚氨酯原材料主要为丝材、树脂溶液、塑料粉末，可应用于熔融沉积(FDM)、光固化(SLA)、选择性激光烧结技术(SLS)与多射流熔融技术(MJF)等3D打印技术。

易生开发的eTPU-95A是一款流动性好的柔性材料，其高流动性好、打印速度快，是一款高性价比的3D打印柔性耗材；万华化学也开始大力推进3D打印材料相关业务(光敏树脂、聚氨酯粉末等)。WF-PU95AN可适配当下主流SLS 3D打印机设备，主要用于文创设计、穿戴定制、运动鞋材、医疗辅助等不同应用领域；路博润(Ultimaker)提供了一系列聚合物材料，可用于其熔融沉积(FDM)3D打印材料组合有：ESTANE 3D TPU F94A-055或HH PL，ESTANE 3DP TPU 98A和ESTANE 3DP TPU F70D材料。

聚氨酯3D行业进入快速发展阶段时，中科三维、易生、光华伟业也更加关注聚氨酯3D未来的发展方向，准备开发一系列关于聚氨酯的耗材。如水性聚氨酯、水性聚氨酯分散树脂、阻燃TPU耗材、发泡TPU耗材、抗静电及抗菌耗材等。

(十一)聚醚醚酮(PEEK)

PEEK为聚醚醚酮，是以4,4-二氟二苯甲酮、对苯二酚和碳酸钠为原料，以二苯砜为溶剂，在氮气保护下，升温至接近聚合物熔点320℃时得到的一种半晶态芳香族热塑性树脂。相对于普通的塑料，PEEK材料是高温热塑性特种工程塑料，玻璃化转变温度为143℃、熔点为334℃，适合于注塑、挤出、模压、喷涂、3D打印等工艺，具有高强度、耐高温、抗化学腐蚀、耐磨损、自润滑、优异的生物相容性、阻燃等优异性能，在汽车、飞机制造、电子电器、工业制造以及医疗等领域有一定应用。

PEEK材料也有它的不足之处：因为熔点过高(343℃)，必须在非常高的温度下进行处理；虽然有良好的耐腐蚀性，但也仍会受到卤素和钠的侵蚀，这限制了它在某些工业领域的应用。此外，它对紫外线抵抗力低(这可通过碳填充来获取更好的紫外线稳定性)。PEEK材料的不亲水性，这一特性对于生物医疗应用来说不太友好——水无法黏附意味着细胞没法在PEEK材料上贴附生长。如果要将它应用到生物医疗领域，需要对PEEK材料进行改性或表面改性。

PEEK在增材制造中所应用于两方面：一是应用于FDM(熔融沉积打印)中的PEEK线材；二是应用于SLS中的PEEK粉末材料。国外的PEEK的原料生产厂家主要有英国的威格斯公司，比利时的索尔维公司，国内的生产厂家有吉林中研等。

据悉，先进复合材料公司Hexcel Corporation使用高性能热塑性HexPEKK(聚醚酮)材料为波音公司3D打印生产航空航天结构件。HexPEKK是一种比铝轻50%的替代工程级材料，可以用于最终用途零件和组件，采用SLS技术加工，该聚合物具有优异的性能，如极端温度耐受性和耐化学性，同时HexPEKK零件还满足飞机内部烟雾和毒性要求(UL V0，ROHS)，与传统加工的铝或复合材料结构相比，Hexcel的增材制造工艺大大减少了零件的交付周期和成本。

2021年3月，索尔维与eSUN易生携手推出两款可用于FDM打印的PEEK线材：Ketaspire® MS NT1 AM线材和Ketaspire® CF10 LS1 AM线材。Ketaspire® MS NT1 AM线材是业内最耐化学腐蚀的塑料之一，对有机物、酸和碱具有杰出的耐受性，具有优异的强度、一流的抗疲劳性、低线性膨胀系数和卓越的尺寸稳定性，可在240℃高温下提供长期的优异性能，包括优异的耐化学性、出色的耐磨性，而Ketaspire® CF10 LS1 AM线材在PEEK基体中加入了10%碳纤维增强材料以提高其强度。

(十二)BJP砂型材料

BJP砂型材料是指在传统砂型铸造铸型材料的基础上开发出的专用于黏结剂喷射铸造砂型成型技术的一系列材料，主要包括铸造用硅砂、呋喃树脂黏结剂、酚醛树脂黏结剂、无机黏结剂等铸造砂型成型材料。通过BJP工艺成型砂芯、砂型，能够满足铸铝、铸铜、铸铁、铸钢等多种铸造工艺，在极大程度上提升了铸造生产效率。北京隆源自动成型系统有限公司开发的BJP砂型新工艺和新材料，广泛应用于航空航天、汽车、船舶、机械等铸造领域，其中用于BJP工艺的铸造用硅砂，二氧化硅含量可达99.3%以上、粒径分布均匀且集中、角形系数低于1.3、含泥量低于0.2%，可用于铸铝、铸铜、铸钢等多种铸造工艺。同时，配套的用于BJP工艺的呋喃树脂黏结剂及固化剂，固化反应可灵活调节，游离甲醛含量<1%，含氮量<0.5%，所成型的砂型常温抗拉强度可达到2MPa~2.5MPa，850℃下发气量9ml/g~12ml/g，有良好的溃散性，是一种优异的铸造用造型材料。

二、核心零部件

(一)激光器

光纤激光器具有光电转换效率高、以柔性介质传输激光、输出功率高、光束质量好、紧凑性和可靠性高等优点，适合用作粉末床熔融和定向能量沉积这两种金属增材制造技术的热源。

激光选区熔化成形过程利用的是激光的热效应，因此更关注激光器平均输出功率及光束质量决定的能量密度(以实现不同材料的顺利熔凝和满足稳定成形的工艺窗口需求)，而对激光器的脉冲模式不敏感。目前，国内外主流激光选区熔化增材制造装备基本上采用掺镱连续光纤激光器，激光器的功率分布在70w~1kW之间。1kW连续光纤激光器足可以成形所有金属材料。通常情况下，受振镜幅面及成形速度的限制，单光纤激光器的成形区域在400mm×400mm以内，因此大幅面装备需要2~4组光纤激光器及振镜模块搭接完成。

光纤激光器的全国产化难点集中在上游原材料上，如泵浦源的半导体芯片、驱动电源的控制芯片和光纤处理中使用的固化胶、涂覆胶，以及高功率镀膜镜片等，主要原因是这些原材料的产品质量和稳定性还不能达到自主可控。就目前形式来看，国产激光器主要指标与进口产品相当，且售后响应具有一定的优势，但实际使用寿命以及故障率仍存在差距。

(二)扫描振镜

振镜系统主要由振镜电机、反射镜片和专用驱动板三部分组成。反射镜片固定在振镜电机旋转轴上，专用驱动板驱动带有反射镜片的振镜电机高速摆动，从而实现高速高精度扫描加工。

振镜系统最关键的技术指标是振镜电机的精度性能和驱动板的速度性能。目前国内的光电振镜电机和光栅振镜电机精度性能均已经达到和国外同级别产品相同的性能指标，模拟驱动板性能和国外同级别产品也相当，但是数字驱动板性能和国外同级别产品还有一定差距。由于数字驱动板相对于模拟驱动板更加复杂，涉及电子、电机控制和软件算法多学科交叉融合，技术储备相对于国外起步较晚，相关人才匮乏。

大族思特现有国内完备的振镜产品解决方案，目前在 3D 打印领域已在国内大量替代国外同类型的产品，如华曙高科、铖联、汉邦高科、瑞通、联泰、前知、威斯坦等国内知名 3D 打印企业正逐步完成进口替代。

（三）电子枪

电子枪是电子束熔化技术装备的核心零部件，用于产生高能电子束。电子枪系统包括发射电子的枪头和电子光学系统。用于电子束熔化技术装备的电子枪主要为直热式电子枪，通过给阴极施加电流，利用焦耳热使阴极维持较高的温度，达到一定的电子发射能力。所发射的电子在加速电场的作用下获得较高的动能，并在电子光学系统的作用下实现聚焦和偏转扫描，以熔化金属粉末颗粒。电子枪头和电子光学系统影响电子束抵达成形平面上的束斑直径和能量密度，共同决定了电子束粉末床增材制造设备的扫描精度和成形质量。

电子枪系统属于电子束熔化技术装备中的核心技术，国内的电子束熔化技术装备制造商均针对该系统开展了大量的研发工作。但目前国内用于增材制造的电子枪在阴极材料、电子光学系统方面与国外先进技术存在差距，主要表现为阴极寿命低，束斑亮度低，能量密度低等问题。

电子枪主要应用于电子束熔化技术装备，电子枪是产生、加速及会聚高能量密度电子束流的装置，它发射出具有一定能量、一定束流以及速度和角度的电子束。在电子枪里，灯丝一般是钨丝，通电加热后，表面产生大量的热电子，在阳极和阴极之间的高压电场作用下，热电子加速向阳极方向高速移动，并获得很高的动能。其具体速度值取决于加速电压的高低，可以达到光速的三分之二左右。在聚焦线圈的作用下可使电子束流聚焦，在导向线圈（又称偏转线圈）的作用下可使电子束发生偏转，从而在一定范围内进行扫描。电子枪的工作电压通常在几十到几百千伏之间，为防止高压击穿、束流散射及其能量减损，电子枪的真空度须保持在 6.67×10^{2}Pa 以上。电子束熔化技术装备的核心零件适用电子束金属打印的电子枪供应商很少，现有电子枪都是由各装备商根据定制化要求独立生产的。北京清研智束科技有限公司依托于清华大学已开展产业化应用。

（四）送粉器

送粉器是用来输送材料的机器，它的功能是按照加工工艺要求将材料均匀、连续、准确地输送，因此送粉器的性能将直接影响着熔覆层的质量。送粉速率的平稳性是高质量零件的决定性因素。性能不好可能导致熔敷层厚薄非常不均匀、强度的结合度不高等问题。除了送粉器的本身因素，粉末的特性也会影响送粉的质量。粉末的特性包括粉末的粒度、形状和种类等。目前国内外研制的送粉器包括螺旋式送粉器、刮板式送粉器、转盘式送粉器和自重式送粉器等。激光沉积制造工艺（Laser Melting Deposition，LMD）用激光熔化金属的表面使之形成熔池，同时使用送粉器将粉末喷入到熔池中形成结合层。然后根据打印程序，用系统控制激光扫描，便可以堆积出任意形状的实体。中科煜宸公司自主研发的负压载气式送粉器，可实现长距离稳定的粉末输送，是实施激光加工的核心设备之一，可实现激光加工的同步送粉，能满足激光熔覆和激光增材制造工艺的要求，见图 3-1。

图 3-1 中科煜宸公司送粉器

（五）熔覆头

在送粉式激光增材制造的过程中，粉末的输送至关重要，良好的粉末输送性能是提高粉末利用率和获得较高质量熔覆层的保障。同轴送粉喷嘴的一个核心功能就是实现光粉的精确耦合，使粉末具有良好的聚焦性能。根据粉末流和激光束相对位置不同，可将同轴送粉喷嘴分为两种类型：光外同轴送粉和光内同轴送粉。光外同轴送粉原理为激光束处于中央，送粉喷嘴位于激光束外部，粉末流送入中央的激光束中，激光束为实心光束，送粉喷嘴分布于光束周围，向熔池送粉。光内同轴送粉原理为送粉嘴处于中央，激光束位于粉末流外部，为空心光束，粉嘴周围被激光束包裹。光外同轴送粉喷嘴的研究较早，随着激光增材制造技术的兴起，光外送粉喷嘴就一直在迭代更新。主要组成部分为激光光路、粉末通道、冷却部分等。相比于光外同轴送粉喷嘴，光内同轴送粉喷嘴在光粉的耦合精度与金属粉末受热均匀度上有优势。

(六)BJP 系统

爱司凯打印系统是 BJP 设备的核心系统，该打印系统以压电喷墨打印头为核心主体，配合驱动系统、供墨维护系统、打印软件系统。爱司凯是拥有喷墨打印头自主知识产权的品牌的厂家之一，整个打印系统实现了自主研发生产。

爱司凯打印系统目前主要在爱司凯 S2000 砂模 3D 打印机上使用，工作时长已经超过 10000 小时，主要使用呋喃树脂和酚醛树脂。正在和多家材料厂家进行多种材料的测试，为增材制造客户提供更多的材料和工艺选择。

三、软件系统

(一)切片及路径规划软件

VoxelDance 是上海漫格科技推出的一款强大的 3D 打印前处理软件，它具备 3D 打印前处理需要的所有功能，包括 CAD 数据导入、stl 文件修复、智能 2D/3D 摆放、生成支撑、切片等，大大减少用户 3D 打印前处理时间，显著提高打印成功率。它可用于 SLS、SLA 和 SLM 多种打印技术，见图 3-2。由于 3D 打印技术的独特性、传统的 CAD 模型数据是不能直接用于 3D 打印。从 CAD 模型到实现打印，必须要将 CAD 模型转化为 stl 格式，根据不同的打印技术处理模型，最后生成能够被 3D 打印机识别的切片文件，发送给打印机进行打印。这个文件转化和处理的过程叫作 3D 打印前处理，VoxelDance 的使命就是帮助用户快速完成 3D 打印前处理。VoxelDance 具备前处理流程规划迅速、功能集成化、智能化等特点，用户只要一个软件就能完成所有的前处理工作。并且通过它强大的算法库和优化的算法内核，用户可以一键操作，节约 3D 打印前处理时间，减少人工操作错误。

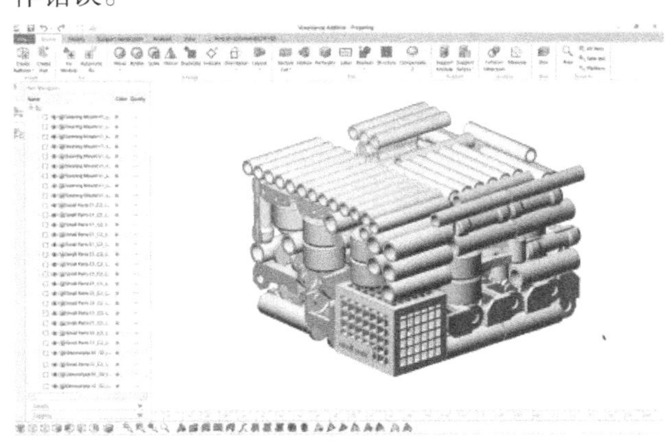

图 3-2　VoxelDance 软件

先临三维正式发布三维设计软件——SHINING3D Design(先临三维 CAD)。这是先临三维推出的一款自有品牌工业软件产品，见图 3-3。SHINING3D Design 采用 Siemens Parasolid 内核和 Solid Edge 平台，能够高效创建和修改产品的 3D 数字模型。SHINING3D Design 作为一款易于使用的软件工具产品组合，可轻松应对 3D 设计、仿真、制造、数据管理等产品开发流程的各个方面，提高产品设计效率、加快产品开发速度。作为一款高端的产品三维设计软件，SHINING3D Design 采用了国际主流 CAD 建模与仿真技术，并从实际应用角度出发，拥有强大的功能：具有多种建模方式、支持主流 CAD 软件设计数据的批量迁移、可无缝对接西门子 TeamCenter 等主流 PLM 软件系统、拥有有限元仿真模块可验证零件和装配设计、支持 3D 扫描数据的逆向工程设计、提供在线数据库给予设计师更多的参考等。SHINING3D Design 的发布，也深化了先临三维的 3D 数字化技术方案，进一步丰富“从 3D 数字化到智能设计到 3D 打印直接制造”的系统解决方案，帮助用户实现“从产品概念 3D 数字模型创建(设计)—3D 制造”的产品创造流程和“从产品实物—高质量 3D 数字模型获取—智能设计—3D 打印”的微创新或二次创新。先临三维也将持续努力，以更加优良的产品、解决方案持续推进高精度 3D 数字化技术的普及化应用。

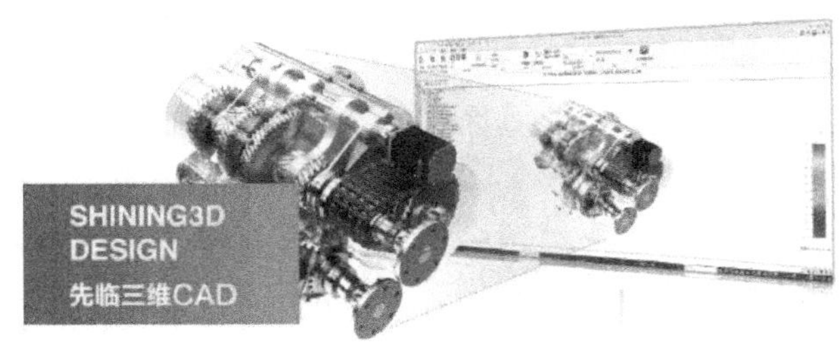

图 3-3　先临建模软件

Build Planner 是铂力特自主研发的一款工艺规划软件，用于在选区激光熔化成形过程中对零件进行剖分和路径填充。铂力特从 2011 年开始承接金属 3D 打印服务，深耕金属增材制造近十年，每年打印数十万件产品，积累了深厚的增材制造经验。铂力特将原材料、工艺参数、设备以及产品打印的经验耦合进 BLT-Build Planner 软件，帮助用户降低生产成本、提高生产效率、提升打印产品的品质和价值。目前，BLT-Build Planner 已经在百余台设备上稳定运行了 11 万小时，打印零件千余个，具备剖分高效性、打印高效性、功能多样性、人机交互友好性、开放性等特点。

为了保障航空航天领域高附加值产品增材制造过程可追溯性，工艺可重复性和性能一致性，西安空天机电智能制造有限公司正式推出了一款国产激光增材过程监控系统，主要包含粉末床在线监控模块和熔池在线监控模块两部分，主要针对激光粉末床熔融工艺的两个关键工艺节点进行监控，即铺粉过程和熔池。粉末床监控模块可以实现铺粉状态的在线识别，打印精度的实时分析以及零件打印结果的三维重构；不仅可用于质量监测，还可兼容适应性加工以及零件嫁接。熔池监控模块一方面可以实时监测熔池是否失稳，另一方面可作为工艺测量优化的定量化指针以及熔池熔化凝固的热力学/动力学分析工具，见图3-4。

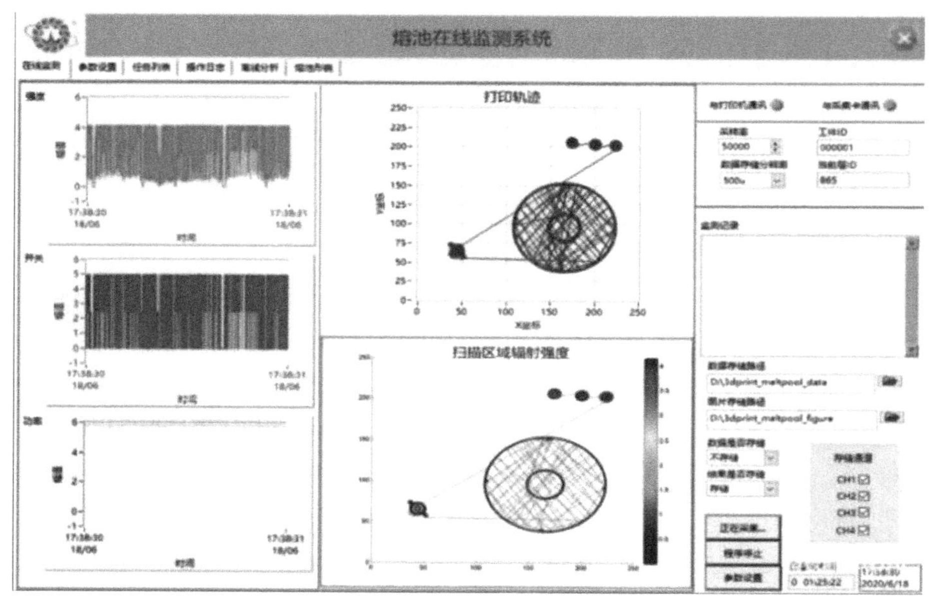

图 3-4 熔池监控系统软件

(二)工艺仿真软件

AMProSim-DED 是南京中科煜宸激光技术有限公司与安世亚太联合开发的面向金属增材制造定向能量沉积工艺(DED)的专业工艺仿真系统。本系统基于 ANSYS 求解器，考虑温度相关的材料非线性属性，基于工艺文件的运动路径信息，模拟增材工艺的材料堆积过程，可以详细模拟零件分区、打印路径以及熔融冷却的相变过程对增材制造过程的影响，预测增材制造过程中的温度、应力和变形，优化工艺参数，从而保证打印质量和打印效率，避免低效的试错过程。

增材工艺仿真分析系统 AMProSim-DED 以“系统功能—加工过程—求解设置—分析结果”为导向进行人机交互界面的友好设计。该系统提供增材工艺、热处理工艺仿真的相关分析功能，包括：模拟增材制造工艺获得其温度、变形以及应力的分布、多种材料模拟、增材制造工艺的瞬态热分析等功能，见图3-5。

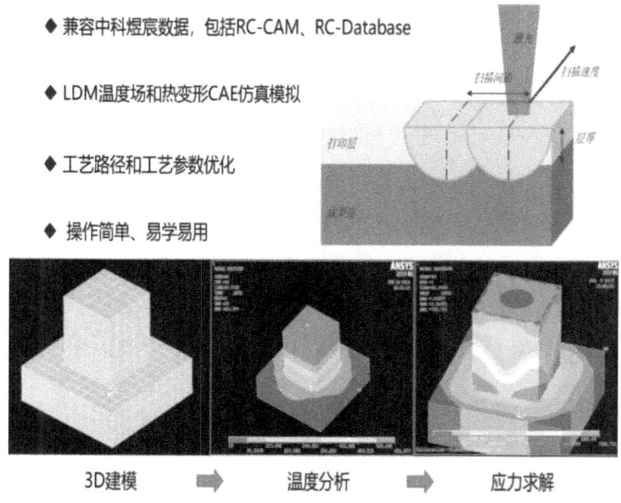

图 3-5 AMProSim-DED 全流程增材仿真过程

四、装备

(一)激光选区熔化(SLM)装备

西安铂力特增材技术股份有限公司在2021年推出十激光器激光选区熔化成形术设备 BLT-S800，该设备成型尺寸为 800mm × 800mm × 600mm，配备10个激光器，解决了大幅面成形过程多光束协调与稳定性控制、增材制造内应力调节和内在质量控制等关键问题，形成支撑我国先进制造领域领先世界的关键技术能力，引领行业发展。

湖南华曙高科技股份有限公司在2021年发布研制成大型激光选区熔化成形设备 FS721M，该设备成型尺寸为 720mm × 420mm × 420mm，配备8

个激光器，通过智能切片算法及优异的风场设计，多激光协同扫描，确保成型质量，并配备惰性气体保护下的高效粉末处理系统和循环过滤系统，在提高粉末利用率和生产安全性的同时有效降低使用成本。

江苏永年激光成形技术有限公司在2017年着手研发大型激光选区熔化成形设备，成功开发冗余协同扫描规划方法和软件，保证协同优化和可靠度，最终在2021年开发出YLM-1000系列设备。该系列设备成型尺寸在Φ1000mm×800mm，是国内首台成型尺寸达到1000mm的激光选区熔化成形设备。

苏州倍丰智能科技有限公司在2021年发布研制成功SP801，设备成型尺寸800mm×800mm×600mm，可实现多激光配置下单激光全域覆盖打印和双构建仓切换，配置全流程封闭粉末自动处理系统，满足客户工业化生产的需求。苏州倍丰设计研发的超大幅面设备SP1200，设备成型尺寸达到1200mm×600mm×1500mm，配备12激光，将于2023年面市。

天津镭明激光科技有限公司在2021年发布了LiM-X650H，该设备可打印零件尺寸为650mm×650mm×1500mm，属于国际领先水平，特别是打印纵深，为可商业化销售的金属增材制造设备中的最高水平之一。该设备搭载完整闭环的粉末自动输送系统，零件打印全程无须人工干预粉末上下料及筛分过程，配备零件粉末清理回收模块，高效、实用、安全。该设备在成型效率、打印质量、使用成本等方面均有优异表现，已成功为某航天客户打印高度为1.4m的零件，得到客户认可。

北京隆源自动成型系统有限公司推出梯度材料打印设备AFS-M120X，实现了水平方向上的梯度粉层稳定铺放，并结合与之配套的AFSwin-X梯度工艺软件，能够满足分区变速、变功率的梯度材料打印需求，从而实现高精度、可控梯度的FGM零件制造。该机型投入使用2年多，已面向多家科研用户完成了CoCrMo-316L、梯度高熵合金、Inconel718-316L等梯度功能材料的工艺开发，制备FGM零件20余件、材料表征样品300余件。

(二)电子束熔化(EBM)装备

北京清研智束科技有限公司研发团队刻苦攻关，解决了枪间干扰、扫描拼接、多枪集成等技术难题，突破了国产长寿命、高稳定性电子枪设计制造技术，研发成功配备2×2电子枪阵列的大幅面EBSM金属增材制造装备Qbeam S600。在全球首次实现了基于电子枪阵列的大尺寸钛合金零件EBSM成形，标志着我国在电子束选区熔化金属增材制造技术工业化应用上取得了重要的进展，并逐步建立起了自主可控、自主创新的技术体系，为增材制造技术在我国相关领域的普及应用提供了有力保障。

(三)激光选择性烧结(SLS)装备

湖南华曙高科技股份有限公司在全球发布了自主研发的多激光高分子光纤激光烧结技术及该技术最新解决方案双激光烧结增材制造装备Flight HT403P。该装备采用华曙高科多项自主研发专利技术，配置2个300W光纤激光器及智能铺粉技术，最高打印扫描速度可达到2×20m/s，创下激光选区烧结工艺打印效率的新纪录。同时，华曙高科不断提升材料性能和重复利用率，打印过程无须任何精细剂、助溶剂和其他隐性耗材，使得Flight HT403P在打印效率提升的情况下，综合打印成本进一步下降，大大加速了增材制造的产业化进程。

北京隆源自动成型系统有限公司自1994年研制成功国内首台自主知识产权的商品化工业级选区激光粉末烧结快速成型机以来，持续自主研发推出了AFS-500、LaserCore-5300、LaserCore-6000等系列的SLS增材制造装备，为航空航天、摩托车、轨道交通、船舶泵阀、机械制造等领域用户提供SLS砂型打印快速铸造、SLS蜡型打印精密铸造等快速制造服务。

(四)定向能量沉积(DED)及增减复合装备

上海酷鹰机器人科技有限公司成功开发五轴增减材一体机，该设备专门为大型模具增减材一体化制造研发的集成增材制造与五轴减材加工为一体的工业级大型龙门3D打印机，成型尺寸高达10m×4m×2.5m，打印头挤出量可达50kg/h，具有双龙门结构，可以在同一台设备进行3D打印和五轴加工。该设备具有成型尺寸大、性能稳定、高精高效等特点，适用于制造各类大型及超大型模具、零部件及工业工具等。

南京中科煜宸激光技术有限公司自主研发的国产超大尺寸激光同轴送粉增材制造装备，型号为RC-LMD4000DL，最大成型尺寸达到4m，在装备构建上首次采用激光同步送粉增材制造双光束对称创新结构，总输出激光功率高达20kW。该设备已成型零件包括航空发动机用机匣、叶盘、框梁、支架等，服务行业涵盖航空、航天、军工、工程机械等，同时支持国家多项重大项目及重点研发计划的实施。

南京中科煜宸激光技术有限公司自主研发的

智能化机器人金属增减材制造装备最大尺寸达1500mm×1500mm×1000mm，制造效率≥900cm³/h，较传统的增材+减材分开制造综合效率提升50%以上。该设备基于激光与电弧作用机理搭建的双热源复合增减材加工系统，具有高热稳定性高能束加工头、多热源加工头快换装置、减材加工刀具快速切换装置，可实现机床式三轴运动、摇篮式双轴变位的五轴联动以满足复杂零件加工的高精度路径规划，填补了国内智能化增减材制造装备的空白，也实现了国内外大尺寸双能场智能化增减材制造装备的技术突破。

南京联空智能增材研究院有限公司自主研发的减材高效、高精度性能成型装备可实现五轴联动CMT弧增材、等离子弧增材、铣削、镗削、钻削等复合增—减材成形功能，可用于800mm×800mm×500mm级中大型复杂结构和多维异质异构结构件的受控电弧增材—切削减材复合整体成形制造；最高成型效率5kg/h，最高成形精度0.4mm，最高减材加工精度3.2μm，具有增材成形加工效率高、质量好、成本较低、灵活性强等特点。该装备为国内首创且具有装备集成度高、刚性好、过程平稳、适应增在线原位复合高效成形制造等特点。

南京英尼格玛工业自动化技术有限公司成功开发电弧增材制造系统设备ArcMan S1 Adv，该设备可满足包括铝合金、不锈钢、铜合金、高强钢、低碳钢等多种材料的电弧增材，增材范围可达到800mm×500mm×500mm。该设备应用操作简单，还搭载熔池动态监控反馈机制，既可以完美满足教研场地、环境的要求，更可以在一定程度上指导客户完成设计和制造，使得工艺质量得到保证该设备为第十五届全国工程建设系统职业技能竞赛指定设备。

(五)光固化(SLA)装备

上海联泰科技股份有限公司重磅打造了一款全自动化小批量生产的光固化增材制造装备D800，它便捷、极速，可以让客户轻松智享打印过程。该装备的问世，在一定程度上改变了正畸行业效率低下，不能连续打印的问题。D800拥有自动铲件、自动回收、自动补液、自动排版、自动打印五大特色，能够实现7×24h不间断打印，是一款真正实现无人值守的全自动智能3D打印机。

(六)熔融沉积(FDM)装备

上海远铸智能技术有限公司的FUNMAT PRO 610HT填补了国内在高端工业FDM领域的空白，可以打印市场上几乎所有的高性能材料，如ULTEM、PEEK、PPSU以及PA、PC、ABS等；尺寸高达610mm×508mm×508mm，成型尺寸能够满足打印大尺寸零件或多个相对较小尺寸零件的生产需求。远铸智能的工业级3D打印设备颇受全球顶尖客户的青睐，包括Airbus、德国弗劳恩霍夫研究院、米其林公司等。该设备为汽车制造、航空航天、军工，石油燃气、医疗等行业的小批量生产提供多材料一体化的3D打印解决方案。

西安点云生物科技有限公司自主研发的生物陶瓷3D打印机系列采用无丝打印技术(Filament-Free Printing, FFP)。该技术不需要预制打印丝线，就能够直接将陶瓷材料逐点逐层打印成具有仿生结构的人工骨支架；同时，能够广泛适用于骨组织再生、软组织生物结构体和药物控释等材料，为生命科学、材料科学、组织工程和药物开发等领域的研究者提供了新的研究工具。

(七)黏结剂喷射(BJP)装备

共享装备股份有限公司研发的工业级铸造砂型3D打印设备AJS 1800 A是具有自主知识产权的工业级铸造砂型3D打印设备及相关控制系统，该打印系统采用铸造用砂作为构建材料，与黏结剂配合使用打印出结构复杂、高精度的砂模。该设备最大打印尺寸为1800mm×1100mm×700mm，最高打印效率可达170L/h，打印砂型精度≤±0.3mm，且该设备已经通过欧盟CE认证以及ISO9001国际认证，其各项指标已经达到国际领先水平。此外，该设备打印砂型所需原辅材料(砂子、液料)均实现国产化(本地化)，使打印成本大幅下降。

北京隆源自动成型系统有限公司自主研发推出的BJP喷墨砂型打印AFS-J1600、AFS-J2100、AFS-J1600Pro、AFS-J1200系列量产型设备，突破了15s/层的打印速度，实现了2m以上的打印幅面，并通过了1000小时级设备稳定性测试，达到国际先进水平。该系列设备具有良好的打印精度和稳定性，配套丰富的砂材及黏结剂材料体系，满足铸铝、铸铁、铸镁、铸钢等应用需求。

广东峰华卓立科技股份有限公司推出的PCM2500Plus定制化砂型增材制造装备，最大成型尺寸可达2500mm×1500mm×1000mm，可满足军工、航天航空、船舶等行业大型复杂铸件快速成型的需求，无须开模，节省昂贵的开模费用。打印的砂型可满足铸铁、铸铝、铸钢等不同金属材料铸造工艺。

五、云平台

（一）增材云

增材云工业互联网平台由安徽增材云数字科技有限公司运营，致力于打造增材制造领域首个综合性工业互联网平台。增材云以专业、协同、共享、共赢为核心理念，聚合产业链六大资源：创新资源、设计资源、制造资源、产品资源、课程资源、软件资源；提供9大服务模块：我要打印、设计市场、3D模型库、3D商城、3D课堂、应用市场、远程运维、解决方案、园区生态；提供服务于C端/B端用户的N种应用场景解决方案，以及PC、App、小程序等多种终端应用形式，为增材制造领域内的3D打印企业、3D打印爱好者服务。

（二）魔猴网

魔猴网是一个在线3D打印云平台。以3D打印和3D数据处理技术为基础，充分利用互联网和云端资源，为客户带来极具竞争力的商业模式和创意产品，开启全新的个性化定制时代。魔猴网是通过互联网技术与3D技术的结合，发展普惠式3D打印服务。

（三）禅月3D打印云制造网

禅月3D打印分布式制造工业云平台（云制造网），是禅月工业智能科技（上海）有限公司建设运营的增材制造（3D打印）战略新兴行业的公共服务平台，基于CPS架构，具备协同设计、分布式制造、工业级3D打印设备接入能力。平台开放连接数万个制造服务终端，通过云制造服务，为模具制造、汽车工业、航空航天、文化创意、创新教育、定制医疗、消费电子领域专业用户提供工业级3D打印一站式解决方案。云制造网是实现大规模小批量个性化定制的网络服务体系，是承载数字化制造公共资源的一项先进制造基础设施，见图3-6。

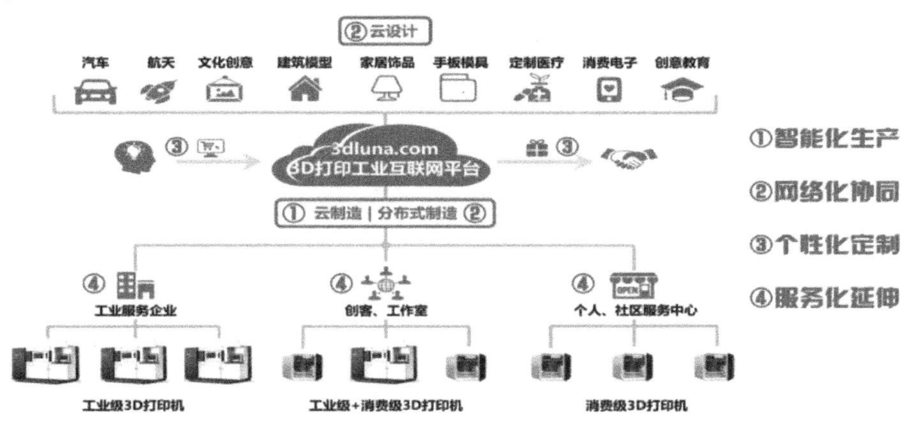

图3-6　禅月3D打印云业务视图

（四）Raise3D Cloud 企业级云平台

Raise3D Cloud 企业级云平台是上海复志信息技术有限公司自主研发的企业级云平台。平台实现3D打印分布式规模化打印的多设备远程平台，帮助用户通过团队协作完成打印任务，支持用户在各个不同的电脑上查看打印进度，从而实现打印机的任务编排。

（五）齿科金属3D打印云中心

江苏三维智能制造研究院建设在线打印互联网云平台，布局线下加工服务中心，使服务中心与客户直接联通，实现区域化服务，面向企业提供义齿在线打印服务，为医患个人提供私人定制牙齿正畸3D打印服务。目前研究院已成功在国内华东、华西、华北、华南四大省份16个城市布局服务点，数十个城市打印业务已落地推广，与江苏省口腔医院、南京市口腔医院、鼓楼医院等单位形成了长期战略合作，得到了用户的良好反馈，见图3-7。

浙江迅实科技有限公司以齿科云为核心的3D打印数字化齿科一站式服务平台-Dashboard2.0。可为客户提供3D打印种植手术导板全套解决方案。平台的整个流程都由一条数字化主线串联，即从前端的CT数据和牙模数据输入、种植医生出具诊疗方案到种植医生和浙江迅实科技有限公司自有的专业齿科设计中心月牙科技沟通并确认相关病例的3D打印种植手术导板方案再到3D打印和后处理，最后进行临床应用的过程都是数字化的表达，每一个细节要素都会储存在云端，做到有迹可循，清晰且流程化，见图3-8。

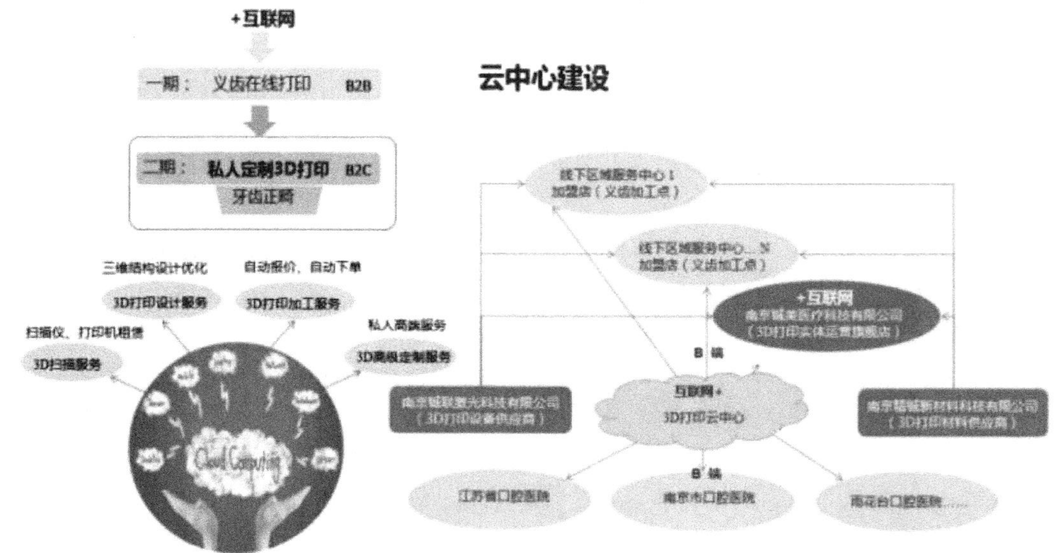

图 3-7 云中心建设

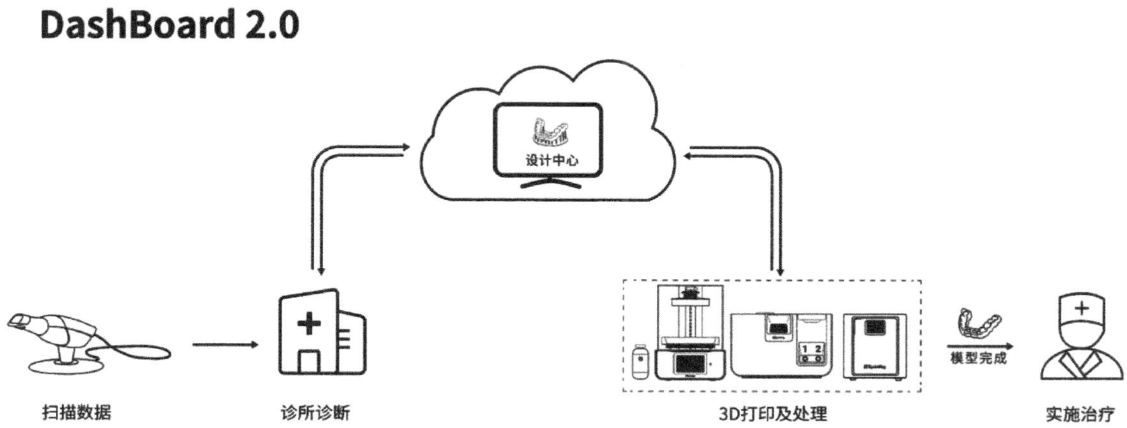

DashBoard 2.0

设计中心

扫描数据 诊所诊断 3D打印及处理 模型完成 实施治疗

图 3-8 迅实科技一站式服务平台

在实际操作中，门诊端需对患者进行口内扫描和 CBCT 扫描，在种植医生问诊并确定诊疗方案之后，种植医生可以把数据和需求通过云发送到月牙数字化设计中心进行种植导板设计。在种植医生确认设计方案后，可通过迅实科技旗下 SprintRay 齿科专用 3D 打印套装进行打印和后处理，处理完成后即可进行临床应用，整个工作流程仅需 3 小时左右。

(六) Oqton MOS 集成云系统

堃腾(上海)信息技术有限公司(以下简称"Oqton")将生产流程中的多项核心运算能力集成到一起(包括订单跟踪、CAM、生产排程、MES、IoT、QMS 等)，实现了端到端的生产管理。围绕数字为核心，Oqton 将整个生产流程模块化，形成了一个易于部署、有针对性的云平台。

运用人工智能技术，Oqton 建立了制造工艺知识库，持续学习与改进工艺参数，优化产品质量和生产成本。Oqton 还将人工智能引入了生产排程、质量检测、设备监控，帮助用户在管理复杂的产品组合的同时，保证质量、降低成本、提升运营效率。

Oqton MOS 提供的是全流程的管理优化，但其灵活的模块化部署模式能够适应各种数字化程度不同的工厂、车间，可在几周内实现全面的数字化升级。其实，数字化只是 Oqton MOS 系统所带来的真正的无人工厂、黑灯工厂的第一步，但仅是这个第一步也能带来生产效率的全面提升。

Oqton 真正追求的是对整条生产线产能极限的探索。结合人工智能，Oqton 在深度学习之后，可以提出基于数据分析、一针见血的优化方案，而不需要额外资金寻求可行性未知的咨询方案；通过对生产的全局把控，Oqton 更能预测设备的维护需求，让生产与维护有条不紊、让质量始终如一，见图 3-9。

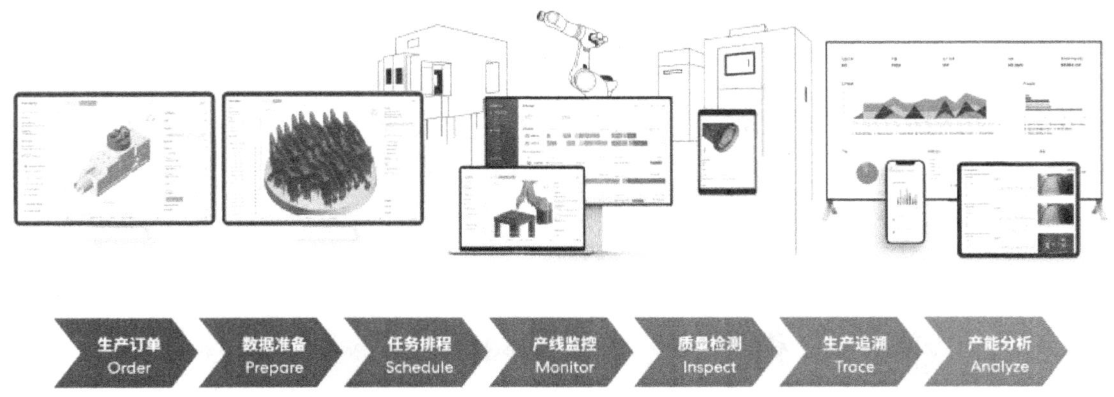

图 3-9　Oqton MOS 集成系统

六、垂直媒体

(一)南极熊 3D 打印网

南极熊 3D 打印网创建于 2012 年，由清华大学 x-lab 孵化，目前在全球拥有超过 100 万的关注者，涵盖金属加工、汽车、医疗、航空航天、模具、注塑、大学实验室和研究机构以及其他传统制造业中关心 3D 打印技术和发展的人士，已经覆盖 90% 的 3D 打印从业者。

南极熊主要专注于全球 3D 打印行业的资讯、技术、投融资、产品以及行业发展研究。实时更新全球 3D 打印进展，发布《3D 打印行业格局》系列年度报告。目前收录近 1000 家中国 3D 打印企业和 600 多家国外 3D 打印企业，与 TCT、IAME、Formnext 等行业展会建立战略合作，已经成为中国 3D 打印行业公认的专业媒体。

(二)3D 科学谷

2014 年，3D 科学谷创立，结合 3D 科学谷所拥有的国际化的资源，基于精湛的制造业专家智囊网络及制造业媒体关系发展至今。3D 科学谷在中国市场建立了增材制造洞察力体系，并通过近年来的市场研究和分析工作推动了中国市场在实施方面的进展。

作为连接增材制造领域国内外业内优质资源的平台，3D 科学谷还建立了与德国亚琛增材制造中心(Aachen Center for Additive Manufacturing, ACAM)的深度合作，此外 3D 科学谷是 ASTM 增材制造领域在中国的官方沟通合作伙伴。在促进跨国技术交流与合作方面，上海交通大学特种材料研究所(ISM)与 ACAM 已经签署合作备忘录(MoU)，宣布双方将在增材制造技术研发、应用研究和教育培训等方面开展合作。科学研究与企业研发需求之间的联系是中国以及全球许多其他市场的重要话题。成功实现科研成果向工业应用平稳转化是充满挑战的，ACAM U-LINK 战略伙伴关系背后的愿景是为双边项目和以应用为导向的成果研究奠定坚实的基础，这将有助于科学研究及其工业化应用的进步。

3D 科学谷在全球增材制造市场研究方面与德国 AMPOWER、英国 CONTEXT 战略合作，以其年度全球增材制造市场发布为业界所熟知。从 3D 科学谷的价值观出发，为行业提供有价值的洞见。3D 科学谷的内容栏目包括谷研究、谷透视、谷前沿、谷专栏。其中，谷研究为业界提供宏观市场与技术发展趋势分析(3D 科学谷应用类白皮书系列覆盖了教育、航空航天、齿科、骨科、康复辅具、液压、换热器、鞋、发动机、模具、切削刀具、铜合金、铝合金、不锈钢、高温合金、陶瓷、塑料等多个细分领域的应用研究)；谷透视栏目服务于增材制造及智能制造领域的战略决策者，为增材制造的产业化发展趋势提供独家见解；谷前沿则是长期跟踪和聚焦增材制造领域的全球前沿技术发展；谷专栏通过携手科研机构、科学家、企业研发与应用团队，与业界分享对推动增材制造发展起关键作用的共性基础科研与应用成果。

第四篇 技术篇

一、典型工艺技术

(一)高端大型金属构件微铸锻铣复合增材制造技术

高端大型金属构件微铸锻铣复合增材制造技术是在高效低成本等离子弧/电弧熔丝增材成形形成的熔池刚熔凝微区同步连续施加小压力锻造，并在成形过程中，对刀具可达性差、干涉严重的表面和存在冶金缺陷的区域开展机械铣削加工，实现了微观组织均匀细化、力学性能一致化、冶金缺陷受控化、残余变形与应力减小、尺寸精度及表面质量改善等突破性进展，在同一平台、同一工位上的增—等—减材高效高精度超短流程复合制造高性能大型金属构件。微铸锻铣复合增材制造的锻造压力不到传统万吨锻压机的 0.01%，制造周期缩短 60%、能耗减少 80%。武汉天昱智造开发了相关的成套系列装备，成型尺寸达 5m × 3m × 2m，成型效率 ≥ 1200cm^3/h，尺寸精度 ±1mm/m，表面粗糙度 Ra≤6.3μm，创制了现有技术难以得到的 12 级均匀超细等轴晶，钛合金、高温合金、超高强钢、铝合金等典型材料力学性能全面超越铸件，达到锻件水平。

高端大型金属构件微铸锻铣复合增材制造技术攻克了大型关键金属构件传统制造多工序长流程、高能耗、高材耗、高污染，以及常规增材制造难以得到锻件和高效率、低成本的世界难题，属国际重大原始创新，已形成设计、材料、工艺、软件、核心器件、装备、质量检测、标准规范在内的系列成果，在大型飞机、航空发动机、燃气轮机、航天、船舶、先进轨道交通、核电等重大装备的研制和生产中得到应用。

(二)新型 TiAl 金属间化合物 3D 打印材料研制技术

中航迈特粉冶科技(北京)有限公司基于高性能 TiAl 合金粉体材料，研究粉末制备工艺对粉末性能的影响，揭示雾化气流与金属液流的交互作用机制，通过设备极限真空控制、熔炼系统设计及送料传动装置设计等方法，开发新一代电极感应气雾化制粉装备；通过关键技术攻关提高了 TiAl 合金粉体球形度、收得率，减少了粉末空心粉，制备出满足电子束熔化技术(EBM)3D 打印用 TiAl 合金粉体，建立了增材制造用高性能 TiAl 合金粉体材料技术标准。

科研团队针对 TiAl 合金脆性大、难加工以及 3D 打印工艺对粉末纯净度要求极高等特点，采用自主研发的无坩埚电极感应装置熔炼 TiAl 合金棒料及超音速气雾化喷嘴制备球形 TiAl 合金粉末，实现 TiAl 合金的无坩埚纯净熔炼，研制出高纯净度、高球形度的 TiAl 合金粉末产品，有效避免了水冷铜坩埚感应熔炼气雾化工艺导液管陶瓷材料对 TiAl 合金的污染。

目前该技术已实现成果转化，累计开发生产超过 15 吨钛铝合金粉末产品，粉末纯净度高、球形度好，批次质量稳定可靠，经电子束熔化技术成形后，室温及高温力学性能优良，达到了航空发动机低压涡轮钛铝叶片的技术要求，能保障我国商用航空发动机电子束熔化技术 3D 打印叶片研制的迫切需求。提升国产金属粉末材料的应用水平和市场竞争力，助力我国空天装备增材制造新材料应用发展。

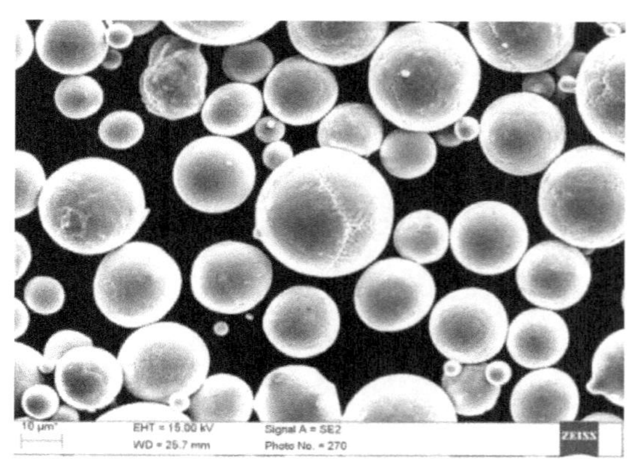

图 4-1 钛铝合金粉末图

(三)金属材料高通量制备技术

材料高通量制备技术可以在短时间内制备大量不同成分的新型材料，可以加速新型材料的研发与应用，被列为材料基因组技术的三大技术要素之一。其中金属材料的高通量制备有多种制备方法，但传统的金属材料高通量制备方法制备周

图 4-2　Ti4822 钛铝叶片

期长，制备样品尺寸较小，能源消耗较高。随着增材制造技术的不断发展，采用增材制造技术开展金属材料的高通量制备也得到了迅速的发展，且增材制造高通量制备相较于传统高通量制备技术呈现出了明显的优势：一是可以快速成型多种材料试样；二是可以制备毫米级以上的块状样品；三是研究过程中原材料消耗较少，更经济。

杭州德迪智能科技有限公司联合北京钢研新材料科技有限公司和安世亚太科技股份有限公司，研发基于激光选区熔化（SLM）技术的材料高通量制备装置。该设备具备 4 个独立打印通道，可实现单通道梯度样品打印，多通道块体样品的阵列打印。原料可采用 4 种纯元素直接配比或商用预合金粉末，可同时实现不少于 160 种不同成分和工艺的材料力学性能样件的组合制备，结合后续均质化处理可实现新材料成分和工艺的高效筛选。适用元素类型包括 Fe、Ni、Cu、Co、Cr、Mo、W 等单质及商用合金，可根据需求扩展材料适应种类。2020 年 10 月，上述设备成功实现了 4 种梯度材料共 16 组材料成分的同步打印，这在国内尚属首次。

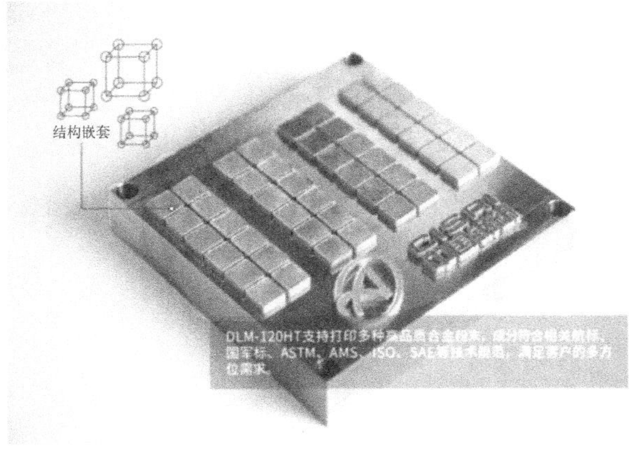

图 4-3　高通量制备工艺试验

《一种高通量梯度材料制备方法》目前已申请专利，该技术可提供一种结构简单、仅需 N 路混粉、供粉装置，单次可制备 N2 组梯度材料、梯度种类达（N2 + N）/2 的高通量梯度材料制备方法，可显著增加单次制备高通量梯度材料的梯度种类。

（四）黏结剂喷射技术

黏结剂喷射（BJ）技术是一项基于粉末床的增材制造技术，该技术可用于金属零件、砂型、全彩模型打印等多种材料。其技术原理如下：铺粉器在粉末床上均匀铺放一定层厚的原材料粉末（金属、砂子、陶瓷等），然后高分辨率喷头在特定区域喷洒黏结剂，粉床下降特定层厚，并重复上述步骤；对于金属陶瓷等材料，在打印完毕后还需对生坯做进一步脱脂烧结处理。

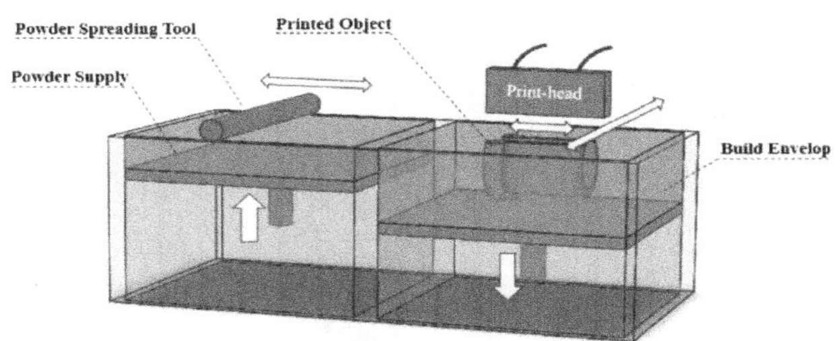

图 4-4　喷射粘接装置示意图

BJ 技术是增材制造技术当中比较成熟的技术之一，具有成型速度快，成本相对较低的特点。该技术核心主要包括黏结剂喷头、黏结剂配方、粉末铺放等。目前，BJ 技术主要应用于金属、陶瓷及砂型打印。金属与陶瓷粉末经黏结剂黏结后形成坯体，还需进行脱脂烧结，该流程与注射成型相类似，其优势在于不需要预先开模，成型自由度高，但其坯体强度密度较差，还需要进行特定的热处理工艺来降低内部孔隙。相比较于金属与陶瓷材料，基于 BJ 术制备的砂型已经实现了工业应用，相较于传统铸造砂型开模，具有明显的技术优势，省去了木模金属模的开模过程，大大缩短了制造流程，特别适用于原型制造、高精度零件、小批量制造，且该技术成形精度高，可实现复杂细微结构制备。此外，砂型内部少量的气孔是必要的，通过控制粉层及黏结剂使砂型的发气量满足使用要求。

BJ 技术是一项极富有应用前景的技术，随着材料及黏结剂工艺的不断开发，喷射粘接技术将会迎来新的机遇。经过 20 余年的发展，该技术已经在诸多领域开展应用，并出现一批技术成熟的商业公司，国际上知名公司主要有 Desktop Metal、Voxeljet、Digital Metal 等，国内相对起步较晚，主要有隆源成型、宁夏共享、广东峰华卓立、武汉易制等。

（五）微滴喷射 3D 打印技术

微滴喷射 3D 打印技术是通过高速多射流单道

成形技术喷射多组分成形剂于粉床，不需要支撑，经过脱脂和烧结等后处理方法完成成品金属零件的制造。成形剂中的黏结剂组分使粉末黏结成形，调节改性剂组分比例可以改变零件的硬度、耐磨性和耐高温性等。

微滴喷射3D打印技术不仅可以大规模生产复杂结构金属零部件，同时可以使零件在不同部位具有不同性能，如在零件表面增加硬度和耐磨性能。该技术能显著降低每个零件的打印成本，成为广泛使用的金属制造技术，既能提供更快的生产速度、质量，同时还能降成本。此外，还可以使用金属粉末注射成形技术(MIM)领域的金属粉末材料，对粉末的形状要求低，无论球形、椭圆形，甚至其他不规则形状都可以使用。该技术打印产品如图4-5所示。

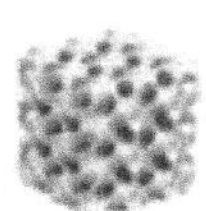

图4-5 微滴喷射技术生产产品

该技术的产品具有如下特点：无须使用激光烧结系统，可直接喷印复合金属粉末材料，不受粉末材料形状制约；无须添加支撑，可实现大规模生产金属零件打印，速度是SLM技术的100倍以上；大幅度降低零件打印成本，生产的零件比SLM技术零件成本降低至十分之一以下；具有独特工艺，可以实现在零件表通过调节改性剂组分改变零件硬度、耐磨性及耐高温性能等性能，满足不同需求；适合于航空航天、医疗、模具、铸造、高校、研究院及材料研究等多个领域，与工业制造相衔接。

(六)3D多轴精密打印制造技术

北京阿迈特医疗器械有限公司拥有的3D多轴精密打印专利技术，可以直接采用聚合物颗粒或粉末原料一步打印出血管支架。该技术具有制造速度快、几乎无材料浪费、节能环保等优点。采用此技术可以生产出径向支撑力高、柔韧性及输送性能优良的血管支架，是我国在国际增材制造技术领域内一个重大技术突破。

采用这一技术研发的全降解冠脉药物洗脱支架AMSorb已完成30例临床安全性试验，现已进入大规模随机对照临床试验阶段。目前拥有4项中国发明专利和3项美国发明专利。

现在普遍采用的制备全降解聚合物血管支架的方法是激光雕刻技术，该工艺需要经历管材制备、管材热膨胀、激光雕刻和支架去渣等过程，因此工艺复杂、支架成本高。此外，管材热膨胀过程导致材料结晶度高，因此支架降解速度较慢。3D多轴精密快速打印专利技术可以采用颗粒原材料一步打印出支架，打印出的支架表面光滑，无须后处理，且生产工艺过程简化，因此支架的成本可以大大降低。采用3D打印技术制备的AMSorb全降解冠脉支架不仅具有独特的专利设计的闭环结构，而且具有良好的径向支撑强度和弯曲性能。支架杆更薄且截面呈圆形，比雅培采用激光雕刻技术制备的BVS支架的矩形支架杆截面积减少了50%以上，产品降解速度快。此外，采用3D精密打印工艺能有效控制支架材料的结晶度，支架临床使用和释放操作容易，截面圆形的支架杆在球扩时更容易嵌入血管壁，有利于支架贴壁和减少对血液流场的干扰，促进支架内皮化和大幅降低血栓发生率。

阿迈特的3D多轴精密打印专利技术打破了跨国公司在制备全降解聚合物支架领域的技术垄断，也弥补了激光雕刻技术制备全降解血管支架的技术缺陷。该技术与激光切割法相比还具有生产速

2019年11月8日植入　　2020年5月14日复查

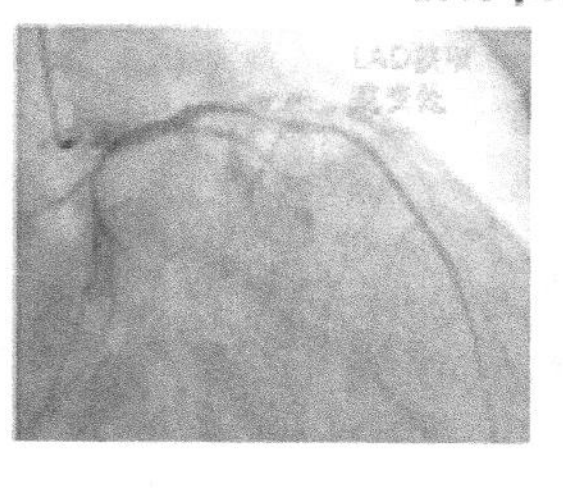
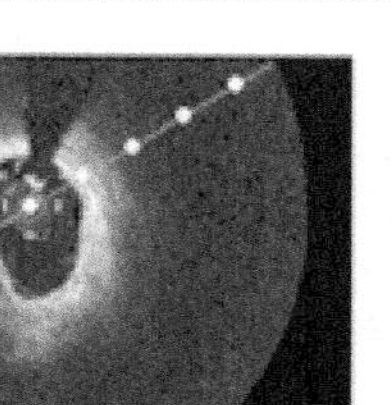
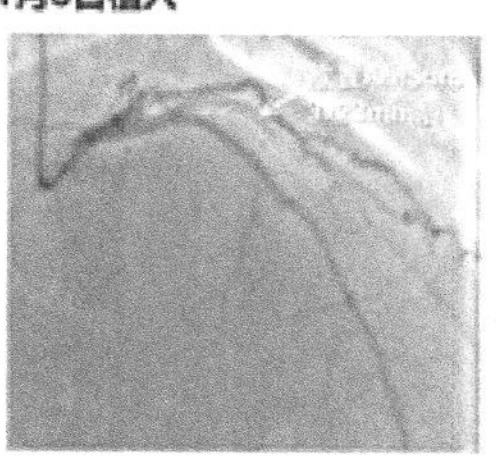
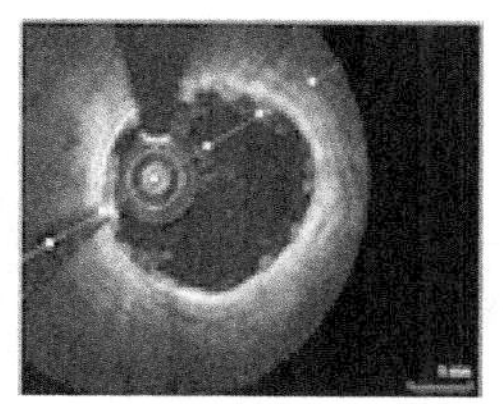
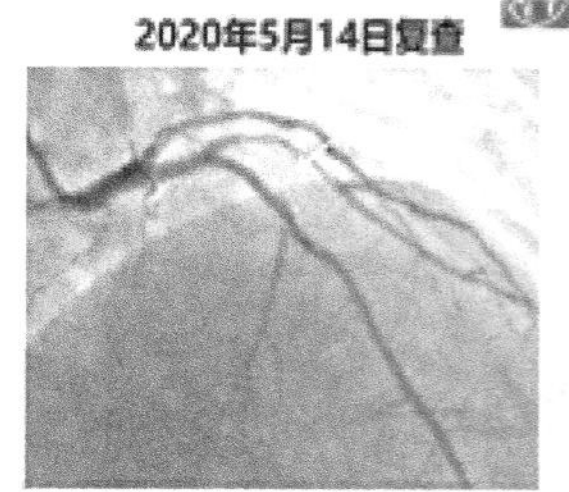
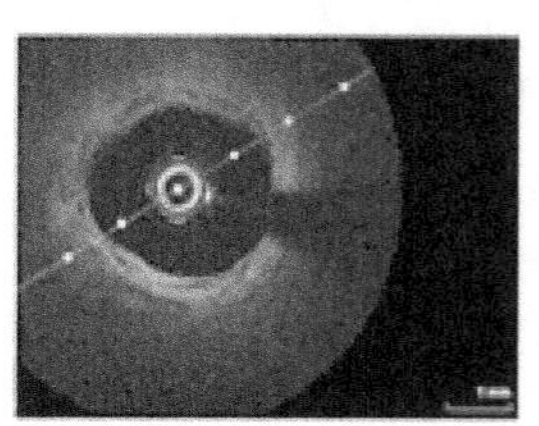

图4-6 AMSorb植入患者体内后6个月随访的DSA血管造影和计算机光学断层扫描(OCT)图

度快、材料利用率高、节能环保等优点，是血管支架制造技术领域内一项重大的技术突破。作为医疗器械中技术先进、附加值高的心脏介入类产品之一，心脏冠脉支架的技术更是被雅培、强生、美敦力、波士顿科技等国际巨头联手把持了数十年。由雅培公司研制的依维莫司洗脱生物可吸收血管支架 ABSORB 分别于 2011 年和 2016 年在欧洲和美国获监管机构批准上市销售，但由于其产品在大规模临床试验中发现一些问题，因此雅培公司决定停止销售而继续研发新一代的可吸收聚合物材料支架。此外，美国 Elixr 公司研发的 Dessolve 可降解聚合物支架和德国 Biotronic 公司的可降解镁合金支架分别于 2013 年和 2016 年获得欧洲监管部门批准上市，但目前这两种支架尚未在临床上得到推广应用。

我国从事可降解支架的研发和产业化的单位主要包括上海威特、北京乐谱、山东华安、上海微创、上海百心安、上海脉全、深圳先健等。北京乐普和山东华安的全降解冠脉支架分别于 2019 年 2 月和 2020 年 5 月获药监局批准上市销售。上述公司生产可降解支架皆采用的是激光切割工艺，并且支架的结构设计固化。北京阿迈特采用的是拥有自主知识产权的 3D 多轴精密打印血管支架制造技术，该种技术生产的血管支架产品结构独特、径向支撑力高、柔韧性及输送性能强，也是世界上首个进入临床试验的 3D 打印血管支架，标志着我国在高端医疗器械 3D 打印领域已居于国际领先水平。

(七)等离子旋转电极雾化制粉关键技术

围绕增材制造对高品质球形金属粉末的迫切需求，西安赛隆增材技术股份有限公司开展等离子旋转电极雾化制粉(PREP)关键技术研究开发，突破等离子旋转电极雾化制备难熔金属粉末技术瓶颈，解决 PREP 技术制备金属粉末细粉收率低等不足，开发出了高纯度、细粒径的高品质球形金属粉末，难熔金属、高温合金、钛合金等(如图 4-7)；自主设计研制的商业化等离子旋转电极雾化制粉装置，电极棒料转速达 50000 转/分钟国际最高水平。实现了高品质球形金属粉末的稳定生产和自主等离子旋转电极制粉装备保障，推动了航空航天、能源动力、核工业、生物医疗等领域新材料开发自主创新发展。

研制的等离子旋转电极雾化制粉设备已实现生产和销售，在数十家研发和产业单位实现了应用。开发的钛合金、高温合金、钨钼难熔、钛铝等 20 类上百个牌号的球形金属粉末在增材制造、粉末冶金及表面处理工业领域具有广泛应用前景。

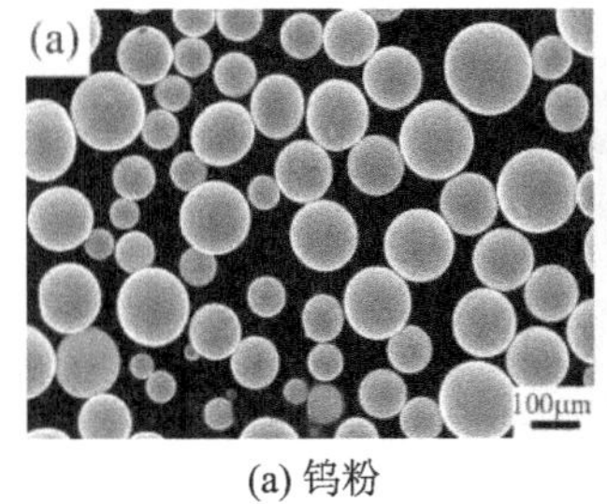

(a) 钨粉

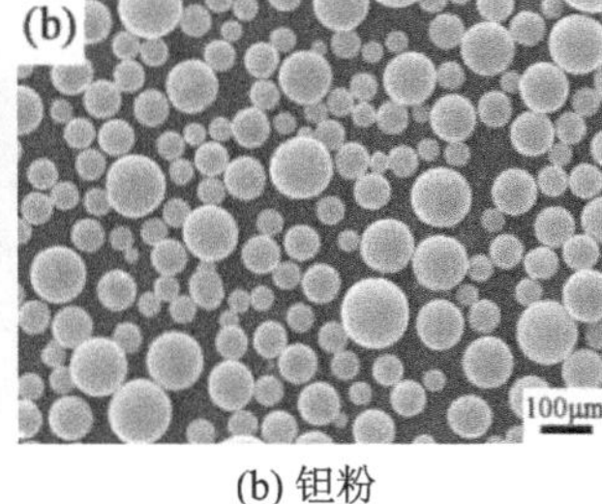

(b) 钽粉

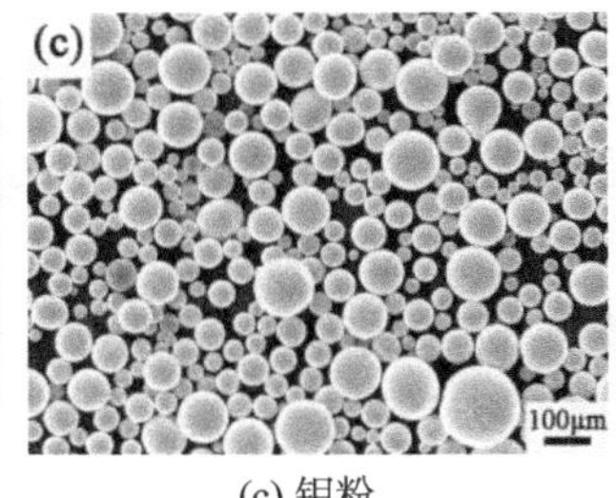

(c) 钼粉

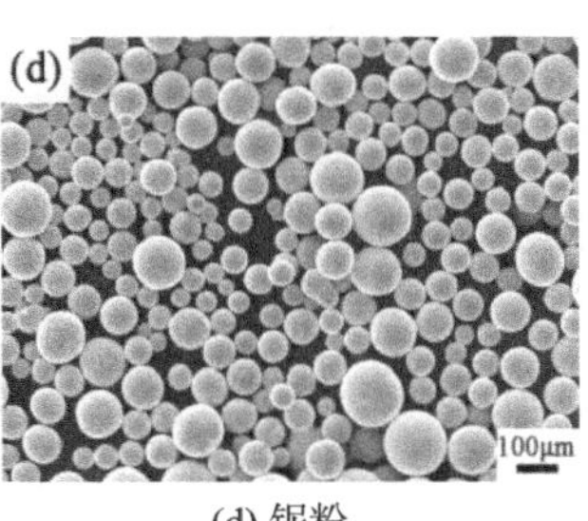

(d) 铌粉

图 4-7　难熔合金球形粉扫描电镜形貌

(八)硬度可编程控制的硅胶材料 3D 打印技术

现有硅胶 3D 打印技术成型的软体结构都具有单一的模量与硬度，无法满足在减振、软体机器人、智能传感等领域的应用需求。北京化工大学机电工程学院英蓝实验室基于增材制造逐层堆积的基本原理，创新提出了只利用软硬两种材料即可实现硬度可无限可编程控制的硅胶材料 3D 打印成型方法，研制成功专用 3D 打印成型设备，并进行了打印工艺研究。

本研究属于混合式打印中的一种，是将二维彩色喷墨打印的原理应用到三维成型上，利用微流道喷嘴在微观上对多组分材料进行不同比例排布与混合实现宏观上不同的产品硬度，使结构更加简单的同时实现快响应的变硬度硅胶成型。

软材料结构的设计制备是支撑软体机器人、柔性传感、仿生设计等前沿学科的关键技术。硅胶材料具有高弹性、快响应速度、宽适用温度、高介电弹性以及良好的生物相容性等优势，是应用最多的软材料之一，所以，研究其设计制备技术非常必要。现有由硅胶材料制成的软体结构大都由单一均质材料制成，其性能具有各向同性的特点，各部位的变形控制只能通过结构尺寸的设计来实现，往往会使结构变得臃肿且响应慢。该项技术的产业化落地将实现大规模一体化设计制备不同部位具有不同硬度属性的硅胶软体材料，以满足每个部位特定的变形要求，可为智能软体结构的设计增加新的维度，如图4-8。

图4-8　具有七段硬度的七色花硅胶结构
(不同颜色代表不同硬度)

(九)基于DLP技术的高精度陶瓷3D打印技术

由中国科学院院士葛昌纯以及来自清华大学、北京科技大学、中国科学院自动化研究所的多个研究团队共同研发的高精度陶瓷3D打印技术基本原理是采用数字光处理(Digital Light Processing, DLP)技术，即将每层的图案投射到陶瓷和树脂混合浆料的表面，完成一层的固化成形，之后移动成型台，进行下一层的成形。在成形结束后，按照特定工艺曲线进行烧结，得到高精度陶瓷制品，具体原理图4-9所示。

该技术创新点：①提出多次曝光技术，实现高精度DLP技术3D树脂打印。采用多次曝光技术，对图案边缘、上下层重叠部分进行重点处理，对抗光敏树脂在固化过程中的收缩和卷曲等问题；以此，实现基于DLP技术的高精度3D打印，精度可达XY方向35微米/点、Z方向25微米/层。②将多次曝光技术应用于陶瓷混合浆料，实现高致密度、高精度陶瓷3D打印。将上述算法用于打印陶瓷粉末与液态树脂混合浆料，该浆料兼具陶瓷和树脂的特点，在紫外光照射下可固化，黏度高，固相含量高(体积比可达60%)，通过优化该3D打印过程使其支持上述新型陶瓷材料，实现高精度成形(其打印精度同上)。③采用特种工艺，保证控制陶瓷烧结后致密度和烧结质量。通过特定的配比以及沉降和稳定性控制机制，保证浆料的稳定成形，通过特定烧结工艺曲线保证成形的最终质量，经过高温加工处理的模型将致密度可达99%以上，具有耐高温、抗腐蚀、结构稳定等诸多优点。

陶瓷3D打印设备可用来熔模精密铸造，会给熔模精密铸造带来颠覆式影响，彻底改变当前熔模精密铸造成品率低、成本高、环境污染的现状，并可用于加工复杂型芯，用于航空发动机关键部件制造，能够给我国航空工业带来突破性进展。据有关资料统计，未来10年军用发动机容量可达14000套，单晶叶片市场可达500亿~1000亿元，陶瓷3D打印应用市场预计可达80亿元，全球民用航空市场更加广阔。这是我们必须要掌握的技术，可推动航空发动机的发展，还可应用于航空航天、医疗、齿科、珠宝、工业设计和建筑等市场，市场前景广阔。

(十)基于特征分区的大型结构扫描增材制造技术

在激光沉积大型复杂构件的过程中，常常出现一些不可避免的问题，如成形精度低、应力变形等，如何有效控制增材制件的宏观变形、成形表面精度和成形过程的稳定性，以及当成形制件

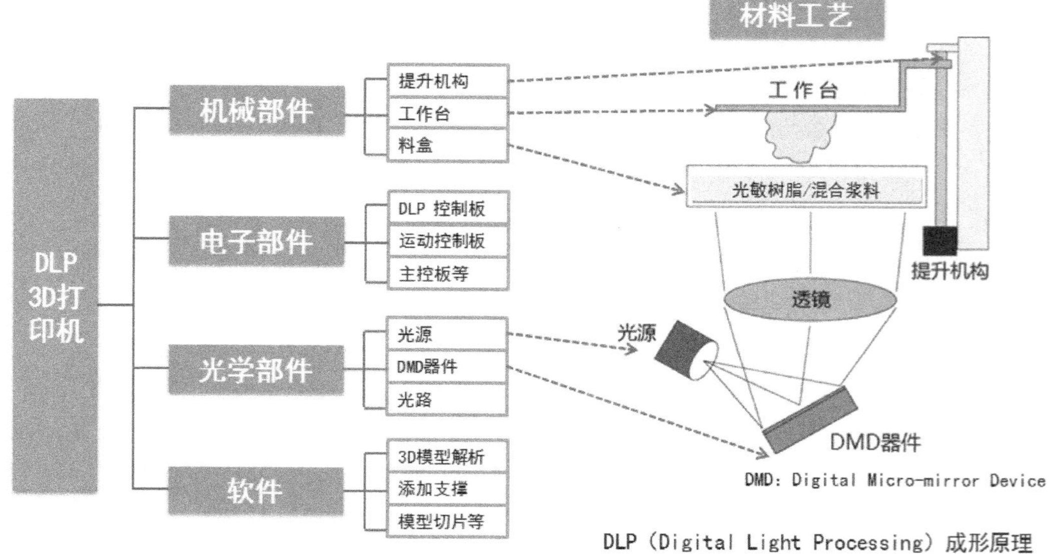

图4-9　DLP 3D打印机架构

表面存在尺寸偏差时如何自主实现制件局部变形的偏差补偿，已成为激光沉积制造大型复杂构件高质量成形的关键问题。

针对激光沉积制造过程中因热分布不均、变形等因素导致制件成形精度低、表面质量差的问题，沈阳航空航天大学“辽宁省高性能金属增材制造工程研究中心”创新性地提出特征分区、层内/层间分区跳转的宏观变形控制和表面形貌偏差补偿的局部偏差控制相结合的方法，从多维多因素复合角度提高大型制件精度，实现大型复杂构件高质量成形的闭环主动控制，如图4-10所示。基于典型飞机大型复杂钛合金一体化构件的切片信息，采用几何图像骨架提取方法，实现层面结构特征的快速识别及基于特征的自适应分区；以典型特征分区固有应变为基本单元，以层面/层间特征分区跳转固有应变偏差最小为目标，规划特征区间应力离散跳转路径；通过对实时捕获成形制件表面点云数据的去噪、稀疏化和数据拼合处理，构建了基于点云投影点和扫描轨迹交线的偏差补偿算法，实现了成形制件表面局部偏差的主动控制。研究成果已在某3代重型战机、4代隐身战机、航空发动机等重点型号承力结构件制造、运维方面成功应用，解决了批产和科研瓶颈难题，取得了显著的经济和社会效益，加快了激光沉积制造大型复杂增材构件在航空航天等高端装备中的应用。

沈阳航空航天大学杨光教授团队长期从事激光沉积制造大型复杂构件的成形制造，创新性地提出了激光沉积制造宏观变形调控和局部偏差补偿的闭环控制方案，形成了基于特征分区、区间跳转和偏差补偿高质量成形激光沉积制造大型复杂构件的关键技术，为超大型复杂构件的激光沉积制造提供了可能，推进了激光沉积制造技术在航空航天等高端装备领域更深层次的应用。课题组的相关研究成果受到了行业相关专家的高度认可，并荣获国防科技进步奖一等奖、中国航空学会科技奖二等奖等7项荣誉，授权发明专利17项。

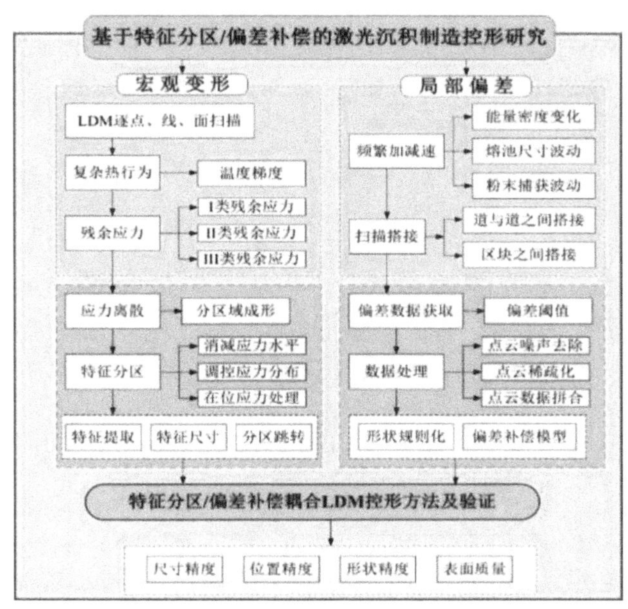

图4-10　激光沉积制造大型复杂构件高质量成形方法的技术路线

(十一)基于面投影微立体光刻的3D打印技术

面投影微立体光刻(Projection Micro Stereolithography，PμSL)是一种面投影光固化3D打印技术，适用于制作微尺度的复杂三维结构，有着高分辨率、高精度、跨尺度加工、适用材料广、加工效率高、加工成本低等诸多特点。基于PμSL 3D打印技术制作的复杂三维结构示例，如图4-11所示。

PμSL 3D打印技术成型过程如下：首先使用建模软件构建出三维结构模型；接着使用切片软件对三维模型以一定大小的层厚进行切片处理，得到一系列具有特定图案的二维图片；然后采用

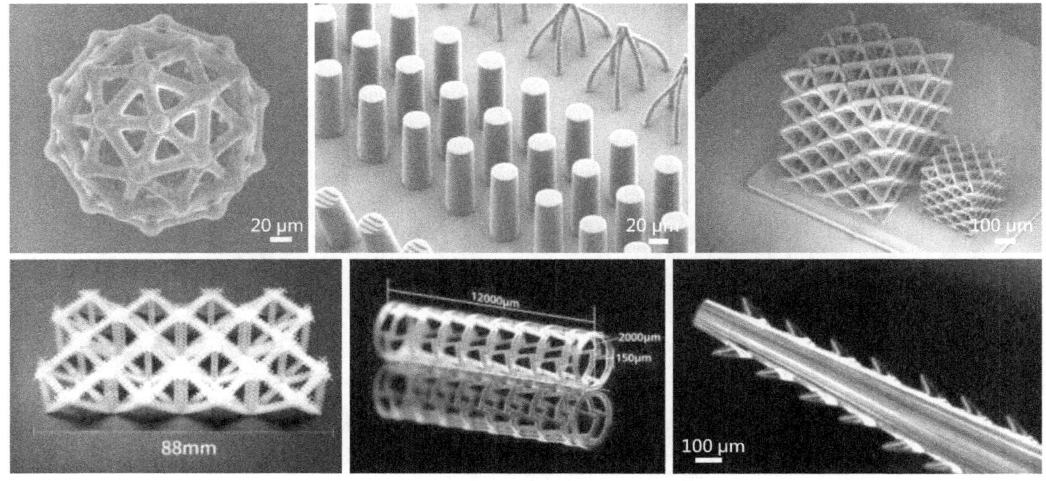

图4-11　基于PμSL 3D打印技术制作的复杂三维结构示例

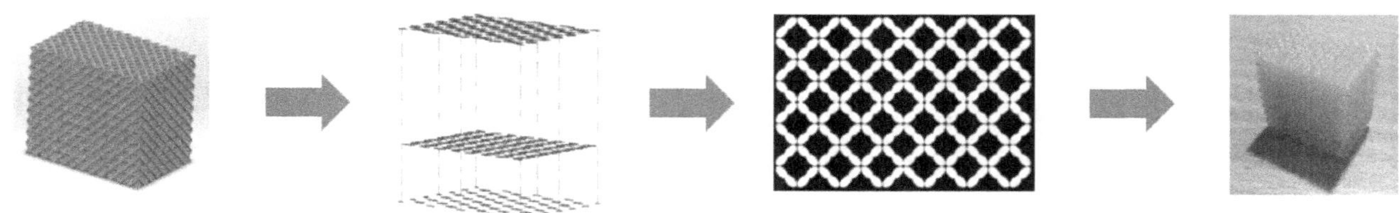

图 4-12　PμSL 3D 打印技术成型过程

PμSL 3D 打印系统对切片后的每一层图案进行整面投影曝光；反复重复上一步骤并层层堆叠最终成型出所需的三维结构，如图 4-12 所示。

通过控制投影物镜的微缩倍率，PμSL 3D 打印技术可以实现几微米甚至几百纳米的特征尺寸。深圳摩方材料科技有限公司基于在这一技术领域的多年沉淀，自主研发出了一系列 PμSL 3D 打印系统，已经量产的产品最高光学分辨率可达 2μm。

PμSL 技术采用整面曝光，其中曝光图形由 DMD 控制产生。因此，一般情况下，PμSL 3D 打印系统的最大成型幅面取决于光学分辨率大小以及 DMD 像素点数量，DMD 成像芯片尺寸固定，通过投影镜头只能实现固定的投影幅面。最大成型幅面与系统光学分辨率呈矛盾关系，即当提高系统光学分辨率时，其最大成型幅面相应减小。拼接技术很好地解决了这一矛盾，使得高分辨、大幅面、跨尺度打印得以实现。

(十二)高频超声在线检测金属增材制造装备技术

上海航天设备制造总厂有限公司以增材制造工程的在线缺陷检测/离线质量评价为目标，开展基于激光超声非接触式激光超声在线检测装备的研制，开发出了非接触式激光超声在线检测装备和软件，形成了集增材制造和制件内部缺陷在线监测于一体的金属增材智能制造系统。

针对粉末床熔覆工艺的快速熔化/凝固特点，首次提出并开发基于激光超声多点扫描激励和全场分析的缺陷检测技术，实现单层或多层打印层的整体一次性检验。通过在软件上实现增材制造工艺设计和检测工艺的协同，在硬件上采用共享振镜的集成方案，实现在不改造工作腔体的情况下集成在线检测模块与打印装备，如图 4-13 所示。

全球首次开发基于逐层激光超声在线检测技术及装备，具有非接触，检测精度高、缺陷重构等优势。通过与主流增材制造设备的有效集成，形成具有实时控制打印质量的 3D 打印装备市场关键竞争力，并突破了 3D 打印质量控制的关键技术，为更多的复杂部件采用 3D 打印的方式进行加工制造提供了有效的路径，可进一步缩短产品研制的周期，优化产品的设计，确保产品的质量，可极大拓展 3D 打印产业化应用。

(十三)面向齿科精准医疗的 3D 数字化与 3D 打印技术

齿科是当前最具规模化应用前景的 3D 打印技术医疗应用领域之一。根据 SmarTech 预测，2028 年全球牙科增材制造市场规模将达到 90 亿美元。

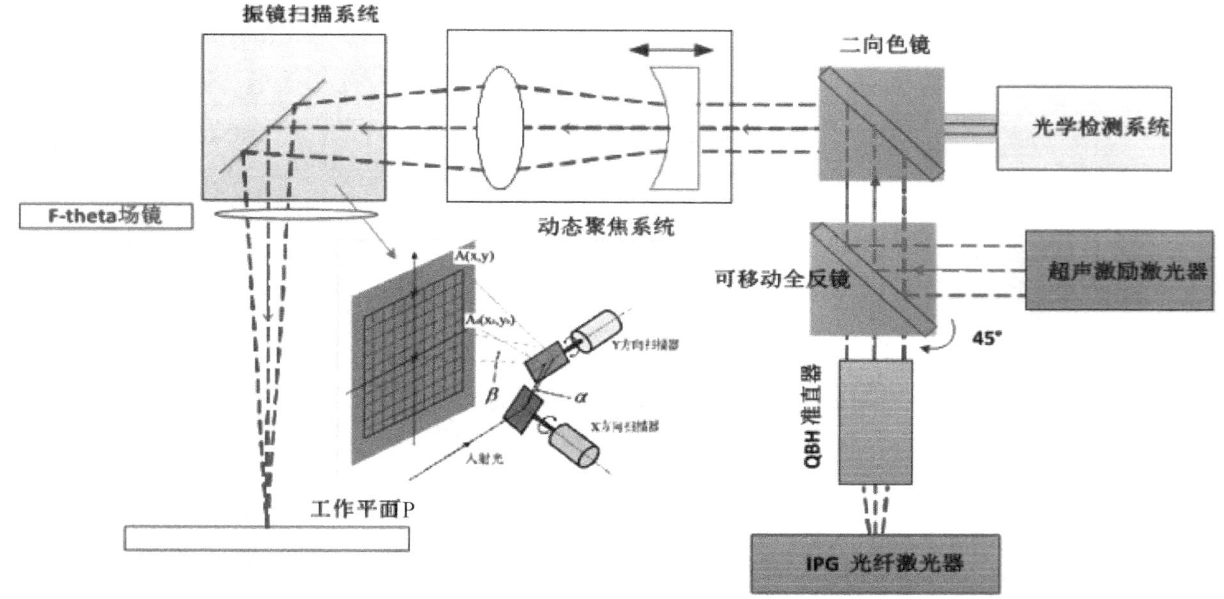

图 4-13　技术原理图

齿科数字诊疗技术具有个性化设计、快速生产、高效自由成型制造复杂造型产品的优点，可用于正畸牙模、种植外科导板、口内扫描数据工作牙模、修复体蜡模及临时牙等制作，满足了口腔医学领域对个性化治疗的需求。

先临三维科技股份有限公司致力于3D数字化与3D打印技术齿科数字化应用场景转化研发，通过近10年在齿科领域的3D数字化与3D打印关键技术研究，不断突破技术瓶颈。公司主要产品有齿科口内3D扫描仪、齿科桌面3D扫描仪、齿科DLP 3D打印机等设备，公司以齿科口内3D扫描仪及软件为入口，着力构建面向口腔医疗机构的可视化接诊以及修复、正畸、种植等数字化解决方案。在中国数字化齿科领域的3D数据采集和设计方面保持着行业领先地位。

未来公司将对齿科数字模型获取、协同设计、3D数据智能管理等关键技术进行深入的应用研究，如对牙齿3D数据高精度数据获取、口腔修复体3D高精度打印以及功能匹配的应用研究等，推动更加精准和高效的齿科个性化定制应用；对齿科3D扫描仪与齿科3D打印机进行改进与新产品研发，可与在线订单系统和云端数据管理系统结合，实现订单、采集、设计、制造各环节的数字化、一体化集成，形成从齿科数字诊疗到远程设计、齿科产品个性化定制的全数字化系统。

(十四)激光增材微切割混合制造新技术

汉邦科技率先推出激光增材微切割混合制造新技术(Laser Additive&Cutting Manufacturing, LACM)，将激光选区熔化技术(SLM)与皮秒、飞秒激光切割技术相复合，在铺粉式增材制造过程中利用超快激光切割对凝固层轮廓或微结构进行精密细加工，从而直接制造出高精度表面的复杂金属构件，实现在一台装备上完成精密复杂零件的整个快速精密制造工序，该项技术达到国际先进水平。

LACM技术系列装备，基于高效协同制造策略、工艺以及零件缺陷在机检测方法，实现在一台装备上完成精密复杂零件的整个快速精密制造工序。装备具有双激光增减材制造功能，自主开发双激光高效协同制造控制软件，打印过程多信息耦合模拟与参数监控和自适应调整，循环气流高效净化系统及多材料打印数据库，且具备智能打印功能。

图4-14　LACM技术打印成品，实现高精度、高质量金属3D打印

良好的表面质量势必能够满足更多的应用需求，LACM技术有效应用于精密模具、医疗齿科植体、精密内腔终端零件以及微结构零件等制造领域。汉邦科技从2013年开始研发激光增材微切割技术，到初步应用于产品，经历了8年时间。两种技术的结合非常新颖，让超快激光发挥更显著的作用，达到更好的表面质量。

(十五)基于非溶剂致相分离原理的高性能聚合物3D打印工艺技术

现有基于熔融沉积(FDM)原理的聚合物3D打印技术成型耐高温的高性能聚合物材料需要使用大功率的加热器对喷头和成型平台(或成型腔)加热，对设备和成型工艺要求很高。本项目创新提出一种可在常温下打印的基于非溶剂致相分离原理的高性能聚合物3D打印工艺技术，其成型设备如图4-15所示。

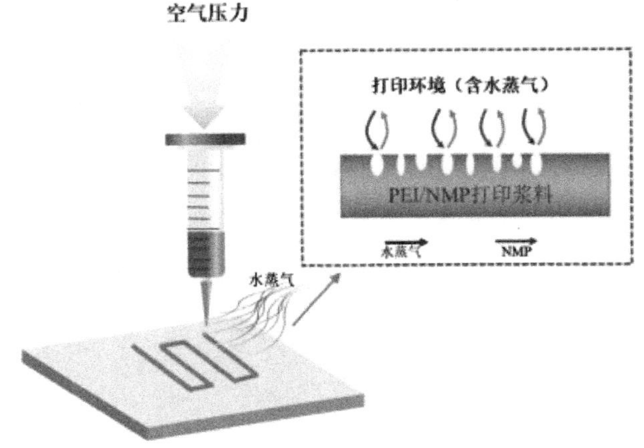

图4-15　非溶剂致相分离3D打印原理示意图

工艺路线为：首先配备聚合物材料和可对其溶解的有机溶剂的打印浆料，利用直写打印原理在湿度可控的环境下对浆料打印成型，在打印过程中有机溶剂遇水蒸气发生非溶剂致相分离使材料成型，再利用非溶剂致相分离和加热干燥的方式去除 NMP，最终得到 PEI 制品。

北京化工大学机电工程学院英蓝实验室以耐高温的特种工程材料 PEI 为例，研究了非溶剂致相分离 3D 打印的成型工艺。结果表明该工艺参数成型的 PEI 坯体表面平整、成型质量良好。PEI 坯体的最佳溶剂脱除路线为先经 30% NMP 水溶液沉积浸泡 48h，再经乙醇浸泡 24h 得到非溶剂致相分离后的坯体。再通过加热干燥脱除残余溶剂，加热结束后自然冷却，最终得到 PEI 制品。

图 4-16　最优打印参数下成型的 PEI 坯体

二、创新技术

(一)关于激光选区熔化的航空航天用金属材料及组织性能调控

北京工业大学材料与制造学部 3D 打印中心应用激光选区熔化技术(SLM)制备的航空航天用金属材料及组织性能调控领域取得以下成果。

1. SLM 成形的 Inconel 718 合金组织和力学性能调控研究

由于 SLM 的加工特性，SLM 成形的 Inconel 718 合金成形态组织中强化相来不及析出，而对力学性能有害的 Laves 相却在晶界上析出，另外成形件内部积累了大量的热应力，需要进行后热处理，消除应力，把成形态的亚稳组织转变为稳定态组织。基于上述特点，SLM 成形 Inconel 718 合金的热处理制定不用于传统的铸锻件。经过研究显示，1080℃均匀化处理再加 980℃固溶处理再加双时效的热处理后在组织的晶界上有连续的、粒状和短棒状的 δ 相析出；晶内析出细小弥散的强化相。检测结果进一步证实，这样的热处理方案使得 SLM 成形的 Inconel 718 合金获得最优的高温力学性能和室温力学性能，性能超过锻件标准。

2. SLM 成形的 TA15 钛合金组织调控的研究

SLM 成形的 TA15 组织内部发生马氏体分级现象，分级程度与成形参数与热输入量相关。采用优化的成形方案，结合 940℃热处理，在 β 相板条内部形成四级针状马氏体，起到了强化作用，在拉伸试验中，这样热处理后的组织性能高于锻件。

3. 采用 SLM 成功制备 10% WTSiCk 强化的铝基复合材料

研究结果显示，其抗拉强度提高到 440Mpa，屈服强度达到 381Mpa，弹性模量显著提高，膨胀系数和热导率略有降低。

(二)应用于骨组织的可降解 HA/PCL 专用 3D 打印设备

北京化工大学机电工程学院英蓝实验室自主研发的应用于骨组织的可降解 HA/PCL 专用 3D 打印设备，创新地采用了精密螺杆式物料塑化系统与供料原理、熔体微滴堆叠的成形方式、快速响应的开关阀控式料流控制以及熔体压力闭环自平衡等关键技术，解决了现有熔融沉积 3D 打印对耗材种类和耗材形态存在限制的技术难题。

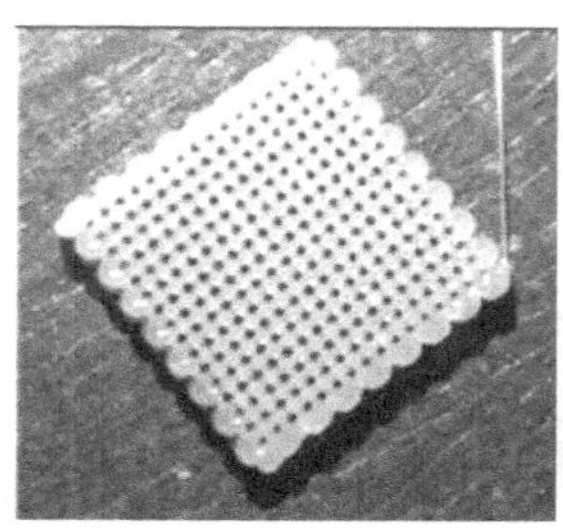

图 4-17　HA/PCL 骨组织支架

项目利用研发成功的专用 3D 打印设备，利用具有较好生物相容性的生物高分子材料聚己内酯(Polycaprolactone，PCL)和具有良好骨传导性的羟基磷灰石(Hydroxyapatite，HA)为原料，成功制备出具有一定孔隙率和力学性能的组织工程支架。

(三)增材制造连续纤维增强热塑性复合材料宏微观多尺度分析

作为快速加工和制造的重要技术，增材制造可以借助计算机设计生产具有复杂几何形状的部件。使用熔融沉积(FDM)增材制造技术的连续纤维增强热塑性复合材料(CFRTPCs)受到广泛关注和研究。本研究对 CFRTPCs 进行了有限元分析，模拟其打印—冷却—沉积过程，并获得其力学性能。首先，发展增材制造过程的理论模型；其次，对增材制造 CFRTPCs 孔洞含量的影响因素进行参数化分析，揭示了堆叠方式、走线长宽比、走线间宽度及高度对孔洞含量的影响规律；最后，采用宏细观模拟方法，对增材制造的 CFRTPCs 进行了多尺度力学分析。本研究对增材制造 CFRTPCs 的研究提供了模拟方法和理论依据。

CFRTPCs 的增材制造过程如图 4-18 所示。热塑性树脂长丝进入挤出头，并在喷嘴被加热器加热至熔融。同时，连续的纤维束从纤维供应头被传送至喷嘴。在喷嘴中，连续的纤维束被熔融热塑性聚合物渗透并涂覆。随后，浸渍后的纤维束可以从喷嘴的下端被挤出。当挤出的材料到达沉积平台并迅速冷却结晶后，连续的纤维由于前端的热塑性树脂凝固而连续地被拉出。按照设计轨迹，喷嘴可以沿着平面方向发生移动，这样形成了 3D 复杂形状的 CFRTPCs 构件的第一层。

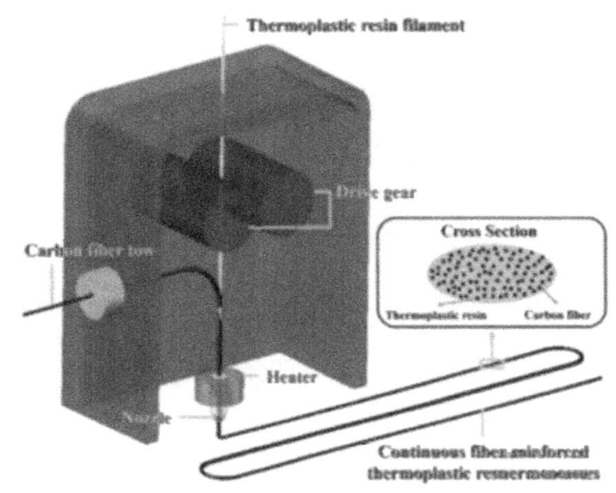

图 4-18　CFRTPCs 的增材制造过程

在单层完成后，喷嘴会沿着构件厚度方向提升单个层厚度。挤出的材料到达零件表面，并会迅速固化并黏附到上一层。重复该过程，逐层完成构件的沉积，直到完成打印。通过上述增材制造方法，CFRTPCs 可以通过沉积熔融制成。上述增材制造成型过程包括 3 部分，分别为热塑性树脂浸润纤维过程、温度变化及热传导过程、热塑性树脂固化过程。图 4-19 给出了多个典型阶段的树脂流动情况及对应的横截面增材制造珠粒形貌。

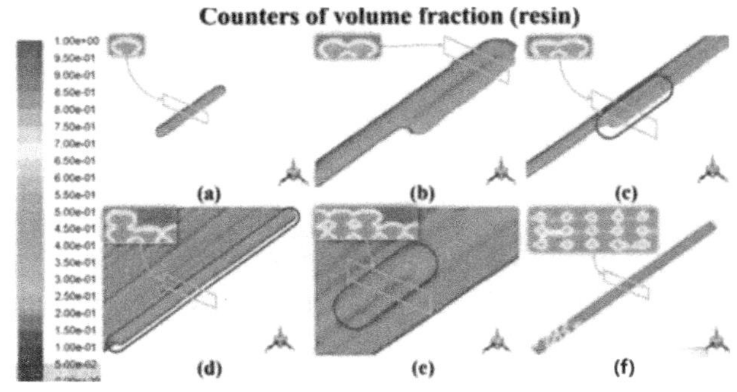

图 4-19　增材制造模拟中树脂的流动情况及对应的珠粒形貌

流体受到重力作用，同时它会由于固化产生体积收缩、密度增大和黏度增大，这些均导致它凝固之后的珠粒形貌与给定的椭圆形形貌不相同。珠粒的宽度在沉积—冷却—凝固过程将变窄 5.02%，其高度将提升 1.59%，其整体的截面积将降低 3.51%。随后，打印头沿着 X 轴正方向发生转弯，并随后转向 Z 轴正方向继续打印，新流入的高温熔融树脂将会令周围的树脂熔化，并重新冷却凝固，从而两条并排的珠粒将发生粘接，其粘接的情况则与两珠粒间距相关。在一定程度内，增材制造试件越致密，其力学性能将会越好。当试件的第一层打印结束后，增材制造喷头将沿着 Y 方向上升，并将第一层的终点作为第二层的起点继续打印。上层的高温熔融树脂将熔化掉下层已经凝固的树脂，两层树脂由于重新冷却凝固而发生粘接，受到重力的影响，下层树脂的形状略有变化，其高度将略降低，并且致密性变好。最终 CFRTPCs 试件按照设计的路径逐层完成增材制造。在打印过程中，可以看到在两个珠粒之间存在树脂未曾浸润的区域，在本模型中，未曾浸润区域的孔洞为 12.23%，试件整体的纤维体积分数为 26.33%。

不同参数下得到的 CFRTPCs 试件的截面如图 4-20 所示。发现堆叠方式及椭圆形珠粒的长宽比对孔洞含量的影响最为显著。

为了能够实现对整体 CFRTPCs 试件的力学分析，需要建立随机纤维代表性体积单元，如图 4-21 所示。基于已知的 ABS 热塑性树脂和 T300 碳纤维的力学性能，获得树脂与纤维的混合物的平均物理参量。

对增材制造得到的 CFRTPCs 进行力学分析，需要将获得的 CFRTPCs 试件的形貌输出并导入固体分析软件中。对试件的两端设置边界条件，令其一端固定，另一端沿着 Z 轴正方向以 2mm/min 的速度拉伸。本研究描述的打印流程和材料参数与文献中实验中的参数相同，将两种方法得到的应力应变曲线对比，结果如下：实验中得到的增材制造的 CFRTPCs 的模量和强度分别为 62.5GPa 和 986MPa，采用有限元方法获得的试件模量与强度分别为 64.72GPa 和 1001.17MPa，其对应的误差分别为 3.55% 和 1.54%。结果表明本研究提出的模拟手段可以对增材制造 CFRTPCs 的模量和强度给出很好的预测。

将 CFRTPCs 中心位置的主承力区域放大，临近失效时沿着纤维方向及垂直于纤维方向的损伤分布由图 4-22 给出。试件的损伤首先发生在两个

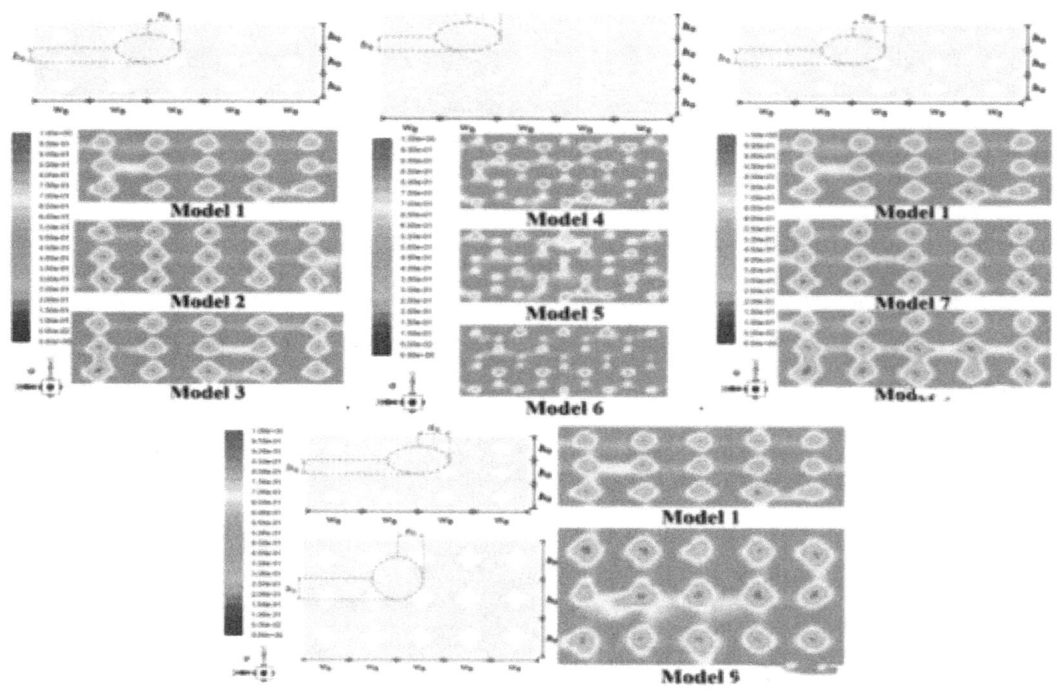

图 4-20 影响增材制造 CFRTPCs 孔洞含量的因素分析

图 4-21 碳纤维体积分数为 30% 的纤维随机分布的代表性体积单元

珠粒之间的区域。这是由于在增材制造规则的椭圆形过程中，在孔洞缺陷附近将发生应力集中，造成试件首先在该区域发生损伤。随后，若 CFRTPCs 继续受力，由于复合材料不同方向的强度特征，试件会沿着纤维方向开裂。

(四)摩擦挤压增材制造技术及设备

搅拌摩擦增材制造(Friction Stir Additive Manufacturing，FSAM)与固相摩擦挤压增材制造(Friction Extrusion Additive Manufacturing，FEAM)是近年来基于摩擦焊原理开发的创新金属固相增材制造技术，它利用分层累积与摩擦挤压塑性变形加工原理实现金属沉积过程。在增材制造中金属材

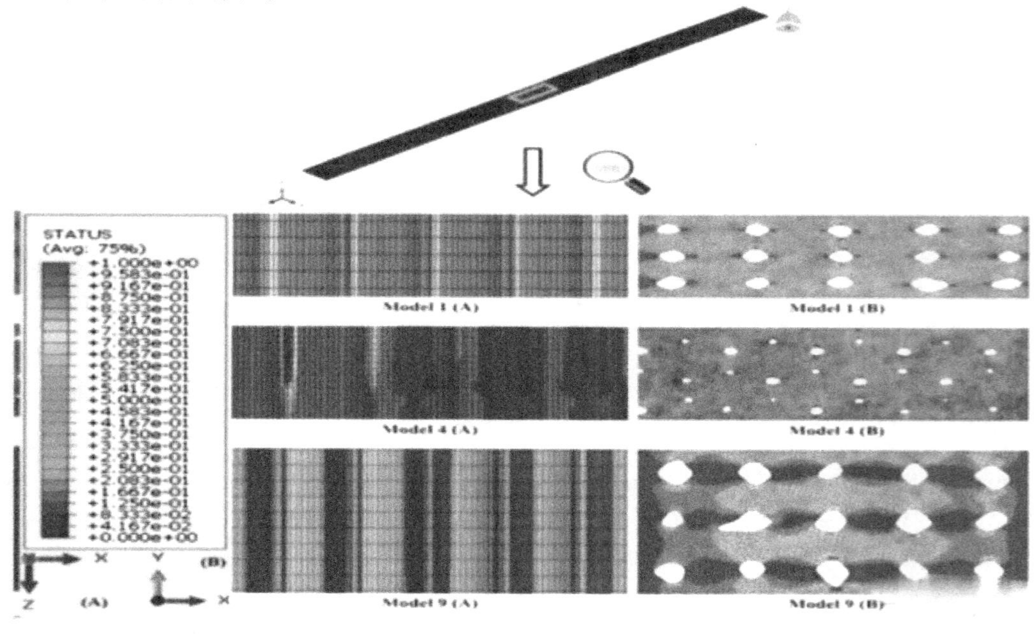

图 4-22 宏观 CFRTPCs 的损伤分布

料不发生熔化与凝固现象，克服了熔焊增材工艺中不可避免地会出现孔隙、未熔合及热裂纹等必须通过增材组织调控、焊后热处理、热等静压及机械辊压等手段无法完全消除的各种冶金缺陷，其增材沉积层具有锻造组织特征和优异力学性能，因而在高性能铝镁等轻质合金结构制造领域具有巨大应用潜力。

2018 年，天津大学杨新岐教授团队在国家自然基金项目《高性能轻合金搅拌摩擦增材制造成形机理及组织控制》的资助下，对高性能铝镁轻质合金的搅拌摩擦增材制造(FSAM)工艺中增材成形机理、组织控制及力学性能进行了深入系统研究；尤其在固相摩擦挤压增材制造(FEAM)工艺方面获得突破性进展，2020 年在国内独立设计成功研制 FEAM 设备，可以实现填充材料的主动沉积及自由成形，增材沉积效率高并能成形几米范围大尺度铝合金构件，为深入开展 FEAM 关键技术研究及开发工业化装备提供重要基础。

图 4-23　搅拌摩擦增材制造工作实况

FSAM 建立在已有搅拌摩擦搭接焊工艺基础上，并结合分层叠加方式实现金属零件的三维构建，其工艺原理如图 4-24 示：首先在基板上刚性固定每层增材薄板条，其次沿加工路径和增材方向采用搅拌工具进行逐层累积搅拌摩擦搭接焊制备接近成型零件，最后机械加工去掉多余材料形成最终零件形状。FSAM 沉积区完全由搅拌摩擦焊缝的焊核构成，在搅拌摩擦加工过程中焊核依次叠加成形，因而增材内部不会产生各种熔化凝固冶金缺陷、具有完全致密细小等轴晶组织特征和优异力学性能。

FSAM 工艺的优势是不需要开发专用增材设备，采用传统搅拌摩擦焊机就可实现增材制造，但需要针对具体构件设计加工专用工装夹具，其中实现搭接焊的搅拌工具形状、工艺参数及不同铝合金塑性流动特征是影响沉积层界面连接机制及缺陷形成的关键因素。但由于 FSAM 不能实现填充材料的自主沉积和自由成形，其工艺过程需要额外加工增材薄板条及烦琐刚性夹具固定等，使得 FSAM 在工业化应用中有较大局限性。

FEAM 建立在轴肩辅助摩擦堆焊工艺基础上，同样结合分层叠加方式实现金属零件的三维构建，其工艺原理如图 4-25 示：非消耗轴肩与基板表面保持给定间隙(增材层厚度)，填充棒料受到轴向压力作用与轴肩同时旋转并持续摩擦挤压基板表面，从而产生强烈摩擦热和剪切塑性变形导致材料软化产生塑性流动、填充轴肩与基板表面之间的间隙；随着轴肩沿基板表面横向移动被软化材料与基板产生冶金连接，并沉积在基板表面形成增材层；沿给定加工路径重复上述操作即可形成单道多层或多道多层增材构件。为了实现 FEAM 工艺过程，必须设计研制专用的增材设备，其中实现填充棒料给进的主轴头及轴向送料系统是 FEAM 增材设备研制的关键内容。

FSAM 与 FEAM 均建立在摩擦焊原理基础上，但其工艺过程有本质区别：FSAM 是采用非消耗搅拌工具“摩擦挤压搅拌”被加工材料，其摩擦热源是非消耗搅拌工具与被加工材料的“摩擦挤压搅拌”作用而产生的，这样为产生摩擦热源必须对被加工材料施加刚性固定才能实现搅拌摩擦加工过程，不能实现增材制造自由成形；而 FEAM 是采用消耗填充棒料自身“摩擦挤压”基板，消耗填充

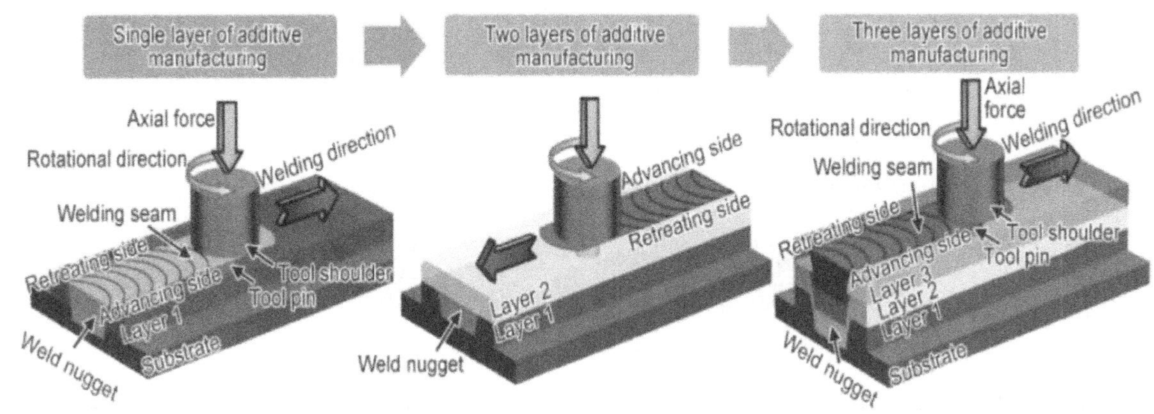

图 4-24　搅拌摩擦增材制造(FSAM)工艺原理示意图

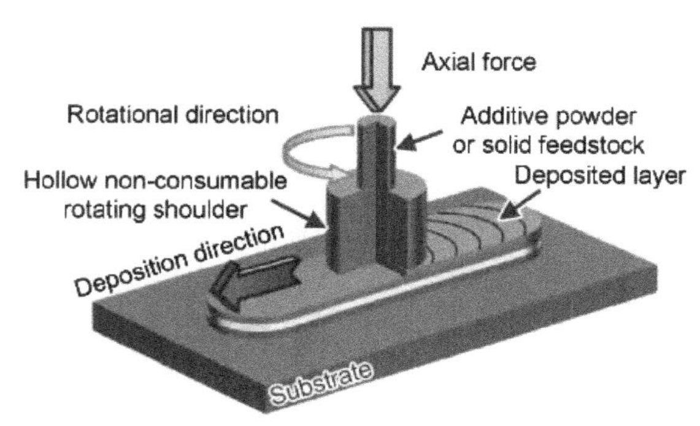

图4-25　FEAM工艺过程示意图

棒料既产生摩擦热源又是被加工材料，由于摩擦挤压使得填充棒料软化后直接沉积到基板上形成增材，可以实现增材制造自由成形，在沉积过程中消耗棒料将受到强烈摩擦挤压剪切塑性变形作用，但没有搅拌工具的搅拌摩擦作用。与目前主流激光沉积制造技术相比较，固相增材制造技术主要有以下显著特征。

（1）工艺过程不存在熔化凝固现象、有效避免内部孔隙、未熔合及热裂纹等冶金缺陷，增材内部残余应力低，增材宏观力学性能可达到甚至超过母材性能。

（2）设备、原材料等成本低。固相增材制造设备不需要复杂的高技术核心零部件，并且原材料采用棒材或丝材，成本低于粉末。

（3）制造效率高，对铝合金其沉积速率可达到（1400cm³/h）。过程受环境及材料的随机因素影响小、重复性高。

（4）可实现多种材料的增材制造工艺。相比激光沉积制造技术，可选用材料种类较多，具有广泛工艺适用性。

（5）增材设备所需耗能较少、安全高效及绿色环保，无激光粉尘等危险因素与环境污染。

FEAM工艺是目前最为先进的金属增材制造技术之一，也是获得轻质合金完全致密与高性能增材的最有效工艺方法，在轻量化铝镁合金结构制造领域具有巨大应用潜力。

（五）4D打印技术研究进展

4D打印是指利用增材制造技术（3D打印技术），制造出在预定的刺激下（如放入水中，或者加热、加压、通电、光照等）可自我变换物理属性（包括形态、密度、颜色、弹性、导电性、光学特性、电磁特性等）的三维物体。它直接将材料与结构的变化设计内置到物料当中，简化了从设计到实物造物过程，实现了产品设计、制造和装配的一体化融合。

4D打印的附加维度主要是指时间维度，目前研究方向主要集中在开发能够响应外界刺激的智能材料。目前，在4D打印中应用较广泛的材料有形状记忆聚合物、天然纤维、形状记忆合金。通过将材料的智能特性与增材制造技术相结合，可以实现产品对外界刺激的整体响应。根据打印部件对外界刺激的响应源不同，可分为水、热、磁、电、光等多种驱动方式。

1. 水驱动4D打印

水驱动4D打印部件通常由亲水性材料作为基质组件，当驱动部件与水分子结合时，体积发生变化或发生变形。

水驱动4D打印技术的打印材料相对容易制造，仅需要简单的打印工艺和材料，就可实现较大灵活度的变形，有望应用于人体、水下机器人等领域。然而，由于使用水响应型智能材料的部件高度依赖于水环境，因此实现远程精确控制是具有挑战性的。

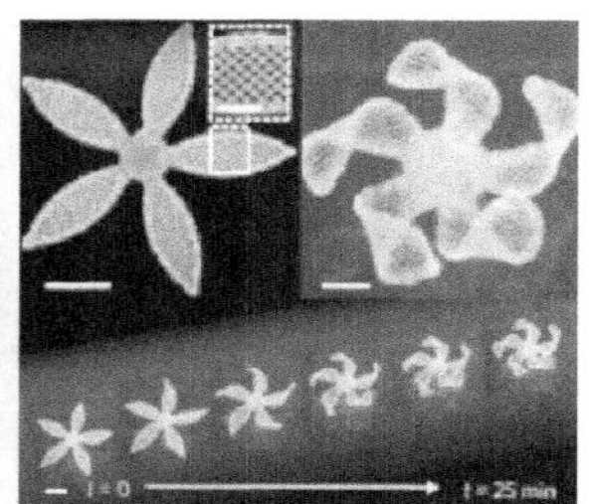

图4-26　仿生花形状变化

2. 热驱动4D打印

热驱动4D打印技术通过调节温度激活形状记忆材料，以控制部件的变形。能响应热刺激的热塑性形状记忆聚合物或形状记忆合金被用作热驱动4D打印材料。热驱动形状记忆聚合物比形状记忆合金更容易制备，因此被广泛应用于热驱动4D打印技术的研究。热驱动形状记忆聚合物的形状记忆功能源于其分子链组分在温度刺激下的玻璃化转变或熔融转变。温度控制直接影响热驱动4D打印元件的响应效果和响应时间。环境温度的变化很难在短时间内完成，这对快速实现元器件的响应过程是一个挑战。

基于驱动4D打印原理，韩国首尔国立大学利用两种加热产生不同热应变的纤维材料制造了一个能实现弯曲的抓取结构。抓取结构由“手掌”和“手指”组成，“手掌”是一个预制的结构件，手掌上安装了三个“手指”。加热时，三个手指弯曲变形以抓住目标物体。

3. 磁驱动4D打印

磁驱动4D打印技术是通过磁场激活并控制4D打印部件。主要有直接响应和间接响应两种实

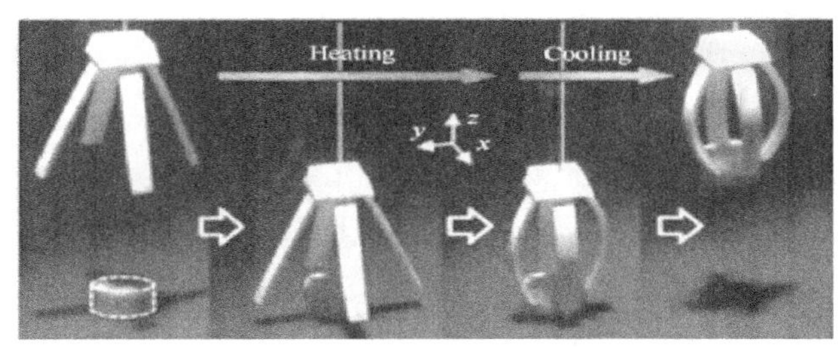

图 4-27　“手指”实现抓取动作

现方式：直接响应法是将混合有磁性颗粒的基质固定成临时形状，并将它置于磁场中，改变磁性颗粒中的磁畴。当再次施加相同的磁场时，基体中的磁性颗粒的磁场会对施加的磁场做出响应，从而实现形状记忆。间接响应法是基于磁性颗粒在磁场中的磁热效应，利用热量驱动元件，该方法是热驱动方法的变体。

中国科学院金属研究所研究了含有软磁铁颗粒的复合打印油墨材料。这种材料是由聚二甲基硅氧烷(PDMS)作为柔性基体成分制成的，以实现形状恢复功能，用 PDMS/Fe 墨水制成的蝴蝶样品的翅膀可以在外加磁场中快速拍动，变形过程在 0.7 秒内完成。其响应速度远快于热驱动材料和水驱动材料。

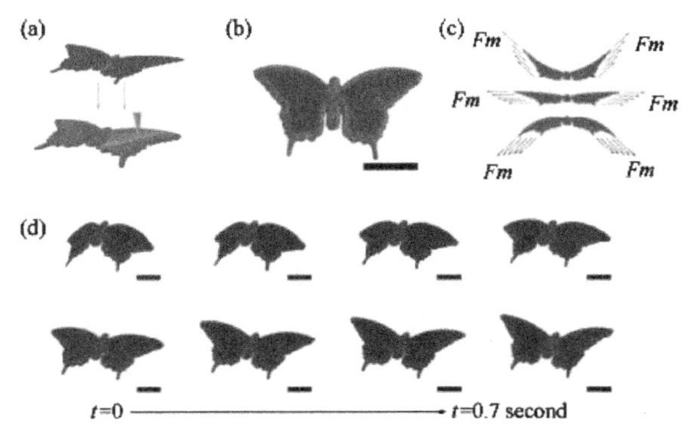

图 4-28　仿生翅膀变形过程

4. 电驱动 4D 打印

电驱动形状记忆效应主要是利用电流的电阻加热效应，通过嵌入具有电热效应的材料(如电热丝、导电填料等)而产生的。当加热材料被通电时，形状记忆效应被激活。这种驱动方式的优点是不需要改变外部环境温度，因此具有更高的加热效率和更快的响应速度。通过放置加热材料可以控制部件的局部变形。

基于 FDM 原理，哈尔滨工业大学利用碳纤维增强聚乳酸形状记忆复合材料(CFRSMPC)制造了 4D 打印元件。碳纤维既是增强材料，又是热源。测试结果表明，4D 打印 CFRSMPC 在 75 秒内完成了电驱形状记忆效应，试件的形状恢复率在 95% 以上。

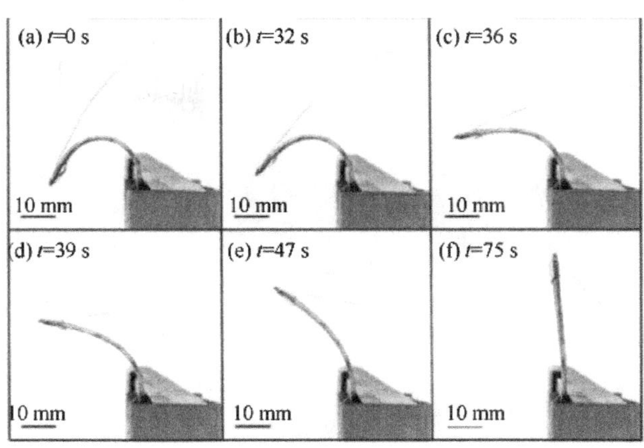

图 4-29　CFRSMPC 板形恢复工艺

5. 光驱动 4D 打印

光驱动 4D 打印是指以光作为激发源来改变 4D 打印组件的结构或外观。德国亚琛工业大学医学院研究了含有 CINNAMON 官能团的聚合物可以通过紫外线照射变形并固定成预定形状，例如，拉长的薄膜和管、拱形或螺旋形，加热到 50℃，变形也能保持较长时间的稳定。当它们暴露在不同的紫外光波长下时，它们可以在环境温度下恢复原来的形状。

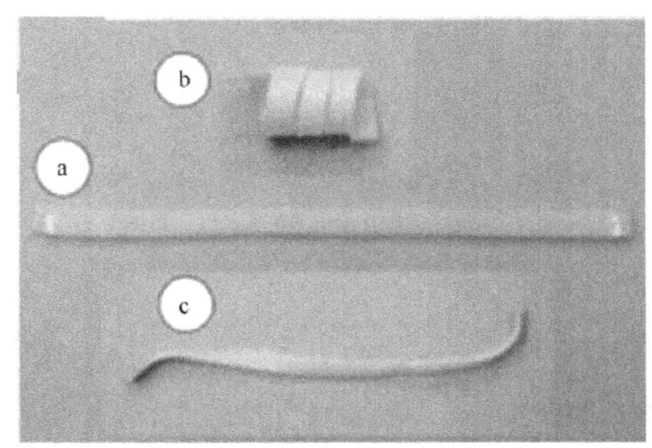

图 4-30　条带变形过程

泰国朱拉隆功大学工程学院研究了近红外(NIR)光激活的形状记忆聚合物，并以生物材料为原料合成了具有形状记忆性能的 V-fa/ECO 聚合物。合成材料的共聚物可以直接用作打印材料，而不需要使用其他聚合物作为基质材料。当打印材料中 ECO 的质量分数超过 50% 时，在波长为 808nm 的近红外光下，打印样品可以在 30 秒内被远程驱动，并且具有很高的回收率。

光驱 4D 打印技术可以实现远程精确控制。然而，当部件受阻或打印材料的透明度不好时，该驱动方法很可能失败，从而限制其应用。

4D 打印的研究工作需要广泛整合材料科学、信息科学、机械工程、力学等学科的专业知识，实现增材制造技术与智能材料的深度融合。4D 打

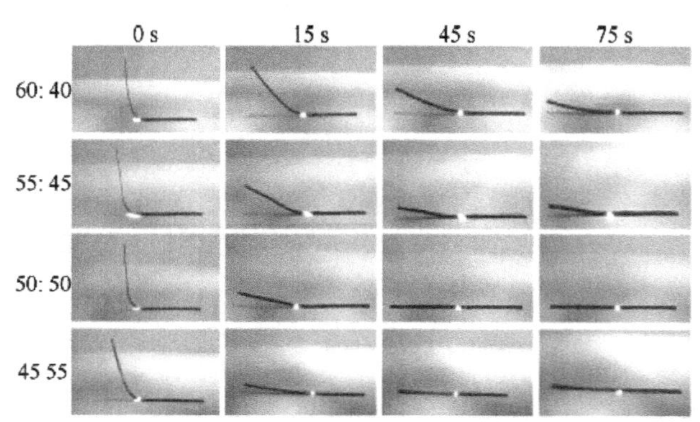

图 4-31 不同比例的 V—fa/ECO 共聚物在近红外光下的形状恢复速度

印技术的最终目的是直接制造具有一定智能功能的结构，从而简化结构的复杂性，减轻结构的重量，这对提高结构的智能化具有重要意义。目前，4D 打印技术已在机器人、航空航天、生物医学、食品开发等领域显示出巨大的应用潜力，随着科学技术的进步和研究的深入，4D 打印技术将在上述领域得到更广泛的应用。

(六)红蓝混合光源解决高反材料成形难题

铝合金、铜合金因其密度低、导热性高、加工性能好、机械性能优异的优点，在航空、航天、汽车等重要领域都应用增材制造技术或者激光修复再制造技术制造或修复结构复杂的轻量化零件，然而铝合金和铜合金对激光吸收率极低，会导致孔隙、裂纹和未熔合等问题，最终影响零件的使用。

上海交通大学系统研究了蓝光、红光和红—蓝混合激光在铝基材上熔覆纯铜时的熔池稳定性、熔池尺寸和熔覆层的微观结构，讨论了不同激光的成形机理。

该科研实验在联赢激光生产的 UW-B4310M 装备进行，激光器是由一个 3000W(1064nm)红外激光器、一个 1000W(450nm)蓝光激光器和一套控制软件组成；红外激光器发射高斯光束，光斑大小为 2.4mm，蓝色激光器发射平顶光束，光斑大小为 1.75mm。

在不同的激光源下，开展单道实验。实验参数见表 4-1，其中所有样品的扫描速度(v)为 60mm/s，并且在熔覆过程中，使用 Revealer® X113 CMOS 高速摄像机来观察熔池，其采样频率为 6800fps。

表 4-1 实验方案相关参数

序号	红光功率(P/W)	蓝光功率(P/W)
Ⅰ	200	—
Ⅱ	1000	—
Ⅲ	1800	—
Ⅳ	2600	—
Ⅴ	—	200
Ⅵ	—	500
Ⅶ	—	700
Ⅷ	—	960
Ⅸ	200	960
Ⅹ	1000	960
Ⅺ	1800	960
Ⅻ	2600	960

红外激光功率较低时，由于铜、铝金属的高激光反射率，使得粉末能量吸收不足，导致熔道较浅；随着红外激光功率增加，单道形貌更加连续且均匀，并且缺陷减少；当红外激光功率进一步增加，熔道则会出现较大尺寸缺陷。

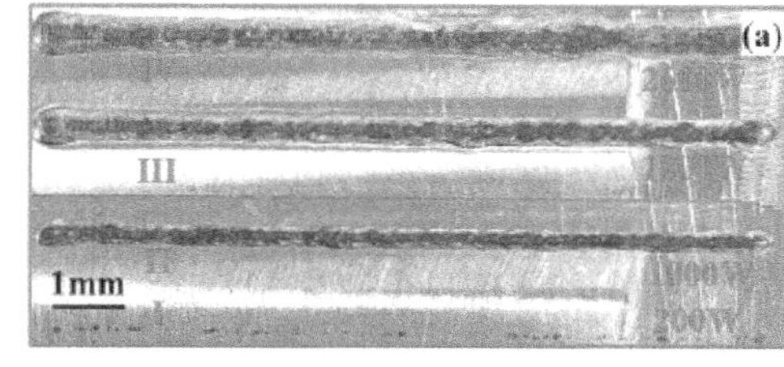

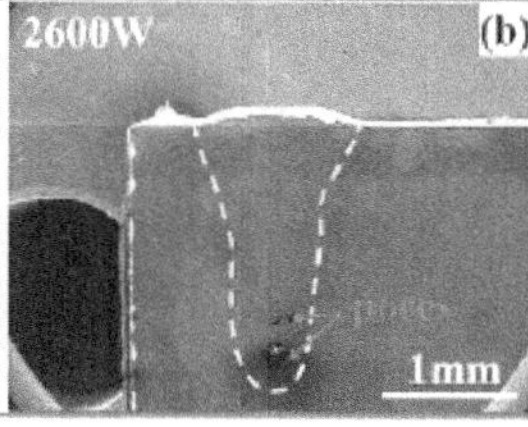

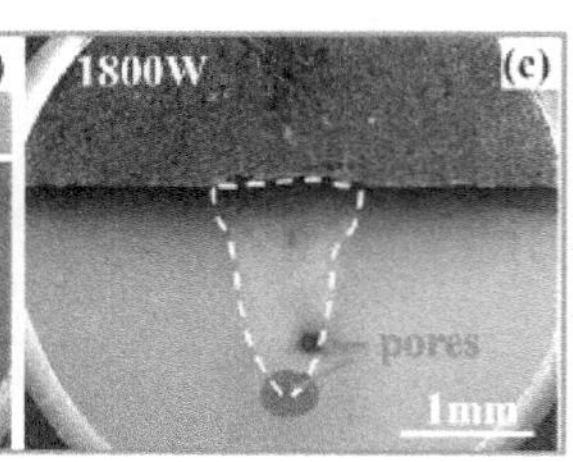

图 4-32 红光单道实验及样品形貌

虽然蓝色激光器将提高熔覆质量和效率，但是当激光功率较小、光斑较大时，会产生明显的球化现象，表明蓝色激光器的能量输入严重不足。

混合激光样品的截面和纵截面的尺寸更大，样品中的缺陷尺寸(20~50μm)明显缩小。

在红外激光熔覆过程中，由于金属蒸汽造成的剧烈后坐压力，形成了明显的飞溅、液滴和凹陷区；在纯蓝色激光工艺下，激光器向前平稳移动，没有任何粉末飞溅，这意味着蓝色激光有助于增强熔池的稳定性；当使用同轴红外—蓝色混合激光器时，熔池周围的颗粒飞溅大大减少，熔池的球化现象消失。

红光照射熔池，诱导等离子体和金属蒸汽吸收和散射入射激光，从而大幅降低激光的利用率，同时在蒸汽的作用下，造成熔池内部液滴飞溅，加大形成缺陷的概率；蓝色激光的作用下，等离子体温度较低，电离度更低，减少了入射激光器的吸收和散射；使用混合激光器时，诱导的等离子体和金属蒸汽更均匀，有利于熔池的稳定性，减少熔覆过程中的孔洞和飞溅。总之，混合激光器在铝基板上熔覆纯铜时有高稳定性、缺陷更少和更大的熔池尺寸等优点。

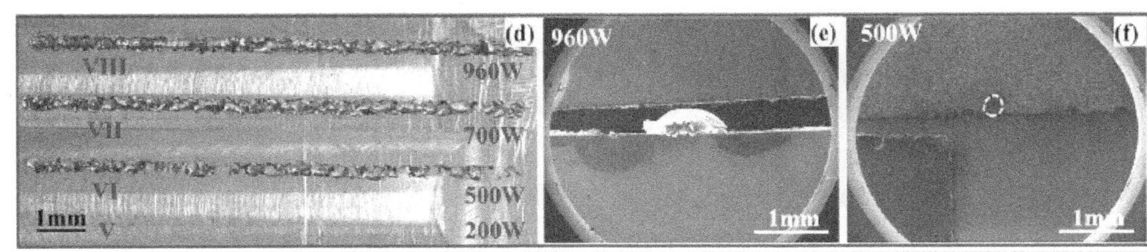

图 4-33　蓝光单道实验及样品形貌

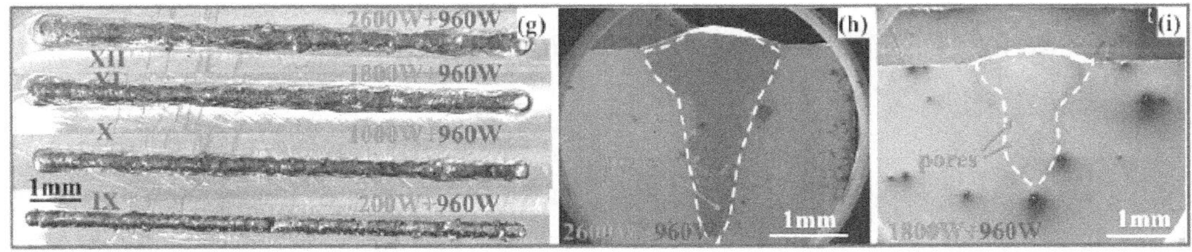

图 4-34　混合光单道实验及样品形貌

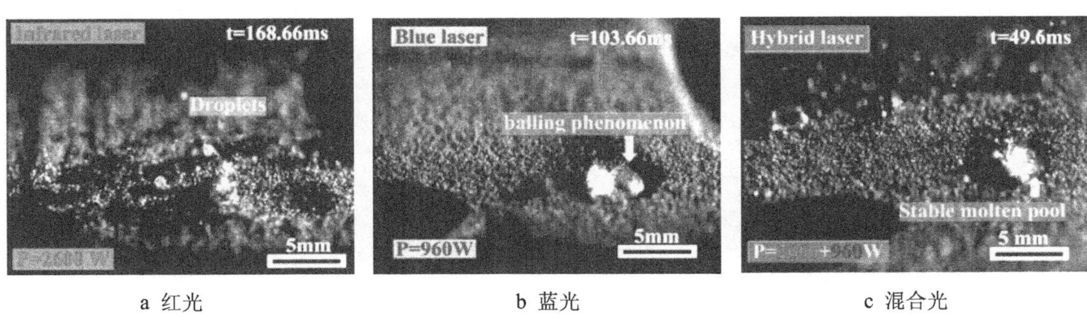

a 红光　　b 蓝光　　c 混合光

图 4-35　熔池飞溅现象捕捉

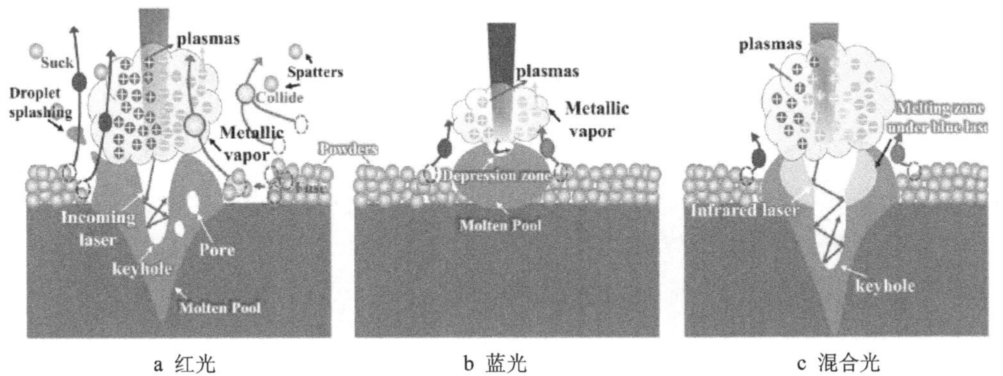

a 红光　　b 蓝光　　c 混合光

图 4-36　熔池飞溅机理示意图

(七)新型光束改善金属增材制造的缺陷问题

使用聚焦高斯型光束的粉末床熔基金属增材制造涉及的高热梯度和复杂的熔池不稳定性，往往导致高孔隙率、糟糕的形貌质量和退化的力学性能。在此，来自美国劳伦斯利弗莫尔国家实验室的 MANYALIBO J. MATTHEWS 等研究者分析表明，与高斯光束相比，贝塞尔光束提供了前所未有的对不锈钢(316L)熔池时空演化的控制。

基于激光的金属增材制造技术，在过去几十年获得了巨大的吸引力，因为它为快速成型和复杂设计的制造提供了一条道路，具有超越传统制造技术的卓越力学性能。粉末床熔融(PBF)一直是金属 3D 打印的金标准，在扫描过程中，激光光束照射金属粉末原料床，依次熔化并形成所需形状的结构。PBF 中使用的高激光强度(~ MW/cm^2)，导致高凝固生长速率(R)和熔池中大的热梯度(G)。因此，热和质量传输机制取决于由复杂的熔体流动动力学和反复加热冷却循环的累积效应造成的不稳定性，这可能会导致缺陷和孔隙。高 G/R 比值也会导致柱状晶粒长大和残余应力，不利于获得各向同性力学性能。

通过采用合金设计、粉末原料工程和简单的机器参数优化等策略，AM 的内在局限性已经得到了一定程度的改善。更直观的是，在 PBF 过程中引发熔化的激光强度曲线应该影响熔池的空间分布，从而影响热梯度和凝固动力学。然而，过程激光束的强度分布往往被忽视，相关研究很少，这可能是因为大多数高功率商业激光器输出的是 TEM00 模式，通常称为高斯光束。高斯光束的特征是在 $1/e^2$ 束腰内具有强局域化，其中包含约 86% 的入射功率。

由于在紧密聚焦区域提供的高峰值强度，高斯光束诱导的熔池非常容易发生匙孔现象，这是由于熔体池的汽化和在底层熔池上的反冲压力的积累以及飞溅而发生的，即喷出未熔化或熔化的粉末颗粒。匙孔和喷溅，都对打印产品的宏观和介观性能有不利影响，因为它们会导致打印产品孔隙的形成和较差的表面质量。在调整热分布方面缺乏灵活性，这是控制熔池流体动力学导致的其他不希望的影响的主要挑战，包括激光—物质和激光—羽流相互作用以及孔隙度、相对密度和表面粗糙度之间的相互作用。高表面粗糙度的印刷产品，已证明有助于有效减少疲劳寿命。

近年来，激光光束整形技术被应用于工程光与物质相互作用的领域，以解决聚焦高斯光束在金属 AM 中的不足。特别是，与高斯光束相比，反高斯(环形)光束可以在更大的扫描参数范围内减轻飞溅的产生并减少缺陷。在单轨研究中，椭圆光束轮廓强烈地影响凝固组织，并增加等轴晶粒的倾向性。另外，平顶梁也可以实现均匀的温度分布，并在中等能量密度下获得致密结构。然而，这种从光束中心到边缘的类高斯和超高斯径向强度变化，在熔体池中造成了很大的热梯度，限制了这种光束有效的扫描参数空间。重要的是，传统的聚焦光束容易产生强烈的衍射(扩散)。因此，由于力学定位的不一致性，在光束焦点上精确定位构建表面的不确定性可能非常高。此外，高的结合激光功率(千瓦)和相对较长的停顿时间，需要 PBF 经常导致大光学组件上的热应力和热透镜效应等，导致了不良反应，这会使建筑表面的强度分布发生倾斜，或使焦点从原来的位置转移。

另一方面，贝塞尔光束是一种更广泛的非衍射光束形状，对薄层显微镜和光学俘获等应用至关重要。尽管可以设想和实现几种非衍射和空间工程光束形状，但它们通常涉及使用多种复杂的光学元件和/或空间光调制器，这可能不适用于涉及高激光功率的应用。零级贝塞尔光束可以使用简单的光学元件产生，而不会对商业 3D 打印机的可积性构成实质性挑战。贝塞尔光束表现出非凡的光学特性，包括扩展的聚焦深度(或无衍射的传播范围)和自愈性，其中锥形波简单地超越传播路径上的障碍重建，潜在地减轻了 PBF 中空气飞溅造成的有害影响。至关重要的是，尽管需要探索控制激光—材料相互作用和改善最终材料性能的方法，但对于 PBF 中复杂非衍射光束对材料响应的影响知之甚少。

在此，研究者发现贝塞尔光束降低了 PBF (316L 不锈钢)中聚焦平面定位的灵敏度。研究者还表明贝塞尔光束产生的熔体池具有更大的宽高比(更窄和更深)，显著降低了在广阔的参数空间内匙孔模式熔化的倾向。对熔池演化和凝固动力学的高速成像，揭示了贝塞尔光束稳定熔池湍流和增加熔池凝固时间的独特机制，这是由于降低了热梯度。因此，研究者观察到，在 3D 打印测试结构中，高密度、降低表面粗糙度和强大的拉伸性能得到了明显改善。

研究者预计贝塞尔光束整形，对光学和吸附性相关的热现象的影响，如焦平面容差、熔体池湍流和锁孔倾向，如本文针对 316L 所报道的，可以定性地应用于广泛的金属和合金，但是对其他材料的微观结构和力学性能的影响，需要进一步研究。

(八)利用数据驱动加速发现增材制造专用材料

麻省理工学院计算机科学与人工智能实验室(CSAIL)的科研团队提出了一种机器学习方法，它能够加速发现机械性能最佳的增材制造材料，相关研究论文发表在科学期刊 *Science Advances* 上。在没有主要配方的先验知识的情况下，论文所提出的方法仅在 30 次实验迭代后就自动揭示了 12 种最佳配方，并将发现的性能空间扩大了 288 倍，这种方法有望推广到其他材料设计系统，实现最佳材料的自动发现。

近年来，玻璃、电池、高温陶瓷和人造器官等已成功实现了增材制造，在各种聚合物打印方法中，立体光刻和材料喷射增材制造显示出了很好的应用前景，如机器人组件、假肢、生物支架和定制商品等(如鞋类、衣物、建筑、模型等)。然而，新增材制造材料的开发目前依赖于聚合物化学领域知识和广泛的试验才能发现，这限制了材料开发的效率和可扩展性。且当下增材制造材料普遍一次使用一个性能因素进行设计和优化，这种方法通常需要测试过多的样本，产生大量浪费和不良的环境影响，却并不能找到最佳解决方案。

因此，增材制造技术想要更加普及，加速开发具有最佳性能的材料至关重要。为了应对未来生物工程和航空航天工程等不同应用领域的技术挑战，增材制造还需要针对特定应用优化材料性能。

在论文中，研究人员提出了一种半自动化的数据驱动工作流程，寻找用于增材制造技术的新型光固化油墨，展现出了成本效益和效率，该工作流程的目的是寻找一组最佳复合配方，在实验中，材料方案由六种主要的光固化油墨配方组成，以改善机械性能，使它超过手动设计的主要配方性能水平，这些复合配方可自动针对多个性能目标进行优化，只需进行有限的实验。

工作流程如图4-37所示，首先，研究人员根据需要按特定比例分配初级配方(图A)，然后将其彻底混合(图B)以制备复合配方，接下来，将每个复合配方转移到喷射阀增材制造机中进行样品制备(图C)，然后进行后处理(图D)以完成样品制备。最后，通过对样品进行测试，以提取其多个定量机械性能参数，即韧性、压缩模量和最大压缩模量、抗压强度(图E)。为了最大限度地减少测试不同配方所需的资源，并快速找到更好的性能设计，研究人员使用了基于贝叶斯优化的数据驱动方法(图F)。

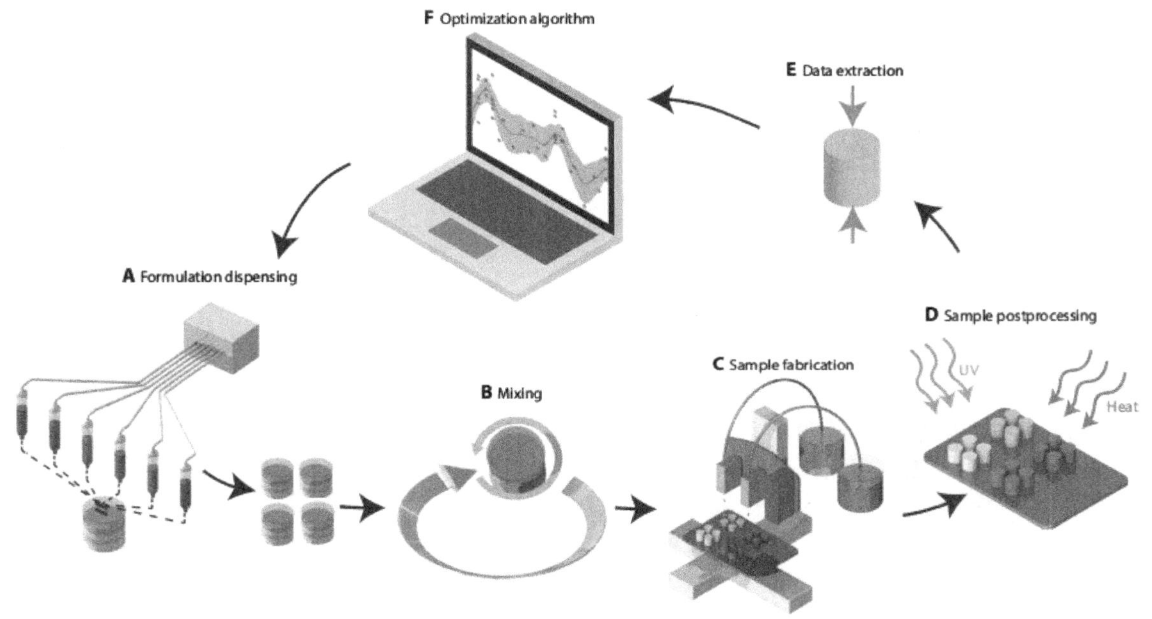

图4-37　加速材料发现系统的工作流程示意图

整个决策过程中的一个关键洞见，在于平衡利用最有前途的公式和探索设计空间的不确定区域。实验结果展示了快速的性能空间改进和12种增材制造材料的发现，仅在30次算法迭代后就实现了最佳的融合方案，该方法还能很容易地推广到其他配方设计问题，如坚韧水凝胶、外科密封剂或纳米复合涂层的优化中。

关于基本成分和材料配方，研究人员首先生成了一组相互兼容的光固化初级配方，以混合并具有不同的机械性能，当然，他们并不是从头开始开发打印材料，而是首先确定了八种商用配方成分(包含一种光引发剂、三种稀释剂和四种低聚物)，然后，六种主要配方(A至F)由库中的八种主要成分组成。为确保配方成分的所有可能组合均可增材制造，且在可打印黏度范围内，研究人员还添加了表面活性剂以调整材料表面张力，增加与打印机的兼容性。

接下来，研究人员使用基于喷射阀分配技术的增材制造进行实验，与其他类型的增材制造技术相比，喷射阀能够分配具有多种流体特性的墨水材质，且需要较少的工艺参数调整就能实现可靠的打印过程，这些特性增加了可测试的材质种类，可减少样品制作和数据收集的时间。

最后，为了从每个配方中提取性能数据，研究人员使用通用测试仪对增材制造和后处理的样品进行压缩测试。

论文中提出优化算法的目标是在主要配方A到F的6D设计空间中导航，并快速发现关于 三个目标的最佳性能设计：韧性、压缩模量和最大强度。之所以选择这些性能指标，是因为这些特

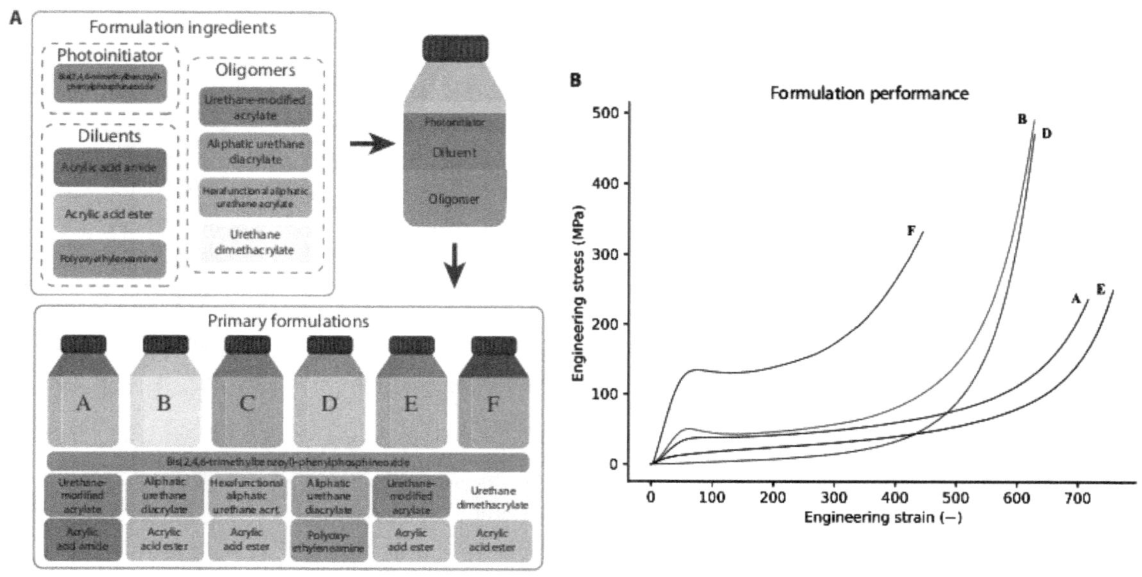

图 4-38 系统中使用的主要配方以及主要配方性能，涵盖广泛的机械性能

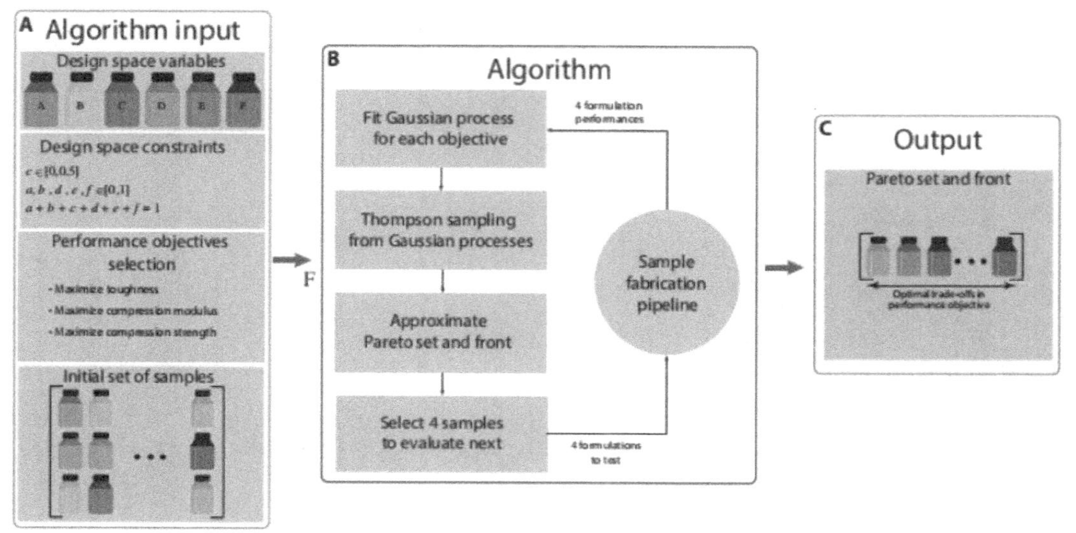

图 4-39 概述用于寻找最佳增材制造材料配方的优化算法

征是工程应用中重要机械性能，通常，这三种材料特性都需要最大化。

然而，这些目标往往相互冲突，因此没有单一的最优解决方案，而是一组具有不同权衡的最佳性能设计。论文中提出的机器学习方法通过学习预测未测试样本的性能，并指导设计空间的采样，以快速找到性能更好的设计。

为了测试实验中提议的材料开发工作流程，研究人员总共进行了30次算法迭代，因为除了初始数据集外，预算固定为120个样本。在每个算法迭代中，为了减少时间，并行测试了4个样本。在优化过程中总共测试了120个样本，在测试了总共150个样品(30个初始样品和120个算法提出的样品)后，系统最终确定了一组12种配方，它们在压缩模量、最大压缩强度和韧性三个机械性能方面具有最佳权衡。

当监测主要配方和所有评估样品的抗压强度和抗压模量性能时，性能空间将扩大250%；抗压强度和韧性增大较大，提高了399%；在压缩模量和韧性方面，性能空间提高了584%。凸面外壳是所有测试样品内封闭的性能空间体积的度量，比最初五种主要配方的性能空间体积增加了288倍，这些改进对于需要特定属性范围，且无法轻易手动找到的应用程序可能很重要。

通过使用聚氨酯改性丙烯酸酯低聚物(含量为24%至37%)、脂肪族聚氨酯二丙烯酸酯(含量高达26%)和UDMA(含量高达40%)的配方，可获得高韧性性能，高韧性配方还含有稀释剂丙烯酸酰胺和丙烯酸酯，其范围分别为14%至18%和1%至19%。而最高性能的抗压强度复合配方包括低聚物、34%的聚氨酯改性丙烯酸酯、26%的脂肪族聚氨酯二丙烯酸酯和6%的UDMA，它们还包括稀释剂、15%的丙烯酰胺和19%的丙烯酸酯。

研究人员总结，论文提出的方法为改善混合聚合物系统的性能特性提供了一种自动准备“管道”，从混合到样品加工，过程的每一步都可以完全自动化，这为自动化工艺提供了一个模板，该模板可通过改变实验中使用的基材来适应各种优化需求，如涂层或成型。

这种科研思路还是打开了一扇新大门，论文描述的材料发现系统为优化增材制造的光聚合物配方提供了全新方法，使用该系统，业界可以找到一套增材制造材料全新配方，在压缩模量、压缩强度和韧性等机械性能方面进行最佳权衡，这为材料工程师和聚合物化学家寻找和优化各种性能目标和应用的材料配方奠定了基础。

(九)增材制造高强高韧铝合金开发

高强铝合金由于优秀的比强度已成为商用和军用飞机主要的结构材料。对于大多数对安全至关重要的应用，高强度和高韧性是对结构材料的关键要求。然而，强度和韧性通常相互排斥，韧性会随着强度的提高而降低，导致设计者可以安全使用的高强度铝合金的屈服强度受到限制。

近期，西北工业大学黄卫东教授课题组开发了一种采用SLM技术增材制造的Sc/Zr改性Al-Mg和Al-Mn基合金，具有良好的强度和韧性组合，实现了与高强度7xxx锻造铝合金相当的高屈服强度，为制造高强、高韧铝合金提供了一种有效的策略。

通常，断裂韧性与裂纹尖端和局部微观结构之间的相互作用有关。采用SLM技术增材制造的Al-Mg(Mn)-Sc-Zr合金不仅具有超细第二相颗粒，而且在整个熔池中还存在明显的非均相α-Al基体组织(混合了等轴晶和柱状晶)。此外，激光轨迹的重叠进一步在宏观尺度上产生了空间非均匀的微结构。因此，其断裂韧性与裂纹尖端以及超细非均匀微观结构之间的相互作用有关。

该研究中的Al-Mg-Sc-Zr粉末采用真空感应气体雾化(VIGA)工艺制备，粉末化学成分为Al-4.66Mg-0.48Mn-0.72Sc-0.33Zr-0.12Fe-0.03Si(wt.%)，并使用EOSM280增材制造机制造。采用优化的工艺参数可实现高于99.4%的致密度，打印完的样品在325℃下直接时效4小时(峰值时效)，以引入二次Al_3(Sc，Zr)析出物实现沉淀强化。

以往有研究发现，采用SLM技术打印的Al-3Mg-0.2Sc-0.1Zr(wt.%)合金由柱状晶粒构成。而在该研究中，由于提高了Sc、Zr的含量，获得了由细晶粒和粗晶粒交替组成的非均匀晶粒组织。在熔池尺度上，显微组织由熔合边界处的等轴晶带和熔池内部的扇形柱状晶区组成，异质晶粒结构的起源归因于整个熔池中初级Al_3(Sc，Zr)相(有效的成核位点)的不均匀沉淀。由于原生Al的富集(Sc，Zr)颗粒和高冷却速率，等轴晶粒带中的晶粒被显著细化为超细晶粒(0.1～1μm)，其比铸态Al-0.7Sc合金(25±2.7～70±4.6μm)小一个数量级。

传统的高强度锻造铝合金通常包含三种类型的第二相颗粒：在凝固过程中形成的粗颗粒(直径约1～10μm)；在铸锭均匀化过程中形成的中间弥散体(直径约0.1μm)；以及在时效过程中形成的纳米级沉淀物实现了沉淀强化。与传统锻造铝合金相比，SLM加工的Al-Mg-Sc-Zr合金中第二相颗粒特征的关键区别在于成分颗粒的显著细化。由于熔池凝固过程中的高冷却速度，组成颗粒的尺寸被超细化至50～200nm，体积分数约为1%。因此，直接时效后合金的成分和弥散颗粒很难区分。在直接时效过程中，在α-Al基体中形成了纳米级(半径约2nm)的二次Al_3(Sc，Zr)析出物。

从断裂力学的角度来看，金属基材料的断裂过程可以看作内在损伤/增韧和外在增韧过程的综合结果。内在损伤取决于微观结构的特征，一般涉及裂纹尖端前塑性区第二相粒子的开裂或脱粘以及基体相的晶间或穿晶断裂等过程，内在增韧机制阻碍了可能的损害行为。相比之下，外部增韧机制如裂纹偏转和裂纹从Ⅰ型方向分叉，通常会导致Ⅰ型裂纹扩展驱动力的损失。

总之，对于SLM处理的Al-Mg-Sc-Zr合金，由于熔池凝固过程中初生Al_3(Sc，Zr)相的高冷却速率和不均匀析出，在合金中获得了超细且非均质的显微组织。成分颗粒的超细化促进了内在增韧，而非均质α-Al基体微观结构诱导了外在增韧机制，如裂纹偏转或分支等。尽管由于二次Al_3(Sc，Zr)纳米析出物导致的有序平面滑移导致脆性裂纹，但断裂韧性通过与超细和异质微观结构相关的多种内在/外在增韧机制得到有效改善。这项研究展示了一种制造高强度和高韧性铝基合金的新策略。

(十)多工艺融合增材制造多材料梯度合金成

增材制造为开发具有复杂内部特征和薄壁的火箭发动机组件带来了重要设计和制造机会，但主流的工艺都集中在制造单一材料，而现实应用中的整体式部件可能是多种材料的组合。因此，现有的增材制造工艺无法完全优化应用结构。NASA在定向能量沉积技术方面的探索已经表明，增材制造为节省成本和缩短制造周期带来了可观回报，同时使零件重量和性能也得以优化。

1. GRCop-84 铜合金与 Inconel625 高温合金的复合

NASA 于 2014 年开始旨在探索使用增材制造技术生产低成本上层级推进系统能力的 LCUSP 项目。在该项目中，NASA 成功展示了使用粉末床熔融技术(PBF)制造 GRCop-84 铜合金燃烧室衬里以及使用电子束沉积技术(EBF)在推力室衬里上制造 Inconel625 冷却通道和外壁的能力。这种增材制造的多金属复合结构燃烧室于 2018 年成功进行了热火测试，NASA 还通过与工业界的合作进一步将其发展为成熟的双金属燃烧室。LCUSP 项目的成功实践表明，不同工艺之间的“最佳组合”为快速开发低成本、梯度材料高质量火箭推进部件提供了上升通道。

2. GRCop-42 铜合金与 HR-1 镍基高温合金的复合

RAMPT 是 NASA 于 2017 年开始的另一项借助增材制造开发并推进火箭发动机部件设计与制造的项目，它的目的不仅希望减少零件数量和重量、提高可靠性，还希望保持稳定的供应链。在该项目中，NASA 采用定向能量沉积技术(DED)打印了直径 1.5 米、长度 1.8 米的镍基高温合金(NASAHR-1)整体通道火箭喷嘴，并将零件数量从 1100 多个减少到 10 个以内，制造时间也仅仅用了 90 天。这种近乎完整的原型设计和制造能力使研究团队迅速用于制造更大尺寸的火箭演示器件，如 SLS 火箭的 RS-25 发动机喷嘴，它的尺寸相当于此前打印喷嘴尺寸的 1.5 倍。研究人员最终在五个月内验证了增材制造的整体冷却通道和薄壁结构，并有效控制了打印变形。

RAMPT 项目进一步增强了增材制造在喷嘴和燃烧室制造中的优势，并进一步完善了相关技术。NASA 近些年还新开发了一种增材制造铜合金 GRCop-42，并正在研究在 SLM 打印的该合金的燃烧室上直接采用激光沉积 HR-1 高温合金冷却通道喷嘴，这种整体式的结构将不再需要螺栓连接，增加了结构稳定性。与之相关的预防构建失败和变形的建模、工艺仿真也都在计划之内，相关的材料表征、测试等也在进行之中。

GRCop 铜合金系列已经在 NASA 多个项目中获得测试和应用，同时 HR-1 高温合金的微观结构和材料特性也正在得到研究。结合铜合金的导热性和镍基合金的高温强度，双金属或多金属的一体化结构部件无疑会减少很多制造步骤并增加稳定性。但是，与其将这种结构称之为双金属或者多材料，不如称它为梯度材料。

成分梯度合金在航空航天领域具有重要的应用潜力，工件的不同位置工作条件可能不同，所需要的特性也会有差异。例如，一个位置需要抗腐蚀，另一个位置需要抗蠕变，这就需要连接两种或多种不同的合金；再以燃烧室为例，其衬里需要铜合金的高导热性，外层则需要镍基合金的高温强度。虽然目前已经有冷/热涂层和熔焊等不同的金属连接技术，但它们对于大型部件的连接要么成本很高，要么工艺复杂。

使用 PBF 和 DED 等技术对金属部件进行增材制造具有非常大的优势，它提供了更好的尺寸精度，最大限度地减少后处理，并改进了组合材料的机械性能。

在该领域，清华大学、西安交通大学、北京科技大学等均有知名学者在进行研究；北京隆源和广州雷佳也开发了基于铺粉的多材料增材制造设备。除此之外，中航工业沈阳飞机设计研究所早在多年前已经采用增材制造实现了 300M 与 A-100 钢梯度复合设计成型，这种方式可以使飞机起落架的制造成本降低 45%。

(十一)异质材料/工艺界面梯度缓冲层设计方法

中国科学院沈阳自动化研究所在高性能金属零件增材制造及修复领域取得新进展，提出了异质材料/工艺界面梯度缓冲层设计方法，并成功应用于大尺寸镜面模具增材制造。

高性能模具在航空航天、轨道交通等应用广泛，其制造难点包含：模具钢的品质、曲面精度、表面质量、性能稳定性等。因而对制造工艺、设备自动化、成形周期等提出了极高的要求。在材料、结构、成本和周期等约束下，现有制造工艺已经无法满足于大尺寸模具制造。增材技术与传统模具制造技术融合是未来高端模具研制的重要方向，同时性能/功能/精度等苛刻要求给增材制造技术带来新的技术挑战和科学问题。

沈阳自动化所增材制造团队从多金属及梯度材料设计、三维随形冷却流道的增材成形、纳米级表面完整性调控、大型曲面机器人柔性磨抛等方面等，提出大型超精密构件一体化制造新技术。通过性能梯度设计缓冲层设计可以显著改善界面可靠性，结合机器人柔性磨抛技术与表面完整性调控机理研究可以实现整体型面粗糙度达到纳米量级。

(十二)绿光激光器在纯铜和合金的增材制造应用

铜、金和铂合金的低吸收率使得它们很难使

用大多数工业固态激光器的 1μm 波长来进行加工。具有高电导率或热导率的金属所制成的增材制造的零部件，与红光至近红外波长范围内的低吸收性相吻合。增材制造的几何自由度与液态冷却设备的近轮廓流体通道的要求相匹配。高热导率要求高功率密度，以克服热扩散和未熔合孔隙的问题。另外，吸收率随温度而增加，以及导热系数的降低，增加了焊接深度的不稳定性，从而产生了匙孔未熔合的缺陷。以上是低孔隙率铜粉床熔融一直难以找到可靠、稳定工艺的三大原因。

受铜激光焊接应用中日益增长的需求的影响，通快研发了 TruDisk 1020，一种在 515nm 波长绿光中发射的高功率 CW 激光系统。以 Yb:YAG 薄碟片激光平台为基础，采用腔内倍频方式。与高功率光纤激光器的倍频概念不同，因为它不需要用于增强二次谐波共振的外腔，所以这个概念简单而牢靠。TruDisk 1020 是一种连续激光器，在 515nm 波长下可提供 1kW 的最大输出功率，同时更高水平的功率已在同一平台上得到证实。

TruPrint 1000 是一种为制造小型部件而研发的小型粉床熔融打印机。它的体积为 100mm × 100mm，被广泛用于植牙和珠宝制作，以及较小工业部件的研发应用中。这台机器的设计便于手动操作，非常适合新材料的工艺研发与应用。通过调整标准的光学设置、扫描系统和控制软件，以整合 TruDisk 1020 而非标准机器配置中安装的 200W 的 TRUMPF 光纤激光器。激光器通过光纤光束传输电缆向机器提供高达 1000W 的 515nm 连续激光辐射。光束通过一对扫描振镜进行校准和偏转，并通过 f-theta 透镜形成一个以平顶的能量分布的直径为 200μm 的光斑聚焦在加工平面上。

该机器提供了一个充满惰性氩气的工艺环境，用于控制 100ppm 以下的氧气水平。在粉床和处理室提供适当的保护气体通量，以消除工艺排放物，避免对加工光束的干扰和对光学窗口的污染。零件被打印在可升降基板的成型缸中。粉末则由一个可升降的供粉缸提运输，并由橡胶刮刀铺到预定的层厚。通过粉床熔融的技术巩固，粉末被聚焦的激光辐射熔化，同时激光辐射在粉床上扫描以制造几何形状部件的后续层。

只有作为纯电解铜时，它才具有 394W/m × K 的高导热率和 100% IACS(国际退火铜标准)的导电率，相当于室温下的 58ms/m。即使是低浓度的合金元素或无用杂质也会降低这些数值。铜的反射率在 Yb 基固体激光器和光纤激光器的最常见波长 1030 ~ 1080nm 处较高。因此很难将激光功率耦合到材料中。再加上高导热性，与其他大多数金属相比，它需要更高的启动强度。

在铁基钢中，导热系数要低上二十倍。因为近红外光的吸收取决于温度，所以匙孔或导电焊接区的形成会变得不稳定，而且低黏度和表面张力会增加焊接球的形成。515nm 短波长激光器在 Cu 加工中的主要优势是使增材制造的粉末和平面材料的吸收率提高了 6 ~ 10 倍。在激光功率足够的情况下，可以建立一个高度稳定的焊接工艺，类似于钢材中常见的激光焊接工艺。

增材制造可实现自由几何设计、制造内部结构和实现功能性集成。这些优势与纯铜的优良热性能和电性能相结合，许多应用受益于此。最常见的比如说，工业客户要求以新的方式制造用于加热或硬化的电感器线圈，以及用于要求苛刻的冷却应用的组件，例如电力电子设备和光电设备。

针对这些应用，我们开发了高导电性纯铜 ETP(EN CW004A)的工艺参数，规定的铜含量大于 99.9%，氧气质量百分比小于 0.04%。其目的是达到最低的孔隙率和最高的导电性，使制造的零件显示出与用于粉末雾化的散装材料相同的材料特性。粒径分布在 10 ~ 45μm 的粉末在粉末成本与可加工性方面得到最好的平衡，为了获得最一致的材料特性，层厚被确定为 30μm，用实验设计的方法优化了工艺参数，通过改变激光功率、扫描速度和熔道间距，希望能实现 100% IACS 的导电率和低于 0.5% 的孔隙率。

图 4-40　用 DOE 的优化参数集制造的铜样件显微镜下的照片，密度为 99.9%

为了达到最大的电导率，确定的参数集产生了大于 99.5% 的密度(通常为 99.8% 上下 0.1%)，构建速度为 $8cm^3/h$，体积能量为 $225J/mm^3$(用入射激光功率计算)。密度由显微图像分析而来。用于密度分析的一组显微图像如图 4-40 所示。对使用不同电导率和打印效率的两组参数打印的铜试样的力学性能进行了分析。

杨氏模量 E，屈服强度 Rp0.2，抗拉强度 Rm

和断裂伸长率 A 用于测量水平和垂直方向建立的拉伸试样，并在表 4-2 中进行了总结。两种方向的机械值都在 EN CW004A 规定的软退火铜 ETP 的机械性能范围内，适用于各种形式的半成品。

表 4-2　Cu ETP 拉伸试验试样的机械性能

电导率（%IACS）	建造率（cm^3/h）	方向	杨氏模量 E（Gpa）	屈服强度 Rp0.2（MPa）	抗拉强度 Rm（MPa）	断裂伸长率 A（%）
100	8	0°	141 ±5	138 ±5	235 ±5	57 ±3
		90°	131 ±5	135 ±5	214 ±5	64 ±3
95	16	0°	130 ±5	147 ±10	232 ±5	47 ±3
		90°	120 ±5	139 ±10	204 ±5	40 ±3

电导率用相敏涡流法（Fischer Sigmascope SMP350）测量，并确定为 101% IACS。据我们所知，用粉床熔融法制造的铜有如此高的密度和导电率值迄今绝无仅有。

在热电性能和密度稍有下降的情况下，95% IACS 的电导率可以让构建率提高到 $16cm^3/h$。当层厚和激光功率超过标准设置时，这种高构建率下的电导率可以提高到 99% IACS。多次循环使用粉末并不会使电导率受到影响。

它证实了氧气或湿度的增量可被控制在一个可接受的水平，并且不需要采用超出机器惰化和粉末处理的标准程序外的额外预防措施。使用 10 ~45μm 级别的粉末和 30μm 层厚在垂直方向制成的未完成样件的表面粗糙度为 Ra =14μm。通过评估可打印的最小壁厚，所确定的最小特征尺寸低于 0.4mm。图 4-41 显示了打印零件的顶表面，该零件的熔道间距为 140μm，光斑尺寸为 200μm。右图显示了在相同聚焦条件下以降低的激光功率和扫描速度打印的单个矢量壁的显微图像。

TruPrint 1000 绿光版系统典型的应用是用于加热和硬化的电感器以及热交换器。图 4-42 显示了其中的三个部件。感应淬火的要求很苛刻，必须在非常高的电流和射频功率下快速施加感应热。欧姆损耗将限制最大加热功率，并将增加电感的热负荷和热机械应力。电感器的形状各不相同，用于匹配要进行热处理的工件的几何形状。它们要么是由几个单独铣制和焊接的零件组装而成，要么是在一个耗时的人工操作中被折弯成所需的形状。

因此，电感器的制造是一个受益于增材制造的设计自由度的应用。图 4-42 中心处的叉形电感器就是一个此类组件的案例。它在冷却通道中保持 10bar 的水压，在耗时 9 小时 10 分钟的单次打印过程中，可以在 TruPrint 1000 上使用 30μm 层厚打印三个部件。图 4-42 右侧显示了一个用于冷却大功率电子元件的热交换器。冷却通道针对热传导和无支撑打印进行了优化，以最大限度地减少后续处理。该结构的壁厚小于 1mm，最大限度地将热量从元件传递到冷却液，同时，该热交换器可承受 10bar 的冷却水压力，其中 5 台换热器在 15 小时内打印完成。

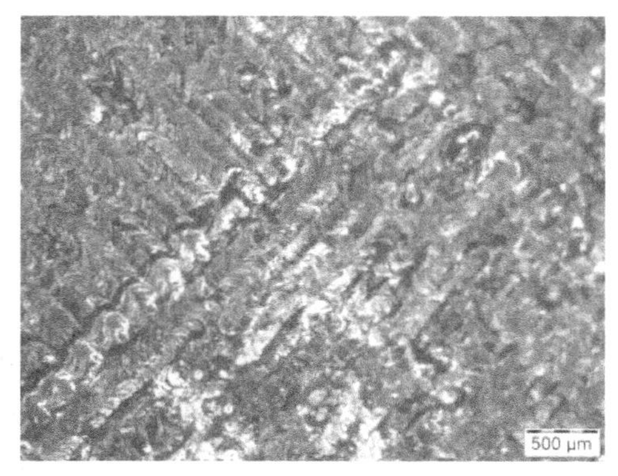

图 4-41　顶面的显微镜图像显示实体参数的熔化轨迹，以及用降低线能量密度的参数打印的单道矢量薄壁

（十三）增材制造工件的正态分布支撑设计

在增材制造中，工件常常具有悬垂结构特征，即其下表面不和基板或工件其他部位在成形方向上接触。对于悬垂结构，需要设计支撑。识别并提取悬垂结构特征是添加支撑的基础。根据增材制造常用的 STL 文件是由离散的三角面片构成的这一特征，计算所有三角面片法向量与 z 轴正向的夹角，并与支撑阈值角度对比，如果夹角大于阈值，则为待加支撑悬垂三角面片，然后利用种子扩散法判断出所有的待加支撑悬垂三角面片之

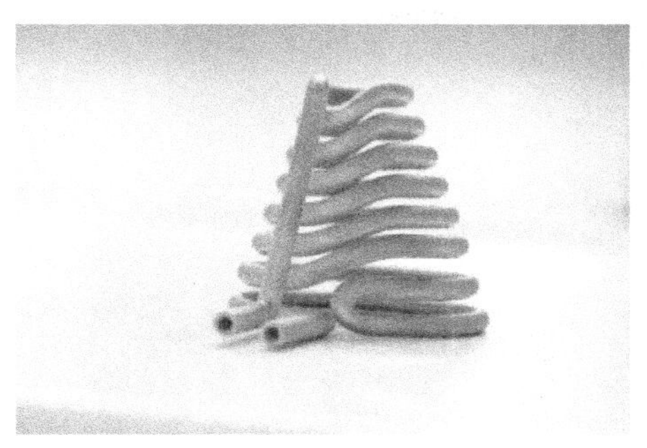
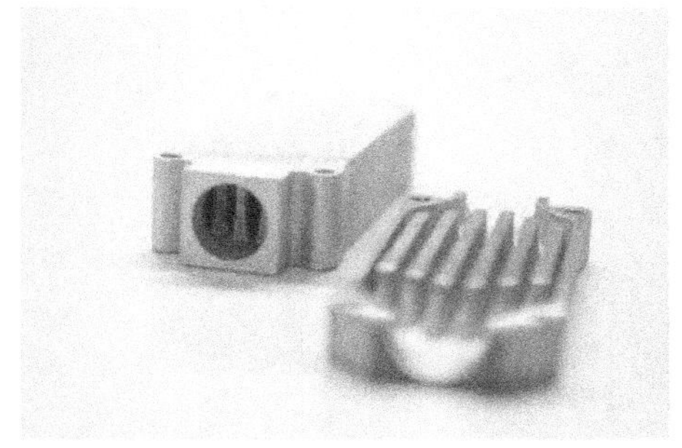

图 4-42　用 100% IACS 参数设置制作的纯铜应用部件

间的连接关系，从而识别出各待支撑的完整悬垂面，其计算流程如图 4-43 所示。对于工件的最低面可以根据需要添加基础支撑或不添加基础支撑。

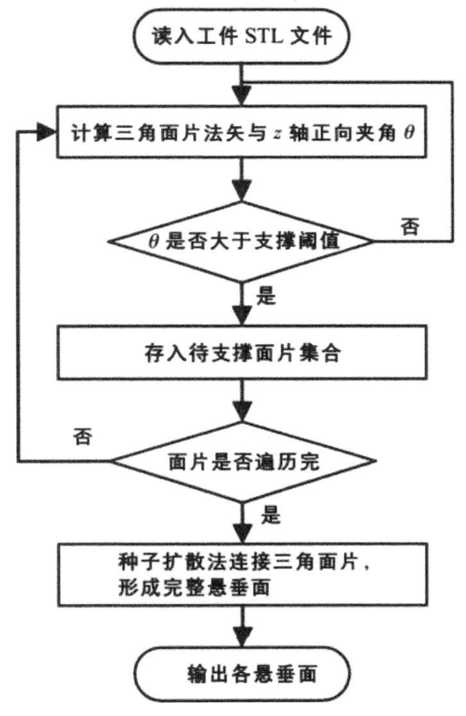

图 4-43　悬垂面的识别与提取

为了研究悬垂面成形的应力分布规律，设计并打印了如图 4-44 所示的 80mm × 7.2mm × 8.0mm 的对称水平悬垂结构，其中平行均匀布置的支撑厚 0.6mm，支撑间隔 0.72mm。使用了 AlSi10Mg 粉末，采用了北京易加三维有限科技公司 M250 金属增材制造设备成形。沿着长边方向扫描打印成形，成形工艺参数为激光功率 300W，扫描速度 1m/s，基板预热温度 25℃。利用日本 Pulstecμ-X360 测量表面残余应力，采样点如图 4-44 所示。应力测量结果如图 4-45 所示，悬垂结构表面应力呈现出中间高、两端低的特点。为了进一步说明其机理，设计了如图 4-46 所示的数值模拟模型，为了减小计算量，其尺寸为真实零件尺寸的 1/10。模拟得到的悬垂结构的温度场和沿长度方向的应力场结果如图 4-47 所示，残余应力沿长度的变化如图 4-48 所示，可以看出悬垂结构中间部位残余应力大。在扫描过程中，中间区域主要由支撑传导热量，而边缘部位由实体传导热量，故边缘区域材料冷却较快。而中间区域仍处于冷却过程中，其收缩受到边缘区域的阻碍作用，因此表现出较大的拉应力。

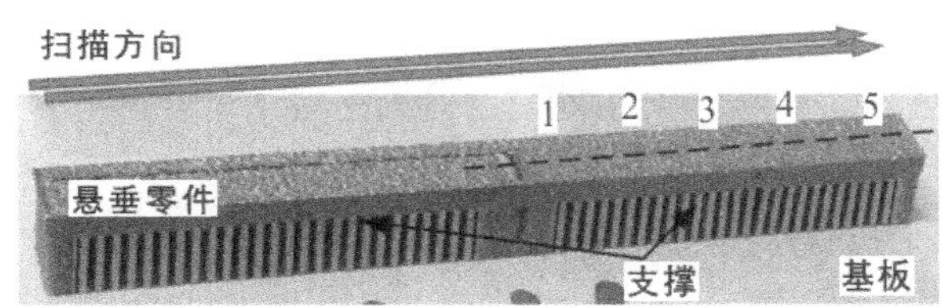

图 4-44　悬垂结构工件及扫描方式、应力测试点分布

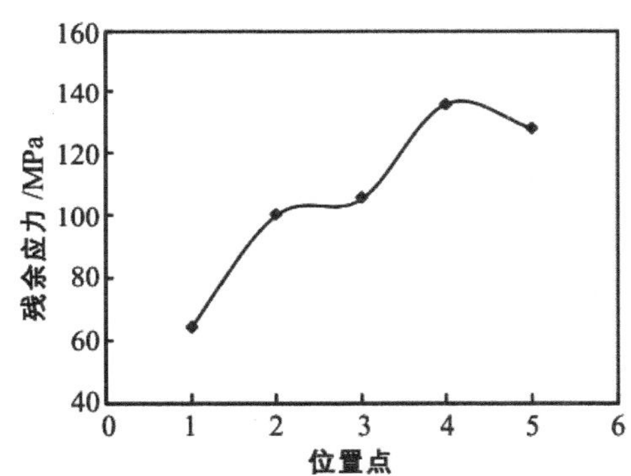

图 4-45　悬垂结构实测残余应力分布

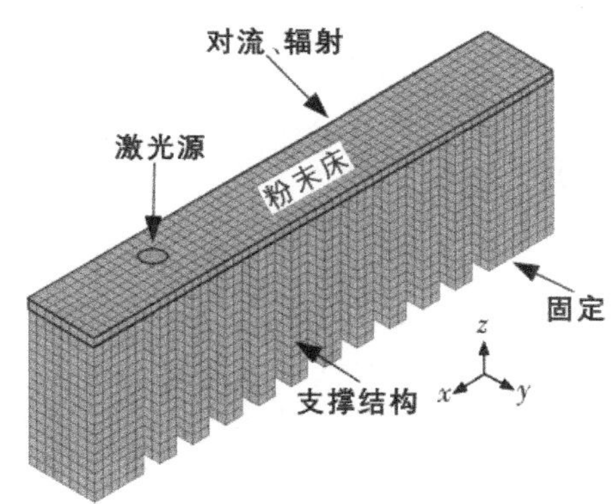

图 4-46　悬垂结构仿真模型及边界条件

对于悬垂面，中心区域残余应力较大，而边缘区域残余应力较小，若采用均匀支撑，则中心区域可能支撑强度不够，而边缘区域可能支撑多余，因此应采用非均匀支撑设计。正态分布是一

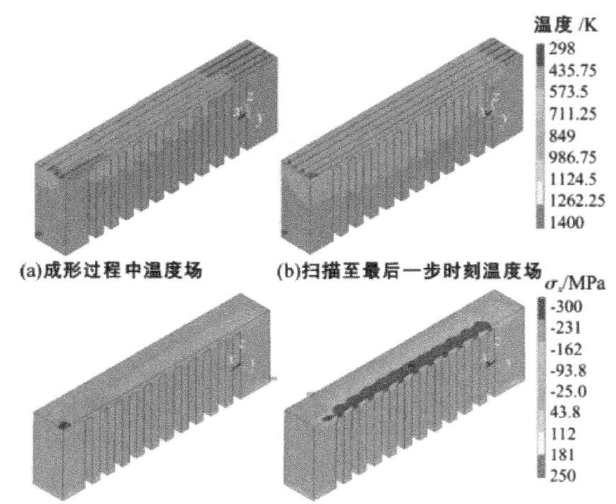

图4-47 悬垂结构的温度场、X方向残余应力分布规律

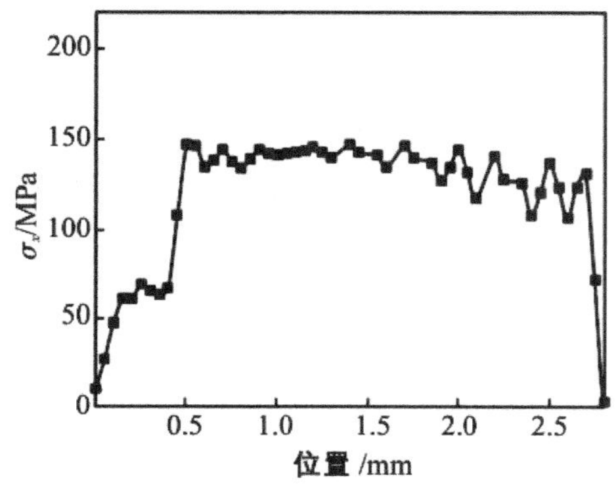

图4-48 沿X路径(长度方向)残余应力的分布

种典型的非均匀分布，因此提出了基于正态分布布置支撑的方法，即从悬垂面的中心到边缘，支撑的疏密布置按正态分布设计，中心区域设置较密集支撑，靠近端部区域支撑逐渐稀疏。

对于支撑布置密度分布函数按式(1)表述：

$$f(x)=\frac{A}{\sqrt{2\pi}\sigma}\exp\left(-\frac{(x-\mu)^2}{2\sigma^2}\right) \tag{1}$$

式中，μ 为悬垂面中心到端部的距离；x 为悬垂面某位置到悬垂面中心的距离；A 为常数，用于调整支撑结构分布疏密；σ 为均方差，用于调整沿悬垂长度方向不同区域的支撑分布密度，可以利用 3σ 原则来确定 σ 的值，即悬垂中心到端部的距离设为 3σ。

实际使用中支撑分布密度需要离散化，将悬垂结构从中心到两端等分为2m段离散区间，则离散步长为 μ/m，则第 k 段离散区间为：

$$\left[\mu+\frac{\mu(k-1-m)}{m},\ \mu+\frac{\mu(k-m)}{m}\right] \tag{2}$$

式中，$k=1, 2, \cdots, m, \cdots 2m$；当 $x\leqslant\mu$ 时，第 k 段离散区间内的支撑分布概率密度函数为：

$$p(k)=f\left(\mu+\frac{\mu(k-m)}{m}\right)=\frac{A}{\sqrt{2\pi}\sigma}\exp\left(-\frac{\mu^2(k-m)^2}{2\sigma^2m^2}\right) \tag{3}$$

$x>\mu$ 时，第 k 段离散区间内的支撑结构分布概率密度函数为：

$$p(k)=f\left(\mu+\frac{\mu(k-1-m)}{m}\right)=\frac{A}{\sqrt{2\pi}\sigma}\exp\left(-\frac{\mu^2(k-1-m)^2}{2\sigma^2m^2}\right) \tag{4}$$

这样所生成的支撑近似呈正态分布。

上述算法适用于双臂悬垂结构。对于单臂悬垂结构，则可将其看作双臂悬垂结构的一半，即设单臂悬垂的末端(自由端)为上述算法定义中的悬垂面中心，该处支撑最为密集，越靠近根部，支撑分布越稀疏，如图4-49所示。

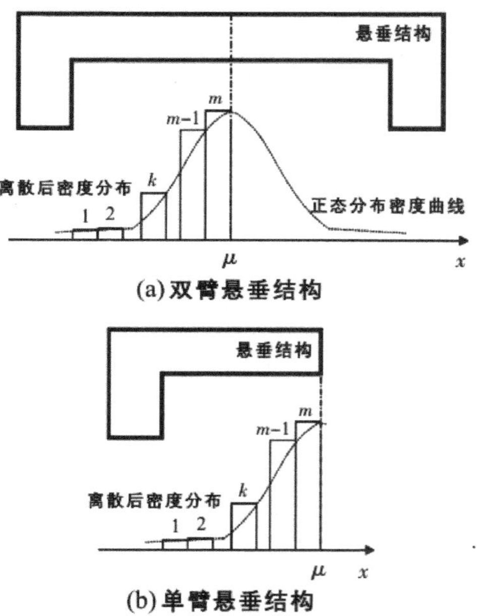

图4-49 悬垂结构支撑正态分布示意图

针对水平悬垂结构，识别待支撑面，利用上述算法得到正态分布的支撑设计，两端支撑稀疏，中间支撑密集，如图4-50所示。针对发动机支架，识别待支撑面，同理得到正态分布支撑设计，如图4-51所示。

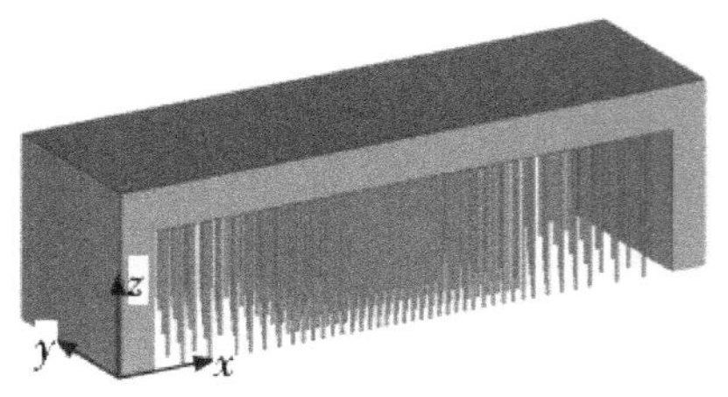

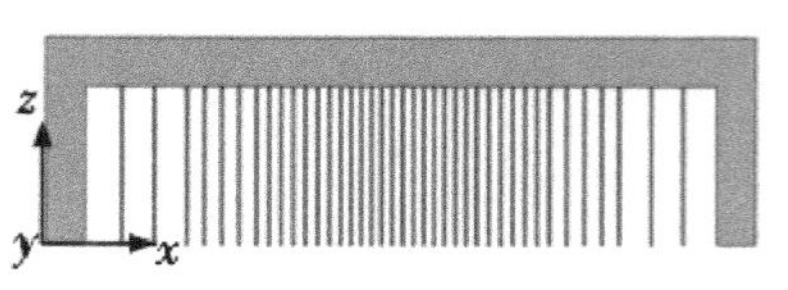

图4-50 水平垂直结构正态分布支撑设计

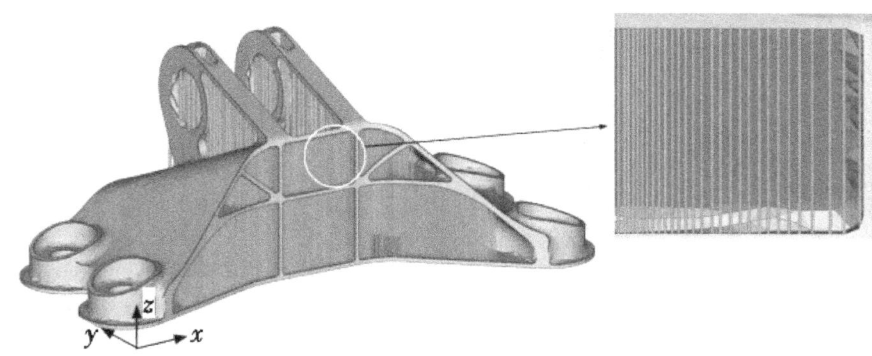

图 4-51　发动机支架正态分布支撑设计

(十四)航天级耐热钼合金增材制造粉体开发

美国橡树岭国家实验室(ORNL)宣布开发出一种被称为“Mighty Mo”(超强钼)的耐热钼合金配方，可配合电子束熔化(EBM)增材制造，能承受极端温度，甚至能够满足航空航天应用的苛刻要求。这种超强钼由钼和碳化钛(TiC)粉末混合组成，它克服了这类合金通常的脆性和易氧化性。该金属基复合材料经过打印会产生致密、无裂纹的可承受极端温度的零件。ORNL 的科学家推测，严格管理工艺输入将是使用钼制造未来微结构的关键，而不会导致加工过程中零件层的一致性或温度梯度发生变化。最终，研究人员证明了增材制造纯无裂纹钼的可行性，并且还得出结论，通过完善的参数设置，该合金可以在航空航天或能量转换领域，如在传热组件等领域找到新的应用。

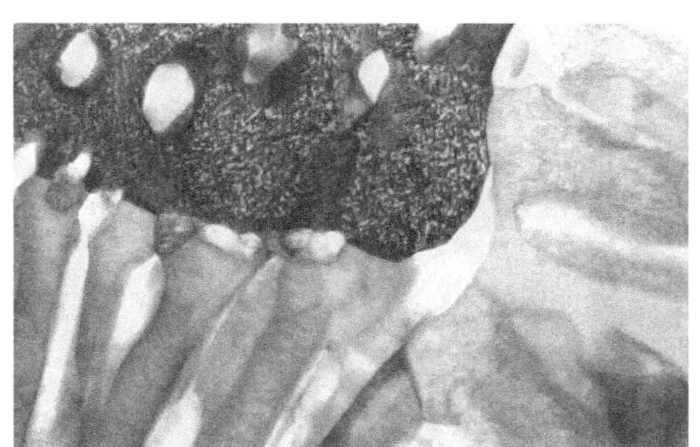

图 4-52　ORNL 小组增材制造的“Mighty Mo”材料的 SEM 图片

(十五)增材制造技术开发出新型轻便、可防止变形失效的超材料结构

美国加州大学尔湾分校和佐治亚理工学院的研究人员研制出使变形非局部化的增材制造张力超材料结构，可以使变形离位以防止失效。

研究人员通过张拉整体性(Tensegrity)设计原则，将孤立的刚性杆集成到柔性的绳索网格中形成一种非常轻便的自张紧桁架结构。然后从 950nm 直径的元件开始，使用先进的直接激光写入技术来生成尺寸在 10 ~ 20μm 的基本单元，制成由八个单元构成的超级单体，这些单体可以组装形成连续的结构。

研究人员通过建模和实验观察到，这些构造表现出了独特的均匀变形行为，而没有局部应力过大或利用不足的现象。研究显示，新的超材料的可变形性提高了 25 倍，其能量吸收能力比最好的晶格排列提高了一个数量级。

张拉整体结构已经被研究了几十年，尤其是在建筑设计领域，最近在许多生物系统中也发现了它们的存在。几年前，佐治亚理工学院的 Julian Rimoli 才在理论上对适当的周期性张力晶格进行了概念化。正是通过该项目，该研究团队实现了对这些超材料的首次物理制造和性能演示。

这种基于微米级桁架和格栅的极轻便但具有很好强度和刚度的传统结构可以通过增材制造技术来制造，具有替代飞机、风力涡轮机叶片和许多其他应用中较重结构的潜力。

张拉超材料显示出前所未有的抗破坏性、极好能量吸收性、可变形性和强度，胜过了所有其他类型的最新轻型结构。该团队的研究为高级工程系统的设计提供了重要的基础，从可重复使用的冲击防护系统到自适应的承重结构。

(十六)增材制造技术成功制备具有活性的组织和肿瘤类器官

清华—伯克利深圳学院(TBSI)精准医学与公共健康研究中心马少华副教授、黄来强教授团队在类器官研究中取得重要成果，成功建立了类器官均一化、自动化、高通量培养平台，制备的人源和鼠源的正常组织和肿瘤类器官，形态结构均一，忠实地保留了源组织/肿瘤从基因分子细胞到组织生理病理的特性、对药物和治疗的反应功能。其中，肿瘤类器官高度保持了源肿瘤的异质性和患者之间的异质性，为肿瘤的发病机理研究、药物和疗法的筛选和评价、个体化精准治疗，以及再生医学的研究和开发提供了优良的技术平台和疾病模型。

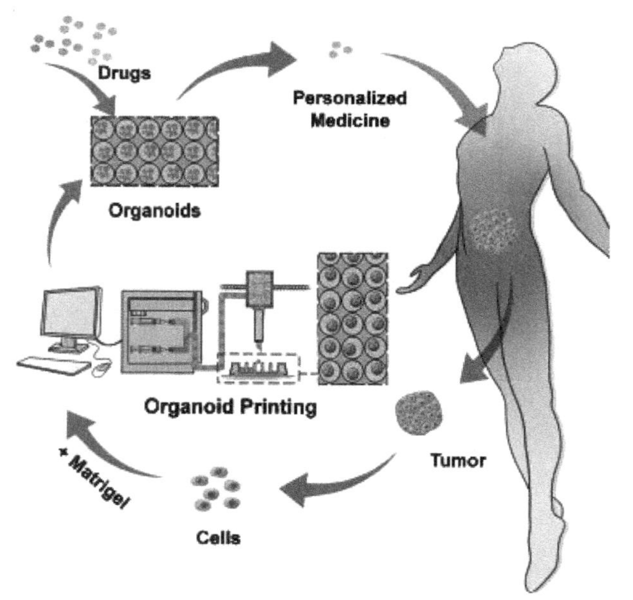

图 4-53 肿瘤类器官制备及应用路线图

类器官在生物医学医药研究、个性化治疗以及再生医学领域具有广阔的应用前景。其中基于癌症病人肿瘤组织在体外三维培养的肿瘤类器官(Tumor Organoid),作为肿瘤疾病模型,在癌症药物、疗法、个性化精准治疗的研究和开发中具有巨大的应用潜力。但是,目前类器官研究还存在诸多问题:类器官形态及组成的可控性差;同批次类器官个体之间,以及不同批次类器官样本之间均存在显著差异;建模周期长(培养周期需要4~6周),而且建模过程缺乏自动化操控,耗时费力。

肿瘤内在的异质性给实体肿瘤的治疗和构建疾病模型均带来艰巨的挑战:在同一种肿瘤中可以存在不同的基因型或者亚型的细胞,因此,同一种组织来源的肿瘤在不同个体身上可表现出不一样的药物反应、治疗效果及预后,而且同一个肿瘤也存在差异很大的细胞亚群。如何准确、高效地在疾病模型中预测肿瘤对于抗癌药物和疗法的反应是当今研究的重点之一。传统的药物筛选和评价模型,包括2D细胞、3D细胞、PDX小鼠模型等,存在预测准确率不高,缺乏病理生理相关度高的细胞结构和微环境,或建模成功率低、周期长、可控性低、难以规模化等缺陷。肿瘤类器官有希望克服这些缺陷而成为更优越的肿瘤模型;然而,要实现这一目标,目前的肿瘤类器官尚需大幅改进,不仅要解决前述类器官的共性问题,而且要解决肿瘤异质性带来的特有问题,尽可能地模拟体内微环境,保持源肿瘤的异质性,以及患者个性化的特性。

针对这些问题,该研究团队以微流控联动3D打印技术快速制造、培养和自动化操控建立正常组织和肿瘤类器官,全过程均一可控,可高通量规模化。通过微流控液滴技术将含有细胞的Matrigel剪切成直径约500μm的均一化微球并将其作为细胞活动的结构模板,经过1周培养熟化(细胞自组织)即可形成类器官。利用这个平台成功培养了小鼠肝、肺、肾等正常组织的类器官,癌症病人肺、肾、胃、直肠等多种肿瘤的类器官。

该研究实验分析表明,所制备的正常和肿瘤类器官,类器官个体之间形态和尺度均一;组织病理学特性与其源组织/肿瘤一致;细胞学生物标志物蛋白质的表达与其源组织/肿瘤一致。RNA测序表明类器官与其源组织/肿瘤的基因表达谱高度

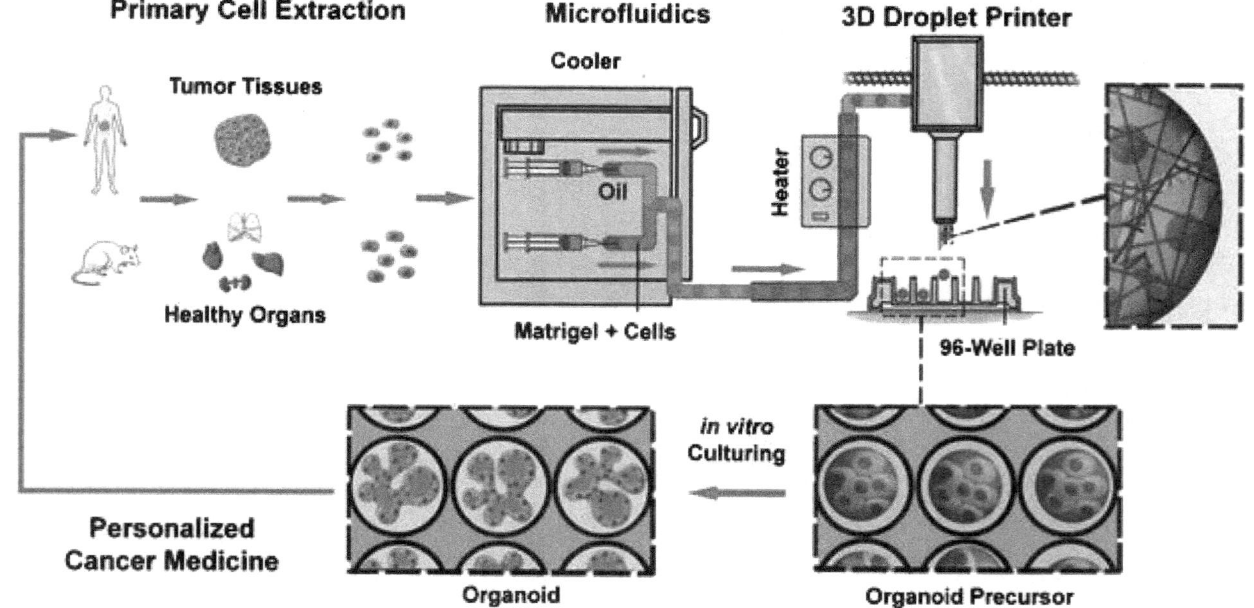

图 4-54 类器官制备技术平台示意图

一致；全基因外显子测序显示肿瘤类器官与其源肿瘤保持了97%的单核苷酸变异的重叠，以及 > 93%相同的原癌基因突变；这些类器官能很好地反映其源组织/肿瘤的遗传背景、基因型和表达谱。

该研究进一步对制备的类器官进行了对抗癌药物反应的功能测试分析，并与源肿瘤/组织个体的临床效果数据对比。研究团队培养了源自21位癌症病人手术切除的肿瘤的类器官，用于对31个抗肿瘤药物的敏感性筛选测试，测试结果对比病人临床实际用药及病人疾病状态，结果显示肿瘤类器官具有81%的预测准确率，这表明肿瘤类器官高度重现了源肿瘤病人对于抗癌药物的反应以及病人个体之间的反应差异。并且，肿瘤类器官对有效抗癌药物的剂量敏感，也反映了患者之间的异质性。同时，该研究还通过实验展示，源于小鼠正常肝、肾组织的类器官可准确预测抗肿瘤药物的毒副作用。

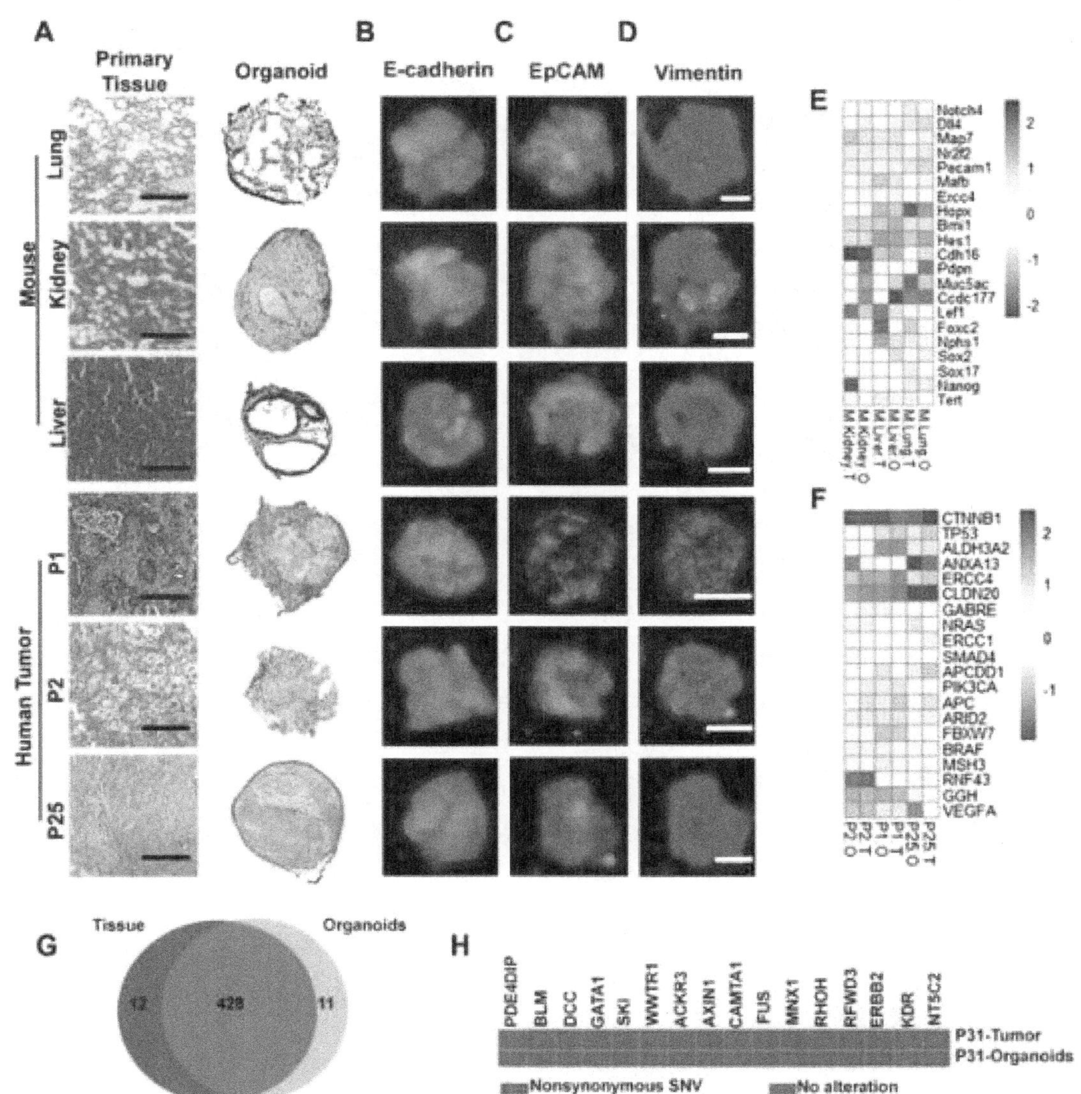

图4-55　正常和肿瘤类器官的组织病理学特性与基因表达及变异图谱与源组织高度一致

(十七)德国爱丁堡大学利用3D打印技术将电化学制造带入纳米级

近年来，纳米级3D打印作为一种替代性的制造技术正逐渐吸引着人们的注意，其应用范围从电子学和纳米光学到传感、纳米机器人和能源储存。目前，最先进的3D打印技术中不断缩小的临界尺寸要求以纳米分辨率制造复杂的导电结构。电化学技术能够生产出具有卓越电气和机械性能的无杂质金属导体，然而，真正的纳米级分辨率(<100nm)仍然无法实现。

来自德国爱丁堡大学的化学家Dmitry Momotenko就利用一种新3D打印技术制造出尺寸达纳米级别的超小金属物体，在电化学3D打印领域设立了一个新的基准。他与来自瑞士苏黎世联邦理工学院和新加坡南洋理工大学的一组研究人员在《纳米快报》上发表的相关研究报告称，该技术在微电子学、传感器技术和电池技术方面有潜在的应用前景。该团队已经开发出一种电化学技术，

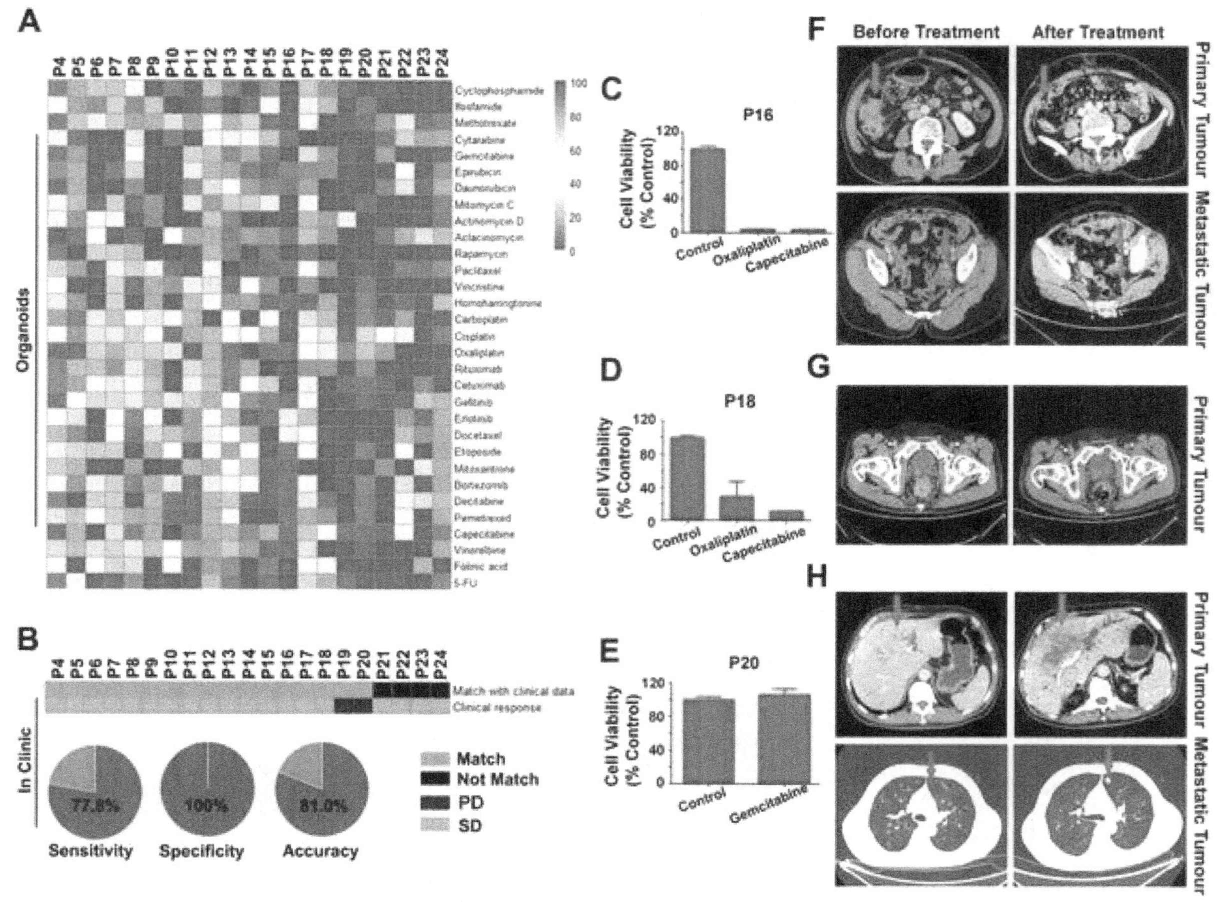

图 4-56 肿瘤类器官重现患者对抗癌药物的反应及个体之间的差异反应

可以用直径仅为 25nm 的铜制造物体。作为对比，人类的头发大约是金银丝纳米结构的 3000 倍厚。

这种新打印技术是建立在相对简单和众所周知的电镀工艺基础上的。在电镀中，带正电的金属离子悬浮在溶液中。当液体与带负电荷的电极接触时，金属离子与电极中的电子结合形成中性金属原子，沉积在电极上，逐渐形成固体金属层。

通过有效控制电化学过程，使固体金属从液态盐溶液中制造出来的。在这种纳米打印技术中，在微小的吸管中使用了一种带正电的铜离子溶液，液体从移液管的顶端通过打印喷嘴流出。在实验中，喷嘴开口的直径在 253nm ~ 1.6nm 之间，只有两个铜离子可以同时通过。

在 3D 打印中，科学家面临的最大挑战是，随着金属层的增长，打印喷嘴的开口往往会堵塞。为了防止这种情况的发生，研究小组开发了一种监测印刷过程的技术。他们记录了吸管内带负电荷的衬底电极和正极之间的电流，然后在一个完全自动化的过程中调整喷嘴的移动：喷嘴在极短的时间内接近负极，一旦金属层超过一定厚度，喷嘴就缩回。

利用这种技术，研究人员逐渐将一层又一层的铜层涂到电极表面。由于喷嘴的精确定位，他们能够打印垂直柱和倾斜或螺旋的纳米结构，甚至可以通过简单地改变打印方向来打印水平结构。他们还能够非常精确地控制结构的直径。首先，通过选择打印喷嘴的大小，其次在实际打印过程中基于电化学参数。研究小组表示，使用这种方法可以打印出的最小物体直径约为 25nm，相当于 195 个铜原子排成一排。这意味着有了新的电化学技术，可以打印出比以前小得多的金属物体。例如，利用金属粉末进行 3D 打印(一种典型的金属 3D 打印方法)，目前可以达到大约 100μm 的分辨率。因此，用这种方法可以制造出的最小物体比目前研究中的要大 4000 倍。

更小的结构也可以用其他技术生产，但潜在材料的选择是有限的。“我们正在研究的技术结合了金属印刷和纳米级精度。”Momotenko 解释说，正如 3D 打印引发了一场生产复杂的大型部件的革命，微型和纳米级的增材制造可以制造功能结构，甚至是超小尺寸的设备。

3D 打印催化剂具有高表面积和特殊的几何形状，允许特定的反应活性，可用于生产复杂的化学品，三维电极可以提高电能储存的效率。目前该科研团队正通过3D打印大幅增加锂离子电池中电极的表面积，减少负极和负极之间的距离，以加快充电过程。

(十八)降低孔隙率提高3D打印蔬菜产品冷冻贮藏产品品质的研究

水果和蔬菜具有受环境因素影响的高生物差异和因其高水分含量导致的低黏度，可以被认为是最难用于3D打印的食品材料之一。然而，相比经脱水和冷冻干燥的果蔬粉，3D打印的新鲜蔬菜因含有微量亲水胶体更适合吞咽障碍的老年人。

果蔬由于水分含量较高，导致它们极易腐烂，因此一般采用冷冻对果蔬进行保鲜。冷冻是新鲜细胞食品中最常用的保鲜方法之一。冷冻过程中冰晶的形成是影响冷冻效率和冷冻产品品质的关键环节。影响冷冻产品品质的其他因素是植物组织的物理特性，如细胞间隙的孔隙率和组织孔隙率。解冻是冷冻过程的一个逆过程，对冷冻产品的质量和理化性质有很大影响。解冻后，冻融汁液流失和质地损失(硬度损失)使解冻后的产品品质恶化。冻融汁液流失率(尤其是水果和蔬菜)受冷冻过程中形成冰晶的大小、位置以及解冻速率的影响。

现阶段，3D打印可以实现通过设计填充密度来控制食品孔隙率这一结构特征，进而来降低食品冻融汁液流失率，提高食品解冻后的产品品质。

国内一项最新研究利用大白菜、胡萝卜粉和黄原胶组成的复合凝胶体系作为3D打印油墨，探讨了3D打印孔隙率对冻融汁液流失率的改善作用。研究结果显示，3D打印孔隙率对冻融汁液流失率有显著影响($P<0.05$)，并且孔隙率越大，冻融汁液流失率越大。

研究人员首先按一定质量比制备了大白菜泥：胡萝卜粉：黄原胶(84:14:2)食品凝胶油墨。然后将填充密度设置为打印参数，用来改变打印样品的孔隙率。当填充密度(%)为20、40、60、80和100时，孔隙率(%)分别为54.97±0.16、38.25±0.53、21.82±0.54、1.06±0.02和0±0。

接着研究人员将不同孔隙率的3D打印蔬菜样品在-80℃超低温冰箱中冷冻8h，之后再在室温(25±1℃)下进行解冻4h，以此来计算解冻后的3D打印蔬菜汁液流失率。结果显示，不同孔隙率3D打印样品的冻融汁液流失率差异显著($P<0.05$)。随着孔隙率的增加，冻融汁液流失率(%)增加，分别为5.06±0.10、5.49±0.11、7.17±0.14、7.92±0.17和9.02±0.16。低场核磁共振(LF-NMR)测定的水分分布结果进一步证实，孔隙率越大，冻融汁液流失率越大。

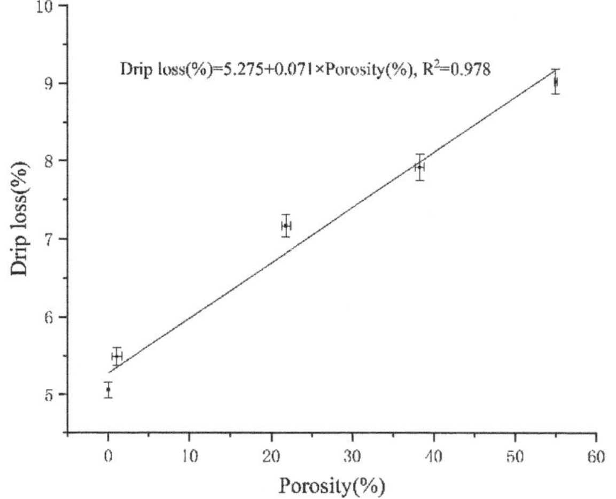

图4-57　冻融汁液流失率与孔隙率的关系

此外，研究人员还研究了不同填充密度的3D打印复合蔬菜凝胶冻融前后的可打印性、保真度和质构特性，以及天然复合凝胶和冻融打印样品的颜色。

总而言之，这项研究表明，在3D打印过程中可以通过适当增加填充密度来减少产品孔隙率，而不需要其他设备进行后处理。对于新鲜果蔬等水分含量较高的3D打印材料的冷冻贮藏，可以通过提高填充密度来降低打印样品的孔隙率进而降低冻融汁液流失率。换而言之，通过降低3D打印孔隙率能显著提高3D打印蔬菜冷冻贮藏后的产品品质。

(十九)3D打印技术制造大肠杆菌生物膜

细菌生物膜是细菌在细胞外基质(由蛋白质、多糖、脂质和细胞外DNA组成)中的三维组合，它们牢固地附着在生物或者非生物表面。生物膜广泛存在于自然、医疗和工业环境中，它是一把双刃剑。在工业上，它促进可持续过程，例如生物修复、材料合成或毒素降解；但在医学上，它可能会成为假肢、导管、缝合线、假牙和其他植入物的感染源。

由于大多数人类感染是由形成生物膜的细菌引起的，所以阐明生物膜抗性行为的原因可以促进更好地设计新的抗生物膜策略。然而，挑战在于如何实现生物膜成分的自上而下的空间模式，以探究它们对生物特性的影响。

3D打印可用于应对这一挑战。通过高度控制3D打印提供的形状、设计和分辨率的自由度可以模拟天然生物膜的空间异质性和机械强度。3D打印的生物膜模型可能比实验室中常规研究的生物膜(在液体培养基或琼脂中生长)更好地模拟天然生物膜的3D组织，可用于研究生物膜对抗菌剂的紧急生物耐受性等特性。

荷兰 Delft University of Technology 生物纳米系的 Marie-Eve Aubin-Tam 博士和美国 University of Rochester 生物系的 Anne S. Meyer 博士共同领导的研究团队从大肠杆菌中培养出生物膜样本，并且使用 3D 打印技术操纵此类生物膜结构和机械性能。

大肠杆菌是一种革兰氏阴性兼性厌氧菌，可以在有氧或无氧的情况下产生能量。作为一种广泛研究的模式生物，它可以在 20 分钟内培养，已用于重组 DNA 研究。大肠杆菌生物膜的细胞外基质由卷曲纤维(一种蛋白质成分)或纤维素(一种多糖成分)或两者的组合组成，这种纳米复合基质赋予大肠杆菌细胞生物和机械耐久性。用 3D 打印调整大肠杆菌生物膜的基质组成和设计原则是分析生物膜组成和结构对其紧急耐受性影响的有效方法。

该团队采用了定制的 3D 打印机用于将形成生物膜的大肠杆菌任意图案化到琼脂基质上。不同菌株的大肠杆菌在其生物膜基质中表达纤维素 +/卷曲纤维 +、纤维素 -/卷曲纤维 +、纤维素 -/卷曲纤维 -，生物膜被 3D 打印为四层结构，并测试它们对消毒剂的紧急生物耐受性。

经实验证明，细菌生物膜可以有效被 3D 打印成不同的形状，并且 3D 打印的生物膜显示出对常用实验室消毒剂(如乙醇和 Virkon S)的耐受，细胞外基质成分特别是卷曲纤维的存在，在 3D 打印的大肠杆菌生物膜中对消毒剂的生物耐受性的发展中起着重要作用。

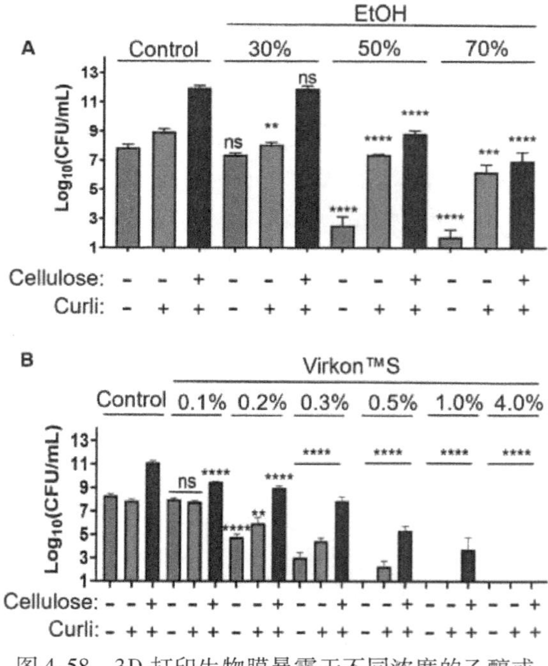

图 4-58　3D 打印生物膜暴露于不同浓度的乙醇或 Virkon S 10 分钟后的紧急消毒剂耐受性

该研究团队还通过生物墨水和 3D 打印工艺的设计调整生物膜基质组成，例如改变细菌密度、卷曲密度和纤维素密度，这对这些消毒剂耐药性的发展产生重大影响。经过实验得出以下结论：底部细胞密度较高的生物膜设计比底部细胞密度较低的设计更能抵抗乙醇；调整每层中表达卷曲纤维的细菌的比例来调整卷曲纤维密度对乙醇的抗性没有影响；生物膜基质中的纤维素本身不能

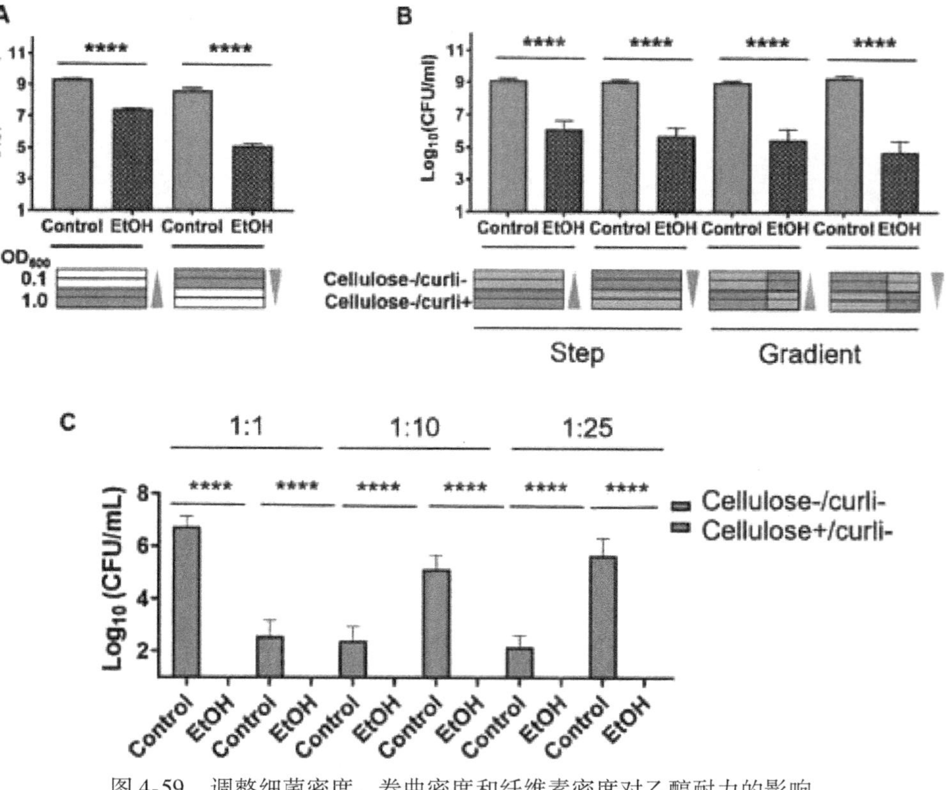

图 4-59　调整细菌密度、卷曲密度和纤维素密度对乙醇耐力的影响

赋予3D打印生物膜对乙醇的紧急耐受性。

此外，该团队的3D打印生物膜保留了原先的形状，并显示出对物理变形的非凡抵抗力。这意味着这些“打印产品”可以可逆地附着在细菌纤维素、玻璃和聚苯乙烯等表面上。

这些3D打印的生物膜有可能应用于医疗器械、废水处理、环境修复等方面的益生菌生物膜涂层。这为结合生物和材料科学的下一代智能材料铺平了道路。

(二十)螺杆挤出熔融沉积建模增材制造致密氧化锆陶瓷

随着近年来的快速发展，塑料和金属增材制造技术已有一定的工业应用，然而工程陶瓷的增材制造技术仍然难以在材料可靠性、尺寸精度和制造成本之间取得平衡。传统的聚合物基FDM装备通常使用固定直径的柔性长丝，但聚合物黏结剂与陶瓷粉的混合料在低固相含量(30% wt%)时表现出脆性，不易制备柔性陶瓷长丝。然而对于高性能原料来说，固相含量有时需要超过80wt%甚至更高。在陶瓷注射成型中，这种高固相含量的原料通常被粉碎成颗粒状，通过螺杆挤出的方式进行输送，并通过加热和挤压，最终在喷嘴处获得致密均匀的丝。对于陶瓷注射成型而言，有机黏结剂的选择、原料的制备、脱脂和烧结的方法和设备已经进行了几十年的深入研究和成功开发。这些知识可以用于优化螺杆基础打印设备的工艺参数，该设备配有螺杆挤压装置，适用于使用Al_2O_3、ZrO_2、Si_3N_4或SiC粉末从微米到纳米级的增材制造工程陶瓷部件。

该研究制备氧化锆陶瓷部件的加工流程如图4-60所示。首先，将氧化锆陶瓷粉与有机黏结剂混合得到原料。然后，将原料板通过螺杆送入料管，再加热，从喷嘴挤出。陶瓷坯体逐层制造，然后在有机溶剂中进行脱脂。最后，通过热脱脂和烧结得到致密的陶瓷零件。挤出流量主要受螺杆转速和机筒温度的影响，是评价螺杆挤出装置性能的重要指标。当螺杆转速为5r/min、10r/min、15r/min时，在130℃～190℃范围内均可获得连续稳定的挤出效果。在较高的螺杆转速(20r/min和25r/min)下，原料不能在130℃和25r/min下连续挤出。当筒体温度超过150℃时，挤出膨胀效果不明显，当筒体温度达到160℃后时，挤出的线材直径几乎与喷嘴尺寸相等，有利于较高的印刷精度。这可能是由于温度较高后材料黏度变低，流动性变好导致的。因此，筒体温度是决定挤出线直径稳定性的关键因素，对打印精确性非常重要。

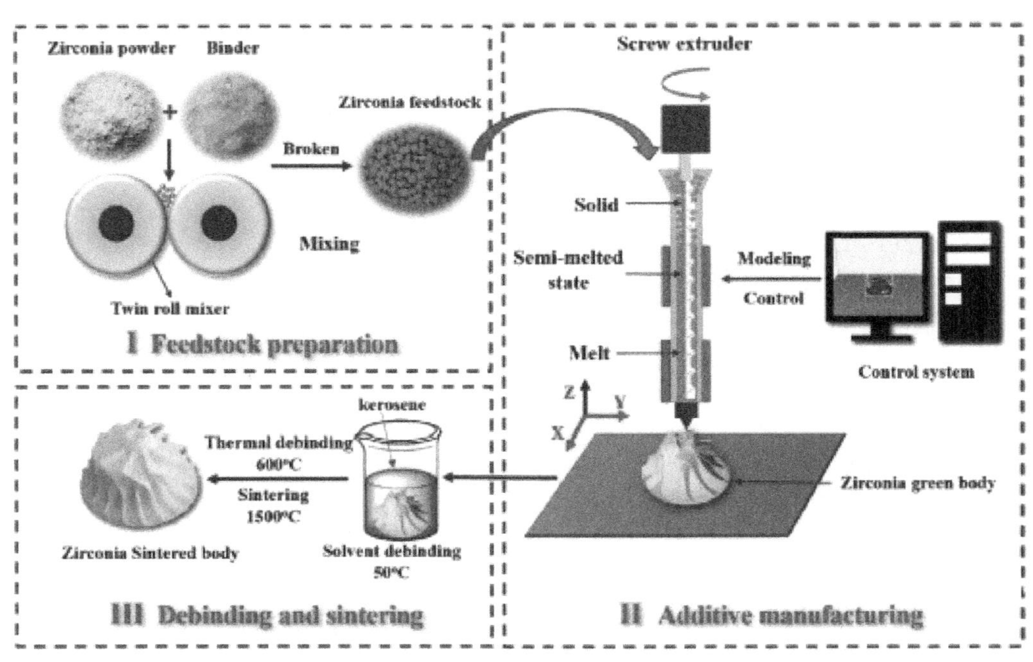

图4-60　螺杆挤出熔融沉积致密氧化锆陶瓷流程

该研究主要关注的两个方面是表面质量和层间结合。表面质量直接关系到烧结材料的精度和后续的加工成本，而层间结合则影响烧结材料的可靠性。在层厚为0.15mm的表面拍摄的SEM图像如图4-61(a)所示。表面各层之间的间隙是可见的，FDM技术很难避免。然而，从截面图像估计，这种层间缝隙的深度仅为0.1mm左右(见图4-61(b))。在收缩率为20%左右的烧结后，层厚度变为0.1mm(见图4-61(c))，在图4-61(d)放大图像中可以清楚地看到，层间区域的显微组织与内层一样致密均匀。图4-61(b)和(d)中的虚线标记了打印和烧结部分的层间区域。

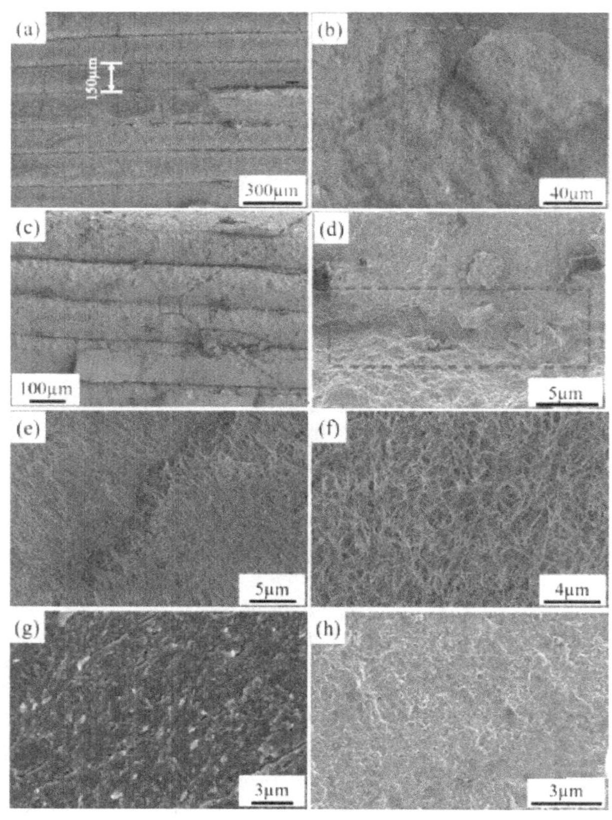

图 4-61 打印件 SEM 图像

研究表明，层厚度对打印件和烧结体的密度没有显著影响。坯的密度为 0.35g/cm^3，达到理论密度的 58%，烧结坯的密度约为 6.0g/cm^3，达到理论密度的 99%。不同层厚制备的坯体抗弯强度达到注塑坯体 30MPa 抗弯强度的一半以上，证明坯体内部的层间黏结足够。厚度为 0.15mm 的烧结体强度超过厚度为 0.1mm 和 0.2mm 的烧结体强度，达到 890MPa，接近干压或注塑所能达到的水平。进一步优化打印参数，以最大限度地减少加工缺陷，并提高制备材料的可靠性将在后续研究中进行。

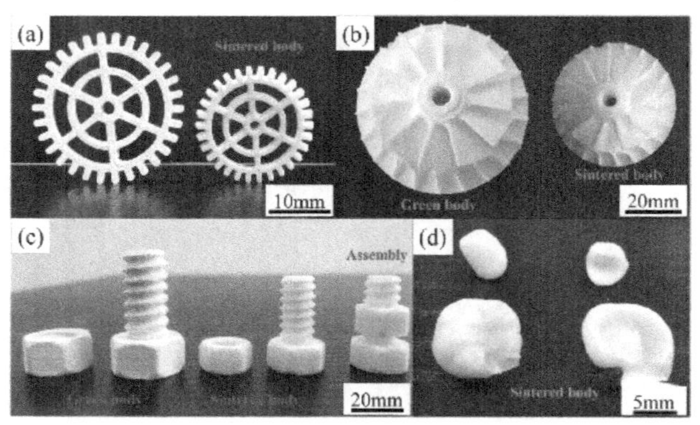

图 4-62 螺杆挤出熔融沉积致密氧化锆陶瓷零件

基于螺杆挤出的 FDM 系统适用于打印高固相含量的 ZrO_2 颗粒料，对其他工程陶瓷如 Si_3N_4 和 Al_2O_3 的增材制造也具有广阔的应用前景。设计螺杆直径为 12mm，长宽比为 17:1，紧凑比为 2.34。其强度足以承受挤压过程中产生的剪切应力。通过对打印温度、螺杆速度和喷嘴尺寸的监测，优化了获得稳定、精确可控的挤出流量和充分的层间结合的均匀组织的加工窗口。氧化锆坯体和烧结氧化锆坯体的密度分别达到理论密度的 58% 和 99%，接近干压或注射成型所能达到的水平。验证了基于螺杆挤出的 FDM 系统适用于复杂几何形状陶瓷零件的打印，尺寸精度可控。

三、系统解决方案

(一)3D 扫描建模及远程打印系统及方法

康科三维 3D 扫描建模及远程打印系统，包括 3D 扫描结构，与 3D 扫描结构连接的 3D 建模结构，与 3D 建模结构连接的 3D 数据传输模块，与 3D 数据传输模块连接的网络连接模块及与网络连接模块连接的 3D 远程打印模块。通过采集三维图像数据信息，形成景深建立三维图，然后通过三维重建，即编辑工具模块，混色渲染模块，光源类型模块，智能控件模块处理后使得三维图更加

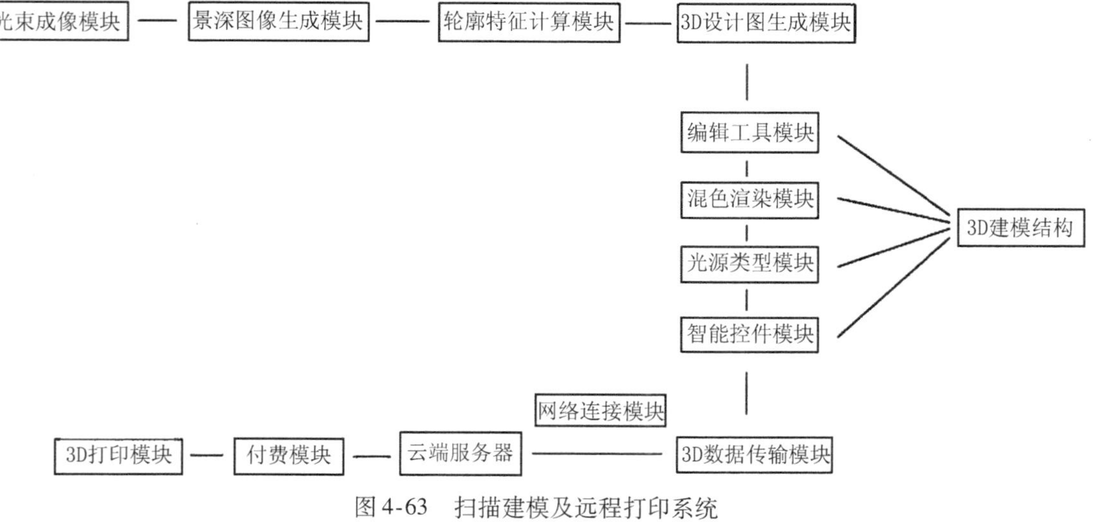

图 4-63 扫描建模及远程打印系统

绚丽真实且自然，简化了现有的三维扫描建模技术的复杂性及便利性。同时可以实现将扫描的三维图进行远程打印，解决了现有三维打印不便的难题，节约时间，提高打印的效率，使用便利。

在创新的科普时代背景下，3D 扫描、3D 打印将是一个资本、技术密集型产业，工人越来越少，高度自动化。个体消费的升级、定制化给 3D 打印带来了巨大的市场潜力。客户订购前首先看到的是数字模型，确定下单后，3D 打印服务商再打印，真正实现 C2M 模式。3D 扫描、3D 打印的每一个环节都可以打通数字接口，国家对 5G、工业互联网等数字基础加速建设的趋势，会给 3D 打印服务市场带来发展的红利。2021 年，我国 3D 扫描、3D 打印产业市场规模将达到 273 亿元，未来五年（2021 ~ 2025）年均复合增长率约为 26.59%，2025 年将达到 701 亿元。

（二）基于增材思维的先进设计与智能制造整体解决方案

2021 年，安世亚太向国内用户引进国际上关于 DfAM 的第一本技术书籍 *A Practical Guide to Design for Additive Manufacturing*，并出版了中文版《增材制造设计(DfAM)指南》。

图 4-64　基于增材思维的先进设计与智能制造

面向增材制造的设计(Design for Additive Manufacturing，DfAM)，融合传统仿真技术 + 增材制造技术优势，创造以增材技术为底层的新型工业品。这与安世亚太自 2017 年提出的“基于增材思维的先进设计与智能制造整体解决方案”的核心理念不谋而合。集成系统工程、创新设计、仿真优化、增材工艺及生产控制、云应用、数字孪生等的知识与经验，实现重塑产品设计、生产模式，甚至商业模式的变革，为客户提供端到端的、面向工业品定制化的 DfAM 整体解决方案，简称 DfAM 解决方案。

针对不同的行业、不同的客户、不同的工业品，我们利用可定制化的 DfAM 解决方案对每一个工业品进行原创设计或优化再设计，使用户产品应用增材技术在可接受的成本范围内达到产品性能、质量、生产效率的提升，完成产品的升级换代，辅助中国制造企业选择增材技术作为下一代的制造手段。DfAM 解决方案提供的服务包括 4 个方面：咨询服务、软件配套、打印服务和生产模块配置。

DfAM 赋能业务团队在拓扑优化、创成式设计、功能融合一体化设计、微通道散热、轻量化设计、多尺度力学设计、晶格结构设计、随形冷却、折叠机构、纹理结构、个性化定制设计、梯度材料和工艺仿真共 13 个 DfAM 通用底层技术研究方向上进行了深入的研究与探索。

（三）增材制造智能生产示范线

针对航空航天、汽车、医疗等领域批量化生产需求，定制化设计增材制造生产线，以连续不间断生产模式实现设备利用率最大化和产线最大化。未来在以上领域，本增材制造生产线解决方案，将有较大的应用前景。航天科工增材制造技术创新中心建设完成一条生产线建设，完成了相关测试与验证，已用于航天产品批量化生产。

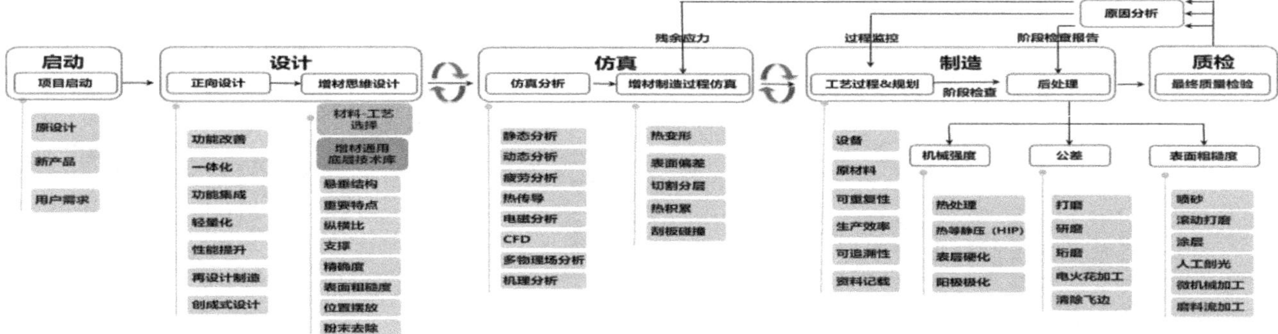

图 4-65　DfAM 解决方案的全流程

图 4-66 航天增材中心智能产线

针对航天产品批量化生产需求，采用由四台打印机 + 两套清粉系统 + 两套粉末处理系统 + 一套 RGV 物流系统组成的增材制造生产线方案。结构紧凑、模块化设计、功能一体化生产线整体布局；不间断连续生产，相比四台单机，大幅提升生产效率。

（四）五轴联动增减材复合成形制造解决方案

“五轴联动数控型增材—减材复合成形制造中心”由南京联空智能增材研究院有限公司自主研发，主要由“主体框架结构”“高精度高刚度动横梁系统”“高精度二轴 U 形协同变位装置”“增材立体平台”“五轴数控系统”“受控电弧数字电源系统”“增材枪体”“减材切削动力与刀具快装装置”“枪—刀换装装置”“刀具架”“输气系统”“数字双送丝系统”“系统控制器”“分层建模软件”“参数和视觉传感装置”等组成，具有受控电弧增材和五轴联动数控铣削减材和高精度复合成形制造等三大功能，是一种将受控电弧增材、五轴联动减材高度集成，采用加工中心模式研制的一款高效高精度高性能增材—减材复合成形制造装备。该装备以受控电弧作为主要热源，通过加热熔化不同材质的丝材、实现近米级尺度异质异构金属复杂构件整体成形，同时在线换刀、换枪，在线实时切削加工减材，实现了增材—减材的协同和同步，做到了真正的复合成形，可以整体成形复杂内腔、橄榄形内部结构等复杂构件的高精度高效率成形制造，适用的金属构件包括普低钢、不锈钢、高强超高强钢、高氮钢、铜合金、铝合金、钛合金等腔体形、箱形、舱体形、框梁形等复杂结构件。解决了增材无法加工内壁、型腔等，大大降低了打印后的制造成本，并且有以下优点。

(1)可实现五轴联动 CMT 弧增材、等离子弧增材、铣削、镗削、钻削等复合增材—减材成形，可实现多种增材和自动减材复合成形制造，该套装备为国内首创、具有装备集成度高、刚性好、过程平稳、适应增在线原位复合高效成形制造等特点。

(2)可用于 800mm × 800mm × 500mm 级中大型复杂结构和多维异质异构结构件的受控电弧增材—切削减材复合整体成形制造，过程稳定、质量优良、效率高，适应面宽。

(3)可实现高强超高强钢、铝合金、铜合金、高温合金、高氮钢、普低钢、不锈钢等增材构件的在线增材—切削加工制造。

(4)具有增材成形加工效率高、质量好、成本较低、灵活性强等特点，最高成型效率 5kg/h，最高成形精度 0. 4mm，最高减材加工精度 3. 2μm。

(5)系统可与数字化车间互联互通，推送给工艺规范及相关统计数据，可实时在线动态感知工艺参数，实现智能管控。

图 4-67 五轴联动数控型增材—减材复合成形制造中心

（五）大型电弧熔锻铣合一增材制造方案

基于张海鸥教授团队在国际上首创的金属微铸锻同步复合增材制造新技术、新工艺和新装备，对其进行产业化推广，实现的大型熔锻铣合一增材制造方案基本原理如下：高效低成本电弧熔丝形成熔池，紧随其后的微型轧辊对其熔凝微区进行连续热锻(轧制)，熔锻合一将该微区的柱状/枝状晶变成现有技术难以得到的均匀锻态等轴细晶；并在同工位复合数控铣削，适时去除后续无法加工的复杂形状部分和在线检测出的缺陷部分。图4-68为该解决方案技术概要。

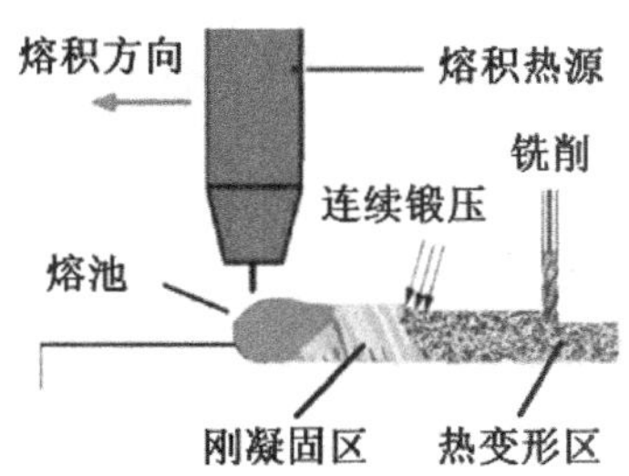

图4-68　大型微熔锻铣合一增材制造技术概要

该解决方案创新性地提出“设计—监测—控制—修复”一体化的制造方法，实现了图4-68所示的多传感器检测与多控制数据融合的在线质量闭环控制，发现缺陷在线去除并自适应修复。首创智能化集成熔锻铣合一制造系列大型装备，实现了用不到传统万吨锻压机0.01%的压力，缩短制造周期60%，减少能耗90%，在一台设备、同一工位上增—等—减材复合超短流程制造高品质锻件的国内外重大原始创新。

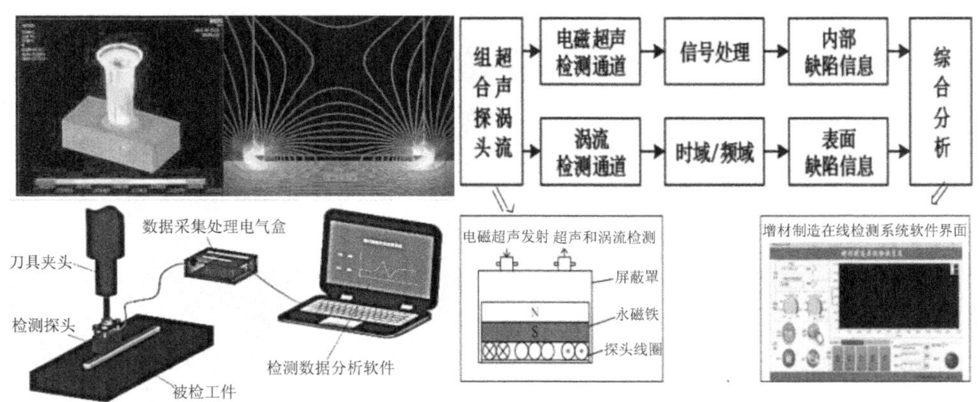

图4-69　在线检测及修复质量控制系统

该解决方案突破了传统制造和增材制造工程化应用的技术瓶颈，可显著提升我国大型主承力金属构件的制造品质和效率、降低成本、减少污染，是一种超短流程、极低能耗/材耗/污染的新型绿色制造方法，对提升我国高端制造及装备跨越发展作用重大，市场前景广阔，经济和社会效益重大。

(六)基于OPUS技术的生物3D打印

苏州诺普再生医学有限公司拥有自主研发的(Organ Printing United System, OPUS)生物3D打印技术平台。OPUS采用新型的高精度、多工艺、多材料整合打印技术，可兼容多种生物打印材料及细胞生物墨水，并通过计算机仿生设计实现精准微纳制造，有效构建利于细胞长期生存和增殖的微环境，可实现从二维简单组织结构到复杂结构的再生与功能重建，是一种真正具有临床实用性的革新生物3D打印解决方案。该解决方案可以针对患者特定的解剖结构、生理功能和需求，制造生物支架、人工植入物、组织器官等，具有突破普通生物打印在尺寸、稳定性上的限制，并在营养提供和血管化上提供可能的优势。

苏州诺普再生医学有限公司基于OPUS技术的生物3D打印完整解决方案，可以针对临急需的适应证，打印具有临床实用性的皮肤、软骨、骨等一系列创新性的高端医疗器械产品，实现更为理想的修复效果，在医学领域有着广泛的应用前景。

第五篇 应用篇

随着增材制造技术研究和应用开发的不断深入，针对以数字模型文件为基础，通过软件与数控系统将特定材料通过逐层堆积，制造出实体物品的增材制造技术，其应用材料的制造技术、广泛开发和深入研究在快速地进行着。其中以工业应用较为广泛金属材料为例，航空航天、生物医疗、航空航天、汽车制造、文化创意等领域应用最为广泛。以下为各领域的典型案例。

一、航空航天

(一)近米级钛合金舵面激光选区熔化成形制造

某飞行器钛合金舵面为栅格 + 蒙皮结构，零件外形尺寸 800mm × 500mm × 40mm，栅格尺寸 60mm ×60mm，蒙皮壁厚 1mm，栅格筋上分布通粉孔。由于外形尺寸大、栅格尺寸大且蒙皮较薄，采用传统方式制造时，易出现骨架机加工尺寸精度低、合格率低等一系列问题，质量控制风险大。航天科工增材制造中心通过技术攻关解决了钛合金薄壁蒙皮舵面制造过程中蒙皮鼓包、凹陷等变形问题，最终成功实现近米级钛合金舵面激光选区熔化成形，产品成形精度控制在 ±0. 3mm 以内，符合设计指标要求。

增材制造技术可广泛应用于武器装备舵面、舵轴、前缘、发动机等复杂异形构件研制，满足高端武器装备对整体化、轻量化、低成本高性能结构迫切需求，航空航天领域应用前景广阔，经济效益可观。

图 5-1 一体化舵面剖面图

(二)“天问一号”探测器核心部件增材制造

鑫精合激光科技发展(北京)有限公司参与“天问一号”探测器零件的研制工作，利用拓扑优化和增材制造技术实现减重和多种复杂结构构型的成形。作为供应商，鑫精合激光科技发展(北京)有限公司交付激光选区熔化产品 30 余项，交付激光沉积制造产品 9 项。在减重、特殊功能实现等多个维度解决火星登陆项目研制工艺技术难题，火星探测器的着陆成功，标志着增材制造技术在航天深空探测领域应用迈出开拓性的重要一步。

图 5-2 “天问一号”探测器

(三)微铸锻制造发动机部件

武汉天昱智能制造有限公司采用高性能大型关键金属构件熔锻铣复合增材制造技术与传统制造技术相结合的方式，实现航空发动机涡轮盘和航空发动机机匣高效低成本制造，突破界面组织性能调控、残余应力及变形控制、曲面分层切片等关键技术，为航空发动机核心零部件的优质高效低成本提供了技术保障。

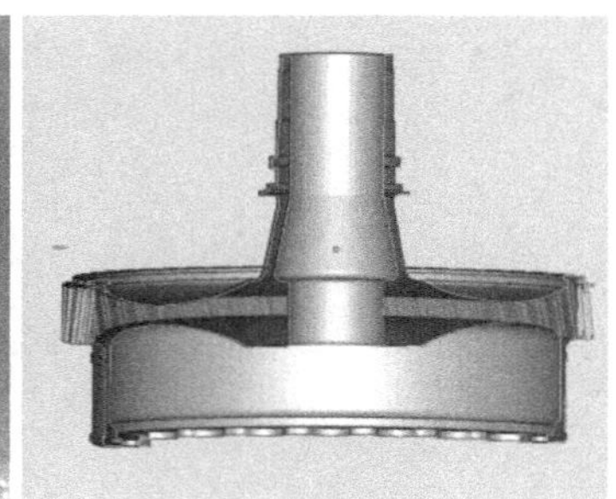

图 5-3 发动机涡轮盘

了30%。

图5-8　长征二号F遥十二运载火箭成功发射

(十)火箭级间解锁装置保护板3D打印制造

长征五号运载火箭在中国文昌航天发射场成功点火起飞，成功将天问一号火星探测器送入预定轨道，中国迈出行星探测的第一步。其中，长征五号运载火箭上的一个重要部件——火箭级间解锁装置保护板，是中国航天科技集团公司中国运载火箭技术研究院航天材料及工艺研究所采用华曙高科连续增材制造设备制作而成。

图5-9　3D打印火箭级间解锁装置保护板

火箭在工作期间所获得的速度增量与发动机开始工作时的火箭总重 m_0 和发动机结束工作时的总重 m_1 相关，m_0/m_1 的比值越大，火箭就能获得越大的速度增量。有效载荷要进入太空工作，至少要被加速到第一宇宙速度，多级火箭通过不断将完成工作的部分抛弃，火箭 m_0/m_1 的比值将不断变化，火箭得以被“接力”加速，最终达到理想的入轨速度，在这一过程中，火箭的各级间的分离过程极为重要。

长征五号运载火箭总长约57m，箭体直径达5m，不仅是我国最高、体积最大的火箭，也是运载能力最强的火箭。火箭级间解锁装置保护板，是用来保护长征五号系列火箭一级与二级间解锁装置，使两级间的分离过程顺利，确保火箭发射过程姿态稳定，进入预设轨道。然而，级间解锁装置保护板单批次加工件数非常少，加工频次较低，采用传统注塑方式需要使用模具，成本高昂，且模具的保存成本较高。

华曙高科连续增材制造系统(CAMS)HT1001P是目前超大打印幅面的尼龙增材制造解决方案，1000mm×500mm×450mm的超大成型缸，可实现大型产品的一体化成型和小型产品的批量化生产。火箭级间解锁装置保护板每个部件尺寸为370mm×100mm×125mm，最终整个部件尺寸直径约5000mm，采用HT1001P打印近50件拼接而成，耗时仅48小时。此外，较之原有的铝合金材质，该保护板采用3D打印高分子材料FS3300PA，安装更为灵活便捷，表面的红色喷漆具有防水、防盐雾特征，可起到良好的防护作用。

二、汽车制造

(一)3D打印助力汽车部件铸造

国内增材制造设备服务提供商北京三帝科技股份有限公司旗下北京隆源自动成型系统有限公司通过BJP打印砂型、SLS选区激光烧结工艺为国内众多车企提供了大量高品质、低成本的汽车动力总成部件、传动部件、框架类结构、精密结构等快速铸造解决方案。

BJP工艺在大尺寸、复杂结构汽车部件的中小批量生产中具有绝对优势。多个部件可同时打印，速度约为传统工艺的4倍，显著缩短产品开发试制的周期，节省开发成本，加速产品入市时间。可实现汽车发动机涡壳、缸体、缸盖、变速器壳体、管路等部件的快速铸造。

北京隆源自动成型系统有限公司为国内某车

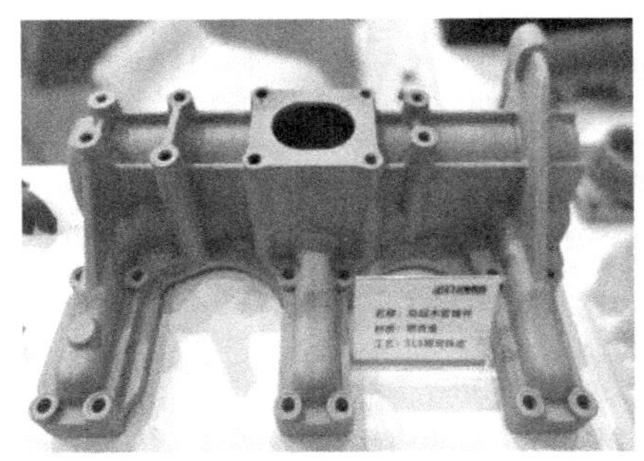

图5-10　铸铁缸体和排气管

企制作的铸铁缸体，30 小时内完成砂模打印，精度可达到 ±0.3mm。15 天可提供成品件，其精度可达到 CT8 标准；为某车企制作的铸铁排气管，6 小时内完成砂模打印，精度可达到 ±0.3mm。15 天可提供成品件，其精度可达到 CT8 标准。

SLS 工艺可实现高精度、复杂结构汽车零部件的蜡型、砂型快速铸造。蜡型打印表面精度高、光洁度高，砂型打印强度好、发气量较小、尺寸精度高，特别适用于薄壁件、管路结构的快速成型。

北京隆源自动成型系统有限公司采用 3D 打印蜡模精密铸造工艺为国内某柴油厂制作的铸铝总回水管。该成品件可承受 30Mpa 水压，突破传统铸造工艺所承受的水压极限。

图 5-11 铸铝总回水管

为某汽车厂商提供的汽车油底壳类部件快速制造，成品件仅用 72 小时成型，加工精度可达 ±0.01mm。

图 5-12 油底壳

随着 3D 打印市场应用的不断拓展和深化，汽车制造已成为应用 3D 打印技术最多的行业之一。3D 打印所具有的缩短研发周期、降低研发成本、加速产品入市时间，轻量化、低碳化、供应链扁平化，快捷、个性化服务等优势，使其应用已贯穿汽车制造的概念、研发、制造、维修的全生命周期。

(二)汽车涡轮增压器壳体

汽车涡轮增压器近年来在家用汽车领域逐渐成为主流配置，目前市面上的量产涡轮增压器壳体基本都是用砂型铸造生产，成本较低。但其表面粗糙度，特别是内部流道的表面粗糙度较差，阻碍了涡轮增压器性能的进一步提升。上海云铸三维科技有限公司使用 SLA 光敏树脂熔模，克服了内部流道的问题，其产品质量接近模具注射蜡模的质量，因此极大地提高了前期工艺测试的效率，并在短时间内就能快速提供小批量的铸件产品。

(三)增材制造技术助力完善赛车制动系统

在耐久赛最快圈速的背后离不开可靠的制动系统，尤其是依托于先进的金属 3D 打印技术生产的优质刹车盘。新一代的赛车设计，翼驰车队采用了汉邦科技金属 3D 打印的钢质散热风道刹车盘，直径为 233mm，重约 1.5kg，目前已投入新车刹车系统的制动力测试阶段。

在激烈的赛车比赛中，频繁的重踩制动会产生巨大的热量，因此，刹车盘的散热性和受压强度为重要考核标准之一。汉邦科技金属 3D 打印装备具备优异的激光光束质量、优化的成型室风道结构设计、稳定可靠的成型精度等特点，同时经过仿真的优化结构设计以及工艺开发团队多方面保障下，打印的成品刹车盘具备高致密度、高强度、高硬度且质量更轻，兼具出色的散热功能和制动性。

图 5-13 打印的钢制散热风道刹车盘

相较于传统机加工和钻孔方式生产的刹车盘，金属 3D 打印能成型更复杂的零件结构，且生产周期能控制在一周以内，实现快速交付，大大提升了研发团队的产品开发效率。结合轻质高强合金等材料使用，能满足车身轻量化要求，有利于赛车提速也经得住考验。

凭借金属 3D 打印在定制和轻量化上的优势，在汽车改装及生产制造领域的发展已初现趋势。金属 3D 打印技术已被运用到定制轮毂，高性能冷凝器和刹车卡钳，轻量化支架结构件等；亦有很多国际汽车生产商如奔驰、宝马、奥迪、丰田等已经在汽车的研发阶段大量使用 3D 打印技术。有数据统计，3D 打印在汽车行业的应用，占整个应用行业的 30% 以上。

三、核电

(一)复合工艺制造核电不锈钢阀体

武汉天昱智能制造有限公司采用高性能大型关键金属构件熔锻铣复合增材制造技术制造的核电不锈钢阀体，在球体表面电弧熔积所需材料层，并对熔敷层表面着色探伤检测，未显现裂纹、气孔，未融合缺陷；球体表面经机械加工后，其轮廓尺寸为：长 241.00mm、宽 204.82mm、高 223.00mm，满足后续加工尺寸要求。

图 5-14　核电不锈钢阀体

(二)3D 打印高效换热器

换热器对工业设备的长效稳定运行至关重要，但繁复的传统制造方式，成为阻碍换热器设计升级的一大阻碍。金属 3D 打印以“化繁为简”的技术能力，从源头推进换热器设备的设计思维改革，满足其结构紧凑、模块化、多材料的应用发展趋势。汉邦科技作为国内领先的金属 3D 打印设备生产商，凭借多年的技术研发、工艺优化及产品迭代经验，提供基于设备、材料工艺、后加工方案、智能化粉末管理以及软件生态系统的全套产品解决方案，致力于为各领域用户提效降本，不断赋能行业数字化升级。

在传统加工中，换热器内部连接位置的钎焊或焊接存在一定难度，由于其材料薄、尺寸小，并且接缝部位必须防漏。然而，增材制造技术可以解决这个难题，实现复杂结构的构建。一体成型不仅能替代换热器制造中钎焊或焊接的过程，还可以构建通道矩阵，以及整个热交换器组件——包括所有集管。被充分释放的设计自由让换热器能够以任何形状呈现，例如弯曲、扭曲等形状。另一传统制造无法实现的交替通道制造，使用 3D 打印技术也能成功攻克，交替通道的逆流设计使热交换效率最大化，切实可行地节能提效。

换热器在核电厂的具体生产中有着重要作用，直接影响核电生产效益，因此在我国核电生产水平不断提升的大环境中，对换热器类型的要求也在不断提高。为了满足核电生产的具体要求，制造出更加节能高效的换热器类型，汉邦科技与核动力院开展了深入合作，共同探讨金属 3D 打印技术在核能领域的使用潜力。通过双方技术专家的共同研究，设计开发了一系列高效热交换器及换热单元。

换热器市场随着下游应用领域的不断拓展，产品需求发展将趋于个性化、多样化。金属增材制造作为先进制造技术的重要发展方向之一，将在优化制造生产中持续发力。此外，金属 3D 打印技术有助于提升产业数字化水平，为提升节能能级提供了有力的技术支撑。

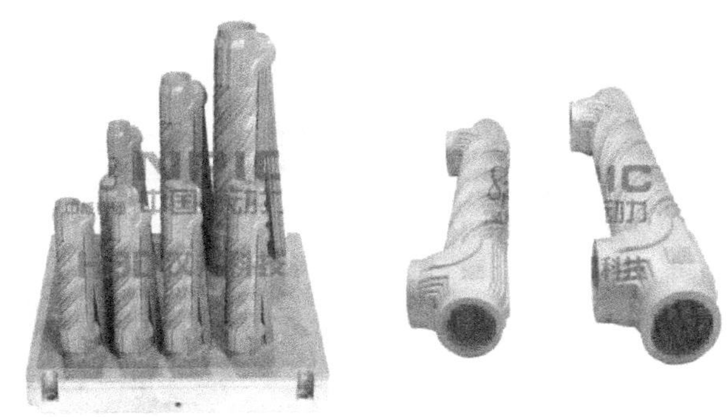

图 5-15　金属 3D 打印换热器

四、生物医疗

(一)多孔型椎体融合器

湖南华翔增量制造股份有限公司联合南华大学附属第一医院脊柱外科团队，采用 3D 打印解决方案研发加工制造的多孔型椎体融合器，正式通过国家药品监督管理局审批。

该产品获得“十三五”科技部重点研发计划《个性化硬组织重建植入器械 3D 打印技术集成及应用研究》的支持，旨在自主研发国产化的 3D 打印材料、3D 打印装备及软件设计和开发 3D 打印个性化植入器械并实现临床应用及推广，促进国产医疗器械产业的创新和升级。

图 5-16　多孔型椎体融合器

多孔型椎体融合器适用于颈椎退行性疾病、颈椎骨折、颈椎畸形和结核以及其他原因的椎体切除术中的椎体替代。该产品是国内首个获得三类医疗器械许可证的 SLM 技术骨科植入假体产品，这不仅填补了我国在此领域的空白，也标志着我国金属植入假体正式迈向激光打印新时代。

(二)蜡型支架排牙冲胶

口腔数字化离不开数字化基础设备以及数字化解决方案的支撑。随着口腔数字化发展，口腔医院、诊所及牙医对 3D 扫描、CAD 设计到 3D 打印的一体化解决方案的需求增加。

先临三维科技股份有限公司打造了面向牙科的数字化完整的解决方案，从 3D 扫描到软件设计，再到 3D 打印，帮助技工端提升整体工作流程。

(三)DSD 牙齿矫正

数字化技术介入口腔美学修复中，从各个阶段的应用逐渐贯穿整个治疗过程，改变了传统口腔修复诊疗模式，给口腔美学修复带来了全新的理念，对提高口腔美学修复的治疗效果与效率起到了积极的推动作用。杭州口腔医院城西分院运用 3D DSD 齿科数字化解决方案，做出可实现可预测的理想微笑设计方案，生成诊断模型，提前和患者确认形态，并通过设计软件生成和设计方案一致的最终修复体，助患者获得魅力笑容。

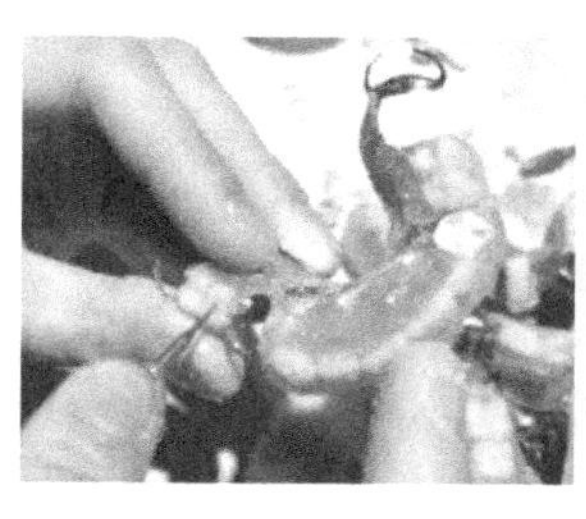
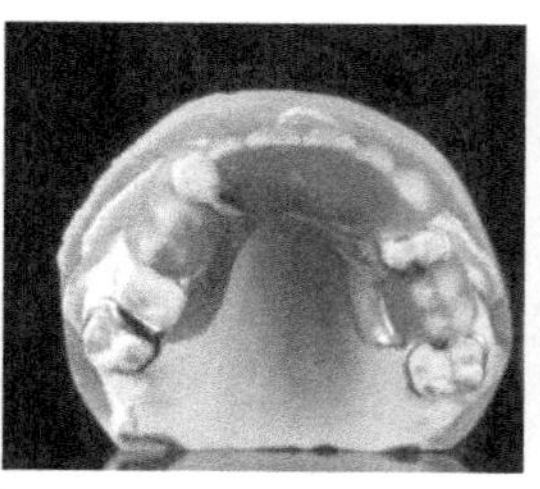
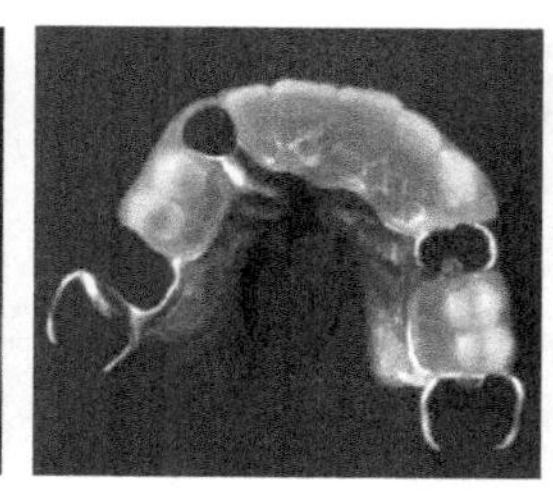
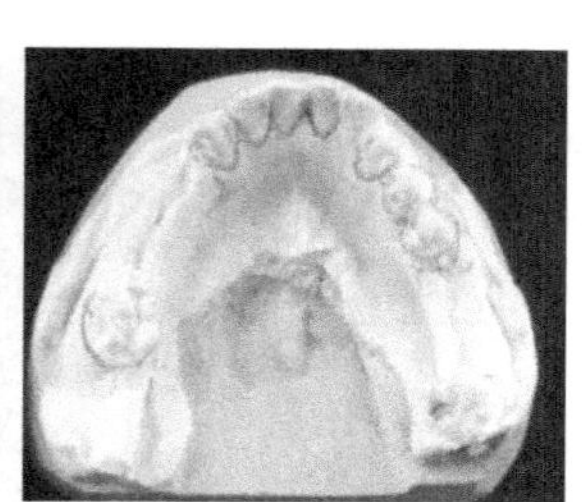
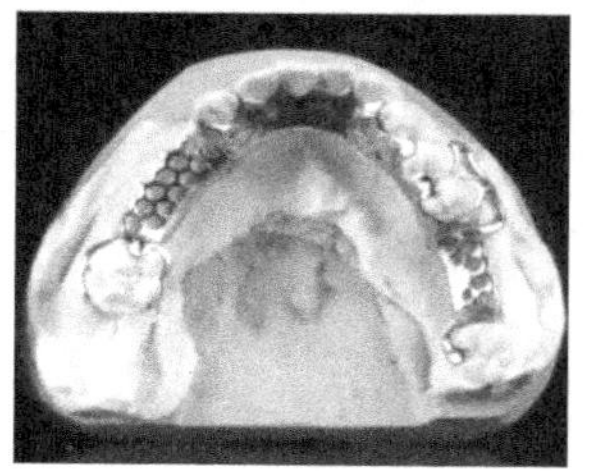
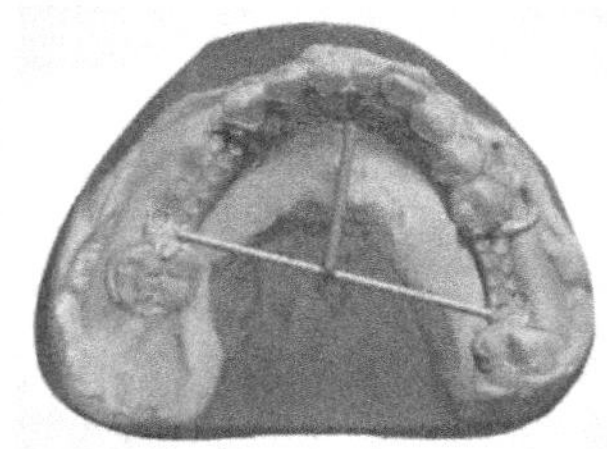

图 5-17　蜡型支架制作过程

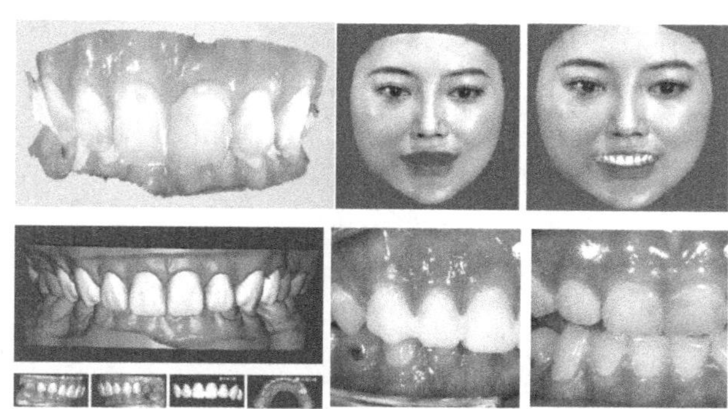

图 5-18　牙齿矫正过程

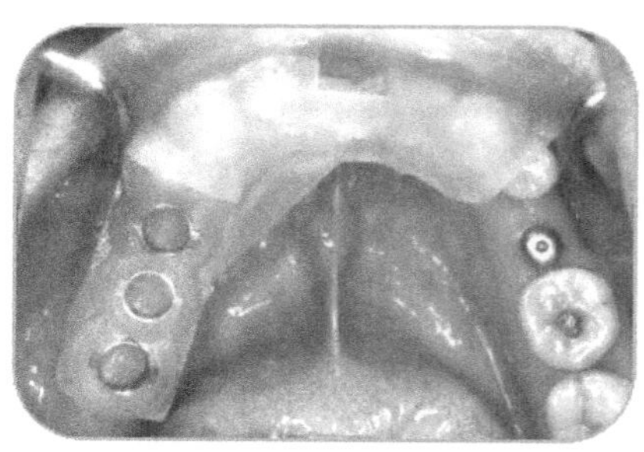

图 5-19　打印种植手术导板

(四)齿科种植手术导板

传统种植手术导板大多是用真空压膜机和厚度适中的透明树脂膜片在石膏模上压制而成。对于多颗牙缺失、牙槽骨骨量不足的情况存在局限性，未能精确考虑到颌骨的三维解剖结构，对种植体植入的角度、深度等导向作用弱，对种植医生要求较高。

浙江迅实科技有限公司种植手术导板基于 CT 数据，通过专业的种植软件设计，结合 3D 打印技术制作的种植导板。这种导板能精确控制种植体植入的位置、方向、角度、深度，且适用于对多颗牙缺失以及无牙颌患者的种植修复，减少了创口，降低了手术难度和风险，缩短了手术时间，一般单颗牙的种植时间仅在 10 分钟左右，减轻了患者的痛苦，加快了术后恢复，对种植医生的要求也相对较低。

(五)定位导板

广东省肇庆市怀集县第一人民医院，接诊过一位前右足部扭伤 10 年的患者，该患者右足背疼痛、行走功能受限等症状反复出现且生活不便。

针对该患者病情，怀集县医院骨科借助 3D 技术的三维设计手术治疗方案，由国家人体组织功能重建工程技术研究中心主导制定，依托智能数字化精准外科云服务系统以及先临三维共同参与设计及实施。

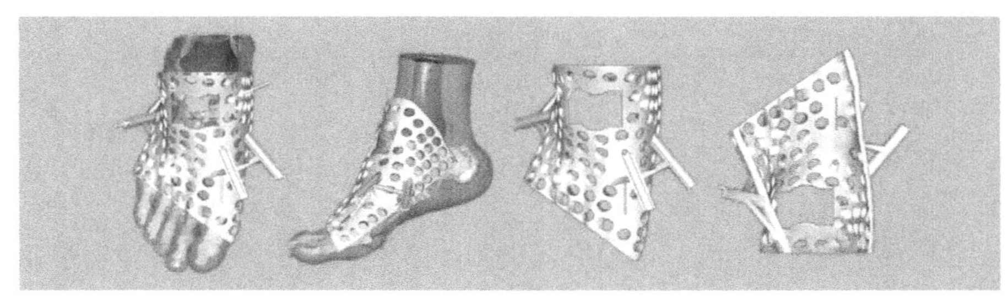

图5-20　金属定位导板

采用3D打印定位导板，辅助医生准确定位螺钉入点与方向，将患者足部的距舟关节融合固定以及骰骨和距骨融合固定。针对病人患部，在足部三维模型的基础上用CAD设计软件，定制设计了导板三维模型，并利用3D打印设备将导板与足部模型打印出实物，最终协助完成手术。

（六）医用矫形鞋垫

3D打印矫形鞋垫目前的材料有TPE、TPU、尼龙及光敏树脂等，这些材料均无毒，无味，环保，既轻便弹性又好。随着制作工艺及设计方法的不断改善，50分钟便能打印一双矫正鞋垫。3D打印矫形鞋垫在鞋垫市场已经逐渐崭露头角，并为临床所接受。

深圳光华伟业股份有限公司和广州科莱瑞迪医疗器材股份有限公司通过“扫描—设计—3D打印—后处理”技术，为客户提供独一无二的定制化鞋垫。采用扫描技术，获得足底三维数据，矫形师利用鞋垫专用设计软件设计出适合客户脚形的鞋垫，然后通过鞋垫专用3D打印机和材料一体打印成型，获得更适合客户、更高效环保、材质更舒适的矫形鞋垫。针对临床门诊中常见足部问题，通过3D打印鞋垫能够有效纠正站姿，缓解患者疼痛。

矫形鞋垫作为一种安全的治疗手段，通过重新平衡身体的生物力学分布，可以用于下肢生物力学异常所引起的相关功能障碍疾病的辅助治疗。该项目的建设不仅可以给相关患者带去福音，因我国3D打印矫形鞋垫暂未形成较大规模，还可以带动我国3D打印医用矫形鞋垫产业的发展，为我国3D打印医用矫形这一空白领域注入新活力。

“klarity”足踝矫形专家工作流程——从扫描、分析、模拟、设计、打印到鞋垫成品的步骤如下。

(1)采用三维激光足底扫描仪，对用户双脚进行扫描、分析、判断。

(2)基于扫描系统获得的数据进行分析和模拟，专家系统将获取用户的步态和足底压力；结合人体生物力学基于足部的应力分布与深入分析。

(3)结合评估的结果，并根据每一位用户双脚的具体生理特征，使用矫形鞋垫设计独一无二的个性化定制鞋垫数字化模型，而不是通过模型数据的近似比对和简单组合得到模型。

(4)针对已创建好的适应用户双脚具体需求的数字化模型，利用自制的业内先进的工业级选择FDM3D打印设备实现最终成品的生产。

(5)打印好产品，在产品上面再贴上经过特殊工艺处理后，防臭抗菌的3mm厚的复合皮革。

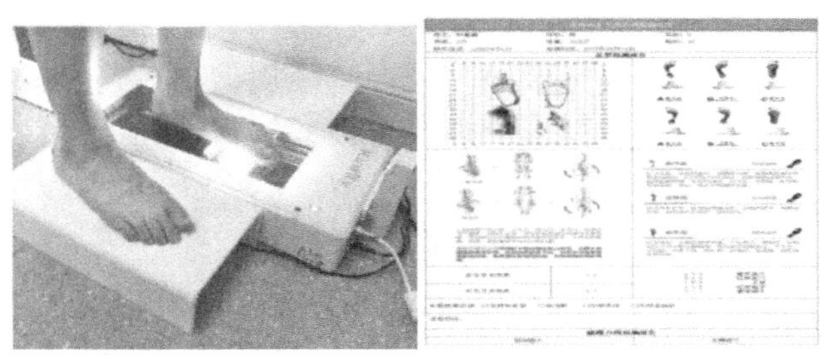

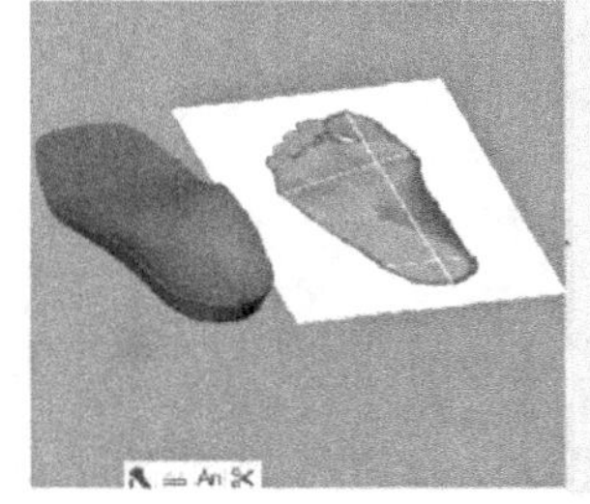

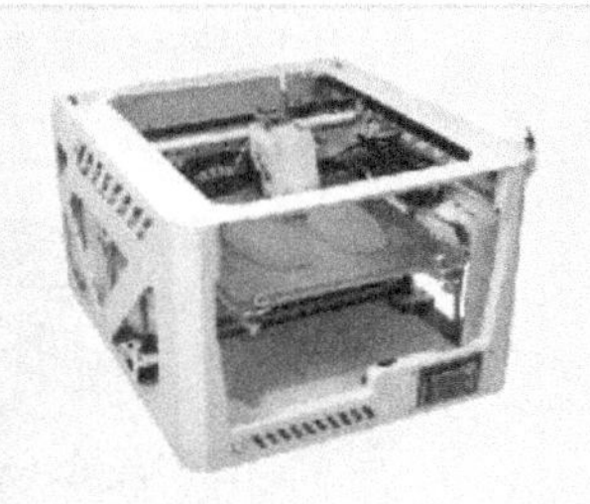

图5-21　“扫描—设计—3D打印—后处理”技术流程

（七）3D打印多孔钽骨科植入体

钽具有“亲生物”金属之称，具有极佳的生物惰性和生物相容性。纯钽应用于骨科医疗至今已经80多年。由于纯钽与骨组织弹性模量相差较大，不利于骨结合，然而多孔钽却在提供力学强度的同时可减少应力遮挡，有利于应力传导，便于骨骼塑形，同时具有优良的骨诱导性，广泛应用于骨科领域，并取得了理想疗效。但是由于人体的差异性、骨缺损部位形态的随机性，如骨肿瘤患者、骨畸形患者等，标准化多孔钽已经不能满足患者个性化治疗要求。从临床医学发展趋势看，最好的治疗方法应该是个性化治疗，最好的植入体应该是个性化植入体。

针对患者的个体差异性及骨缺损的随机性，设计出最佳的个性化植入物三维数字模型，通过赛隆公司自主开发的电子束熔化技术装备生产出个性化多孔钽植入物。使个性化治疗实现了从“削足适履”到“量体裁衣”，符合精准医疗的发展趋势。

西安赛隆增材技术股份有限公司广州团队和西安团队联合攻关，利用自主开发的高品质球形钽粉和电子束熔化技术，成功助力空军军医大学西京医院李靖副教授团队，于2021年7月，在国际上首次将钽金属3D打印的长节段人工椎体，运用于脊柱恶性肿瘤整块切除后的缺损重建。

赛隆公司联合李靖副教授团队，在陕西省重大智能制造专项的支持下，以临床应用需求为牵引，开展数字化建模，生物力学设计研究。在此基础上，通过采用大功率等离子旋转雾化制粉装备，制备出价格适中的高品质球形钽粉。与此同时，进一步在自主研发的国产高精度电子束熔化技术装备上，解决了高熔点钽金属精准熔化的难题，快速高效打印出个体化钽金属假体，为骨缺损增材制造中的异形性、骨长入和力学问题提供了解决方法。

为了对病人的脊椎恶性肿瘤切除后缺损进行精准重建，科研联合攻关团队根据CT数据设计个体化长节段椎体并完成钽金属椎体的3D打印。

手术当日，李靖副教授主刀实施三节段脊柱肿整块切除，同时采用3D打印的钽金属椎体进行支撑重建。由于个体化设计假体的良好匹配，重建过程非常顺利，手术用时4小时完成。术后病人脊髓压迫完全解除，神经功能恢复正常。术后一周病人可下地自由行走，对功能恢复满意。

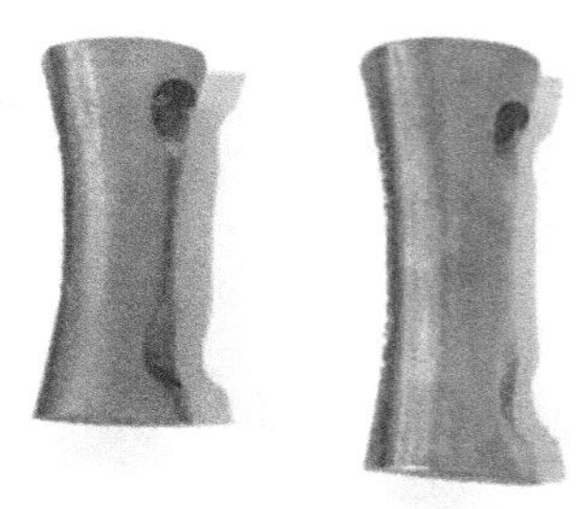

图5-22　金属钽长节段人工椎体

图5-23　粉床电子束3D打印多孔钽样品

(八)拇指再制造

北京积水潭医院利用3D打印技术，解决患者因机器伤导致左手拇指在掌骨水平近端离问题，实现拇指再造。考虑患者左手仍保留完整的大多角骨，陈山林团队决定为患者定制化制作金属3D打印的第一掌骨，满足患者第一腕掌关节的解剖学重建，为患者的拇指再造提供了一个良好的骨性基础。

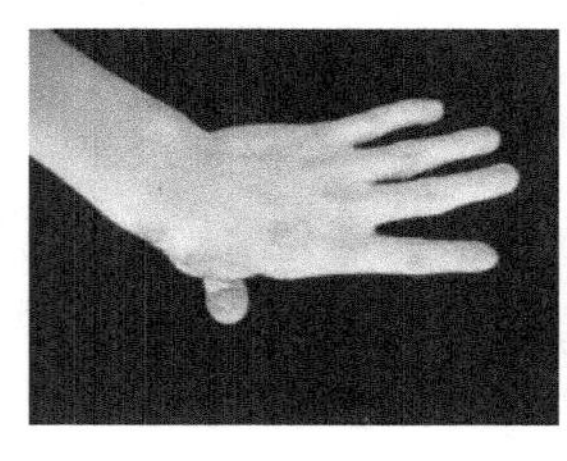
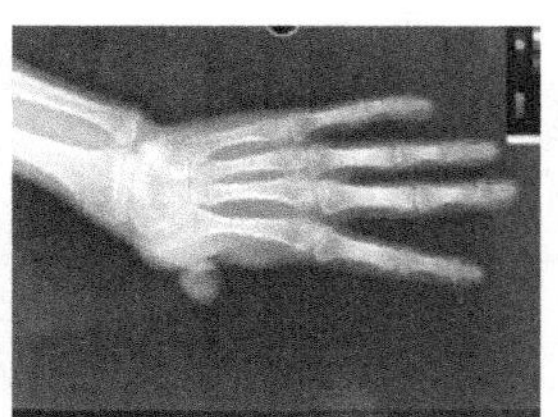
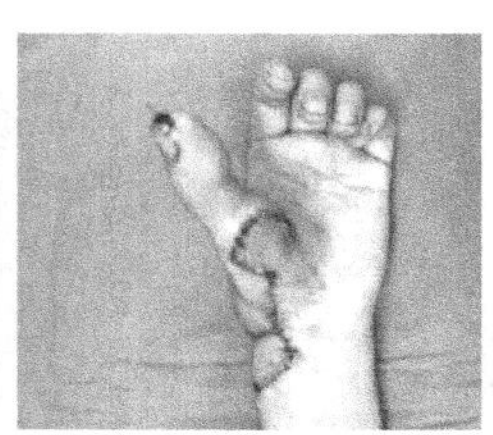
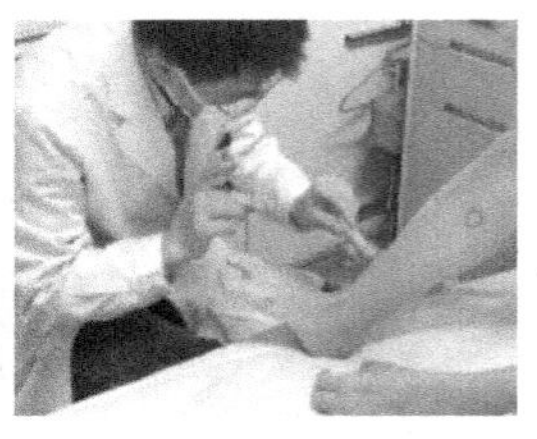

图5-24　拇指再制造过程

增材制造技术在生物医学各个领域的应用，正在成为医学上被广泛接受的技术，因为它提供了患者特定的设计，高复杂性，按需和成本效益的制造，和高生产率采用增材制造设计的药物具有控释动力学，并取得了良好的疗效。通过这种先进的技术，术前模型可以帮助外科医生计划手术，生成的手术工具可以帮助解决一定的手术问题，缩短手术时间。假体和矫形器为患者提供个性化的装置，以恢复某些功能，提高他们的生活质量。

(九)高精度隐形眼镜制造

传统的隐形眼镜(角膜镜)结构制造方法十分复杂且耗时，并且依赖昂贵的抛光和研磨工艺。关于隐形眼镜的研究主要是将该结构用作传感、诊断和监测等应用的基础材料，而不是优化其形态或性能。因此，通过使用树脂液滴的3D打印策略引起了科学家的极大的兴趣，因为它们是按需制造的，并且用于制备3D结构的树脂污染较少。然而，传统的逐点或逐层增材制造模式不可避免地会产生台阶效应，这一直是实现三维样品光滑度和均匀性的障碍。

为减小隐形眼镜制造过程中的台阶效应，来自中国科学院化学研究所北京分子科学国家实验室的宋延林研究员和吴磊教授团队提出了一种基于数字光处理(DLP)技术的连续液膜约束3D打印策略，以制造高精度的3D结构。通过对液—固界面的限制和连续印刷模式的控制，将附着在固化结构上的液膜吸入固化层结构，然后刮掉附着在固化结构上的多余树脂，从而消除了台阶效应，避免了二次清洗。树脂的性能和印刷参数可以很好地调节液膜的形貌和尺寸，从而优化表面光滑度和印刷保真度。此外，该方案还抑制了热积累和热扩散的影响，确保了印刷的长期稳定性。利用该工艺可印刷中心厚度约135μm的厘米级隐形眼镜结构，与商用隐形眼镜相当，具有极高的平滑度(小于1.3nm)、均匀的机械特性、高生物相容性和高光学性能，成像分辨率高达2281lp/mm。

如图5-25所示，打印墨水包括甲基丙烯酸羟乙酯(HEMA)、1-乙烯基-2-吡咯烷酮(NVP)和γ-甲基丙烯酰氧丙基三甲氧基硅烷(KH-570)，用于打印隐形眼镜，可以确保打印结构具有适当的含水量、良好的机械强度和生物相容性。在打印过程中，固化结构连续受到墨水和固化界面的限制，结构外包裹上一层液膜，通过控制约束液膜厚度，在结构不被过度覆盖的情况下，可以填充相邻层的间隙，从而消除阶梯效应，获得侧壁光滑的3D结构，并且可以绕过打印后清洗黏附墨水的步骤，提高打印效率。

如图5-26所示，研究人员分析了连续液膜约束打印方法消除阶梯效应的原理。连续液膜约束打印方法使未固化墨水吸入固化层结构，并填充相邻层的间隙，以消除阶梯效应和锯齿状侧壁，也可作为液体刮刀，刮掉黏附在固化结构上的多余墨水，确保结构的保真度。通过协同调节液滴直径和墨水黏度，可以将约束液膜的厚度调节至适当范围，从而实现具有光滑侧壁的3D结构的打印。此外，约束液膜还可以作为热交换界面，通过连续打印抑制固化过程中的热积累和热扩散，提高打印稳定性。

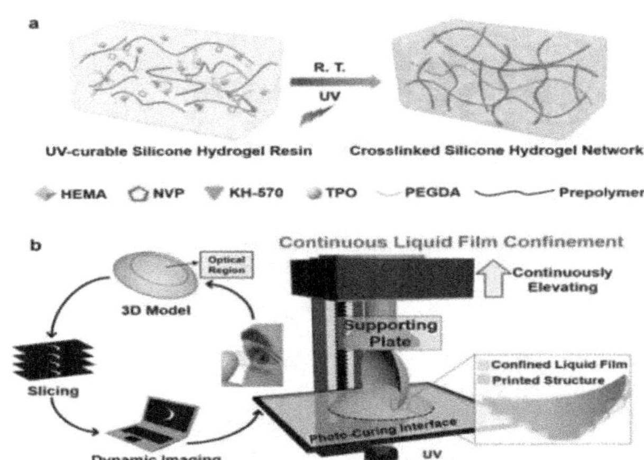

图5-25　墨水配方和连续液膜约束打印方法原理示意图

如图5-27所示，通过打印平台连续提拉，获得具有光滑侧壁的隐形眼镜，具有一定的实际应用潜力。研究人员测量了制造的隐形眼镜的光学特性，包括透射率、折射率和光学分辨率，以证明它作为光学元件的能力。溶胀后的隐形眼镜在可见光范围内显示出超过96%的优良透射率，棱镜耦合测试仪表征的膨胀结构的折射率约为1.433，与商用隐形眼镜相当。此外，溶胀后的隐形眼镜具有很高的光学成像分辨率，在可见光谱

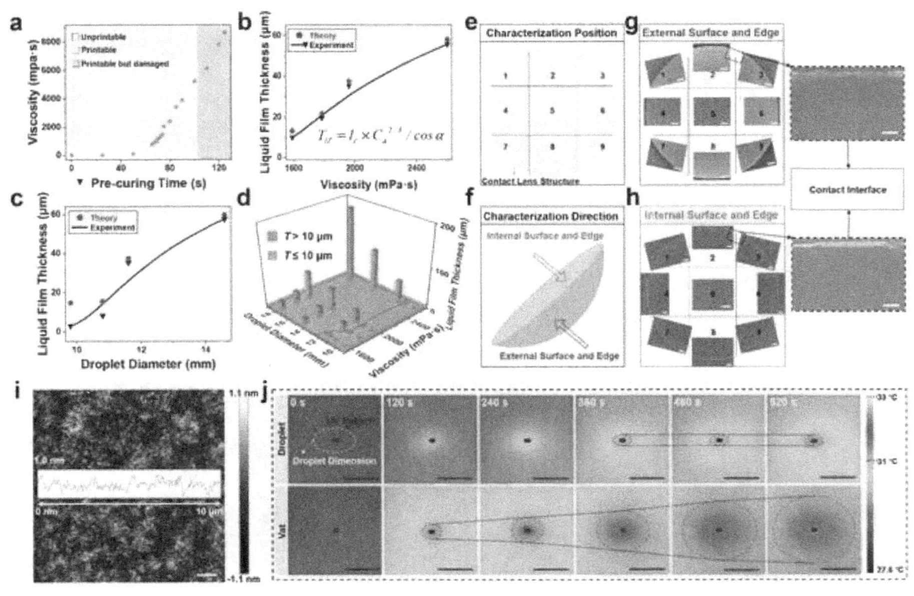

图5-26　连续液膜约束消除阶梯效应的原理

上显示出广泛而显著的光学质量，能够满足作为光学元件的要求。

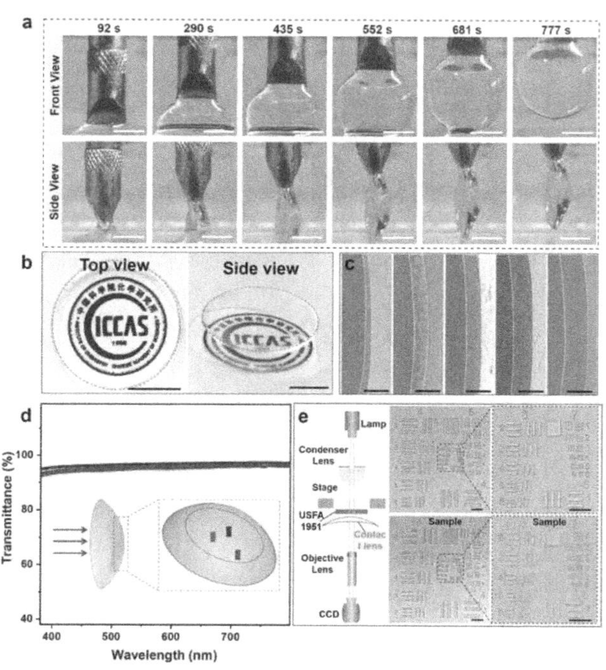

图 5-27 连续液膜约束打印的隐形眼镜的光学性能

如图 5-28 所示，研究人员进一步表征了制造的隐形眼镜的生物相容性，在浸提液中培养的人胚胎肾细胞 293(HEK 293)的存活率约为 91.2 ± 0.2%，表明溶胀型隐形眼镜的浸提液具有较低的细胞毒性。在制造的隐形眼镜上接种并培养 HEK 293，该结构表面上的细胞可以被冲走，几乎没有细胞黏附在结构上，表明制造的隐形眼镜足够光滑且具有良好的生物相容性。

综上所述，研究人员开发了一种连续液膜约束打印方法，以制造具有光滑侧壁的 3D 结构，消除阶梯效应，并大大提高 z 轴打印精度。在液—固界面的约束下，通过调节油墨特性和打印参数，控制液膜厚度，黏附在打印结构上的液膜可用于填充阶梯结构，并且无额外黏附，省略后清洗步骤。在较长时间的连续打印下，热积累和热扩散也会受到液膜的抑制，因此可以稳定地制造具有光滑侧壁、高光学质量、良好机械强度和生物相容性的隐形眼镜结构。

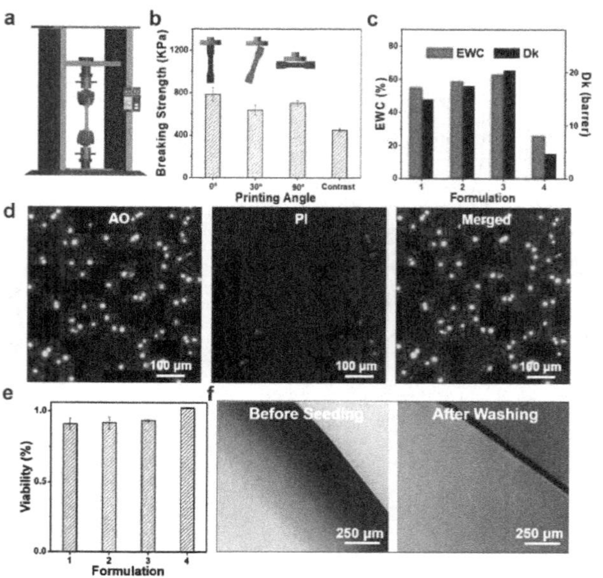

图 5-28 连续液膜约束打印的隐形眼镜的机械强度和生物相容性

五、文化创意

(一)雕塑打印

2021 年 3 月 27 日，新西兰总理杰辛达·阿德恩在 Pukeahu 国家战争纪念公园为太平洋岛屿新的战争纪念碑——青铜雕塑作品《太平洋的深深叹息》揭幕。该作品由新西兰籍南太平洋岛屿雕塑艺术家迈克尔·克里夫·塔夫里(Michael Cliff Tuffery)设计，增材制造服务商——三帝科技承制，采用了基于 3D 打印蜡模铸造的数字雕塑工艺。

《太平洋的深深叹息》的设计灵感源于 1916—1918 年间驻扎在法国阿拉斯镇的新西兰工兵及新西兰先锋队营遗留在阿拉斯隧道内的一枚海螺壳。作品是对在第一次世界大战中志愿服役的新西兰战斗英雄的缅怀，也是对生命价值的敬重和告慰。作品表面花纹为罂粟花，代表了对逝去战斗英雄的祭奠；环绕于海螺周身的银蕨叶与罂粟花共同组成了花环，是对在战争中牺牲的参战士兵及其家人的缅怀，也象征着对世界和平的呼唤。

该雕塑采取“数字雕塑 + 铸造工艺”，相较于

图 5-29 海螺雕塑

传统雕塑工艺，数字雕塑工艺省去了泥稿、翻模步骤的时间及成本，可将设计师手稿数字化后直接打印，仅用时15天就完成蜡模打印，精准还原了银蕨叶与罂粟花等纹路特点。

三帝科技参与承制了黄铜雕塑。该组雕塑历时30天制作完成，不仅节省了30%的时间成本，还帮助设计师优化了创作方式。其中，在雕塑《画》的制作过程中，通过3D打印技术精准还原了仕女面部、服饰、发饰等细节特点，再现了古代仕女的婀娜风姿。

图5-30 仕女雕塑成品

（二）鞋品数字定制化

1. 定制化鞋楦

先临三维自主研发足底扫描设备及软件，通过扫描采集到脚形数据后，软件会自动将数据转换为3D模型，可直接用激光选区烧结工艺（SLS）制作成鞋楦，也可以以此设计贴合脚形的鞋底3D数据模型并打印出来。所有的定制鞋子都是基于用户的脚形数据来制作，充分贴合用户脚形，提高舒适度、透气性和回弹性。定制运动鞋时，可根据不同用户脚底的受力分析，调整鞋底打印晶格的疏密程度，在受力点增强支撑力，以此提高舒适度和回弹性，拓展鞋子的功能性。定制皮鞋时，通过定制鞋楦来调整和适应鞋腔模型空间的合适度，提高舒适度和透气性。

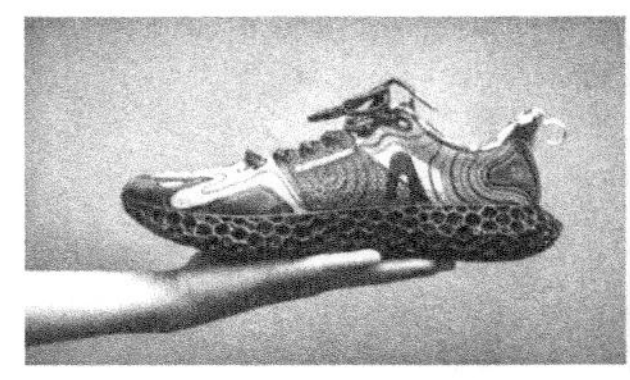

图5-31 3D打印外观设计鞋

2. 定制鞋垫

广州建锦道自动控制科技有限公司自主研发的定制鞋垫制作软件，可以在1小时内，完成3D足底扫描分析、定制鞋垫（矫正鞋垫）建模和3D打印成型的工序，大大缩短了定制化的时间和成本。市面上现有的鞋垫虽然种类繁多，但量身定制的鞋垫却少之又少，而且制作时间长，价格昂贵，导致定制化鞋垫只能出现在高端鞋类和医疗辅助（足部矫正）行业。

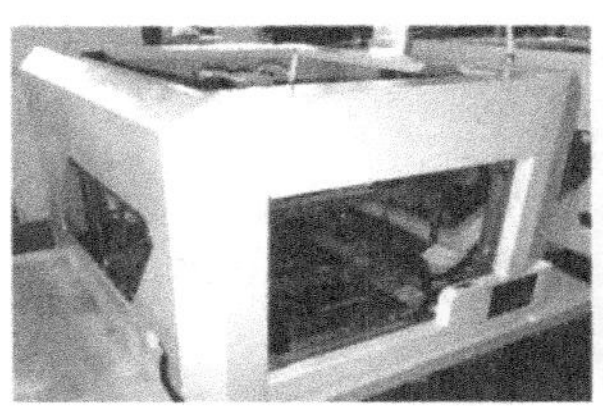

图5-32 定制化鞋垫

3. 女性定制化设计

上海联泰科技股份有限公司将3D打印技术用于女鞋的研发及创意设计，便于迎合当下产品升级、消费升级的趋势，推出结构极度复杂、曲线中空造型和咬花纹理的试穿鞋以及复杂的纹理设计品。直接利用软件进行处理完成，输入打印设备，快速出样得到实物，极大地加速了产品推陈出新的速度，有效提升企业市场核心竞争力，实现产品的个性化生产。

图5-33 数字化纹理成品

4. 定制化鞋面

匹克体育联合弘瑞，在世界范围内首次尝试3D打印鞋面，此款3D打印鞋由匹克设计代替了传统的开模、注塑，成本节约、研发效率提升，实现设计人员对设计方案的完美追求和方案最优化。

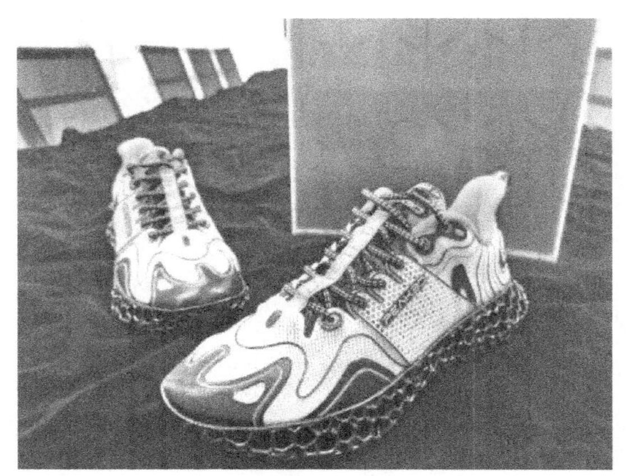

图5-34 匹克定制化鞋面

(三)复杂结构桥梁

成都驿马河公园“流云”3D打印桥位于成都龙泉驿区驿马河公园杉影湖之上，桥梁造型蜿蜒灵动，设计灵感源于驿马河自由奔腾的河流，似舞动的丝绸在河面展开，伴随着光影的变幻，产生极具艺术感的视觉享受。

上海园林绿化建设有限公司结合数字化技术进行桥梁造型设计优化，将整桥分成20段进行熔融沉积成型形成分段打印构件，承重结构采用箱形钢梁叠合，独立的打印构件通过机械连接方式和钢箱梁进行可靠连接，在现场进行分段组装完成。

图5-35 “流云”3D打印桥

一方面，多维度曲面的桥身设计与有机渐变的表皮肌理，如果采用传统工艺较难实现，且费时费力。而采用3D打印的方式能将桥身、桥栏杆等所有部件，一并纳入外观体系，一体化完成打印制作，百分百还原参数化设计理念，实现艺术与科技的融合，从而达到设计与施工建造技术的全过程数据流融会贯通，一气呵成建造完成。

另一方面，目前大多数增材制造技术采用熔融沉积成型工艺时都会产生残余应力和翘曲问题，因此，在成都3D打印桥的整体制作中采用了多因素分析法，即通过控制环境温度、材料三段熔融温度、玻璃化温度、单层打印时间等打印工艺参数来解决超大型打印构件由于迅速降温导致的翘曲及形变过大的问题。再通过酷鹰五轴增减材一体机(BGAM)的高精五轴CNC加工系统，将预留给打印变形量的余量去除，确保了分段打印构件的精度，完美展现了成都3D打印桥的整体设计效果。

随着技术的不断发展成熟，数字化技术越来越多地在建筑景观的建造上得到应用，单纯传统的制造方式已不能满足需求，基于3D打印技术在应对复杂曲面等造型时可以百分百还原数字化设计理念、生产自动化程度高、可大幅缩短制造周期等优势，因此需要将3D打印技术与CNC加工等多种技术相结合，以应对并实现更多的建筑场景。通过多种制造手段的相互配合，实现设计与施工建造技术的融合，才能真正推动智能建造、数字建造技术的发展和进步。

六、教育

(一)增材制造技术专业快速原型开发与制作训练体系

围绕职业教育中增材制造技术专业人才培养，广东银纳增材制造技术有限公司进行有特色的增材制造技术应用专业的实践训练体系搭建。该体系涵盖了数据获取和处理、加工(增材、减材、等材)、表面处理、组装、调试，对应实际产品开发中完整的工艺链条，培养掌握增材制造技术应用专业基础理论，具有较强的产品三维设计、精密测量、逆向工程操作的能力，会合理选择制造手段制造产品的“产品经理＋工程师”复合人才。并根据增材制造训练体系工艺链来设置相关课程配套进阶式应用案例，完成核心岗位能力训练。

快速原型制作与开发核心技能训练体系构建主要由增材制造单元(可扩展各种增材制造技术工艺类型)、减材制造单元、等材制造单元、扫描检测单元、后处理单元(5单元)，设计模块、修配模块、辅助模块(3模块)，3套教学案例及课程资源(3配套)以及一个管控系统(1系统)组成，其相关搭建示意图如图5-36所示。

利用该训练体系培养技术人员通过对三维造型设计、逆向工程技术的正确实施，完成三维图形及二维图纸的CAD绘制，能够针对零部件的使用需求，正确选用材料，使用最合适的加工方法进行加工并达到精度要求，能够进行产品表面处理，并按照相关要求进行合理装配和调试，达到客户的开发要求，最终快速地进行产品原型开发。其工作流程如图5-37所示。

(二)3D打印智慧教室

3D打印智慧教室是开展创客教育、STEM教育等创新教育的绝佳场所。三帝科技助力中小学及职业院校建立3D打印实验室，让学生学习运用三维设计、3D打印机等先进技术与工具，再配合丰富课程资源和互联网平台，开展高质量的创客活动，提升学生创新创造能力。

2020年10月，江西省瑞昌市首个3D打印实验室在市铜城学校正式启用。该实验室内的17台桌面式3D打印机，由三帝科技旗下江西三帝科技制造有限公司与瑞昌市有关部门共建完成。3D打印实验室的投入使用，使3D技术走进该校的技术兴趣课堂，让学生们感受神奇科技的同时，充分发挥和培养学生的想象力、创造力，培养学生们动手实践能力，更好地促进学生综合素质提高。

3D打印技术引入校园并作为智慧校园建设的重要组成部分，将更好地服务于对学生能力与素质的培养，尤其是创新能力的培养，对于改变传统的教学模式，创新教法、学法具有重要的推动作用。

瑞昌市铜城学校3D打印实训室作为瑞昌市积极推动科技创新特色教育的成功范例，对于在瑞昌全市范围内大力推进信息化、智能化、网络化的创客教育，推广、普及智慧校园，搭建以3D打印、VR等技术为核心教育手段的校园一站式创客教育平台，提高全市教育教学质量，提高学生综合素质，具有积极的示范引领作用。

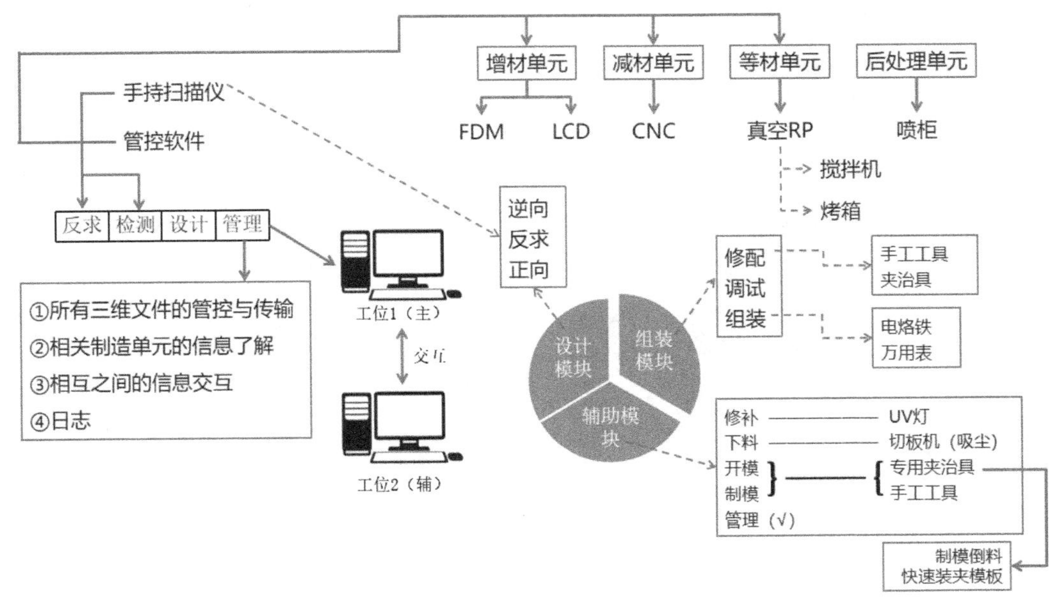

图5-36　快速原型制作与开发核心技能训练体系

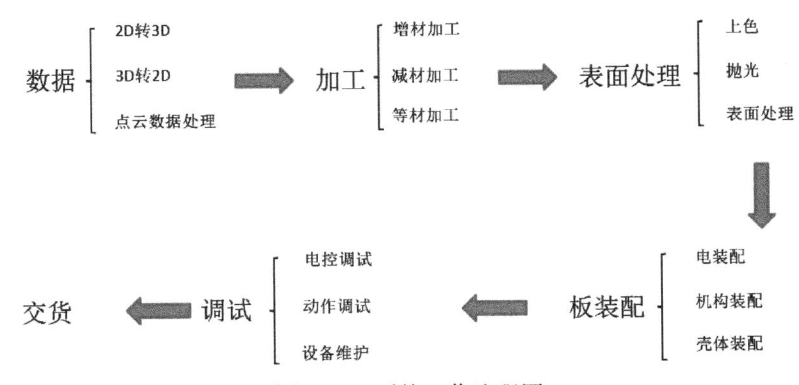

图5-37　系统工作流程图

图5-38　瑞昌市铜城学校3D打印实训室

第六篇 地区篇

我国增材制造产业已初步形成了以“环渤海”地区、长三角地区、“珠三角地区”为核心，中西部部分地区为纽带的产业空间发展格局。

一、京津冀地区

(一)发展综述

京津冀地区是我国增材制造人才中心、技术研发中心和成果转化基地。北京市在增材制造技术研发、工艺设备生产、关键零部件制造、专用材料制备、软件系统开发等方面具有优势。天津市依托天津市快速成型中心和清华大学天津高端装备研究院，是增材制造领域重要的成果转化基地。河北省凭借“京津冀”协同发展的区位优势，重点在工业级增材制造金属粉末领域发力。

(二)代表性园区

河北春蕾3D打印产业园位于河北省邢台市，占地520亩，以“一链、两翼、一平台”为发展模式，共同组建的集研发、生产、教育为一体的国内大型智能制造示范园区(见图6-1)。“一链”指的是增材制造扫描仪、数据处理工作站、桌面打印机、树脂打印机、金属打印机、增减材复合一体机及后处理设备研发生产，“两翼”指的是教育科技应用推广、工业制造应用推广，“一平台”指的是人社部技能大赛平台。

图6-1 河北春蕾3D打印产业园

二、长三角地区

(一)发展综述

长三角地区具备良好的经济发展优势、区位条件和较强的工业基础，已初步形成了包括增材制造材料制备、装备生产、软件开发、应用服务及相关配套服务完整的增材制造产业链。上海市增材制造产业蓬勃发展，已初步形成从设计、专用材料、装备到应用服务的完整产业链和以临港松江科技城为代表的产业集群。江苏省增材制造产业主要分布在南京、苏州、昆山，侧重发展增材制造金属粉末和工业级金属增材制造装备生产。浙江省在先临三维、闪铸科技、喜马拉雅等增材制造企业的带动下，在增材制造服务、网络平台建设等领域初具优势。

(二)代表性园区

1. 安徽省春谷3D打印智能装备产业园

该园区位于安徽省芜湖市繁昌区，规划占地1200亩，总投资50亿元，已建成3D打印研发中心、孵化中心、邻里中心、标准化厂房及相关配套设施，与中科院上海光机所共建的芜湖激光应用示范中心已建成投入使用，共享国家智能铸造产业创新(安徽)中心、共享智能装备生产基地项目、钢铁研究总院华东分院中试研发基地、盛赛再制造、三绿实业、隆源成型、芜湖西通、舍达激光等14个项目已依法受让土地建设厂房，扎根芜湖繁昌发展。

安徽省春谷3D打印智能装备产业园已成为增材制造发展最合适的土壤，目前，产业园已签约落户3D打印企业60余家，产品涉及数据软件、专用材料、整机设备、应用服务等多个领域，已构建出全产业链且不断向高端延伸，《中国增材制造产业发展报告》明确繁昌3D打印智能装备产业园已成为华东地区最大的增材制造产业集聚区，正发展成为全国产业链最齐全的增材制造产业园区之一。

安徽中科春谷激光产业园为安徽省春谷3D打印智能装备产业园二期。安徽中科春谷激光产业

图 6-2　安徽省春谷 3D 打印智能装备产业园

技术研究院有限公司成立于 2018 年 6 月 22 日，是由中国科学院上海光学精密机械研究所与繁昌县政府双方共建，为中国科学院上海光学精密机械研究所在芜湖市成立的产业化研发平台，是芜湖市激光应用示范中心项目运营单位，该项目属于 2020 年皖江江北、江南新兴产业集中区芜湖市 8 个签约项目之一。

公司由激光技术领域科技领军人才加入，目前核心技术团队包含国内外二十余名知名的激光领域专家，包括周军研究员，德国“洪堡基金”赵全忠、杨上陆高级研究员等。

研究院现有研发及孵化场地超过 3000 平方米，现已孵化了 6 家激光有限公司。拟建设安徽智能激光制造公共服务技术平台，同时建设“激光增材制造技术研发中心”“激光精密焊接技术研发中心”“激光高端装备技术研发中心”3 个研发中心。正在建设安徽智能激光制造公共服务技术平台。

项目建设期 5 年，总投资 5 亿元，占地 128 亩，其中项目第一期占地 35 亩由繁昌区创业投资有限公司投资建设，投资 8000 万元，建设周期两年。项目建成后将吸引国内外相关高端技术的研发机构、高技术企业入驻，在技术研发和标准制定等方面形成战略联盟，共同开发新技术和新产品，推动产业聚集，实现优势互补、集成创新、成果共享、利益共赢，为周边制造企业技术升级提供优质服务，带动区域经济快速转型发展。

图 6-3　中国科学院上海光学精密机械研究所芜湖市激光应用示范中心

中科春谷重点研究解决高端激光装备及工艺等领域中的关键技术和共性技术，服务范围涉及工业制造、医疗检测、光电显示、先进材料等行业。中科春谷坚持为产业提供技术支撑的总体功能定位，打造集产业技术研发、技术转移转化、技术服务和中小型科技企业孵化“四位一体”的激光产业技术研究院。

2. 上海临港松江科技城

始建于 1995 年，作为上海市首个“区区合作，品牌联动”示范基地，临港松江科技城在机制创新、产业升级、城市更新、服务集成、国有资产和集体资产共同增值保值、土地集约利用等方面取得了良好的成绩；充分发挥综合优势，坚持集聚创新资源与优质主体，推动产业的跨界融合和创新发展，形成了以工业互联网、智能硬件、电子信息、生命健康、检验检测、时尚消费为主的六大产业板块。园区获批“松江区工业互联网创新集群”，并作为全市唯一的工业互联网集群被编入 2018 年上海市产业地图，集聚了海尔 COSMOPlat、用友精智工业互联网平台、明匠 Newton IOT 平台等一批工业互联网试点示范项目、重要功能平台和主体。园区生命健康产业板块共有企业 80 余家，3D 打印产业板块企业超过 50 家；“四新经济创新示范基地(3D 打印)试点”建设通过市级评审；由联泰科技等 3D 打印领军企业共同参与编制，发布全市首个 3D 打印团体标准。

近两年，3D 打印企业在临港松江科技城不断集聚，已逐步成为上海乃至全国最为集聚的 3D 打印特色集群。3D 打印产业集群依托上海市增材制造协会、联泰科技、悦瑞三维、极臻三维、普利生、光韵达等行业龙头企业，产业链涉及原材料、核心硬件等领域，加速提升松江 3D 产业在科研创新、技术攻关等方面能力水平。上海 3D 打印产业集群党总支将发挥党的政治核心作用，通过整合基层党建和产业集群资源，完善党建工作协同创新机制，以党组织的全面进步推动 3D 产业高质量发展。

3. 上海智慧湾 3D 打印创意产业园区

位于上海宝山区蕰川路 6 号，占地面积 200 亩，前身为重庆轻纺集团下属上海三毛国际网购生活广场，2015 年 11 月由上海科房投资有限公司接管，分三期进行转型升级改造，立志建设成宝山区新地标。园区以科技创新和文化创意为定位，注重功能建设。在张江国家自主创新示范区的指导下，以张江示范区创客加为服务品牌，打造 3D 打印创客空间、智能制造创意工场、虚拟与增强现实创客中心、人工智能创新中心等专业化众创空间。

4. 盐南3D打印公共服务平台

盐南3D打印公共服务平台是长三角城市群首个专门化专业型行业应用服务平台。为推动盐城传统支柱型产业的持续发展，注入新的生命力，盐南高新区政府建设大数据产业园，导入多个发展入门门槛高、数据价值高的5G、物联网、人工智能、3D打印等产业。3D打印公共服务平台就是在这样的指导方针下建设起来的，是盐南高新区联动大数据基础产业向智能制造拓展延伸，实践“数字产业化”特色发展的具体行动。

平台筹建于2019年11月，于2020年6月正式投入运营，位于3D打印国际科创园的一、二两层，总面积达5000余平方米，其功能设置主要有：介绍展厅、数据采集中心、工业制造中心、医学3D打印实验室、洁净生产线、无尘实验室等专业区域。平台投资1000余万元配置了专业3D打印设备和配套设施共100多套，可以满足每年约10万个样件的3D打印智造服务。服务方向主要面向长三角城市群，以及向工业制造、生物医疗、航空航天、汽车电子等领域的项目招引、投产、培育等提供技术支持、扫描打印、交流培训、实践基地、创投孵化等3D打印特色服务，应用领域包括工业制造、生物医疗、航空航天、汽车电子、创新教育等。

平台自运营以来一是共完成各界客商接待任务1000余次，累计近13000余人次；二是完成了近80笔建模订单，5100余件打印业务，实现营收逾百万元；三是积极与本地校企机构展开合作，与4所院校签订“产学研”协议(师范学院、工学院、技师学院、交通职业技术学校)，同时与盐城工学院挂牌成立“校企合作实训基地”。

平台为迅速融入本地市场，特采取线上扩大宣传影响力，线下提升客户满意度的服务模式，利用微信公众号、抖音等网络载体，进行3D打印相关知识的普及和宣传。在一年的时间里，平台微信公众号累计吸粉近4000人，为数十家企业提供了专业的“一对一”3D打印服务解决方案。

通过“送学上门”活动，平台为盐城中学中校区、城南小学、盐渎路小学等多家院校送去了专业的3D打印普及课程，在盐南学子们心中种下了科技的种子。

平台每月定期举办一次平台以外的大型宣传活动，其中“数字智造，赋能未来”2020中国(盐城)3D打印产业交流大会，引起了极高的社会反响。会上，平台推动入驻企业与本地制造企业签署了战略合作协议，为平台业务拓展奠定了扎实的基础。

平台的稳健运营除了需要强大的技术人才的支撑外，还需要技术人才交流，为提升平台运营质量，平台每月至少组织一次入驻企业技术交流沙龙，在交流中共享技术成果和相关发展渠道，提升平台3D打印技术综合实力，促进企业合作共赢；同时，为了让更多的年轻人了解3D打印，给行业储备更多的技术人才，平台定期举办3D打印知识普及和推广宣传的相关讲座，为南京航空航天大学、北京大学信息管理系、盐城职业技术学校等高校师生，作3D打印知识和机器操作技巧的相关培训讲座。

平台充分发挥效能，除为本地企业、高校赋能以外，还参与了“戴庄路2期改扩建项目”，为项目提供了12生肖金属打印的设计、建设方案，通过3D打印技术，进一步丰富了戴庄路整体科技元素，还将民族传统文化进行了正向宣传，体现了盐南发展的企业特色和产业结构多样化的发展成效。

5. 江苏钟吾智造谷增材制造(3D打印)产业园

产业园坐落于江苏新沂经济开发区钟吾智造谷产业基地，项目建筑面积35000平方米，重点招引3D打印耗材、3D打印高端装备研发制造、生物医疗领域金属3D打印及产业应用等增材制造(3D打印)产业上中下游为主的高新技术企业落户园区。现有江苏沂人智造、唯佳新材和铭顺佰成等企业入驻。截至2021年7月，已完成4栋标房主体建设，其中有独栋厂房具备挑高和绗车作业，预计2021年12月底可全部完成所有附属工程建设，待项目建成后，可容纳6~8家优质3D打印企业。自2020年以来，钟吾智造谷增材制造(3D打印)产业园有条不紊地推进改造和建设工作，随着沂人智造公司的率先落子布局、经开区先后吸

图6-4 江苏钟吾智造谷增材制造(3D打印)产业园

引苏州双恩(齐创制造)、江苏毅松医疗科技、深圳大业三维、杭州时印科技、深圳三维立现、浙江斯汀纳睿、江苏铭亚科技、北京汇天威集团等国内一批优质增材制造(3D打印)项目和人才团队相继落户新沂经开区、入驻钟吾智造谷和出口外贸加工区及新沂科创园。

三、粤港澳大湾区

(一)发展综述

粤港澳大湾区经济实力、区域竞争力显著增强，已具备建成国际一流湾区和世界级城市群的基础条件。大湾区区位优势明显，地处我国沿海开放前沿，以泛珠三角区域为广阔发展腹地，在“一带一路”建设中具有重要地位。交通条件便利，拥有香港国际航运中心和吞吐量位居世界前列的广州、深圳等重要港口，以及香港、广州、深圳等具有国际影响力的航空枢纽，便捷高效的现代综合交通运输体系正在加速形成。

粤港澳大湾区增材制造应用市场是驱动型的，新工艺、新产品的开发常常是应用户的需求，因此比较贴近市场，虽然在增材制造科研力量上不如武汉，但广东有着规模较大的制造业，是全球最大的电子制造基地，制造业规模庞大，成为近年国内激光与增材制造市场增长最快的地区，现在已经成为全国最大的激光与增材制造应用市场。

(二)代表性园区

广州市3D打印产业园是在广州市委、市人民政府、荔湾区委、区政府指导下，于2014年9月经广州市经贸委批准成立，广州市唯一一家以3D打印技术产业为载体的新业态产业园区。

园区以建设华南地区3D打印产业发展集聚区为目标，以政策为导向，以项目培育为重点，以招商引资为突破口，立足区位优势和产业链资源，引进国内外知名3D打印技术企业、专业人才，建立广州地区3D打印公共技术服务平台，建立创新孵化专业团队、搭建孵化服务体系，发挥广东省增材制造协会、广州市增材制造技术行业协会的各种行业资源优势，构建集软件设计、产品研发、技术应用、生产制造、产品推广等上下游于一体的完整的产业链孵化器，为企业的创新发展提供良好的载体，推动3D打印技术与制造业加速融合，打造一个布局合理、功能齐全、具有规模的3D打印产业示范基地，并形成较强的区域辐射作用。

园区自成立以来通过不断拓展和创新，获得了众多资质认定：2013年，园区被认定为“广州市科技企业孵化器”“广州市中小企业创业基地”；2017年，园区被国家科技部认定为“国家级科技企业孵化器”；2018年，被广州市工业和信息化局认定为“首批提质增效试点园区”；2019年，被广州市工业和信息化局认定为“广州市中小企业服务站”。2020年，被广东省侨联认定为第一批“南粤侨创基地”。

图6-5　资质认定

目前，产业园已经完成一期建设，建设有1.6万平方米的产业孵化器和约5000平方米3D打印双创街；二期园区提质增效在进行中，预计容积率调到4.0增加建筑面积约47188平方米。产业园经过这几年的发展，聚集了广州雷佳增材科技有限公司、广州市网能产品设计有限公司、广州捷和电子有限公司等七十多家3D打印、工业设计及其他高新技术企业，累计培育高新技术企业28家、新四板挂牌企业18家，形成具有培育吸纳高新技术企业落户园区的经济发展格局。

图6-6　广州市3D打印产业园

四、中西部地区

(一)发展综述

近年来，在市场需求的牵引相关政策的支持下，中西部地区增材制造产业发展势头持续向好，技术创新成绩显著，产业化应用和发展进入了新阶段。

以陕西省为核心的西北地区是增材制造技术

发展的优势区域之一，整体实力保持全国领先水平。陕西省会聚了以卢秉恒院士为代表的一批增材制造领军人物，聚集了西安交通大学、西北工业大学、西北有色金属研究院等国内增材制造顶尖科研机构，创立了全国唯一的国家增材制造创新中心，建设了航天特种构件增材制造技术创新中心、渭南3D打印产业培育基地等，形成了增材制造产学研发展的新格局。初步形成了以西安—渭南为中心，辐射咸阳、宝鸡及东南沿海的增材制造创新链、产业链和服务链的集聚态势，涌现出了以铂力特、智熔金属、赛隆等为代表的增材制造重点高新技术企业，服务西北地区的航空航天、生物医疗、能源设备、汽车、煤炭化工等诸多领域发展。

中部地区在粉末床和智能微铸锻等细分市场通过自主创新，实现了技术引领。依托于中西部深厚的制造业基础和产业优势、丰富的人才资源，中西部地区的3D打印应用和加工服务业快速发展，涌现了像重庆华港科技、湖南华翔、武汉萨普、贵州森远、贵州航越等一批形成产业化规模的先锋应用企业，加快推进了中西部航空航天、汽车、医疗等行业的转型升级和制造业数字化变革。

(二)代表性园区

渭南3D打印产业培育基地始建于2013年，由渭南高新区管委会下属国有全资企业渭南高新区火炬科技发展有限责任公司负责运营管理。目前基地建成投用2.3万平方米孵化大楼、6万平方米标准化厂房、4.8万平方米企业加速器以及企业职工公寓、职工餐厅等配套设施。先后获批增材制造国家新型工业化产业示范基地、国家服务型制造示范平台、国家级3D打印科技企业孵化器、国家级3D打印众创空间等多项国家级平台。

渭南3D打印产业培育基地是国内规模最大、体系最全的3D打印主导产业示范园区之一，主要围绕3D打印前沿技术，开展应用示范、高科技人才培育、技术成果转化、新产品应用开发和产业化。与西安交通大学、西北工业大学、中国钢研院等20所高校科研单位建立长期合作关系，引进卢秉恒院士、李涤尘教授、黄卫东教授等12个国内知名3D打印团队。入驻孵化陕西智拓、陕西聚高、陕西斐帛、领智三维、非凡士、陕西普立通等近百家企业，逐步形成了“3D打印+军工、航空、医疗、教育、文创”全领域产业体系覆盖。

第七篇　企业篇

一、北京阿迈特医疗器械有限公司

北京阿迈特医疗器械有限公司是于2011年创办的高新技术民营企业，在中关村医疗器械产业园区拥有研发、生产和办公场地约3800平方米。公司按照三类医疗器械生产要求建立了万级洁净生产车间、理化实验室、生化实验室，并配置了最先进的实验、生产、检测设备，是国内少数几个具备利用原材料生产支架和完整的载药支架输送系统研发和生产能力的公司。目前全降解冠脉支架产品已进入临床二期，全降解外周血管支架正式进入临床。已申请发明专利35项，其中4项美国发明专利和6项中国发明专利获得授权。

表7-1　北京阿迈特主要3D打印产品列表

领域	产品	产品用途	产品优势	外观
生物医疗3D打印	全降解冠脉血管支架	主要用于针对心血管疾病患者开展微创介入支架治疗	具有首创的螺旋排列的闭环单元结构，具有良好的弯曲性能和径向支撑强度。支架杆截面积比雅培公司激光切割的全降解BVS冠脉支架杆截面积减少约50%	
	全降解外周血管支架	主要用于糖尿病患者常见的并发症下肢动脉血管栓塞的治疗	具有与全降解冠脉血管支架类似的独特的螺旋排列闭环单元结构，支架弯曲性能良好	

二、北京京城增材科技有限公司

为响应“北京技术创新行动计划(2014—2017年)”和北京市科委、市发改委、市经信委联合发文《促进北京市增材制造3D打印科技创新与产业培育工作意见》的精神，以及遵循北京市“十三五”战略规划中战略性新兴产业重点发展领域，京城机电投资3000万元建设了北京京城增材科技有限公司。

公司主营业务含打印服务、工艺开发以及基于增材制造技术的产品研制及小批生产的解决方案。同时，为推动增材制造技术发展助力工业强国，京城机电决心在“十四五”期间做大增材制造产业，全面进军增材制造装备制造领域。京城增材对标世界一流装备，自主开发的砂型打印机JC1218现已完成全部设计工作，进入设备组装调试阶段。

图7-1　北京京城增材科技有限公司

未来京城增材将逐步增加投资，经营机制市场化，以“应用先导、技术创新、材料突破、产业提升”为战略引领，致力于全球增材制造领域创新发展，打造国内一流、世界领先的增材制造产业基地。

三、北京隆源自动成型系统有限公司

北京隆源自动成型系统有限公司(以下简称

"隆源成型")为北京三帝科技股份有限公司旗下企业。1994 年即研制成功国内首台自主知识产权的商品化工业级 3D 打印设备——选区激光粉末烧结快速成型机，是中国最早实现工业级 3D 打印产业化、服务化的企业之一，是国家高新技术企业，中关村高新技术企业，海淀区创新企业，专精特新企业，北京市智能制造关键技术装备供应商。

隆源成型专注 3D 打印装备及制造服务，公司拥有近 30 年的 3D 打印服务经验及铸造经验，通过研究院、博士后工作站、工程技术中心"三位一体"的协同创新体系，提供坚实的技术保障。通过自主研发的 SLS 选区激光烧结、SLM 选区激光熔化、3DP 砂型打印、BJ 金属打印、DED 定向能量沉积等系列智能装备，通过分布全国的智造中心为用户提供砂型打印快速铸造、蜡型打印精密铸造、成品件快速试制、梯度金属 3D 打印等快速制造服务。逾千家设备、加工服务用户遍布航空航天、汽车、摩托车、轨道交通、船舶泵阀、机械制造、艺术铸造、金属加工等领域。

已申请 70 多项专利及著作权(其中发明专利 28 项)，通过了 ISO 9001 质量管理体系、环境管理体系、职业健康安全管理体系等认证，并拥有多项产品注册证书。先后参与起草了《GB/T 14896.7—2004 特种加工机床术语》《JB/T 10625—2006 激光选区烧结快速成型机床技术条件》国家及行业标准的制定。承担多项国家科技部重点研发项目。先后荣获"北京市科学技术二等奖""中国高新技术成果博览会金奖""荣格技术创新奖""全国铸造装备创新奖""工业级 3D 打印机优秀推荐品牌""3D 打印行业领军企业奖""中国粉末冶金联盟年度产品奖""新时代匠心品牌""智能化产品/智能化解决方案优秀服务商"等多项荣誉。

表 7-2 隆源成型主要 3D 打印设备产品列表

类型	型号	主要特点	适用材料	外观
3DP 喷墨砂型打印设备	AFS-J1600/J1600Pro	无模绿色快速铸造，高精度、复杂结构一体自由成型，小批量生产，成型缸尺寸 1600mm × 800mm × 600mm	石英砂/陶粒砂等	
	AFS-J2100	无模绿色快速铸造，高精度、复杂结构一体自由成型，小批量生产，成型缸尺寸 2160mm × 1330mm × 700mm	石英砂/陶粒砂等	
	AFS-500	无模绿色快速铸造，高精度、复杂结构一体自由成型，成型缸尺寸 500mm × 500mm × 500mm	树脂砂/精铸模料/工程塑料	
选区激光烧结设备(SLS)	LaserCore-5300	无模绿色快速铸造，高精度、复杂结构一体自由成型，成型缸尺寸 700mm × 700mm × 500mm	树脂砂/精铸模料/工程塑料	
	LaserCore-6000	无模绿色快速铸造，高精度、复杂结构一体自由成型，成型缸尺寸 1050mm × 1050mm × 650mm	树脂砂/精铸模料	

续表

类型	型号	主要特点	适用材料	外观
BJ 黏结剂喷射金属打印设备	AFS-J120	高效率、高精度、低成本，批量化金属增材制造，成型缸尺寸 120mm×120mm×150mm	不锈钢/石英砂/陶粒砂等	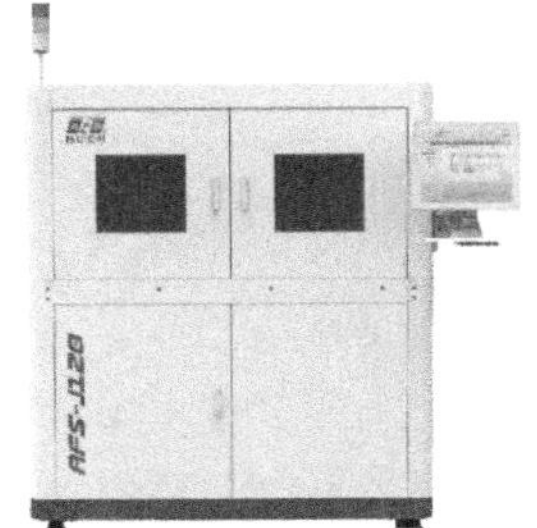
	AFS-J380/J380L	高效率、高精度、低成本，批量化金属增材制造，成型缸尺寸 380mm×380mm×380mm	不锈钢/陶瓷/铜合金/钛合金/钨合金/硬质合金	
选区激光熔化设备(SLM)	AFS-M120	突破了高精度运动系统、封闭式供粉系统、惰性气体控制、过程监测及整机控制等技术难点，成型缸尺寸 120mm × 120mm × 150mm	不锈钢/钛合金/铝合金/模具钢/钴铬合金/镍基合金等	
	AFS-M120X(T)	具备水平/垂直梯度功能，可快速得到机械性能好、致密度高的复合材料，使高通量材料制备和FGM 产品研发成为可能，成型缸尺寸 120mm×120mm×150mm	不锈钢/钛合金/铝合金/模具钢/钴铬合金/镍基合金等	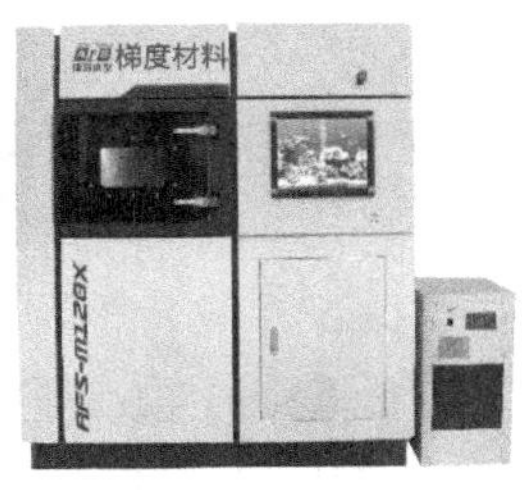
	AFS-M260	突破了高精度运动系统、封闭式供粉系统、惰性气体控制、过程监测及整机控制等技术难点，成型缸尺寸 260mm × 260mm × 320mm	不锈钢/钛合金/铝合金/模具钢/钴铬合金/镍基合金等	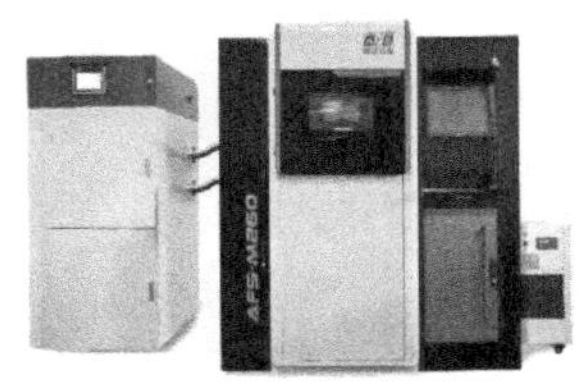

四、北京三帝科技股份有限公司

北京三帝科技股份有限公司(3D Printing Technology, Inc.)(以下简称“三帝科技”)是一家专注于3D 打印智能装备及复杂金属件快速制造的高新技术企业。致力于3D 打印装备、软件、材料及工艺的研发、生产、销售，并通过分布全国的智造中心提供航空航天、汽车、康复医疗等领域的快速制造服务。通过持续的平台创新，三帝科技在3D 打印装备、快速铸造、3D 科技雕塑、3D 打印创新教育、康复医疗等重点领域形成了全套解决方案，旗下主要品牌包括隆源成型、欣鑫铸造、青铜时代、七号科技、环球辅具等。

隆源成型致力于提供3D 打印装备及制造服务，1994 年研制成功国内首台自主知识产权的商品化工业级3D 打印机，通过自主研发的SLS 选区激光烧结、SLM 选区激光熔化、3DP 砂型打印、BJ 金属打印、DED 定向能量沉积等系列智能装备，为用户提供砂型打印快速铸造、蜡型打印精密铸造、成品件快速试制、梯度金属3D打印等快速制造服务。

欣鑫铸造专注于快速铸造，通过砂型铸造、低压铸造、精密铸造、金属型铸造等专业铸造工艺，提供铝合金、铜合金、耐磨铜套、锡青铜、铝青铜、铸铁、铸钢等铸件的小批量快速试制。

青铜时代专注3D科技雕塑的原创设计及制造，业务涵盖大型青铜城市雕塑、宗教艺术雕塑、原创架上雕塑等的艺术铸造，致力于推动科技与艺术的融合。

七号科技专注于3D打印创新教育，面向中小学、职校、高校、教培机构提供“教育+互联网”、“教育+3D打印”、3D打印实训室、3D打印产业学院等线上、线下相结合的3D打印创新教育解决方案。其自主研发的桌面全彩色3D打印机为国家科技部重点研发专项核心突破产品，获得国内首个基于FDM技术的全彩色3D打印机发明专利。

环球辅具致力于提供科技康养产品及服务，业务涵盖康复医疗产品的研发、生产、销售，并自主研发创新3D打印在康复辅具、医疗仿真模型、手术导板、植入物等领域的应用。

目前，三帝科技及旗下企业有7个国家高新技术企业，已申请近300项专利及著作权(其中发明专利78项)，先后通过了ISO 9001质量管理体系、武器装备质量管理体系、ISO 13485医疗器械质量管理体系、ISO 14001环境管理体系、ISO 45001职业健康安全管理体系、CE、EAC等认证，及一类、二类医疗器械准入，并拥有多项产品注册证书。先后参与起草了《GB/T 14896.7—2004特种加工机床术语》《JB/T 10625—2006激光选区烧结快速成型机床技术条件》《铜艺术铸件铸造缺陷补焊修正技术规范》《艺术铸造领域的蜡模成型技术》及颈椎矫形器、腕矫形器、抗痉挛腕关节矫形器、抗痉挛踝足矫形器等多个国家及行业标准的制定，并有两项国家标准发布。承担多项国家级科技创新项目。先后荣获“北京市科学技术奖”“中国高新技术成果暨新产品交易博览会金奖”“荣格技术创新奖”“最佳3D打印技术创新奖”“全国铸造装备创新奖”“工业级3D打印机优秀推荐品牌”“3D打印行业领军企业奖”“中国粉末冶金联盟年度产品奖”“新时代匠心品牌”“智能化产品/智能化解决方案优秀服务商”等多项荣誉。

五、易加三维增材技术(北京)有限公司

易加三维增材技术(北京)有限公司成立于2014年，是我国高新技术企业。公司致力于研发和推广工业级3D打印(增材制造)系统与应用技术，专注研发、生产、销售工业级金属3D打印装备与非金属3D打印装备、打印材料及应用软件，是国内技术实力领先的工业级3D打印装备制造商与应用方案供应商。

公司规划北京和杭州双中心模式，北京是研发中心和国内营销中心，位于北京新元科技园，占地约4100平方米，杭州是装备生产和国际营销中心，位于杭州萧山湘湖未来产业社区，占地约为23600平方米。目前，公司在金属粉末床熔化(PBF)、激光选区烧结(SLS)等增材制造装备的规划、设计、工艺、软件、材料及后处理等方面取得了丰硕的成果，独立研发且拥有自主知识产权的增材制造装备已经广泛应用于国内航空航天、特种装备、船舶、医疗、模具、铸造、汽车、医疗、科研、教育等诸多领域，同时在欧美、东南亚、日韩等40多个国家和地区的相应领域也被广泛应用，发展前景良好。

展望未来，易加三维将继续秉承“技术驱动发展”为理念，在3D打印(增材制造)领域深耕细作，务实创新，为工业生产提供更专业、更可靠、更适用的生产制造级3D打印装备，以实际行动助力制造业产业升级。

图7-2 左：北京中心 右：杭州中心

图 7-3　增材制造超级车间布局

专项”、江苏省科技成果转化、国防科工等 20 余项科研项目支持，在合金粉末制备及高温合金、钛合金、铝合金、不锈钢等多种金属材料激光选区熔化成形、热等静压、精密模具制造领域拥有丰富的研究基础及经验，对高性能增材制造合金的开发应用提供了强有力的基础保障，目前公司已打印出多种异型部件、大尺寸结构件，几十个合金部件通过装机和地面试验。

飞而康研发团队在金属增材制造成形工艺技术方面，实现了 TA15、TA17、TC4、GH3536、GH3230、GH4169、GH4099、GH5188、GH3625、IN738、K417、GH3170、AlSi10Mg、AlSi7Mg、高强铝、17-4PH、15-5PH、S136、316L、18Ni300、紫铜、CuCrZr 等三十多种金属粉末牌号的激光选区熔化工艺及热处理工艺开发，并实现了复杂形状零部件的制备。研发团队通过反复迭代优化等轴铸造高温合金 IN738 的合金成分及成形工艺，解决了打印裂纹、成形工件易开裂的问题，高温 900℃ 抗拉强度超 550MPa，1000℃ 抗拉强度超 300MPa，1100℃抗拉强度超 130MPa，突破国外粉末及技术垄断，为 900℃以上高温高强性能要求的增材制造工件提供材料选择。另外，公司可根据客户需求，建立基于材料特性的动态、静态性能调控。

知识产权方面，飞而康作为全国有色金属标准化技术委员会委员，参与编制增材制造团体标准、行业标准、国家标准 8 项，申请专利 70 余件，授权专利 31 件，内容涵盖增材制造合金成分优化、后处理工艺优化、设备装备升级、增材制造工艺方法等核心技术，对公司整套技术和产品知识产权进行保护。

八、广东峰华卓立科技股份有限公司

广东峰华卓立科技股份有限公司坐落在佛山高新区南海核心园区，是国内最早从事 3D 打印技术研发和应用的单位之一，是“高新技术企业”“广东省 3D 打印产业创新联盟”副理事长单位、“中国增材制造产业联盟”理事单位、“广东省增材制造协会”副会长单位、“广东省机械工程学会铸造与压铸分会”理事单位、“广东省铸造行业协会”理事单位、“广东省机械工程学会及广州市机电工程学会增材制造(3D 打印)分会”副理事长单位、“中国铸造协会模具分会”理事单位、“中国铸造协会”会员单位、“广东省机械工业质量管理协会”会员单位、“南海区科技型企业”“南海区‘雄鹰计划’重点扶持企业”“佛山汽车技术创新公共服务平台”“佛山市生产力促进中心金属零件和模具快速制造基地”、佛山高新区“瞪羚企业”、佛山市“专精特新”企业、佛山市细分行业龙头企业、广东省 2020 年度守合同重信用企业等。

峰华卓立自成立以来一直主营喷墨砂型 3D 打印装备和复杂零件的快速制造服务，公司拥有国内首创的喷墨砂型 3D 打印的型芯制造技术，该技术将极大地改变传统铸造行业的固有生产模式和制造技术，应用前景十分广阔。其中在喷墨砂型 3D 打印机的细分领域中市场占有率排名广东省第一，全国前二，国外竞争对手主要包括美国 ExOne 和德国 Voxeljet 两家，国内的竞争对手主要包括共享装备和爱思凯。

公司研发出国内首创且已达到国际先进水平的 PCM 无模快速制造技术及其系列化装备，包括：第一代、第二代、第三代、第四代无模铸型

3D 打印机(主要规格：PCM-450、PCM-800AJ、PCM-1200AJ、PCM-1800AJ、PCM-2200AJ 等)，为国内外500 多家客户提供快速制造技术服务或装备销售，包括砂型、铸件、零件、模具、精加工、检测和整体解决方案等，特别适合新产品开发、单件、个性化定制、中小批量金属零件的快速制造和柔性生产线的解决方案等，承担并完成了广东省、佛山市、南海区、佛山高新区等各级部门的多个项目。

国内外率先提出“数字化无模铸型快速制造系统”(2018 年 12 月通过鉴定，科技成果评价为“国际先进水平”)，通过集成计算机、网络、数据库、先进制造等软硬件技术，把设计、生产制造、质量控制等环节联系在一起，构成一个能适应市场和生产环境变化的大系统，提供整体解决方案。

随着“中国制造 2025”国家战略的深入推进，我国技术的变革与产业的发展将进一步向高端智能化数字化发展，峰华卓立公司也将更加积极地投身于数字化技术发展、3D 打印与智能制造，数据信息应用及工业互联网工程，发展巩固，开拓创新。

公司将大力推进 3D 打印装备的商品化和系列化，使我国铸造行业的整体技术水平和装备业的技术创新能力得到全面的提升，填补国内砂型 3D 打印技术的空白局面，其社会效益远远大于经济效益，成为国内首家以微滴喷射技术为核心，覆盖砂型、金属、陶瓷等领域 IPO 的增材制造企业；深化国际合作，借助“一带一路”倡议实施的发展机遇，坚持引进来和走出去并重，充分利用政府、行业组织、企业、研究院所等渠道，多层次地开展技术、标准、知识产权、检测认证、市场开拓、资本运营、人才培养等方面的国际交流与合作，不断拓展交流合作领域，共同推进增材制造产业发展壮大。

表 7-4 峰华卓立主要 3D 打印设备产品列表

类型	型号	主要特点	适用材料	外观
第四代 PCM 系列无模铸型 3D 打印机	PCM800 AJ	标配喷头数量 2×1024P 成型尺寸 800mm×750mm×500mm	硅砂、陶瓷砂、宝珠砂、CB 砂等	
	PCM1200AJ	标配喷头数量 4×1024P 成型尺寸 1200mm×1000mm×600mm	硅砂、陶瓷砂、宝珠砂、CB 砂等	
	PCM1800AJ	标配喷头数量 4×1024P 成型尺寸 1800mm×1000mm×700mm	硅砂、陶瓷砂、宝珠砂、CB 砂等	
	PCM2200AJ	标配喷头数量 4×1024P 成型尺寸 2200 mm×1000 mm×800mm	硅砂、陶瓷砂、宝珠砂、CB 砂等	

九、广东汉邦激光科技有限公司

汉邦科技，国内领先的工业级金属 3D 打印设备制造商，于2007 年进入金属 3D 打印领域，专注于金属 3D 打印装备的研发、生产、销售及应用技术。公司分别设立于上海和广东中山。自 2019 年起，每年设备出货量超百台，并高速增长，销售及装机遍及全球近 40 个国家，包括东南亚、欧洲、北美洲、南美洲、中东等，装机量行业领先。

汉邦科技通过不断创新迭代的金属3D打印装备、软件、控制系统、工艺和技术参数库，拥有大量的应用技术及数据积累；凭借扎实的行业深耕与技术研究，已获得了150多项技术专利、20余项软件著作权，并作为主要起草人参与增材制造国家标准制定6项、团体标准2项，凝聚了强大的合作专家资源。覆盖航空航天、医疗齿科、骨科、新能源、模具、汽车、个性化定制、教育科研等多个领域应用，得到客户的高度认可并达成长期战略合作，包括中国钢研、中国核动力院、珠海格力、深圳光韵达、上海交大等各名企高校。

汉邦科技致力于成为金属3D打印行业大工匠。依托强大的先进装备设计与制造能力，目前已研发大、中、小尺寸共23款机型，为解决航空航天领域制造痛点，成功研发出最大、最高成型尺寸为600mm×600mm×1000mm和450mm×450mm×1500mm多光路金属3D打印设备。从金属增材制造技术到LACM激光增减材复合加工工艺，以值得信赖的产品与专业的服务，为各行业客户提供全面的金属3D打印应用解决方案，持续为客户创造最大价值。

表7-5　　汉邦激光科技主要增材制造装备产品列表

类型	型号	主要特点	适用材料	外观
SLM技术金属3D打印装备	HBD-150/150T	采用圆盘设计，可进行不开舱的粉末添加与粉末清理操作，成型尺寸Φ159mm×100mm	不锈钢、钴铬合金、模具钢、钛合金、高温合金、哈氏合金及部分贵金属	
	HBD-200	双激光双振镜高效加工，配备高效安全的独立气氛净化系统；成型尺寸270mm×170mm×120mm	不锈钢、钴铬合金、模具钢、钛合金、高温合金、哈氏合金及部分贵金属	
	HBD-280/280T	稳定精确的铺粉系统，高效精准的激光光路及管理系统；成型尺寸250mm×250mm×300mm	不锈钢、钴铬合金、模具钢、钛合金、高温合金、铝合金、哈氏合金及钨、钽等难熔金属	
	HBD-350/350T	高效率高质量打印装备，具备更主流成型尺寸，兼容单/双激光配置；成型尺寸325mm×325mm×400mm	不锈钢、钴铬合金、模具钢、钛合金、高温合金、铝合金、哈氏合金及钨，钽等难熔金属	
	HBD-500/500T	高度集成的后处理单元等完美实现智能并行且7×24h不中断切换工作，配合双激光、双振镜的高效配置，实现效率最大化；成型尺寸400mm×435mm×435mm	不锈钢、钴铬合金、模具钢、钛合金、高温合金、铝合金、哈氏合金及钨，钽等难熔金属	

续表

类型	型号	主要特点	适用材料	外观
SLM 技术金属 3D 打印装备	HBD-1000	四激光大尺寸高质量打印装备，高度集成的后处理单元等完美实现智能并行 7×24h 不中断切换工作，满足大尺寸、高强度、持续性生产需求；成型尺寸 600mm×600mm×1000mm	不锈钢、钴铬合金、哈氏合金、钛合金、镍基合金、模具钢、铝合金及钨、钽等难熔金属	
	HBD-1500	增高型大尺寸高效高品质打印装备，双/四激光可选，完善的粉末管理，安全长效过滤系统，成熟的风场设计；成型尺寸 460mm×460mm×1500mm	不锈钢、钴铬合金、哈氏合金、钛合金、镍基合金、模具钢、铝合金及钨、钽等难熔金属	
LACM 技术装备	LACM-150	激光增材微切割混合制造的新技术设备，结合选择性激光熔化和超快(如皮秒、飞秒)激光切割技术优势。该设备可以实现复杂结构零件成型表面精度达到微米级，有效降低表面粗糙度，有效解决孔位塌角等问题；成型尺寸 Φ159mm×100mm	不锈钢、钴铬合金、模具钢、钛合金、高温合金、哈氏合金及部分贵金属	
	LACM-400	激光增材微切割混合制造的新技术设备，结合选择性激光熔化和超快(如皮秒、飞秒)激光切割技术优势。该设备可以实现复杂结构零件成形表面精度达到微米级，有效降低表面粗糙度，有效解决孔位塌角等问题；成型尺寸 325mm×325mm×400mm	不锈钢、钴铬合金、模具钢、钛合金、高温合金、铝合金、哈氏合金及钨，钽等难熔金属	
金属增材复合制造装备	HBD-280F	激光增材刀具高速微加工切削的复合制造设备，结合选择性激光熔化和传统刀具切削的技术优势。激光增材和刀具切削实现自动运行，适用于结构复杂、高光洁度产品打印、高精密模具产品生产等；成型尺寸 250mm×250mm×300mm	不锈钢、钴铬合金、模具钢、钛合金、高温合金、铝合金、哈氏合金及钨、钽等难熔金属	

十、广东银纳科技有限公司

广东银纳科技有限公司(简称广东银纳)以钨、钼、钽、铌等难熔金属球形粉体制备技术为核心，致力于增材制造用粉体材料的研发、生产和应用推广。公司自主研发的丝材雾化法粉体制备设备，可生产高纯低氧、高球形、粒径范围可调可控(纳米级、亚微米级、微米等多粒径段)的金属正球形粉末。

公司有近 10 年的金属球形粉体材料生产经验，具有 ICPOES、氧分析仪、碳硫分析仪、激光粒度仪等全面的检测设备和品控体系。通过了 ISO 9001 质量管理体系、环境管理体系、职业健康安全管理体系，以及医疗器械质量管理体系 ISO 13485 认证。目前高品质钨、钼、钽、铌等难熔金属球形粉末年产能达 50 吨以上，为广大工业化应用客户提供了品质优良、批次稳定的 3D 打印材料方案。

广东银纳聚焦难熔金属，积极探索钨基合金、钼基合金等前沿新材料3D打印用球形粉体材料的研发生产。迄今为止，已开发出球形钨铼预合金、钨钼预合金，球形钨钽复合粉、球形钨硅复合粉、球形钨铌复合粉等复合材料，深受重点科研单位及新材料研发领军人物好评。

广东银纳增材制造技术有限公司是广东银纳科技有限公司教育领域的子公司，致力于成为增材制造技术研发、应用、教育的科技型企业，构建了以增材制造技术专业建设为核心的增材制造技术教育整体解决方案体系，拥有“3D经纬”教育品牌。

公司依托雄厚的技术基础和教育经验积累，倾力打造的“3D经纬”教育品牌，组建了以“双师型”教师为主体，行业专家、教授作指导的师资技术团队，建立了贴合产业应用需求的“教材+案例”库，并开发出一系列的引领现代教育发展理念的增材制造教育软硬件产品。公司技术团队总结多年的增材制造专业建设和一线教学经验，以行业应用案例化教学课程体系为牵引，向中高职院校提供增材制造专业建设与教育综合解决方案。自研软硬件产品包括快速原型开发与制作训练体系、测绘成图机数字化实现基础技能训练体系、增材制造系列课程资源等。

公司顺应国家创新驱动、产业转型升级的战略形势，深入开拓增材制造产业链，配套先进的设计、打印、后处理设备，为客户提供专业的工业级打印服务，实现3D打印工业化应用，技术服务包括特种材料小批量制造(耐高温、软胶等)、难熔金属零件加工制造等。

作为25家联合单位之一，共同参与申报了1+X“增材制造设备操作与维护”职业技能等级证书，并在证书通过审批后积极参与证书的标准制定和教材编写，具备了良好的证书标准掌握能力和证书培训师资能力。

十一、广州迈普再生医学科技股份有限公司

广州迈普再生医学科技股份有限公司(股票代码301033)是一家结合人工合成材料特性，利用先进制造技术开发高性能植入医疗器械的高新技术企业。

公司是国内神经外科领域同时拥有人工硬脑(脊)膜补片、颅颌面修补产品、可吸收再生氧化纤维素等植入医疗器械产品的企业，覆盖开颅手术所需要的关键植入医疗器械。同时，公司发挥多技术平台优势，拓展产品至多科室应用，致力于成为植入医疗器械领域全球领先企业，提供卓越产品，服务全球患者。

至今，公司已获准注册4个III类、1个II类医疗器械产品，备案1个I类医疗器械产品，并取得4个产品的CE证书和CE Design证书，拥有在研产品8个。公司的系列创新产品已进入国内800余家医院，国际市场覆盖欧洲、北美洲、南美洲、亚洲、非洲等70多个国家和地区，产品临床应用超过20万例，搭建起全球化营销体系。

公司现拥有国内外专利申请逾330项及授权逾200项，建成国际先进水平的产业化基地，获得中国、韩国医疗器械GMP认证、国际ISO 13485质量体系认证，并被认定为国家高新技术企业、博士后科研工作站等。

公司引领全球先进创新技术进入中国，走向世界，为广大患者所用，迈普医学始终为人类医疗健康事业而努力奋斗。

表7-6　迈普公司主要产品列表

类别	产品图示	产品名称		产品用途	核心技术	所处
阶段神经外科		人工硬脑(脊)膜补片	睿膜®(ReDuraTM)	主要用于硬脑(脊)膜缺损时的修补或替代	生物增材制造技术	产品上市销售
			睿康®(NeoDuraTM)			产品上市销售
		颅颌面修补产品	赛卢®(RecranioTM)	主要用于颅颌面骨缺损修补	数字化设计与精密加工技术	产品上市销售

续表

类别	产品图示	产品名称		产品用途	核心技术	所处
阶段神经外科		可吸收再生氧化纤维素	吉速亭®（StypCelTM）	用于神经外科手术中控制毛细血管、静脉及小动脉的出血	选择性氧化及微纤维网成型技术	产品上市销售
		可吸收医用胶	睿固®（ImmisealTM）	用于神经外科手术硬脑（脊）膜辅助封闭，防止脑脊液渗漏	多组分交联及雾化成胶技术	产品临床试验
口腔科		口腔可吸收修复膜	睿立修®（ReTissueTM）	置于口腔软组织和骨缺损之间，选择性地阻挡新生成纤维细胞和上皮细胞进入骨缺损区，辅助骨缺损愈合	生物增材制造技术	产品临床试验
		定制式矫治器	皓美®	适用于恒牙期牙列畸形的矫治	数字化设计与精密加工技术	产品上市销售
创面修复		可吸收功能性创面修复补片	百替®	主要用于促进创面缺损的修复与重建	生物增材制造技术	产品注册检验
3D 打印设备		生物 3D 打印机	莱普®（LivPrintTM）	用于体外组织模型或活体组织构建等前沿科学研究及临床应用研究	高效精密控温设计、高压电场直写打印技术	产品上市销售

十二、共享智能装备有限公司

共享智能装备有限公司是共享装备股份有限公司投资设立的独资企业。公司始建于 2008 年，从事模具制造和高端铸件精加工，运用先进的 CAD/CAE/CAM 技术、数字化制造技术、模块化专业化生产技术，采用大型数控模具制造装备，生产高技术、高难度、高质量模具；自主研究的新型 3D 打印组合模具属国内首创，技术水平国际领先，该新型模具制造方式，替代了传统木模、金属模，改善传统模具制作环境差、劳动强度大、效率低、周期长等现状，提高行业内模具质量，使得模具制造过程实现数字化、智能化。公司采用 Solidworks、PRO/E、UG 等三维软件，运用虚拟制造技术，使用大型数控机床和先进高效刀具进行风电类、机床类、水电类、矿山机械类、燃机类、汽机类等高端装备关键零部件精加工，精加工技术水平达到国内领先。2012 年，公司攻克了铸造 3D 打印材料、工艺、软件、设备等技术难题，研制成功了我国第一台大尺寸高效率工业级铸造 3D 打印设备，实现了铸造 3D 打印产业化应用的国内首创。铸造 3D 打印从材料、软件到设备已完全国产化替代，与世界先进水平相比，3D 打印设备成本下降 2/3，打印效率提高 3 ~ 5 倍，材料成本降低 2/3，达到国际领先技术水平。

续表

类型	型号	主要特点	适用材料	外观
金属增材制造装备	FS273M	成型缸尺寸 275mm × 275mm × 355mm(含成型基板厚度) 激光系统：光纤激光器，500W(单激光或双激光)	316L、MS1、GH3536、AlSi10Mg、TC4、Al-Mg-Sc-Zr、TA15、AlSi7Mg，420、GH4169、H13、Cu、W、Ta 等	
非金属增材制造装备	HT1001P	成型缸尺寸 1000mm × 500mm × 450mm 激光系统：CO_2 激光器，双激光(2 × 100W)	FS3300PA，FS3401GB，FS4100PA，FS3150CF，FS3250MF，FS6140GF，Ultrasint® PPnat01 * ，FS1092A-TPU * ，FS1088A-TPU * ，Ultrasint® PA6 * 等	
	Flight 403P 系列	成型缸尺寸 400mm × 400mm × 450mm 激光系统：光纤激光器 500W，双激光 2 × 300W (可选配单激光或双激光)	FS3300PA-F，FS3401GB-F，FS3201PA-F，FS2300PA-F，LUVOSINT® TPU X92A-1064 WT 等	
	403P 系列	成型缸尺寸 400mm × 400mm × 450mm 激光系统：CO_2 激光器，55W；CO_2 激光器，100W	FS3300PA，FS3401GB，FS4100PA，FS3150CF，FS3250MF，Ultrasint® PPnat 01，FS1092A-TPU，FS1088A-TPU，FS6140GF(HT)，Ultrasint® PA6(HT)等	
	252P 系列	成型缸尺寸 250mm × 250mm × 320mm 激光系统：CO_2 激光器，55W；CO_2 激光器，100W	FS3300PA，FS3401GB，FS4100PA，FS3150CF，FS3250MF，Ultrasint® PP nat 01，FS1092A-TPU，FS1088A-TPU，FS6140GF，Ultrasint® PA6，FS8100PPS(仅 ST)等	

十六、湖南云箭集团有限公司

湖南云箭集团有限公司是国家重点科研生产型企业和增材制造全产业链创新应用引领者，致力于高端粉末床激光成型装备和微滴喷射快速成型装备的研发、生产和销售，为用户提供系统的增材制造解决方案。同时，公司拥有面向多种材料、多种工艺的增材制造装备，后处理设备以及产品检测设备 300 多台套，提供批量化金属和非金属增材制造加工服务。

公司始终坚持自主研发和科技创新，以“让增材制造融入研发、走向量产”为核心理念，充分发挥公司雄厚的技术研发实力和广泛实践应用经验，以打造“增材制造全产业链创新应用平台”为目标，聚焦市场、服务客户。

表 7-9　　云箭集团主要产品

类型	型号	主要特点	适用材料	外观
3DP 工艺装备	VDP2211	双工作缸、高分辨率电压式进口喷头、全自动供粉、打印速度快、成型精度高 成型尺寸 2200mm × 1000mm × 1000mm	硅砂、石英砂、陶瓷砂	
	VDP1266	双工作缸、高分辨率电压式进口喷头、全自动供粉、打印速度快、成型精度高 成型尺寸 1200mm × 600mm × 600mm		

续表

类型	型号	主要特点	适用材料	外观
SLM 工艺装备	VM-280	上落粉结构、双向铺粉、可变光斑、软件自主可控 成型尺寸 280mm×280mm×365mm	不锈钢、钛合金、铝合金、镍基合金等	
	VS-885	一机多材，材料利用率高于 90%；多区温控，设备温场更均匀；单缸上落粉结构，智能定量真空上料 成型尺寸 800mm×800mm×500mm	覆膜砂、PP、PS 等高分子材料	
SLS 工艺装备	VS-DP554	一机多材，材料利用率高于 90%；多区温控，设备温场更均匀；双缸下送粉结构 成型尺寸 800mm×800mm×500mm	覆膜砂、PP、PS 等高分子材料	
	VS-UP554	一机多材，支持多种高分子材料；多区温控，设备温场更均匀。全自动真空定量送粉系统 成型尺寸 500mm×500mm×400mm	PA、TPU 等各类高分子材料	

十七、航天增材科技(北京)有限公司

航天增材科技(北京)有限公司成立于 2017 年，为航天三院一五九厂的全资子公司。公司是中国航天科工集团增材制造技术创新中心挂靠单位，是国内面向航天领域规模最大、技术实力雄厚、开展增材制造技术研究应用、引领产业需求与发展的重要平台。

公司现有厂房面积 4000 多平方米，专业化人才队伍 100 余人，技术人员硕博士比例高达 90%，拥有各类金属、非金属增材制造设备 40 余台，其中 600mm 尺寸以上设备 30 余台，具备钛合金、高温合金、铝合金、不锈钢等材料大型复杂构件研制应用和批量生产能力。

公司以航天产品需求为牵引，聚焦武器装备、民用飞机、发动机、维修保障四大核心领域，依托强大的设计、研发、制造资源，致力于增材制造原材料、装备研发及应用服务全产业链发展，现已跻身成为国内一流的增材制造应用服务、智能工厂系统解决方案及增材制造装备服务供应商。

公司以“引领增材技术变革，服务制造强国战略”为使命，致力于建设“5G + 工业互联”的增材制造数字化工厂，坚持数字航天新技术新产业的战略布局，积极培育制造业创新模式，构筑工业数字经济的增材制造产业新生态。

表 7-10 主要增材制造装备产品列表

类型	型号	主要特点	适用材料	外观
激光选区熔化成形装备	ASA-800M	参数开源，用户可根据需要修改成形参数；四光束并行，效率高；全触控操作软件；成形清粉一体化设计结构紧凑；自动清送粉，采用全新的惰性气体保护环境下的全自动闭环送粉、清粉系统，实现余粉实时回收，重复使用，提高粉末利用率的同时，确保了设备的安全性能	高温合金、钛合金、不锈钢、模具钢等	

续表

类型	型号	主要特点	适用材料	外观
激光选区熔化成形装备	ASA-500M	参数开源，用户可根据需要修改成形参数；四光束协同打印，效率高；全触控操作软件；成形清粉一体化设计，结构紧凑；自动清送粉，采用全新的惰性气体保护环境下的全自动闭环送粉、清粉系统，实现余粉实时回收，重复使用，提高粉末利用率的同时，确保了设备的安全性能	高温合金、钛合金、不锈钢、模具钢等	

十八、思看科技(杭州)股份有限公司

思看科技(杭州)股份有限公司(SCANTECH)是全球最早研发生产手持式三维视觉测量产品的高科技型企业之一，凭借雄厚的技术实力与世界多家知名企业建立战略合作，并与欧洲多家光学计量企业建立联合研发中心或共同开发计划。SCANTECH的产品辐射50多个国家和地区，服务企业5000家以上，经销商及国际化的销售与技术支持团队遍布全球，为波音、NASA、COMAC、宝马、大众、通用、苹果、华为、西门子、JCB、三一重工等知名企业及研究机构提供行业前沿的三维测量技术解决方案。

公司成立至今发展迅速，在研发、管理等方面持续投入，吸纳众多国际化人才。公司自主研发出一系列拥有自主知识产权的3D数字化检测系统。产品线覆盖面向工业计量的在线自动化检测、离线检测和面向消费级领域的手持彩色三维扫描仪，广泛应用于航空航天、汽车/轨道交通、机械制造、医疗康复、影视数字艺术、教学科研、文化遗产保护、3D打印、VR/AR等领域，帮助企业实现品质、效率最优解，开拓更广的三维数字化领域。

十九、杭州喜马拉雅信息科技有限公司

杭州喜马拉雅信息科技有限公司是国内领先的3D打印和三维扫描设备及系统软件研发制造商、3D打印和三维扫描数据服务商、创新教育和创新医疗领域3D打印和三维扫描数字化综合解决方案提供商。公司致力于3D打印和三维数字化系统及产品的研究、开发、生产、销售和服务。为政府、学校、医院、企业和消费者提供有竞争力的3D打印综合解决方案。公司产品已成功应用于教育培训、医疗健康、文化创意、企业研发、科学研究、逆向工程、航空航天、汽车制造等众多领域。

喜马拉雅是国家高新技术企业，省级企业研发中心，多项省重点研发计划项目承担单位。公司70%以上员工具有本科学历，拥有各种自主知识产权150多项(且每年以20%的数量增长)，并参与了2项3D打印国家标准的起草。

让每个学校都拥有一个3D打印创新实验室，让每个园区都拥有一个3D打印共享服务中心，赋能新经济、新制造、创新医疗、私人定制是喜马拉雅不懈的追求。以敬业、务实、求新、开放的思想与各领域合作，成为3D打印行业引领者，让所有美好想象成为现实。

表7-11　喜马拉雅主要增材制造装备

类型	型号	主要特点	使用材料	外观
金属增材制造装备	HIM-M150	应用于教育科研、牙科医疗、模具设计、个性化定制等领域 成型尺寸150mm×150mm×165mm	不锈钢、模具钢、铝合金、钛合金等	
非金属增材制造装备	HIM-S650	应用于工业设计、工艺品设计、建筑设计、医疗模型手术导板等领域 成型尺寸650mm×600mm×400mm	光敏树脂	

续表

类型	型号	主要特点	使用材料	外观
	Super 400	高速度、高精度大尺寸 DLP 3D 打印设备，成型尺寸 384mm×216mm×400mm 应用于珠宝、鞋类、工业设计、建筑设计、牙科和医疗产业、教育科研、模具制造等领域	光敏树脂	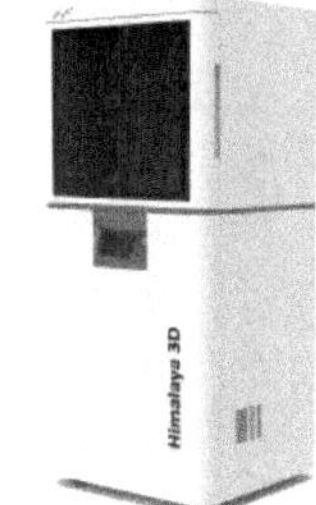
非金属增材制造装备	HFD20A-Plus	定制个性化 3D 打印鞋垫，通过 3D 技术，AI 技术生成定制鞋垫模型，完成鞋垫制作，保护每个人的足部健康 成型尺寸 200mm×300mm×330mm，可同时打印一双鞋垫	碳纤维、TPU 等耗材	
	HIM-LB10	三合一技术原理：FDM（熔融沉积）+CNC（雕刻/切割）+Laser（雕刻/切割） 能有效解决传统广告字行业所遇到的制作流程复杂、生产成本高、周期长、不环保、工业局限性大等问题	PLA、PETG 等耗材	

二十、江苏汇天威科技集团有限公司

江苏汇天威科技集团有限公司(简称汇天威科技)创立于2005年，是中国领先的3D打印设备和解决方案供应商，旗下拥有知名品牌“弘瑞”。

公司自成立以来，长期从事3D打印设备软硬件核心技术的研发，在生产、管理、服务等方面不断推陈出新，与时俱进，并一直保持科技前沿水平。针对不同行业客户需求，量身为客户提供最优质的服务。目前，汇天威的产品和服务已涉及工业、医疗、教育、设计等多个领域，并取得了良好的市场反馈。

作为技术创新型企业，汇天威科技坚持以科技创新引领高质量发展，采用全覆盖式的ERP管理系统，实施一流的5S精细化生产管理模式，严格遵循ISO 9000质量管理体系，并获得近百项发明专利及著作权，先后获得欧盟经济体CE、美国联邦通讯委员会FCC、欧盟RoHS国际权威认证。公司多次被中国产学研合作促进会遴选为“创新示范企业”；跻身首批“中国增材制造产业联盟”理事成员单位；荣获“国家高新技术企业”及“中关村高新技术企业”双重认证；在国家“一带一路”倡议实施背景下，成为“一带一路暨金砖国家技能发展国际联盟”成员单位。

汇天威科技集团往下辐射北京、廊坊、上海、昆山、徐州、繁昌6家公司，打造以长三角为核心，京沪经济线一体化，向全国辐射的弘瑞品牌影响力。未来将以“打造中国3D打印机”为目标，构筑全方位的3D打印产业生态圈。

二十一、江苏威拉里新材料科技有限公司

江苏威拉里新材料科技有限公司一直致力于真空气雾化制粉核心装备的自主研发，目前共有12条生产线。公司持续从核心雾化器设计、原材料选用、工艺参数优化、粉末后处理等方向提高高温合金、钛合金、铝合金等多品类粉末的各项指标，目前粉末产品成功应用在航空航天领域的不同类型、不同复杂程度的关键部件打印，并在多个重点型号上装机应用。

公司从2020年陆续开始研发新的高温合金牌号，已成功研发出固溶强化型高温合金GH5188产品，并申请了相关发明专利，该高温合金使用

表 7-12　汇天威增材制造装备

类型	型号	主要特点	适用材料	外观
FDM 工艺装备	X400	宽幅空间、三个独立 Z 轴电机、断电续打、远程监控，操作简单。成型尺寸 400mm×250mm×230mm	PLA、ABS、TPU(柔性)、HIPS、PETG、PE、PP、PVA(水溶)、TPE(柔性)、木屑、碳纤维、尼龙	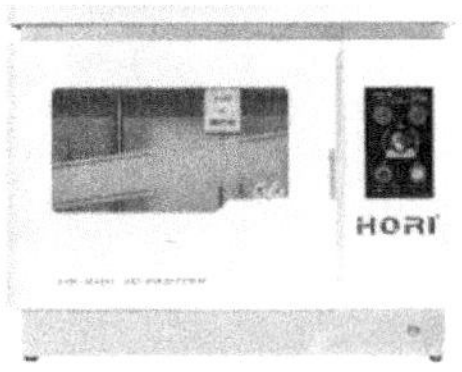
	Z600 PLUS	大尺寸，肆意发挥、独创五点调平、采用 256 细分驱动配合 1.8 度步进电机、微信远程监控、集群打印控制。成型尺寸 570mm×570mm×600mm	PLA、ABS、TPU(柔性)、HIPS、PETG、PE、PP、PVA(水溶)、TPE(柔性)、木屑、碳纤维、尼龙	
	Z400 PLUS	X 轴、Y 轴框架从光轴升级为导轨、机械专用万向轮，橙色旋钮调节支撑高度、预热喷头，支持一键进料、一键退料操作。成型尺寸 330mm×310mm×400mm	PLA、ABS、TPU(柔性)、HIPS、PETG、PE、PP、PVA(水溶)、TPE(柔性)、木屑、碳纤维、尼龙	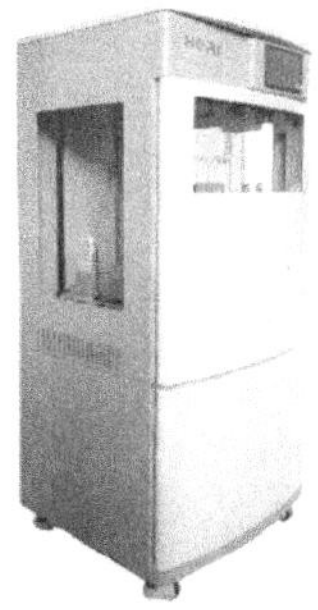
	Z300 PLUS	双电机供料、铝基热床、256 倍细分步进电机、全自动屋里调平。成型尺寸 300mm×260mm×300mm	PLA、ABS、TPU(柔性)、HIPS、PETG、PE、PP、PVA(水溶)、TPE(柔性)、木屑、碳纤维、尼龙	
	Z1000	成型体积可达 1 立方米、打印喷头，平台支撑，步进电机全部采用 CNC 机精加工、智能挤出机采用进口精密元件、256 倍细分步进电机。成型尺寸 1000mm×1000mm×1000mm	PLA、ABS、TPU(柔性)、HIPS、PETG、PE、PP、PVA(水溶)、TPE(柔性)、木屑、碳纤维、尼龙	
	V1	传送带循环运动，可打印 X 轴无限长模型、优质步进电机。成型尺寸 +∞ ×280mm×210mm	PLA、ABS、TPU(柔性)、HIPS、PETG、PE、PP、PVA(水溶)、TPE(柔性)、木屑、碳纤维、尼龙	
	RH2	教育级打印机、双轴平衡结构、封闭机型，安全稳定、钣金一体结构、flow 挤出机喷头。成型尺寸 200mm×190mm×190mm	PLA、ABS、TPU(柔性)、HIPS、PETG、PE、PP、PVA(水溶)、TPE(柔性)、木屑、碳纤维、尼龙	

续表

类型	型号	主要特点	适用材料	外观
LCD 工艺装备	L1	Z 轴双线轨设计、双风扇式空气过滤系统、德国进口滑块、FEP 离型膜、氧化设计平台、LCD 模块屏组。成型尺寸 120mm × 65mm × 120mm	光敏树脂	

温度超过 1200℃，解决了航空航天关键材料国产化的问题。

公司目前有 EIGA 生产线 3 条，3D 打印钛合金粉末年产能 70 吨以上。生产的钛合金粉末具有高综合性能、高比强度、良好的耐蚀性和生物相容性，在航空航天、医疗领域广泛应用。

基于传统铝合金粉末存在激光吸收率低、黏度较大、卫星粉多、生产效率低、打印件的综合性能低等问题，公司联合上海交通大学合作开发了陶瓷原位增强铝合金粉末，成功克服了铝合金激光吸收率低的问题，解决了陶铝复合材料工业化连续生产难题。同时共同参与起草的《增材制造用硼化钛颗粒增强铝合金》国家标准已经发布实施。

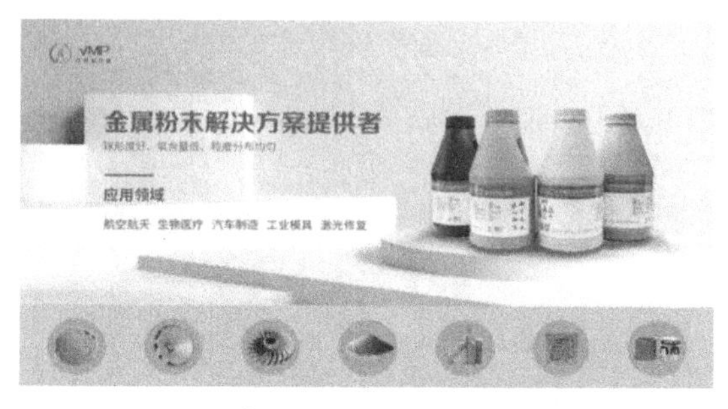

图 7-6 江苏威拉里新材料科技有限公司

二十二、江苏永年激光成形技术有限公司

江苏永年激光成形技术有限公司是由中国 3D 打印第一人、国家高层次人才“万人计划”获得者、原清华大学教授颜永年率领的研发团队设立，主要从事激光 3D 金属打印技术及设备和工艺的研发、制造、销售和技术服务，是一家集设备提供、系统集成和应用服务于一体的国家高新技术企业。

公司先后获得中国工业机械科学技术进步奖、最具成长性高科技企业 100 强和中国 3D 打印行业最具投资价值 20 强，江苏省重大装备首台套和“专、精、特”产品认证。申请专利 60 余项，获得国家发明授权 17 项、实用新型授权 18 项，软件著作权 4 项，注册商标 14 项，参与起草地方标准 2 项、企业标准 3 项。

公司拥有国内一流激光 3D 金属打印的研发能力，现已建立宿迁生产基地和昆山研发中心，成功研制“4 激光束、3 工位、大平面扫描、大载荷、高精度”的激光 3D 金属打印 SLM 设备，重点突破大扫描域的风场优化和精准协同工作等关键技术，实现高精度及大重载(10 吨)的成形活塞驱动系统，每次位移精度 5μm，重复 3 万次无累积误差；公司最新产品——YLM-1000-B 型 8 束激光—振镜的成形设备可制造 1m × 1m × 1m 钛合金部件，目前设备已售某厂。最大成型尺寸为 Φ1000mm^3 × 800mm^3，达到了国内外领先水平，填补国内大型 SLM 设备空白，补齐产业链供应链短板，使得我国增材制造跻身世界先进水平，为解决航天、航空等领域的大尺寸复杂结构件成形提供了一种“安全、高效、智能化”的新型平台。

二十三、江苏云仟佰数字科技有限公司

江苏云仟佰数字科技有限公司是由中国工程院戴尅戎院士作为团队领军人才的数字医疗科技企业。公司依托上海交通大学及戴尅戎院士团队，专注于研发、推广 3D 打印技术在医疗领域的应用，为医疗机构提供个性化精准医疗解决方案及科研、人才培养服务。

目前主营产品有：脊柱侧弯矫形器、矫形鞋垫、膝关节矫形器等高端医疗器械、脊柱外科辅助器械、关节外科辅助器械、神经和心血管手术器械、口腔植入辅助器械、术前模型等。

公司目前牵头承担 2020 度国家重点研发计划 1 项——“基于大数据模型的 3D 打印定制化医疗器械智能设计/仿真协同云平台”；参与承担 2020 度国家重点研发计划 1 项——“数字健康家庭服务模式研究及规模化应用示范”，牵头承担市级重点研发计划 1 项——“面向康复医疗的智能上肢康复机器人系统研制”。

公司在徐州中关村软件园建有 800 平方米的 3D 打印数字医疗技术服务中心，拥有价值 1000

万元、具备国际领先水平的3D打印机、三维扫描仪10台套，各类数字化设计软件5套，已建成淮海经济区、江苏省规模最大的3D打印数字化医疗技术服务中心，在人才团队方面配备了数字化设计团队及医工交叉技术研究团队、3D打印技术团队等专业人才，具备国内一流水平的数字医疗综合解决方案服务能力。

同时公司与上海交通大学及上海交通大学数字医学临床转化教育部工程研究中心、民政部智能控制与康复技术重点实验室共建了以数字医疗技术为研究方向的新型研发机构——“上海交通大学MESEA数字医疗技术联合研发中心”，并由戴尅戎院士担任名誉主任。联合研发中心将以MESEA 3D打印智能制造技术服务中心的软硬件基础设施为支撑，依托上海交通大学、上海九院等一流科研机构，围绕医疗产业临床需求开展3D打印、智能机器人、VR、计算机信息化等数字化技术在医疗领域的创新应用技术研究及人才培养。

二十四、江西宝航新材料有限公司

江西宝航新材料有限公司(以下简称宝航)成立于2018年1月，是中国领先的铝合金3D打印材料制造商。

公司现有员工50余人，其中硕士以上学历占比20%以上。公司已申请金属增材制造技术相关自主知识产权30余项，公司先后通过ISO 9001—2015、GJB 9001C—2017等质量管理体系认证。公司于2021年10月通过三级保密资质。

公司基于自主研发的超音速真空感应熔炼气雾化制粉技术能够为金属3D打印用户提供高品质的金属3D打印粉末材料及相关服务，具备年产200吨铝合金3D打印粉末的生产能力。公司研发制造的铝合金3D打印粉末材料以其高纯净度、球形度、流动性以及良好的批次质量稳定性获得行业用户的高度认可。公司自成立以来一直专注于铝，专精于铝，始终为客户提供最优质的的产品和服务。公司现已开发AlSi10Mg、AlSi7Mg以及中强铝、高强铝、耐温铝等多种铝合金3D打印粉末材料产品，可以为客户提供全面的铝合金3D打印材料解决方案。公司将始终秉承诚信、开放、合作、共赢的精神，与行业伙伴及各界同人共同推动金属3D打印产业的发展。

表7-13　宝航公司主要铝合金3D打印材料产品

类型	型号	主要特点	性能参数	应用领域
铝合金3D打印粉末材料	AlSi10Mg	铝合金3D打印应用最主流的材料之一	热处理态性能： 抗拉强度：320MPa 屈服强度：200MPa 延伸率：12%	航空航天、汽车、散热器、手板模型等
	AlSi7Mg	成分接近于ZL114A，在航空铸件等领域可实现打印替代	打印态性能： 抗拉强度：420MPa 屈服强度：240MPa 延伸率：13%	航空航天、汽车、散热器、手板模型等
	AlSi12	含铝和硅元素，具有较高的延伸率	打印态性能： 抗拉强度：450MPa 屈服强度：270MPa 延伸率：8%	航空航天、汽车、散热器、手板模型等
	AlSi9Cu3	含Cu的一种铝合金3D打印材料，可实现ADC12材料的替代	打印态性能： 抗拉强度：464MPa 屈服强度：250MPa 延伸率：9%	航空航天、汽车、散热器、手板模型等
	HS5401	一种中强度铝合金，强度较AlSi10Mg提升90%，而价格仅当前高强铝的1/3	热处理态性能： 抗拉强度：400MPa 屈服强度：382MPa 延伸率：20%	航空航天、汽车等
	HS5501	具有高强度和良好的塑性，可以满足市场对高强铝3D打印材料的需要	热处理态性能： 抗拉强度：530MPa 屈服强度：520MPa 延伸率：12%	航空航天、汽车等

续表

类型	型号	主要特点	性能参数	应用领域
铝合金3D打印粉末材料	HS5601	具有600MPa的超高屈服强度和不低的塑性	热处理态性能： 抗拉强度：622MPa 屈服强度：621MPa 延伸率：8%	航空航天、汽车等
	HT4251	具有良好的高温力学性能，在200℃、250℃、300℃下具有良好的力学性能	250℃温度下性能： 抗拉强度：260MPa 屈服强度：200MPa 延伸率：15%	航空航天、汽车等
	PT6060	一种可成形的6系合金打印材料	打印态性能： 抗拉强度：320MPa 屈服强度：200MPa 延伸率：12%	散热器、手板模型等

二十五、康硕电气集团有限公司

康硕电气集团有限公司(简称康硕集团)成立于2010年9月，公司致力于关键零部件领域的基础研究、开发、生产和成果转化，涉及新材料、新工艺、新装备、智能制造等多个领域，是国内关键零部件领域智能制造系统解决方案供应商，被工信部认定为关键零部件创新成果产业化的公共服务平台。集团各基地均具备综合性工业智能制造的能力，形成了覆盖全国的智能制造服务体系。康硕集团的技术和产品已广泛应用于航空航天、能源动力、国防装备、轨道交通、汽车等行业。涉及增材制造、等材制造、减材制造、绿色快速制造、无损检测等多种先进制造检测技术。

康硕集团河南基地作为集团快速样件重点实验室，广泛承接海内外、各军种快速样件产品订单，同时中部基地已被列为河南省重大建设项目、河南省省级智能打印工程技术中心；四川基地作为高端装备轻合金铸造技术国家重点实验室四川分实验室，被纳入德阳市科技创新主导扶持产业，是西南区域军工项目的重点智能制造服务基地，同时也是“国家两机重大专项——3D打印航空发动机及燃气轮机空心叶片陶瓷型芯项目”发起人之一；江西基地成为鹰潭市首个军民融合企业，服务于航天科工、航天科技、中国兵器等重点单位；山西基地作为高端装备轻合金铸造技术国家重点实验室将为区域内相关企业提供工业级快速制造解决方案，促进当地产业转型升级。

二十六、宁波众远新材料科技有限公司

宁波众远新材料科技有限公司以哈尔滨工业大学真空气雾化制粉技术团队为核心，公司现有员工90人，其中博士研究生2人、硕士研究生6人，外籍教授1人，大专以上人员72人，公司与中国科学院、上海交通大学、哈尔滨工业大学、上海大学等科研院所有着紧密的协作关系。

公司现投入运转的生产基地有宁波生产基地和长沙生产基地，现有真空气雾化制粉产线7条，预计2022年年底投产产线12条，年产真空气雾化金属粉末5000吨。

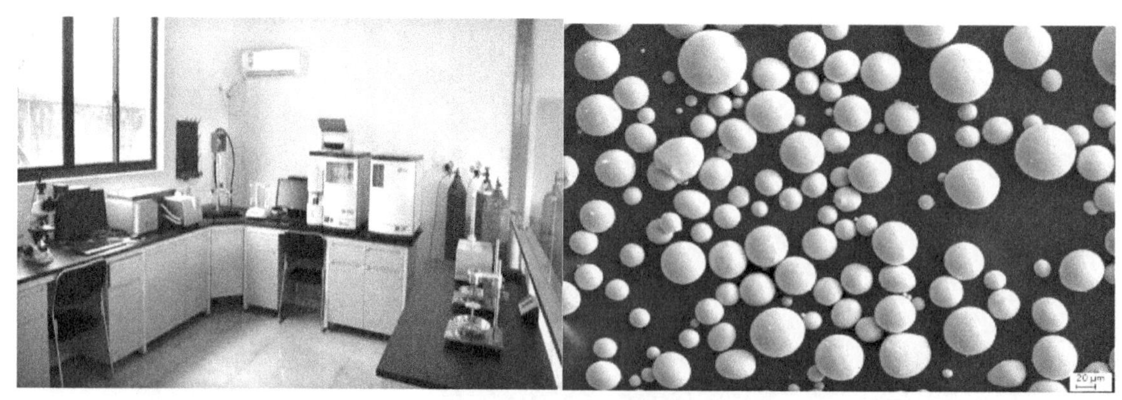

图7-7　宁波众远金属粉末

宁波众远先后入选了“2020 年国家高新技术企业”“2020 年度宁波市创业团队”，获得了“2019 年度第八届全国创新创业大赛优秀企业”称号等荣誉。

公司瞄准全球高端金属粉体材料市场，现阶段产品包括镍基高温合金粉、钛合金粉、铝合金粉、模具钢粉、不锈钢粉、非晶高熵合金粉等，应用于增材制造、航空航天、热喷涂、智能制造、核工业等领域。

二十七、南京铖联激光科技有限公司

南京铖联激光科技有限公司成立于 2017 年 9 月，是江苏三维智能制造研究院和南京航空航天大学增材制造研究所孵化的国家级高新技术企业，专注于激光选区熔化金属 3D 打印技术的设备研发、金属材料、工艺开发及打印服务，为用户提供一站式 3D 打印应用解决方案。

南京铖联具有丰富的选区激光熔化金属 3D 打印产品开发经验，面向齿科领域，成功开发多款具有自主知识产权的齿科专用金属增材制造装备标准机型。面向个性化定制领域，公司为各类高校、科研机构提供非标定制 3D 打印设备从设计开发到生产、安装、调试、上门培训指导、后期设备维护等全生命周期服务。同时，公司还基于 3D 打印云平台，为企业和个人提供 3D 打印服务。南京铖联产品已经销往美国、加拿大、意大利、韩国、越南、菲律宾等国家。目前，公司金属 3D 打印机年产销量超 200 台套，年加工交付 3D 打印产品超 100 万件，产值规模位居行业前列。

公司成功通过 ISO 9001、ISO 14001 管理体系认定、欧盟 CE 认证，获得医疗器械经营许可证(三类)。先后获得江苏省民营科技企业、科技型中小企业、软件企业、国家高新技术企业认定。2021 年 6 月，南京铖联建设的“南京市 3D 打印智能装备工程技术研究中心”被认定为南京市工程技术研究中心。

表 7-14　南京铖联主要增材制造装备

类型	型号	主要特点	适用材料	外观
齿科专用金属增材制造装备	NCL-M2150T	成型尺寸：Φ150mm × 120mm 过渡仓和手套箱配置、可移动湿式防爆滤芯结构、全金属密封管道	纯钛、钛合金、钴铬合金、不锈钢、高温合金等	
	NCL-M2165D	成型尺寸：165mm × 165mm × 100mm 双激光打印，无螺钉基板，主要适用于医疗领域，特别在口腔中牙冠、牙桥、支架、种植牙钉等应用领域，可实现批量化生产	纯钛、钛合金、钴铬合金、不锈钢、高温合金等	
工业级金属增材制造装备	NCL-M200	成型尺寸：200mm × 200mm × 200mm 湿式、防爆、反吹滤芯结构，配备安全操作手套，过渡仓，保证操作安全	纯钛、钛合金、铝合金、钴铬合金、不锈钢、高温合金、模具钢等	

续表

类型	型号	主要特点	适用材料	外观
工业级金属增材制造装备	NCL-M3250	成型尺寸：250mm×250mm×300mm 在工业领域，可实现批量化复杂零件加工，随形水道制作	纯钛、钛合金、铝合金、钴铬合金、不锈钢、高温合金、模具钢等	
	NCL-M3280	成型尺寸：280mm×280mm×350mm 主要适用于工业领域，针对复杂件的工业打印，有效避开机加工难度和机加件拼装的影响，可实现批量化生产	纯钛、钛合金、铝合金、钴铬合金、不锈钢、高温合金、模具钢等	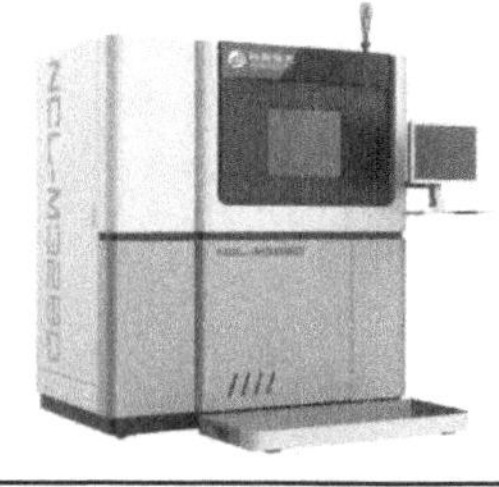

二十八、南京联空智能增材研究院有限公司

南京联空智能增材研究院依托南京理工大学国家工信部受控电弧智能增材技术重点实验室，由南京理工大学王克鸿人才团队、南京英尼格玛工业自动化技术有限公司、南京空港经济开发区(江宁)管理委员会于2020年9月签约共建。

研究院立足于为军工及航天航空行业共有、重大、关键且可产业化的关键技术进行攻关，以产、学、研相结合，科研服务生产为建设原则，建设成面向未来的智能增材制造及工业互联网创新创业平台，通过“技术引领+产业赋能”，进一步促进企业技术发展、创新竞争力，提升和产业化聚集发展。

研究院打造新型研发机构，重点应突出产业化、市场化，明确主导产业方向，以合作高校院所作为技术源，以研究院公司为转化平台，以设立的专业研究所(及孵化引进项目公司)作为成果转化落地方式，实现科技型项目的落地孵化和加速发展。

二十九、南京英尼格玛工业自动化技术有限公司

南京英尼格玛工业自动化技术有限公司成立于2011年5月，是一家致力于为工业智能制造提供安全、可靠、先进的解决方案的创新型科技公司。公司主营业务包括金属电弧增材、移动机器人、自动化系统及生产线集成等。本着“传递价值、承载信托”的企业精神，为汽车制造、电力、军工、石油化工、航空航天、船舶、重工机械、科研院所等行业的客户提供优质的产品和完善的售前、售后服务。

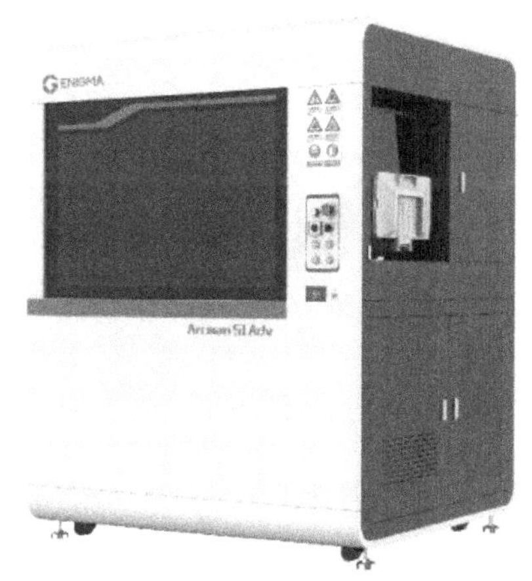

图7-8 ArcMan S1 Adv

ArcMan S1 Adv为国家级技能竞赛指定竞赛设备，是教育、培训、科研场景下的不二之选。高度紧凑的布局，可以完美满足教研场地、环境的要求。体积虽小，但功能强大，ArcMan S1 Adv可满足包括铝合金、不锈钢、铜合金、高强钢、低碳钢等多种材料的增材，增材范围可达到0.5m×0.5m×0.8m。使用极易上手的IungoPNT控制软件无须丰富的电弧增材经验，即可快速配置增材任务参数，进行布局和动态路径仿真，并启动增材设备。设备搭载熔池监控相机，实时采集反馈增材过程中的熔池动态，为材料及工艺的研究与开发带来实践依据。

ArcMan P1200智能电弧增材制造系统是为生产型应用场景量身定做，Φ1200mm×1500mm的增材范围，六轴机械臂配合双轴变位机(可选配置)，在电弧增材专用控制软件IungoPNT3.0的控

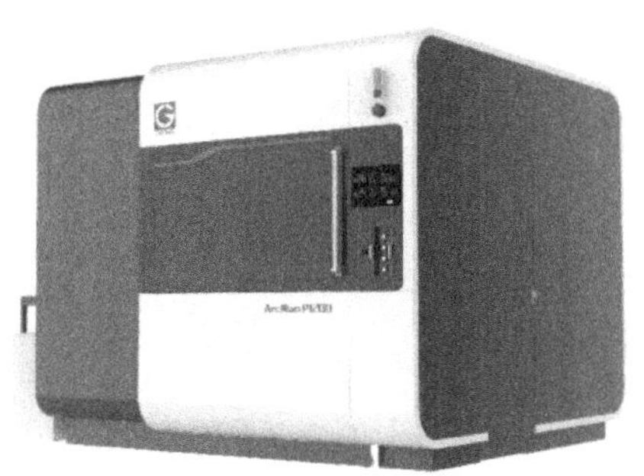

图 7-9　ArcMan P1200

制下，可实现高效、智能、稳定的增材生产。系统根据大量机器人电弧增材制造经验，完善了适应电弧金属增材制造的智能切片、路径规划算法和工艺专家库，相当于同时结合了优秀的软件工程师、工艺工程师和机器人工程师的经验，极大地降低了对设备操作人员的要求。

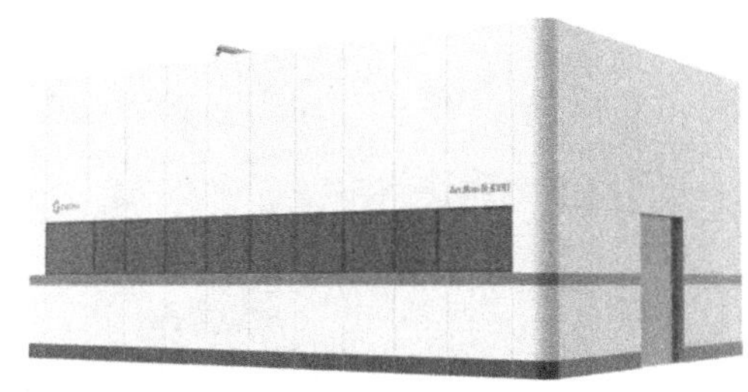

图 7-10　ArcMan M3000

ArcMan M3000 大型智能增减复合加工系统采用六轴工业机器人、龙门式机床配合水平移动、升降、旋转、翻转变位系统，兼具了机器人增材的灵活性、柔性与龙门铣床减材的稳定性、精确性，并通过自主研发的增减复合路径规划软件及西门子数控系统控制，结合专有的视觉技术及动态路径规划技术，实现全自动增减材交替加工，真正做到增减材工艺深度融合，满足大型复杂金属构件的高效增减复合加工成型，成型范围可达 2m×5m×1m。

三十、南京中科煜宸激光技术有限公司

南京中科煜宸激光技术有限公司(简称中科煜宸)成立于 2013 年，位于南京经济技术开发区，是中国增材制造产业联盟副理事长单位，中国科学院上海光学精密机械研究所成功孵化的高新技术企业，全国增材制造标委会标准起草参与单位，是工信部工业转型升级项目、科技部同步送粉增材制造重大专项承担单位，苏南国家自主创新示范区瞪羚企业，并建有江苏省金属 3D 打印工程技术研究中心、江苏省企业技术中心、江苏省博士后创新实践基地。中科煜宸主要从事智能激光焊接装备、激光增材制造装备、自动化生产线、激光核心器件和材料的研发与生产。公司的高性能大功率激光增材制造设备及技术先进，是南京市重点新产品，依托此产品公司获得第四届中国创新创业大赛先进制造行业企业组第一名。公司依托高性能金属零件激光增材制造工艺与装备项目荣获 2017 年辽宁省科学技术进步奖二等奖，依托航空复杂构建激光表面强化与复合再制造关键技术荣获 2019 年度江苏省科学技术奖一等奖。中科煜宸先后承担参与国家重点研发项目 4 项，受国家重点研发计划“高性能航空用大型金属结构激光同步送粉增材制造工艺与装备”“智能化增材制造系统平台”的项目支撑，成功实现航空航天整体叶盘、起落架、框梁结构、摇臂、支架等结构件的增材制造。相关成果已广泛应用于航空航天、汽车、船舶、冶金、模具等行业，并为上述领域的终端用户提供了上百套金属用智能激光增材制造装备，中科煜宸已成为国内首家系列化金属激光增材制造装备的供应商，成为本领域的国内龙头企业，是江苏省智能制造领军服务机构，填补了国内高功率送粉式激光增材制造装备及双光束铺粉增材制造装备领域的空白。

目前公司已拥有智能激光制造技术相关有权专利 133 件，其中发明专利 26 件，软著著作权 11 项；先后通过了 ISO9001—2016 质量管理体系认证、IATF16949 质量管理体系认证、OHS18001 职业健康安全管理体系认证、ISO14001 环境管理体系认证以及 GB/T29490 知识产权管理体系认证。

2020 年，中科煜宸增材制造整体合同额超过 1.2 亿元，推出高通量多材料在线混合梯度增材设备，设计制造出电弧增减材柔性复合加工中心，自主研发的多款软件开始批量销售。同时推出了多款移动激光再制造新产品，可快速现场抢修大型零部件。近两年中科煜宸成功给航空航天领域客户交付 LDM1500、LDM2500、LDM3000 等多套大型送粉式增材制造装备，并得到客户的认可。为宝钢、首钢、鞍钢、马钢等多个钢铁企业，陕煤、兖矿等煤矿企业提供了数十套激光熔覆装备。

三十一、南通金源智能技术有限公司

南通金源智能技术有限公司成立于 2015 年，致力于专业研发 3D 打印用金属粉末和部件。公司已通过质量管理体系 ISO 9001:2008、国军标质量管理体系 GJB9001B—2009、医疗器械质量管理体系 ISO 13485。公司占地 50 亩，拥有 7 条国际先

表 7-15　　中科煜宸增材制造设备产品列表

类型	型号	主要特点	适用材料	外观
同轴送粉金属3D打印机	LDM2020 同轴送粉式金属 3D 打印装备	经济型，面向大中院校和科研单位，成型尺寸 200mm×200mm×300mm	钛合金、铝合金、镍基合金、铁基合金、模具钢、不锈钢等	
	RC-LDM4030 送粉式金属 3D 打印装备	面向大中院校和科研单位，成型尺寸 400mm×300mm×300mm	钛合金、铝合金、镍基合金、铁基合金、模具钢、不锈钢等	
	LDM8060 送粉式金属 3D 打印装备	支持五轴联动，实现 3D 打印与再制造修复，成型尺寸 800mm×600mm×900mm	钛合金、铝合金、镍基合金、铁基合金、模具钢、不锈钢、铜合金、低合金钢等	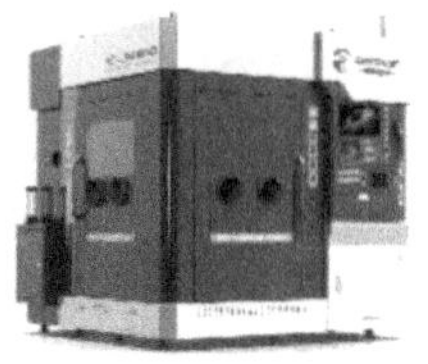
	RC-LDM1500 送粉式金属 3D 打印装备	成型尺寸 1500mm × 1000mm × 1000mm	钛合金、铝合金、镍基合金、铁基合金、模具钢、不锈钢、铜合金、低合金钢等	
	LDM4000 送粉式金属 3D 打印装备	采用高功率激光熔融金属粉末，成形金属零件，支持五轴联动，成型尺寸 4000mm × 3500mm × 3000mm	钛合金、铝合金、镍基合金、铁基合金、模具钢、不锈钢、铜合金、低合金钢等	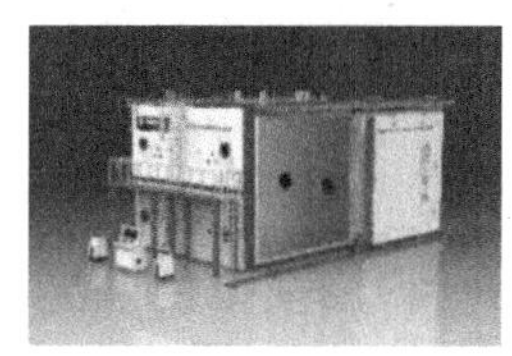
铺粉金属打印机	M250 铺粉金属 3D 打印装备	成型尺寸 250mm × 250mm × 300mm	不锈钢、钛合金、铝合金、钴铬合金、镍基合金等	
	RC-SLM500 双光束铺粉金属 3D 打印装备	采用双光束成形技术，成型尺寸 500mm×400mm×800mm	不锈钢、钛合金、铝合金、钴铬合金、镍基合金等	
电弧 3D 打印机	RC-WAAM-3000 电弧 3D 打印装备	成型尺寸 3000mm × 2000mm × 1000mm	钛合金、铝合金、不锈钢、铜合金、低合金钢等	

续表

类型	型号	主要特点	适用材料	外观
电弧3D打印机	RC-WAAM-1500电弧3D打印装备	成型尺寸 1500mm×1000mm×1000mm	钛合金、铝合金、不锈钢、铜合金、低合金钢等	
激光再制造装备	高速激光熔覆装备	X/Y/Z轴工作行程 3000mm×350mm×350mm	铁基合金、镍基合金、铜合金等	
	移动小车式激光修复系统	机器人工作半径1813mm	铁基合金、镍基合金、铜合金等	
	车载集装箱式激光再制造装备	激光功率 2KW～8KW 机器人工作半径 1813mm	铁基合金、镍基合金、铜合金等	
	中小型机床式激光再制造装备	X/Y/Z轴工作行程 1500mm×200mm×200mm	铁基合金、镍基合金、铜合金等	
	大型激光再制造装备	激光功率 6KW～10KW 机器人工作半径2100mm	铁基合金、镍基合金、铜合金等	

进的真空气雾化粉末生产线，其中VIGA生产线4条，EIGA生产线2条(带气体回收系统)，PA生产线1条(加拿大进口设备)，工业级3D打印机5台。产品包括铝基、钛基、镍基、钴基、铁基、铜基、难熔稀有金属(钨、钼、钽、铌)粉末及特种粉末定制，能满足各种金属3D打印技术对粉末的需求。

公司深耕3D打印金属粉末领域，致力于做全球领先的增材制造金属粉末制造商。明星产品钛合金(TC4/TA15)、高温合金(GH4099/GH3230)、铝合金(AlSi10Mg/Al-Mg-Sc)等30多种牌号铝合金粉末以优质的性价比得到行业广泛认可。

三十二、盘星新型合金材料(常州)有限公司

盘星新型合金材料(常州)有限公司(简称盘星)致力于新型金属材料、球形金属粉末及精密零件的研发生产，是一家以研发为导向，精密制造为核心，面向增材制造、新材料应用等先进制造领域的国家高新技术企业。

公司成立于2018年，是盘固集团的重要成员企业。盘固集团是多元化发展的集团公司，成立于1984年，年营收超45亿元。2010年起盘固集团投资新材料行业，先后在北京大学、中科院、南京理工大学等高校设立研发基金共计5000余万元，支持新材料科研工作。2012年投资建设了新材料产业园，设置测试中心、工程中心、中试车间等，成为企业级科研孵化器，累计投入超过2亿元。

秉承投资科研、正向开发、全流程孵化的理念，2016年，盘固集团与南京理工大学合作，共同开发3D打印材料和非晶合金材料；2017年完成材料工艺研发，主体设备设计、制造和工厂建设；2018年完成了生产设备调试，生产工艺开发和关键市场验证；2018年11月正式注册成立公司。2020年完成10条气雾化生产线建设，年产

1000 吨新型合金粉末。并通过 EN9100、ISO9001、ISO13485 等体系验证。

盘星根植于新材料研发，设立了盘星研究院、增材事业部、非晶事业部，至 2021 年已拥有钛合金、高温合金、钴铬合金、非晶合金等多个新材料产品系列，成为增材制造和非晶零件行业的领先企业。

表 7-16　　盘星粉末产品列表

钛基合金粉末	TC4(TC4-ELI) TA15 TA1 TiAl 其他牌号	0～20μm，15～53μm，53～150μm 等规格
高温合金粉末	GH3625 GH3536 GH4169 GH5188 GH4099 GH3230 其他牌号	15～53μm，53～150μm 等规格
钴基合金粉末	CoCrMoW CoCrMo 其他牌号	15～53μm，53～150μm 等规格

三十三、山东创瑞激光科技有限公司

山东创瑞激光科技有限公司（简称创瑞激光）成立于 2017 年 6 月，是一家集高端 3D 打印装备与 3D 打印材料研发与生产的高科技公司。截至目前，已拥有四代自主研发 3D 打印高端装备，近 70 项专利技术，建设有国内首家具有国际影响力的增材制造产业研究院，是全国增材制造标准化技术委员会数据与设计工作组 SAC/TC62 秘书处单位，推动一项国际标准立项，牵头及参与的国家标准达 20 余项，是目前山东省唯一一家将金属 3D 打印装备产业化的企业。公司已通过国家级高新技术企业、山东省专精特新企业、山东省工业设计企业、山东省软件企业、烟台市瞪羚企业、烟台市专精特新企业、烟台市工业企业一企一技术研发中心评定，主要产品金属 3D 打印机荣获山东省装备制造业优秀新产品奖、烟台市市长杯工业设计大赛银奖、入围中国优秀工业设计奖等。在过去的 2020 年度，公司自主研发的金属 3D 打印机销量稳居口腔医疗领域前三位，推动了产业升级和产品质量提升，带动了山东省增材制造领域高端装备产业的发展。公司在细分领域——口腔医疗齿科 3D 打印占有绝对优势，目前已研发成功两代 3D 金属打印高端装备口腔义齿专机，实现技术的迭代升级，研发出两款最适合国内义齿厂生产需求的产品，在集成创新、质量稳定性、安全性和性价比上拥有绝对的优势。

三十四、首都航天机械有限公司廊坊增材制造分公司

首都航天机械有限公司廊坊增材制造分公司（简称首航增材制造分公司）是由国内最大的运载火箭总装集成企业首都航天机械有限公司投资建立的增材制造产业基地，目前拥有增材制造厂房总面积约 4000 平方米，核心装备 15 台套，生产配套、后处理、性能测试及检测等设备 20 余台，拥有选区、送粉、电弧送丝三种主流金属打印设备及工艺，具备强大的研发和制造能力，实现了主流金属打印材料工艺、质量标准、装备的全覆盖技术体系。到目前为止，已累计完成各类发明/国防专利 40 余项，200 多个图号 3000 多件型号产品交付应用，有力保障了以长征五号系列、长征十一号、新型导弹武器为典型产品的快速研发。

公司聚焦航天增材制造领域，主要围绕运载火箭、空间科学、卫星导航等应用需求，着力开展氢氧发动机部件、弹箭体大型复杂和关键承力构件增材制造，形成具有从装备、软件、工程化应用的金属 3D 打印一体化解决方案的能力和产业；实现了在运载火箭捆绑支座、发动机高低温部件、大型舱段部段、轻量化舵翼、各类套筒类零件等的工艺验证和实际应用并推广应用至航空、核电、汽车和燃气轮机等领域。

公司同时基于国内领先的电弧熔丝工艺及装备技术，持续开展高智能电弧熔丝整机装备/复杂功能产线等的研发，目前已完成不同加工热源的熔丝系列化成熟装备研发，应用自研集成装备实现了航天多型号产品的快速研制与交付应用，技术成熟度高。

公司将瞄准未来国内高端制造领域的发展需求，基于在航天领域形成的领先增材制造核心技术，开展面向场景的全流程产业孵化与拓展，向市场提供集需求定义、材料研发、产品制造、装备集成开发、产品验收考核、技术服务咨询等于一体的增材制造全流程解决方案，在国防军工、商业航天、精密零件、汽车制造、个性加工等市

场实现广泛应用推广，解决个性化产品定制、工业产品快速制造、拓扑/整体/异形结构制造等市场痛点难题，快速形成不低于2亿元/年的产业规模。

图7-11　首航增材制造分公司

三十五、上海电气中央研究院

上海电气集团是中国知名的机械装备制造企业，上海电气中央研究院(简称电气研究院)是上海电气集团总部直属科研单位，主要从事新技术研发以及产品孵化。在2007年，电气研究院向陕西恒通智能机器有限公司采购了一台S600光固化设备，由此开始了上海电气的3D打印研究。在2013年正式成立金属3D打印项目组，从事汽轮机、燃气轮机关键零部件打印成形。在2014年，电气研究院参与上海电气集团“金属3D打印风险投资评估小组”，对全球多个金属3D打印团队及公司进行洽谈投资合作，考察的团队及公司包括西安铂力特、长沙华曙高科、华南理工杨永强团队、德国SLM公司等。最终通过两年的洽谈，在2016年，上海电气集团决定同华科大曾晓雁教授团队合作，在上海杨浦区成立“上海探真激光技术有限公司”(简称探真公司)。为了更好地支撑探真公司的发展以及推动本集团金属3D打印产业的发展，电气研究院金属3D打印项目组在2017年开始进行气雾化制粉研究工作，随后在上海嘉定区搭建出第一台双模式气雾化制粉系统。

在制粉能力方面，电气研究院借助本单位的上海市超算分中心资源，经过多年理论研究及制粉生产经验总结，实现“微场精密雾化”的技术突破，现已完成系列化制粉喷嘴及其系统开发，并熟练掌握EIGA(无坩埚)与VIGA(有坩埚)两种气雾化制粉工艺，可承接熔点2100℃以下大多数合金材料的“粒度定制化”制粉服务。常见材料：高温合金、钛合金、镁铝合金、钴铬合金以及钢等材料都已试制粉末，并备有少量产品。电气研究院至2019年以来，已为多家企业提供批量与定制化制粉服务，已服务的单位包括：上海大学、上海交通大学、北京科技大学、暨南大学、中国科学院大学以及江苏天麒新材料有限公司、上海探真激光技术有限公司等。关于气雾化制粉知识产权，电气研究院现已申报相关专利19项，已发表学术论文5篇。

目前，上海电气集团旗下相关产业公司已完成汽轮机空心叶片、燃气轮机轴向旋流器等3D打印产品的研发及应用验证，已实现批量生产及工业化应用，对不锈钢、镍基高温合金粉材内部需求旺盛。

三十六、上海复志信息科技股份有限公司

上海复志信息科技股份有限公司致力于为全球客户提供基于3D打印的一站式柔性制造方案，包括3D打印机、切片软件、打印云平台以及配套耗材等的端到端解决方案。公司已经进入国际第一阵营且处于高速发展中的国际化公司，以上海为全球总部，南通为制造基地，中、美、欧三地协同研发创新，在美国加州和荷兰鹿特丹拥有海外办公室和专业化国际团队。

公司的产品和解决方案，通过全球数十家核心渠道商以及数百家经销商，已经销售到全球近百个国家和地区，广泛应用于制造业、工程研发、航空航天、医疗、汽车、电子电气、机电设备、文化创意、建筑设计等多个领域。

三十七、上海航天设备制造总厂有限公司

上海航天设备制造总厂有限公司隶属于中国航天科技集团第八研究院，是我国唯一集运载火箭、空间飞行器及战术武器地面系统产品制造、总装总测和发射服务于一体的国有综合性航天骨干企业。

企业聚焦优势技术和产品，形成了8个工程技术方向，24项工程技术子方向的核心技术。构建了“十大制造中心”，建成国家认定国家企业技术中心、国家国际科技合作基地、国家技术创新示范企业等5个国家级创新平台，“国防特种焊接技术应用创新中心”“上海复杂金属构件增材制造工程技术研究中心”等25个省部级平台。

企业在增材制造技术、无人机技术、智能装备等领域拥有核心技术，并在八院创新创业中心设立上海航天设备制造总厂研发创新中心，大力

发展相关技术和产业。

在增材制造领域，企业拥有“上海复杂金属构件增材制造工程技术研究中心”“航天科技集团增材制造工艺技术中心”“八院增材制造技术中心”等研发平台，并先后成为中国3D打印产业联盟副理事单位、中国增材制造产业联盟副理事长单位，并牵头成立上海市增材制造协会，先后承担科技部、装备发展部、国防科工局等国家及省部级项目50余项，申请专利60余项，授权30余项，主持编制相关标准20余份，荣获上海市科技进步二等奖等科技奖励5项，国家及省部级荣誉20余项。基地具备从“前沿方向牵引、关键共性技术突破、特种增材制造工艺装备研发以及工程应用服务”一体化解决方案的能力，拥有金属、非金属增材制造生产及相关配套设备，激光增材制造航天工程化应用技术处于国内先进和行业领先地位，为我国航天型号发展提供增材制造工艺技术支撑保障。

三十八、上海酷鹰机器人科技有限公司

上海酷鹰机器人科技有限公司(简称“酷鹰”)是专业从事超大型3D打印解决方案研发的高新技术企业，公司秉承“探索未来制造方式”的理念，基于“增减材一体化+新材料研发+智能控制”的创新模式，专注于超大型3D打印智能装备、大流量3D打印挤出机、控制系统、打印材料和打印切片软件的研发，面向行业提供超大型增减材一体化解决方案，助力制造企业降低成本、提高效率。公司现有智能装备包含五轴增减材一体机(BGAM)、高速粒料打印机(SGAM)、机器人增材制造系统(BRAM)，主要产品被广泛应用于建筑景观、航空航天、船舶制造、轨道交通、能源、汽车、医疗等众多行业领域。

在大型模具制造上，酷鹰融合参数化设计、智能装备研发、3D打印、控制系统研发、打印材料研发等多种工艺，面向行业推出大型模具增减材一体化解决方案，实现各类常温成型模具及热压罐成型模具的生产制造，模具最高可耐180℃高温且可耐0.6Mpa压力不变形，适用于热压罐成型。与传统金属模具制作工艺相比，具有制作周期更短、成本更低、材料使用效率更高等优势，应用十分广泛，是模具成型的理想解决方案。

在建筑景观方面，酷鹰主要面向园林景观、建筑模板、预制建筑、景观小品等领域。目前，酷鹰已成功落地上海桃浦“时空”3D打印桥、福建泉州“云水”3D打印桥、四川成都“流云”3D打印桥等多座3D打印桥项目及各类创意景观小品的设计制造，受到了广泛的关注。

在医疗方面，酷鹰的粒料3D打印技术，可以将人体三维扫描后直接自动化打印制作，实现脊柱侧凸矫形器的快速成型，工业级3D打印与医疗的完美结合，有效助力医疗支具的数字化、自动化制造。同时，酷鹰发起并主起草的中国医疗器械行业协会团体标准的《定制式增材制造脊柱侧凸矫形器》也已成功发布。

三十九、上海联泰科技股份有限公司

上海联泰科技股份有限公司(简称联泰科技)成立于2000年，是国内较早从事3D打印技术应用实践的企业之一，参与并见证了中国3D打印产业的主要发展进程。作为国内首批进入3D打印市场的企业，通过20年来在3D打印行业的努力耕耘，目前拥有国内SLA 3D打印技术最大的市场份额和用户群体，细分市场占有率超过60%，产业规模位居国内同行业前列，在国内3D打印技术领域具有广泛的行业影响力和品牌知名度。

公司各类产品已被广泛应用于模具铸造、工业验证、模型设计、手板制造、鞋业、口腔牙科、艺术创造、医疗拓展、汽车、电器、文化创意以及教育科研等多个领域。主要客户遍布全球，有格力集团、韩国AM技术株式会社、意大利公司Key Service Srl、印度公司Rapid Proto Tech India Private Limited等。

四十、上海龙烁焊材有限公司

上海龙烁焊材有限公司(简称上海龙烁)成立于2012年，致力于增材制造金属丝打印材料。公司专有复合焊丝和药芯有色焊丝技术，技术优势产品有纳米铝焊丝、复合铝焊丝、金属粉芯铝焊丝、各类有色复合丝材、粉芯丝材、特种铝焊丝。激光、cmt、等离子、电子束、搅拌摩擦焊、熔滴喷射、tig/mig等各类熔丝应用场景，及航空航天、汽车零部件、医疗器械等行业得到广泛应用。

四十一、上海盈普三维打印科技有限公司

上海盈普三维打印科技有限公司(简称盈普三维)科研团队于1999年成立，是国内较早从事3D打印业务的专业技术公司，多年来聚焦于选择性

表 7-17　　上海龙烁焊材主要产品

类型	牌号	主要特点	规格	熔丝增材应用
铝焊丝	ER5E61、ER2319、ER205a、ER5B71、ZL114a	通用性好	Φ0.8～2.4，6、7、9kg/盘，可定制大包装	各类场景丝打印材料
纳米铝焊丝	ER7075CT、ER2319CT ER4354BT、ER205ACT	抗裂性好，部分高性能应用场合	Φ0.8～2.4，6、7、9kg/盘，可定制大包装	航空航天等
钛铝复合焊丝	Ti-48Al-2Cr-2Nb、Ti-45Al-2Cr-5Nb	加工性好，易成型	Φ0.8～2.4，6、10、15kg/盘	航空航天等
轴承增材焊丝	ALSn20Cu、ALSn40Cu	无偏析	Φ1.0～2.4，6、10、15kg/盘	轴承电弧增材替代浇铸工艺
高熵丝材 中熵丝材	AlCoCrFeNi、AlCrTiNi	粉芯加工性好，高熵应用场景	Φ1.2～2.4，6、10、15kg/盘	航空航天等

激光烧结增材制造(SLS)工艺研发和应用。公司总部位于上海，并在北京、江苏、广东设有分公司，其中研发和生产中心位于广东省中山市，亚洲区展示培训和高分子粉体激光烧结(SLS)特新材料打印中心设立在江苏盐城。

盈普三维率先在亚洲地区推出自主研发的工业级 SLS 增材制造系统，2014 年曾获得行业巨头 Stratasys 的投资并组建合资公司，2017 年成为国内首家获得德国莱茵 TÜV CE 认证的 SLS 增材制造设备生产商。2018 年创始人团队从 Stratasys 回购全部股份后，盈普三维全面独立运营，中国品牌“TPM3D 盈普”重新启航。针对不同的应用场景，盈普三维已成功开发出 6 款 S 系列、4 款 P 系列激光烧结增材制造系统，零件粉体全性能处理工作站(PPS)，以及 20 多种用于制造高品质零件的高分子粉体，目前拥有 30 多项国家专利。

经过多年的积累，盈普三维已发展成集研发、生产、销售于一体，并能提供定制化产品设计和专业打印服务的行业知名品牌，致力于为医疗、汽车、消费品及电子、教育和航天航空等领域用户提供安全、可靠、高效、环保的 3D 打印智能制造解决方案。

表 7-18　　盈普三维主要产品

类型	型号	主要特点	适用领域	外观
尼龙 3D 打印机 S 系列	S360	本款设备兼顾了成型尺寸和生产效率，机电分离设计具备极高的安全性和稳定性，是一款综合性能优秀的增材制造系统，适用于航空、汽车、电器等行业，成型缸尺寸 360mm×360mm×600mm	汽车、医疗、教育、电器、航空	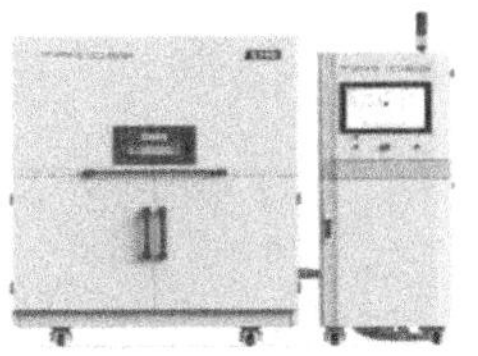
	S480	本款设备相较 S360 具备成型范围更大(成型缸尺寸 480mm×480mm×600mm)、扫描速度更快、生产效率更高的优势，适合制作更大尺寸的零件，或者批量制造小尺寸的零件，在面对各类打印任务时更加灵活，并具备同样的安全稳定性	汽车、医疗、教育、电器、航空	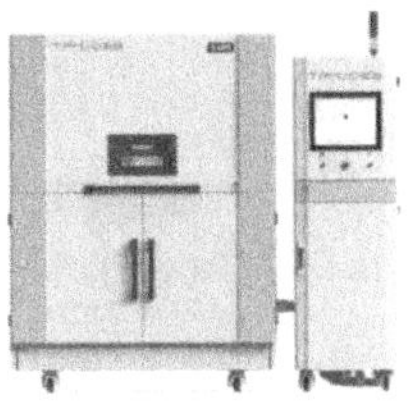
	S600DL	本款设备配备双激光核心、双数字动态聚焦系统，采用智能分工协同扫描模式，并非单纯地扩大成型体积，而是在大幅度提高生产效率的同时，保证了零部件的品质。设备的成型缸尺寸达到 600mm×600mm×800mm，是目前业内成型体积最大的设备。适用于汽车、航空航天、雕塑等大尺寸零件模型，或追求极致效率的领域	汽车、医疗、电器、航空、雕塑	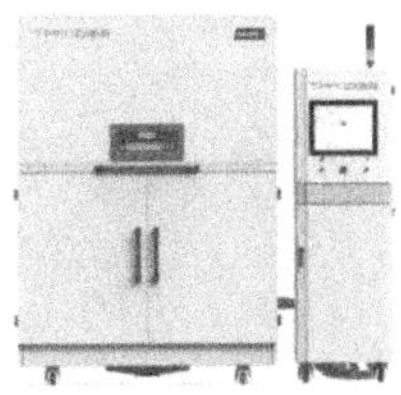
	S800DL	本款设备同样搭载了双激光核心与双数字动态聚焦系统，与 S600DL 的成型总体积相同(成型缸尺寸为 800mm×800mm×450mm)，均为业内最大，但幅面增加到 800mm×800mm，在制作汽车、航空航天等行业的大尺寸零件时，可以降低摆放高度，更高效、更优质地完成打印任务	汽车、医疗、电器、航空、雕塑	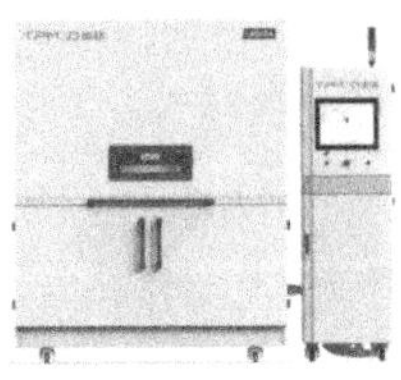

续表

类型	型号	主要特点	适用领域	外观
尼龙3D打印机S系列	S150HT	本款设备是专注于打印PEEK及其他高温高性能材料的增材制造系统，工作腔最高温度可达350℃，并且具备光斑精细，成型空间灵活的特点(成型缸尺寸150mm×150mm×250mm)，适用于教育、医疗、科研背景下的材料研发应用	教育、医疗、科研	
	S320HT	本款设备是专注于打印PEEK及其他高温高性能材料的增材制造系统，工作腔最高温度可达350℃，具备光斑精细，中等成型空间的特点(成型缸尺寸320mm×320mm×380mm)，除用于材料开发以外，还可以小批量打印PEEK等高温材料零件，满足生产使用的要求	教育、医疗、科研、电器、汽车、航空	
尼龙3D打印机P系列	P260	本款设备是专注于教育市场的专业级增材制造系统，具备光斑精细，成型空间灵活等特点，成型缸尺寸为260mm×260mm×450mm，适用于各类专业的教学打印任务	教育	
	P360	本款设备兼顾了成型尺寸和生产效率，具备较高的安全性和稳定性，采用集成式控制系统，占地面积更小，是一款综合性能优秀、极具性价比的增材制造系统，适用于汽车、电器、手板等行业，成型缸尺寸360mm×360mm×600mm	汽车、医疗、教育、电器、手板	
	P480DL	本款设备配备双激光核心和双数字动态聚焦系统，采用智能分工协同扫描模式，双激光器协同区域大，生产效率显著提高。设备的成型缸尺寸为480mm×480mm×600mm。设备的性价比高，适用于汽车、手板、电器、制鞋等中大尺寸零件模型，或追求极致效率和性价比的行业领域	汽车、医疗、电器、航空、制鞋、手板	
	P550DL	本款设备是P系列中成型尺寸最大的设备，成型缸尺寸达到550mm×550mm×600mm，并且搭载了双高功率激光器和双数字动态聚焦系统，在满足大尺寸零件制造的同时，可以将生产效率提升45%以上，适合制造航空、汽车、电器、鞋业等复杂结构的制品，也适用于手板行业的客户承接各类打印服务工作	汽车、医疗、电器、航空、制鞋、手板	
零件粉体全性能处理工作站	PPS	国内首创一站式非金属粉体增材制造清洁生产方案，是SLS 3D打印机必备神器，集零件清理、粉体回收、配比混合、自动供粉和粉尘收集六大功能，使零件清理和粉体处理变得轻松高效	搭配盈普SLS打印设备使用	

续表

类型	型号	主要特点	适用领域	外观
	快速成型通用系列			
常用高复用性粉体	生产制造高性能系列	具有性能稳定、无毒害、机械强度良好等优势，并且具备操作温度窗口宽、流动稳定性好，无须提前除湿等特点 成型零件具备颜色稳定，尺寸精确，机械特性良好，可打磨，可粘接，可热焊以及可染色拼接等特性	医疗、汽车、电器、手板、制鞋、教育、航天航空	
	特殊用途系列			

四十二、陕西百普生医疗科技发展有限公司

陕西百普生医疗科技发展有限公司是以西安交通大学机械制造系统工程国家重点实验室为技术依托，以渭南高新区3D打印产业基地为孵化载体，主要研发和生产以生物活性可吸收材料为代表的生物3D打印设备、材料和提供个性化医疗解决方案。

公司面向医疗及科研院所的应用需求，根据多年的3D打印植入物设计、评估和打印经验，为人体软/硬组织缺损的个性化医疗修复提供材料、设计、3D打印工艺装备、可降解软组织支架等一体化医疗解决方案，满足科研、临床等不同层次的应用需求。

公司自主研发的Precise-1型微米级高精度生物3D打印设备，具备生物高分子聚合物、天然生物材料和细胞、水凝胶的微纳米尺度参数化3D打印功能，可以实现亚微米级生物支架和细胞墨水的3D打印，为生物工程和细胞组织功能化定制提供了新的解决方案。

四十三、陕西聚高增材智造科技发展有限公司

陕西聚高增材智造科技发展有限公司是一家高性能非金属材料3D打印完整方案提供商，以西安交通大学机械制造系统工程国家重点实验室团队为技术依托，以陕西渭南高新区3D打印产业培育基地为发展平台，专注于以聚醚醚酮(PEEK)为代表高性能材料3D打印装配和材料研发。公司业务覆盖医疗、航空航天、工业等众多领域。

公司自主生产所需要的1.75mm规格的高精度3D打印PEEK耗材，采用的工业级PEEK原材料来自国内及国外PEEK材料最知名的几家材料供应商，然后采用定制的挤塑机进行丝状材料的挤塑工作，挤塑环境处于无菌、无尘、万级洁净的公司内部生物实验室里，保证3D打印PEEK耗材的纯净与安全性。

聚高的高性能非金属增材制造(3D打印)技术于2018年10月真正进入工业应用，已经为国防军事、航天航空、石油化工、电气电子、航海船舶、机械工业等领域提供典型的完整解决方案。

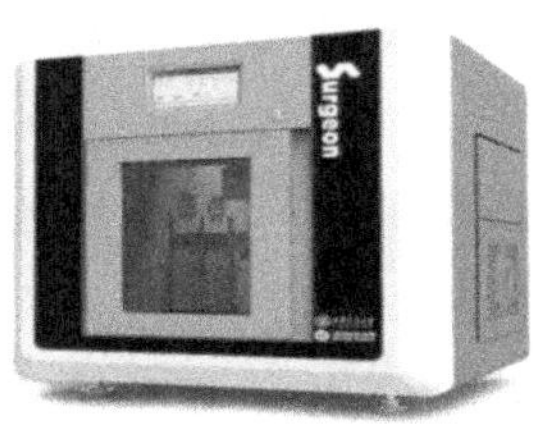

图7-12 Surgeon 3D打印机 Engineer 200 全材料工业级增材制造装备

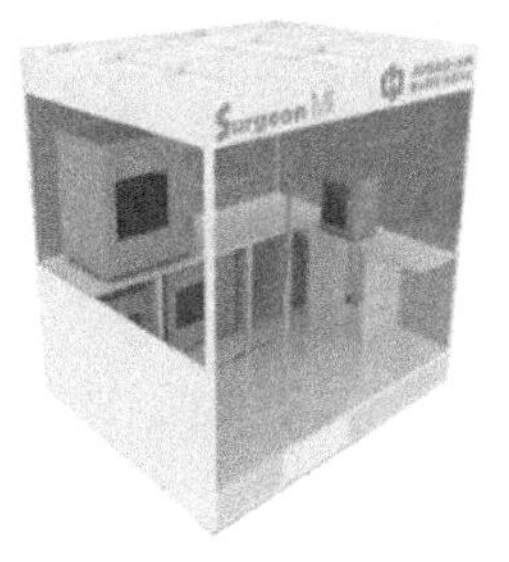

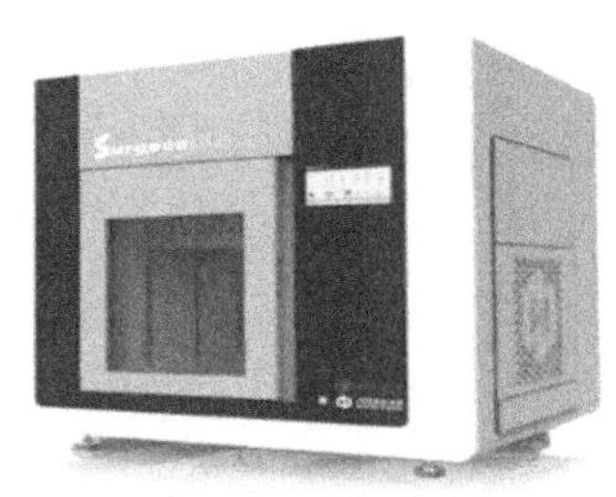

图7-13 Surgeon Plus 3D打印机 Surgeon MI 增材制造装备

图 7-14 Doctor 200 工业级高温增材制造装备

四十四、陕西马克医疗科技有限公司

陕西马克医疗科技有限公司(简称马克医疗)于 2018 年 7 月 13 日成立，注册资金 2200 万元，主营业务是将 3D 打印技术及数字影像和临床医学相结合，开展医学 3D 打印、生产和销售，以及医学数字技术服务的综合性高新技术企业。公司致力于全方位提供以医学 3D 打印为基础的心血管疾病数字医疗解决方案，探索 3D 打印数字医疗技术在心血管疾病领域里的更多应用。自成立以来获得国家级重点研发项目 2 项、省级科研项目 2 项、医院级 1 项。并获得专利证书 3 项，软著 12 项，并在陕西科技创新大赛中进入 10 强。

公司瞄准心血管经导管治疗及医学 3D 打印两大热点，将数字技术，特别是 3D 打印和临床医学相结合，打造医学 3D 打印、生产和销售，以及医学数字技术服务的综合性高新技术企业。针对传统影像对复杂结构显示不佳的缺陷，介入手术复杂且技术难度高、风险高等问题，马克医疗全方位提供以医学 3D 打印为基础的心血管疾病数字医疗解决方案，旨在探索 3D 打印数字医疗技术在心血管疾病领域里的更多应用，改变患者就医模式及理念，辅助医生提升手术效率与安全性、促进精准医疗及个性化医疗的实施，造福广大心血管疾病患者。

马克医疗在国内最早成功实现心血管 3D 打印技术在结构性心脏病经导管治疗中的临床突破，已成功应用于 30 类疾病、200 家医院，造福上万名患者。

四十五、苏州倍丰智能科技有限公司

苏州倍丰智能科技有限公司(简称倍丰公司)创立于 2017 年 8 月，公司创始人吴鑫华教授，系澳大利亚技术科学及工程院院士，三十年来致力于金属材料科学和增材制造的世界级科学家，在国内外培养了数位行业精英，并把先进的金属材料工艺和多年积累的增材制造经验带回国内，旗下控股两家子公司，苏州三峰激光科技有限公司和澳大利亚 AmPro Innovations Pty Ltd。

倍丰公司拥有完整的金属 3D 打印全产业链的解决方案，包括提供成熟及新型的金属原材料，制造从小型到超大型的金属打印装备及粉末前后处理的辅机系列，以及面向航空航天、地面燃机、核电能源、汽车等重点行业的打印研发业务。

倍丰公司拥有全球顶尖的金属 3D 打印技术和材料科学专家技术团队，长期致力于高温镍基合金、钛合金和铝合金材料在航空发动机、航空构件、通信系统构件、医疗构件金属 3D 打印上的应用研究，拥有围绕金属 3D 打印工艺特殊要求的原材料成分开发、轻量化设计和复杂集成制造能力，在金属 3D 打印工艺参数数据库建立、产品质量控制能力和方案、构件无损检测方案，直至成品适航认证、装机使用的全过程方案和技术方面具有核心竞争力。

倍丰公司面向市场推出激光选区熔化成形设备包括 6 种型号，分别是 SP101，SP261，SP401，SP501，SP801，SP1200。SP101 主要面向科研教育行业类用户，以材料开发为主；SP261，SP401，SP501，SP801，SP1200 主要面向工业生产型用户，以零件打印生产为主。针对 3D 打印金属粉末

表 7-19 苏州倍丰产品

类型	型号	主要特点	适用材料	设备外观
SLM 工艺装备	SP101	可切换构建仓 操作简单便捷 成型尺寸 Φ100mm × 100mm	钴铬合金、不锈钢、钛合金、纯钛等	

续表

类型	型号	主要特点	适用材料	设备外观
SLM 工艺装备	SP261	激光器 500W ＊2 可移动构建仓 成型尺寸 250mm×250mm×300mm	不锈钢、模具钢、镍基合金、钛合金、铝合金、高强铝等	
	SP401	激光器 500W ＊2/4 选配 可移动构建仓 成型尺寸 400mm×400mm×500mm	不锈钢、模具钢、镍基合金、钛合金、铝合金、高强铝等	
	SP501	激光器 500W ＊2/4 选配 可移动构建仓 成型尺寸 500mm×500mm×500mm	不锈钢、模具钢、镍基合金、钛合金、铝合金、高强铝等	
	SP801	多激光配置下-单激光全域覆盖打印 双构建仓切换 成型尺寸 800mm×800mm×600mm	不锈钢、模具钢、镍基合金、钛合金、铝合金、高强铝等	
	SP1200	12 激光超大成型幅面 成型尺寸 1200mm×600mm×1500mm	不锈钢、模具钢、镍基合金、钛合金、铝合金、高强铝等	

处理，倍丰公司主要的产品包括粉末填装设备 DU40，粉末筛分设备 SU40，粉末回收设备 VU40，粉末干燥设备 PD10，残余粉末清理设备 G4，残余粉末清理设备 G40 以及金属粉末罐 PS20 和 PS60。倍丰公司客户蒙纳士大学增材制造中心使用该套完整粉末处理设备在钛合金粉末循环 38 次后发现仍不影响材料的性能，这相当于粉末成本下降 85%，给客户带来了重大的经济利益。

四十六、深圳市创想三维科技股份有限公司

深圳市创想三维科技股份有限公司（简称创想三维）是全球消费级 3D 打印机领导品牌，国家级专精特新“小巨人”，国家高新技术企业，专注于 3D 打印机的研发和生产，产品覆盖“FDM 和光固化”领域，目前自主研发制造的熔融沉积和光固化 3D 打印机在国内处于领先水平，拥有 160 多项消费级、工业级、教育级 3D 打印机授权专利。公司一直致力于 3D 打印机的市场化应用，为个人、家庭、学校、企业提供高效实惠的 3D 打印综合方案。

公司总部位于深圳，在北京、上海、武汉、成都、西安等地设有分公司，拥有先进的大型研发中心、3D 打印实验室、创想研究院及现代化生产线，并与多所高校合作建立产学研教学实习基地，研发、制造、售后体系完备，技术实力雄厚。公司员工超过 2000 人，其中研发人员超过 500 人，总生产场地近 50000 平方米，年生产规模超过 200 万台，拥有 160 万 + 的用户。

公司自 2014 年成立以来，销量逐年成倍增长，创想三维产品远销 192 个国家和地区，长期稳居全球 3D 打印机销售榜前列，是国内消费级 3D 打印机“隐形冠军”和头部企业，在消费级 3D 打印机领域公司综合实力远超业界同行。

表 7-20　创想三维主要 3D 打印设备产品

类型	型号	特点	耗材	图片
FDM	CR-30	CR-30 采用 Core-XY 精密机械结构设计，高效稳定；CR-30 的 Z 轴是一个滚动传送带，随着传送带缓慢移动，可以进行无限长模型的打印。 应用于工业设计、建筑构造、家居生活、模型手办等领域	PLA/ABS/PETG	
	CR-6 SE	CR-6 SE 被福布斯评为全球最佳整体 3D 打印机，全智能免调平技术，让打印平台更平整，精度更高。“氧化铝材框架 + 钣金底座”的一体式模块化设计，5 分钟内即可组装完成。成型尺寸为 235mm × 235mm × 250mm。 广泛应用于医疗、建筑、DIY 创意、制造业等领域	PLA/TPU/PETG/ABS/木材	
	Ender-3 S1	搭载自主研发的“精灵”近端挤出机，外观小巧精致、重量轻便、挤出力强劲，可打印 TPU 等柔性耗材。成型尺寸 220mm × 220mm × 270mm。 Ender-3 S1 是一款专为工业设计师、艺术工作者、创客以及 3D 打印兴趣爱好者而生的产品	PLA/TPU/PETG/ABS	
	Ender-7	正常打印速度可达 250 mm/s，配有高精度直线导轨，金属一体成型设计，在保持精度和质量的同时，还能让人享受到高速制造的好处。成型尺寸 250mm × 250mm × 300mm。 应用于工业设计、教育科研、结构设计、艺术创意等	PLA/ABS/PETG	
	Sermoon V1	开箱即打，远程智能控制和云打印，自研的精灵近端挤出机，兼容多重耗材。成型尺寸175mm × 175mm × 165mm。 应用于儿童教育、家居生活、办公工作、艺术设计等场景	PLA/ABS/PETG	
光固化	HALOT-ONE	成型尺寸 221mm × 221mm × 404mm。 应用于医疗齿科、建筑设计、珠宝首饰、手办动漫、创客教育	光敏树脂	
	HALOT-SKY	全新一代旗舰光固化 3D 打印机，使用自主研发的积分光源，让用户能够快速上手，大幅度提升模型的光泽度和精细度。采用自研切片软件，同时兼顾入门级用户和专业级用户两种模式，大大降低了使用门槛。成型尺寸 192mm × 120mm × 200mm。 应用于医疗齿科、建筑设计、珠宝首饰、手办动漫、创客教育	光敏树脂	

四十七、深圳光华伟业股份有限公司

深圳光华伟业股份有限公司(简称 eSUN 易生)成立于2002 年，以绿色为主题，致力于环境友好型材料的产业化，是国家级高新技术企业，国家战略性新兴产业新材料项目承担单位，是中国轻工业塑料行业(降解塑料)10 强企业。公司于 2016 年 4 月 5 日在新三板挂牌，证券代码 836514。

公司秉承“差异化定位 · 开放式创新”的经营理念，立足生物材料合成、改性，拓展高附加值和低成本应用。围绕生物降解材料聚乳酸、聚己内酯等，逐渐形成了以生物医用、3D 打印、生态纤维、一次性降解制品四个主要应用为主的产业布局。通过持续对企业研发能力、营销能力、生产能力的投入建设，eSUN 易生全方位提高了品牌核心竞争力，企业实力再上新台阶。

作为3D 打印材料全球领导品牌，eSUN 易生以用户需求为核心，在产品方面，一方面坚持自主研发，相继推出了多种拥有不同外观表现效果、性能特点和应用场景的 3D 打印材料；另一方面，秉持开放式创新的经营理念，积极拓展与其他品牌的合作，致力于为全球 3D 打印行业用户提供更好的产品和服务。2019 年，eSUN 易生分别加入了 Ultimaker 材料联盟项目、Raise3D 开放式耗材项目(OFP)，并且先后与杜邦、雷孚斯、索尔维等国际知名品牌开展合作，以更多创新性材料推动了3D 打印技术在其他行业的应用深度和广度的提升。

在营销网络建设上，已初步建成了“国内 + 国际”“线下 + 线上”的全方位营销体系，助力全球市场开拓。线下，我们拥有 50 多个代理经销商，将产品销往 100 多个国家与地区；线上，天猫、亚马逊、速卖通、Shopify 等电商平台开通销售渠道，能最大化满足全球客户需求。

在生产能力建设上，公司在湖北孝感市建有环境友好型材料产业园，已建成年产聚合物 10000 吨、3D 打印材料 5000 吨、3D 打印光敏树脂 1000 吨的生产能力。近年来，3D 打印行业发展迅速。为了全球业务拓展，加速产能释放，eSUN 易生于 2020 年启动孝感产业园 10000 吨/年 3D 打印耗材产能建设项目；2021 年，越南工厂产能也提升至 1500 吨/年。同时，南美选址建厂项目也在规划过程中。通过全球化战略布局，eSUN 易生的全球供货能力将得到进一步提升，利于打造行业头部品牌，实现阶段性发展目标。

创新是引领发展的一大动力，然而，根本还在于人才储备的培养。公司拥有超过 30 人的研发力量，其中一人入选国家“万人计划”，大部分研发人员具有硕士以上学历；依托武汉大学、北京大学、中科院宁波材料所，联合组建三个研发中心，形成了合成、改性与 3D 打印材料等多个独立研发团队。光华伟业已经申请专利 60 多项，获得授权专利 40 多项，是熔融挤出类 3D 打印聚乳酸耗材、聚己内酯两个国家标准牵头起草单位，聚乳酸等 10 多个国家标准参与起草单位。

2021 年是世界低碳经济发展元年，“绿色智造”成为中国经济发展的新趋势之一。为实现经济高质量发展，eSUN 易生将持续专注产品研发和创

表 7-21　　光华伟业部分 3D 打印耗材产品列表

类型	牌号	主要特性	3D 打印主要应用	外观质量
3D 打印耗材	PLA +	高韧性，高抗冲击，线条不易脆断，层间结合力强	机械/汽车 装饰件 电子电器 COSPLAY 领域	
	eMate	低温 高韧性 高抗冲击性	手工 DIY 低温打印笔	
	eResin-PLA Pro	高强度 高韧性 高精度 兼容性广	手办/教育 牙科/机械 装饰件	

新，将“低碳”“可持续发展”等理念贯彻到产品生产销售的各个环节，减少资源浪费，最大化提高生产效率，为行业用户带来更多绿色环保的3D打印材料。同时，在全球疫情防控常态化背景下，坚持稳中求进的发展战略，一方面启动数字化平台建设，重金引入SAP系统，提高企业精细化管控能力和全球市场响应能力；另一方面，根据市场发展趋势有的放矢，拓展业务体系，将创新与品牌建设相结合，不断提高产品核心竞争力，助力全球化战略落地。

四十八、天津清研智束科技有限公司

天津清研智束科技有限公司(简称清研智束)成立于2015年，是全球领先的工业级电子束金属3D打印全套解决方案提供商。公司致力于电子束熔化(EBM)3D打印技术，该技术利用电子束在高真空环境下以金属粉末为原材料制造高度致密的金属零件，具备量产成本低、效率高、可成形材料广等核心优势。

公司核心团队由近十位清华大学博士、博士后组成，是国际上最早开展电子束金属3D打印技术研究的团队之一，于2004年开发了国内首台样机并获得国内首个发明专利授权。公司是当前国际上电子束3D打印产品系列最全、技术成熟度最高的企业，创造了电子束金属3D打印领域的多个第一。

第一次实现国产电子束增材制造装备出口；销售亚太地区第一台长寿命阴极医疗型电子束金属增材制造装备；销售亚太地区第一台6kW以上大功率大幅面电子束增材制造装备；国际上最大的电子束3D打印部件通过测试；开发了国际上首台多电子束3D打印原理样机等。

公司已经围绕金属增材制造装备、原材料、工艺、软件定制及终端部件打印服务完成了技术积累和垂直产业链布局。可提供钛合金、钛铝金属间化合物、高温合金、铝合金、铜合金、钨合金、硬质合金等数十种材料的零部件打印服务，与航天科工、航天科技、中国航发、中航工业、上海电气、东方电气、中船重工、爱康医疗、西门子、全俄航空材料研究院等国内外知名企业建立了良好的合作关系。未来5年计划投资5亿元人民币，构建从材料、设备到3D打印服务的完整产业链，为中国3D打印产业的发展贡献力量。

表7-22 清研智束主要产品列表

型号	应用领域	外观
QBEAM Lab150/200	新材料开发和科研	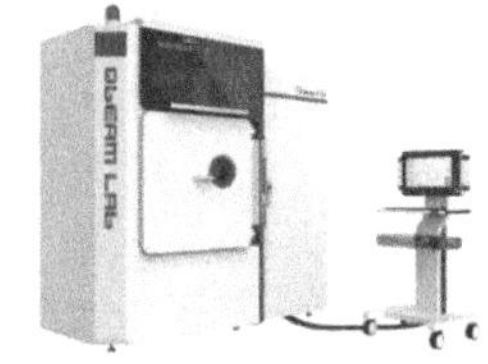
QBEAM Med200	医疗骨科植入体打印	
QBEAM Aero200	航空航天及工业制造	
QBEAM Aero350	航空航天及工业制造	

四十九、渭南鼎信创新智造科技有限公司

渭南鼎信创新智造科技有限公司作为快速制造国家工程研究中心渭南中心的运营实体公司，位于渭南市高新区3D打印产业培育基地内，注册资金1000万元，主要从事桌面3D打印机的研发和生产，工业级3D打印机的生产，3D打印创新教育及相关项目策划、建设及运营，3D打印产业化应用研究，3D打印与传统制造工艺的结合应用研究，为行业企业提供产品快速开发制造整体解决方案。

公司自成立以来，本着“勤奋、求实、创新、高效”的宗旨，服务各类生产设计型企业百余家，其中重点重工及军工代表企业有十余家，并长期建有良好的合作关系。公司3D打印全流程系列设备，由数据提取前段到数据处理、修复、打印输

出，完全实现精确检测、建模设计、快速制造的生产流程。充分利用逆向扫描数字化系统、多类别光固化成型机、散斑动态测量系统(高速运动检测、显微变形检测、大尺寸变形检测)等设备，为合作企业检测、设计及生产服务加工定制化产品。

五十、武汉必盈生物科技有限公司

武汉必盈生物科技有限公司于2018年成立于国家自主创新示范区——武汉东湖高新技术开发区，是一家集技术研发、产品生产、销售与服务为一体的新型专业化企业，公司聚焦行业核心需求，专注于技术创新和供应链整合，致力于提供骨科医用外固定3D打印技术一体化解决方案。

公司凝聚了一批创新型人才队伍，设立的3D打印实验室及合作研发中心承担3D打印设备、材料、软件与云平台、应用技术的研究。在软件、电子、机械等方向，申请了近30项自主知识产权，其中授权发明专利1项，实用新型专利18项，软件著作权6项，受理中发明专利6项。2019年助力第七届世界军人运动会医疗保障工作，2020年获得国家高新技术企业资质、武汉科技小巨人企业资质，并入选武汉市前资助科技计划。

公司在自动化技术和材料学上的突破，率先将3D打印技术应用于骨科外固定领域，全球首家实现符合临床操作规范要求的3D即时打印系统和数据云服务平台的商业化应用。为了加强应用研究和技术创新，公司高薪聘请了华中科技大学附属同济医院外科系副主任兼骨科主任、湖北省骨科协会会长李锋教授作为技术顾问。依托现有应用基础研究，与武汉理工大学共建“医学3D打印技术研究中心”，联合组建产业与技术联盟，大力推进基础研究的前沿性和应用研究的交叉融合，提高科学研究能力和水平。

五十一、武汉天昱智能制造有限公司

武汉天昱智能制造有限公司(简称天昱智能)成立于2015年5月，围绕“高端领域重点突破和传统产业转型升级”，致力于国际原创技术“高性能大型关键金属构件铸锻铣一体化复合增材制造”的推广应用，主营金属3D打印、熔覆与再制造、智能装备解决方案等业务，已通过ISO 9001和GJB 9001质量管理体系认证，获得“中国好技术”、湖北省高新技术企业、科技型中小企业、科创“新物种”企业、光谷瞪羚企业等称号，现为中国增材制造产业联盟理事单位，建成武汉市“增材制造工程技术研究中心”。通过潜心攻关，天昱智造攻克了大型关键金属构件传统制造长流程、高能耗、高污染和常规增材制造难以兼顾高性能、高效率、高精度的世界难题，形成设计、材料、工艺、软件、核心器件、装备、质量检测、标准规范的整套系列成果，在大型飞机、航空发动机、燃气轮机、航天、船舶、先进轨道交通、核电等重大装备的研制和生产中得到应用。该技术荣获湖北省技术发明一等奖、国家技术发明一等奖提名、日内瓦国际发明展金奖、英国发明展双金奖、湖北省专利金奖、增材制造全球创新大赛冠军奖等，被国家商务部、科技部列为限制出口技术(编号183506X)。

五十二、武汉易制科技有限公司

武汉易制科技有限公司是一家专业提供3D打印技术综合解决方案的高新技术企业，2018年获点亮资本天使轮投资。公司以华中科技大学快速制造中心为技术依托，为工信部“中国增材制造(3D打印)产业推进工程”战略合作伙伴，曾被行业媒体评为2015年最创新3D打印企业和2015年十大最受关注3D打印工业企业。

目前公司是国内唯一实现喷墨金属和全彩3D打印机商品化的企业，最新核心产品喷墨金属3D打印系统与世界巨头HP、GE、Desktop Metal同步，该技术被《麻省理工科技评论》评为2018全球十大突破性技术，认为“可能会给制造业带来颠覆性改变”。公司拥有包括软件、控制系统、材料等全套解决方案，目前是全球唯一支持处理3MF文件彩色切片的公司。公司核心团队源于华中科技大学，是我国最早开展3D打印技术研发的团队之一，先后获得3项国家级和多项省部级奖励，已获得10余项包括国家重大科技专项、国家重点研发计划、国家自然科学基金等科研项目支持，在相关核心技术方面已有长期积累和良好基础。

五十三、西安欧中材料科技有限公司

西安欧中材料科技有限公司(简称欧中科技)由西北有色金属研究院联合陕西省高技术服务创业投资基金、西部超导材料科技股份有限公司、深圳市创新投资集团有限公司等单位共同出资设立，由西北有色金属研究院院长张平祥院士出任董事长。

欧中科技组建了具备国际先进水平的国内首条超高转速(30000rpm)等离子旋转电极雾化(SS-PREP®)金属球形粉末工业化生产线和国内首条高温合金粉末盘“超高转速 PREP 粉末 + 热等静压 HIP”(SS-PREP Disk®)短流程生产线。产品涵括 100 多种牌号的金属粉末、丝材,以及高温合金粉末盘等,主要应用于航空航天、增材制造(3D 打印)、生物医疗等领域。

作为国内高端金属球形粉末材料的领军企业、第一届医用增材制造技术标准化技术归口单位、全国增材制造(3D 打印)产业技术创新战略联盟成员单位以及工信部增材制造“一条龙”应用计划示范企业,欧中科技依托西安市院士专家工作站、西安市 3D 打印用金属粉末材料工程技术研究中心等创新研发平台,先后承担国家省市级各类科研项目 60 余项。

先后被认定为西安市科技小巨人、西安硬科技之星、西安未来之星、中国好材料最具投资价值企业 TOP20、陕西省知识产权示范企业、工信部专精特新“小巨人”企业和国家级高新技术企业等,主营产品连续两届获得中国国际新材料产业博览会新材料金奖,并入选国家重点新材料首批次应用示范指导目录。

五十四、西安赛隆增材技术股份有限公司

西安赛隆增材技术股份有限公司成立于 2013 年,是西北有色金属研究院控股的高新技术企业,依托金属多孔材料国家重点实验室,专业从事粉末床电子束 3D 打印(SEBM)技术与装备、等离子旋转电极雾化制粉(PREP)技术与装备及金属粉末的研发、生产、销售和技术服务。公司是国内最早开展 SEBM 技术研发和商业化应用的单位,率先推出了商业化 SEBM 设备,开发出针对 3D 打印需求的新一代 PREP 制粉设备。先后承担工信部工业强基工程项目、科技部中小企业创新基金、国家重点研发计划项目等 50 余项国家和省市科技项目。公司是中国增材制造产业联盟理事单位、全国增材制造标准化技术委员会委员单位和中国机械工程学会增材制造分会委员单位。在 3D 打印领域授权专利 67 项,牵头制定国家和行业标准 7 项、参与制修订 12 余项。

图 7-15 西安赛隆增材技术股份有限公司

五十五、西安点云生物科技有限公司

西安点云生物科技有限公司(简称点云生物)是一家为生物工程、医疗健康和先进制造等领域提供先进材料、创新产品和智能装备的国家级高新技术企业。

公司自 2014 年成立,自主研发生物医学增材制造产业链上下游的材料、软件、装备、应用等技术,致力于提供数字化骨科综合解决方案。先后获得第三届全球新材料行业大赛一等奖,第七届中国创新创业大赛(陕西赛区)生物医药成长组第二名,2020 粤港澳大湾区生物科技创新企业“明日之星”,被认定为西安市高新区优秀硬科技创业企业、西安高新区独角兽培育企业、西安市未来之星 TOP100 优秀企业、陕西省上市后备企业等。

公司先后承担了 3 项增材制造医疗器械的团体及行业标准的制定,也被授为全国医用增材制造技术标准化技术归口单位。目前公司申请及授权核心专利 50 余项、软著 14 项、商标 156 项,被认定为“3D 打印生物组织再生技术”全球工程开发前沿核心专利 TOP10 产出机构。

表 7-23 点云生物主要 3D 打印相关产品

类型	型号	主要特点	适用领域/材料	外观
3D 打印机	DLP 光固化陶瓷打印机 -教育版 -标准版	桌面式打印机,精巧灵便,逐层成面,成型速度快,精度可达 50μm,采用刮刀系统进行辅料,性能稳定	适用于陶瓷材料高精度打印,先进陶瓷材料研发,应用在医疗齿科、科研院所、军工、工业制造等领域	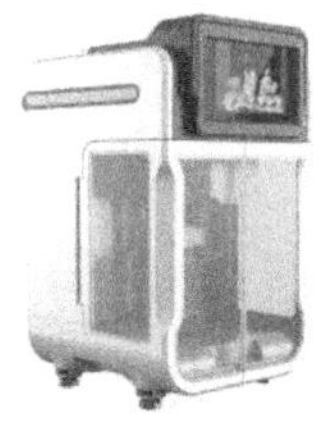

续表

类型	型号	主要特点	适用领域/材料	外观
3D 打印机	高精度下沉式光固化 3D 打印机	桌面式打印机，精巧灵便，逐层成面，成型速度快，精度可达 50μm，采用刮刀系统进行辅料，性能稳定	适配各种树脂、石蜡等材料，应用在珠宝铸造、文创、教育等领域	
	生物陶瓷打印机 -常温款 -加热款	材料适应性广，黏度可高达 50 万厘泊；材料易复合，无温差自凝固打印，支持多喷头打印，挤出精度可达 0.005ml，并具备定量可控的特点，生物相容性佳	针对自行研发的复合材料，可以设计开发不同的打印模式和参数，广泛适用于骨组织再生、软组织生物结构体和药物控释等材料打印	
	生物 3D 打印机	支持多喷头，可高温、常温及低温打印，自由配比复合化打印浆料，材料黏度可高达 30 万厘泊；低黏度（如蒸馏水）至高黏度浆料均可实现 0.001ml 高精度定量，精确控制多种生物材料和活性细胞的三维成型	广泛适用于骨组织再生、软组织生物结构体和药物控释等材料打印	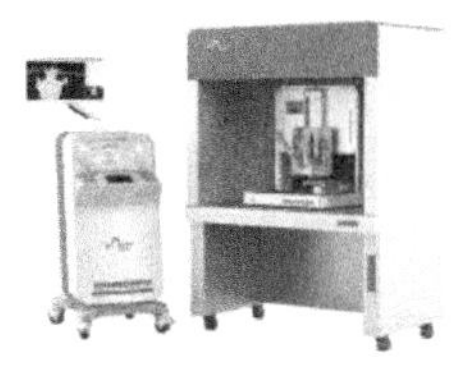

五十六、西安铂力特增材技术股份有限公司

西安铂力特增材技术股份有限公司（简称铂力特）成立于 2011 年 7 月，是中国领先的金属增材制造技术全套解决方案提供商。铂力特注册资本 8000 万元，现有员工 1000 余人，其中硕士以上学历占 31%，研发人员占 29.83%。公司申请金属增材制造技术相关自主知识产权 300 余项，截止到 2020 年 12 月，已授权 150 余项。公司成立以来，累计研发投入过亿元。公司先后通过 ISO 9001—2015、AS 9100D/EN 9100—2018 等质量管理体系认证，以及 ISO 14001—2015、ISO 45001—2018 环境、职业健康安全体系认证和 EHS 等。公司检测中心获国家 CNAS 实验室认可及 Nadcap 四项认证。2019 年 7 月 22 日，铂力特正式在上交所科创板挂牌上市。2020 年，公司获批国家企业技术中心。2021 年 1 月，公司获批博士后工作站设立资格，可开展相关工作。

公司现自主研发并生产了 BLT-S450、BLT-S600、BLT-S510、BLT-A160、BLT-A320、BLT-S210、BLT-S310、BLT-S320、BLT-S400、BLT-C600、BLT-C1000 等十余个型号的金属增材制造装备。其中 BLT-S510 首次在全球实现单向 1000mm 级大尺寸 SLM 3D 打印，填补了国内外空白，达到国际先进水平；BLT-S600 型号设备突破了四光束联动扫描与拼接等关键技术，实现了三向 600mm 大尺寸打印，成型尺寸、成形精度处于国际先进水平；BLT-C600 获得 iF 大奖、reddot 红点奖；BLT-S300（BLT-S310 一代机型）获得 reddot 红点奖；BLT-S310 通过空客认证，设备获得中国首届工业设计展优秀工业设计奖并成功出口德国；BLT-S400 获得 2019 中国“好设计”银奖。增材制造装备部分核心关键参数为国际先进水平。

表 7-24　铂力特产品列表

类型	型号	主要特点	适用材料	外观
SLM 工艺装备	BLT-S210	体积小、重量轻，机身高度集成，操作简易，成型尺寸 105mm × 105mm × 200mm	钛合金、铝合金、高温合金、铜合金、钴铬合金、不锈钢、高强钢、模具钢等	

续表

类型	型号	主要特点	适用材料	外观
SLM 工艺装备	BLT-S310	双激光双振镜、双向刮粉，成型尺寸 250mm×250mm×400mm	钛合金、铝合金、高温合金、铜合金、钴铬合金、不锈钢、高强钢、模具钢等	
	BLT-S320	激光功率 500W×2 单/双向铺粉，成型尺寸 250mm×250mm×400mm	钛合金、铝合金、高温合金、钴铬合金、不锈钢、高强钢、模具钢等	
	BLT-S400	激光功率 500W×2 单/双向铺粉，成型尺寸 400mm×250mm×400mm	钛合金、铝合金、高温合金、钴铬合金、不锈钢、高强钢、模具钢等	
	BLT-A300	针对模具、功能件制造领域专用机型，成型尺寸 250mm×250mm×300mm	钛合金、铝合金、高温合金、铜合金、钴铬合金、不锈钢、高强钢、模具钢等	
	BLT-A100	针对义齿以及饰品制造领域专用机型，成型尺寸 100mm×100mm×100mm	不锈钢、钴铬合金等	
	BLT-S800	应用领域包括航空、航天、发动机、医疗、汽车、电子、模具、科研院所，成型尺寸 800mm×800mm×600mm	钛合金、铝合金、高温合金、不锈钢、高强钢、模具钢等	
LSF 工艺装备	BLT-C1000	成形件综合力学性能同锻件相当，高沉积效率快速完成零部件制备，成型尺寸 1500mm×1000mm×1000mm	钛合金、高温合金、高强钢、不锈钢等	
	BLT-C600	成形件综合力学性能同锻件相当，高沉积效率快速完成零部件制备，成型尺寸 600mm×600mm×600mm	钛合金、高温合金、高强钢、不锈钢等	

五十七、鑫精合激光科技发展(北京)有限公司

鑫精合激光科技发展(北京)有限公司(简称北京鑫精合，包含子公司时简称精合集团)成立于2015年11月。主要业务涉及复杂金属定制化产品制造、原材料制备、增材设备制造与销售、软件定制开发与销售、技术咨询与服务。2018年完成产业布局，现下设沈阳精合数控科技开发有限公司、竞核(上海)激光科技发展有限公司、天津镭明激光科技有限公司、西安鑫精合智能制造有限公司和潍坊鑫精合智能装备有限公司等全资子公司。其中北京鑫精合为精合集团总部，同时也是集团研发中心；沈阳精合拥有军工四证资质，定位于精合集团的北方区的制造中心；上海竞核定位于公司进出口业务；天津镭明定位于金属增材制造设备研发、生产和销售；西安鑫精合定位于激光熔覆、金属构件智能修复；潍坊鑫精合定位于华东区制造中心。

表7-25　北京鑫精合主要增材制造装备产品列表

类型	型号	主要特点	适用材料	外观
TSC-S系列	TSC-S2510	该设备集成数控、精密机械、激光光电、电气等高端科技为一体，设计制造及应用过程比较复杂，主要应用于航空航天、军工、高端材料制造等领域，成型尺寸2500mm×1500mm×1800mm	钛合金、高强钢、高温合金、铝合金、不锈钢等	
	TSC-S4510	自主研发国际成型尺寸最大的激光沉积制造设备，填补激光沉积制造大型装备的空白，最大成型尺寸4500mm×4500mm×2500mm	钛合金、高强钢、高温合金、铝合金、不锈钢等	
SLM工艺装备	LiM-X150A	适合教育教学、科研、义齿、文创等行业。成型尺寸：标配尺寸为Φ140mm×180mm，可更换Φ100mm×100mm、Φ80mm×100mm	钛合金、铝合金、高温合金、钴铬合金、不锈钢、模具钢、铜合金	
	LiM-X260系列	可选配多个成型尺寸和激光功率，适合航空航天、汽车、模具、高校、文创等行业。成型尺寸：单激光260mm×260mm×430mm含基板，双激光260mm×260mm×430mm含基板	钛合金、铝合金、高温合金、钴铬合金、不锈钢、模具钢、铜合金	
	LiM-X400系列	适合航空航天、汽车等行业。成型尺寸：单激光400mm×400mm×550mm，双激光400mm×450mm×550mm，四激光450mm×450mm×550mm	钛合金、铝合金、高温合金、钴铬合金、不锈钢、模具钢、铜合金	
	LiM-X400H	可选配多个大幅面高成型尺寸，四激光打印，适合航空航天、汽车等行业。成型尺寸：450mm×450mm×1550mm含基板	钛合金、铝合金、高温合金、钴铬合金、不锈钢、模具钢、铜合金	

续表

类型	型号	主要特点	适用材料	外观
SLM 工艺装备	LiM-X600Q	大幅面可定制系列设备，采用四台1kW 的 IPG 光纤激光器，成型尺寸：650mm × 650mm × 860mm 含基板	钛合金、铝合金、高温合金、钴铬合金、不锈钢、模具钢、铜合金	
	LiM-X650H	大幅面可定制系列设备，采用6套500W 的 IPG 激光器，成型尺寸：650mm ×650mm ×1500mm 含基板	钛合金、铝合金、高温合金、钴铬合金、不锈钢、模具钢、铜合金	

五十八、先临三维科技股份有限公司

先临三维科技股份有限公司成立于 2004 年，专注高精度 3D 数字化与 3D 打印技术的自主研发 16 年。公司总部设于杭州，在北京、德国斯图加特、美国旧金山等地设有子公司，主营 3D 数字化与 3D 打印设备及相关智能软件的研发、生产、销售。公司始终将技术创新视为企业的核心竞争力，积极将研发成果向产业化转变，致力于高精度 3D 数字化技术的普及化应用。公司自主研发了多项 3D 领域核心技术，拥有 391 项的授权专利和 171 项软件著作权，是我国“白光三维测量系统”行业标准牵头起草单位，是“牙颌模型三维扫描仪技术要求”国家标准起草单位，参与了“口腔修复体 3D 打印应用研究与临床示范”国家重点研发计划项目，并承担了其他 10 余项国家、省、市重要科技项目。公司建有浙江省博士后工作站和浙江省重点企业研究院，与浙江大学、四川大学华西口腔医学院、北京大学口腔医学院等高校开展科研合作。

公司是全球为数不多的拥有自主研发的“从 3D 数字化数据设计到 3D 打印直接制造”的软硬件一体化产品解决方案的科技创新企业。主要产品包括多功能手持式 3D 扫描仪、桌面 3D 扫描仪、高精度 3D 视觉检测系统、齿科口内 3D 扫描仪、3D 打印机、3D 数字化设计软件、3D 数字化检测软件等，齿科口内 3D 扫描仪已通过美国 FDA 和欧洲 CE 认证和注册。公司技术解决方案应用于齿科医疗、高端制造、消费 & 教育等领域，实现 3D 数字化设计、个性化制造与高精度全尺寸检测，帮助用户提高效率、增强品质、降低损耗。

表 7-26 先临三维公司主要 3D 打印设备产品列表

类型	型号	产品指标	产品特点及应用范围	外观
齿科 3D 扫描仪	Aoralscan 口内扫描仪	扫描速度：15 帧/秒；数据输出：STL、OBJ	主张用物理印模数字口内取模方式，可以直接扫描口内获得牙齿牙龈三维数据，省略了制模，翻制石膏模型的操作，无须喷粉，真实色彩，便捷操作，智能扫描，集简便操作	
专业级 3D 扫描产品	FreeScan UE7/UE11 蓝色激光手持三维扫描仪	扫描模式：多线扫描、单线扫描；扫描精度：最高 0.02mm；体积精度：0.02 mm + 0.04 mm/m；光源：线蓝色激光；扫描景深：300 mm ~ 700 mm	为汽车工业、交通运输、航空航天、模具检测、能源制造及机械制造等行业提供计量级的高精度检测方案	

续表

	AutoScan Inspec全自动桌面三维检测系统	扫描区域：100mm×100mm×75mm；扫描精度：≤10μm；轴数：3轴；光源：蓝光	专注于小尺寸精密工件扫描，一体式外观设计，直观的用户界面，引导式操作方式，融合AI智能补扫算法，可广泛应用于塑料零部件、叶轮叶片、小尺寸铸件等逆向设计、批量化检测及质量控制等工业场景	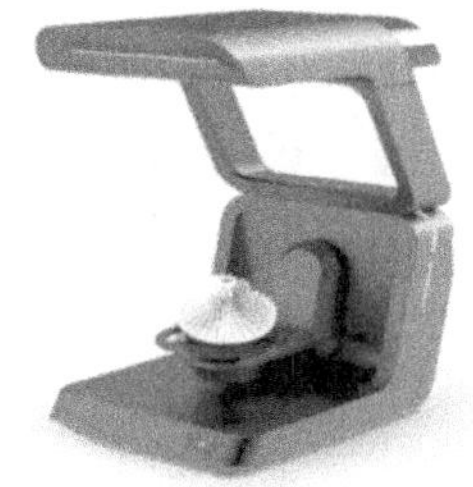
专业级3D扫描产品	EinScan HX双蓝光手持3D扫描仪	扫描精度：最高0.05 mm； 体积精度：0.05 mm＋0.1 mm/m； 扫描精度：最高0.04 mm 体积精度：0.04 mm＋0.06 mm/m	创新性地将蓝色LED光源与蓝色激光光源集于一款设备，两种光源，兼容多种表面材质和物体尺寸；一机多用，兼顾效率与数据质量，满足用户的多重需求，既有LED结构光的快速高效，又兼顾激光的精度和细节，同时可获取高清细腻的色彩纹理	
	EinScan Pro 2X系列2020版	产品型号：EinScan Pro 2X 2020 扫描模式：手持精细扫描模式、手持快速扫描模式 扫描精度：手持模式：＞0.1mm	多功能的设备属性，可满足多尺寸、多细节、高精度的3D建模用户需求；兼顾数据细节和扫描效率，同时扩展了被扫描材质的范围，更大程度拓展了3D扫描的应用场景，加上独特的多功能扫描模式，可满足用户高精度、丰富细节、多种尺寸的3D建模需求	
	AccuFab-L4K高精度光固化3D打印机	拥有4K高分辨率、192mm×120mm×180mm的成型尺寸	先临三维自研材料：DM12、S1、S2、SG01、TR01、W1	
非金属增材制造装备	AccuFab-L4D大版面齿科3D打印机	192mm×120mm×180mm，支持打印种植导板、工作模型、正畸模型等	先临三维自研材料：DM12、S1、S2、SG01、TR01、W1、DC12、DM05、DM11、DM12、DM15、GM11、OD01、OD03	
	AccuFab-D1s齿科3D打印机	成型空间（X、Y、Z）：144mm×81mm×180mm，支持模型、导板、蜡型、牙龈、临时牙等广泛齿科应用	先临三维自研材料：DM12、S1、S2、SG01、TR01、W1、DC12、DM05、DM11、DM12、DM15、GM11、OD01、OD03	

五十九、有研增材技术有限公司

有研增材技术有限公司(简称有研增材)，是有研粉末新材料股份有限公司的子公司。有研增材位于北京怀柔科学城，是有研粉材整合旗下北京康普锡威、粉末研究院、有研合肥、英国Makin公司等涉及金属增材制造及特种粉体材料板块资源，引入战略投资者——中国钢研集团，设立有研增材并实现独立运营。有研增材专业从事增材制造及特种合金粉末材料的研发、生产及销售，同时提供特种金属材料制备技术的开发和服务。

表7-27　有研增材3D打印产品列表

展品名称	金属粉末形貌
高流动性铝合金粉末形貌	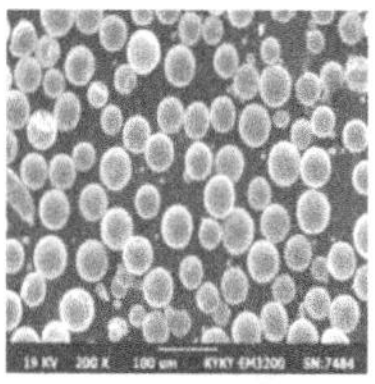
高温合金粉末形貌	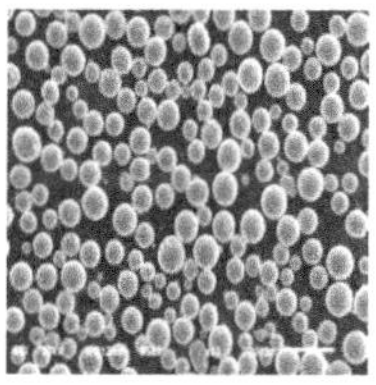
钛合金粉末形貌	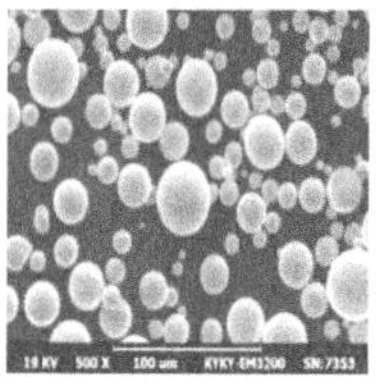
铜合金粉末形貌	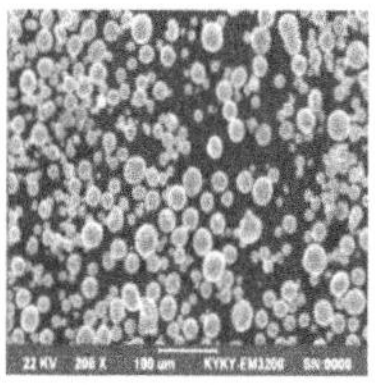
铁合金粉末形貌	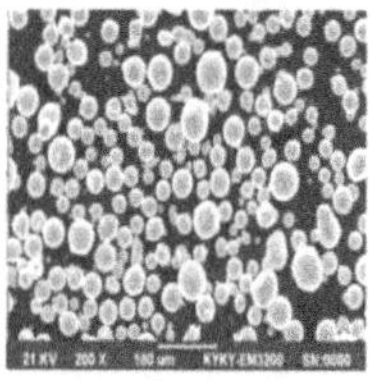
钴铬合金粉末形貌	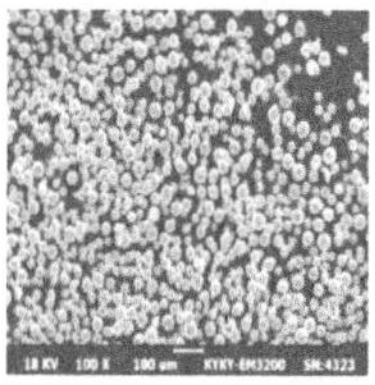

有研增材建有年产5000吨球形金属粉末生产线，包括真空惰性气体雾化、高压气—水雾化、高速旋转雾化等生产装备50余台套，增材制造铝合金粉末专用生产线5条，并配有扫描电镜、激光粒度仪、直读光谱等检测仪器与设备。产品领域涉及3D打印粉末、软磁粉末、MIM粉末、高温钎焊粉末及粉末冶金等。主要产品包括铝合金粉末、高强高导铜合金粉末、高温合金粉末、钛合金粉末、金属软磁铁基合金粉末、钎焊粉末、不锈钢粉末等20余种，广泛应用于航空、航天、兵器、电工电子、船舶、汽车、通信、核工业等多个领域。

有研增材现有"国务院政府特殊津贴"专家2人，北京市科技新星、北京市优秀青年工程师2人，硕士、博士10余人。先后承担了"863"、国家科技支撑、北京市科委重大科技项目等20余项，制定国家标准10余项。其中，"球形金属粉末雾化制备技术及产业化"项目荣获2017年国家科技进步二等奖，"增材制造用低成本球形钛粉制备技术研究及应用"项目荣获2018年中国有色金属工业科学技术一等奖。

有研增材将抓住航空航天、国防军工、新能源、汽车交通市场应用需求的机遇，充分发挥技术优势，打造拳头产品。面向未来，有研增材始终坚持以市场为导向，以创新为核心，不断推动各业务领域高质量发展。为国家战略新兴行业、国家重大工程、国防军工等行业提供关键材料，肩负起央企应有的社会责任和担当。

六十、中航迈特增材技术(北京)有限公司

中航迈特增材技术(北京)有限公司(简称中航迈特)由航空材料专家于2015年创办，总部位于北京亦庄经济技术开发区。公司以液态金属雾化—3D打印技术为核心，开展高性能金属3D打印粉末材料的研发、生产和销售，是国家级高新技术企业，2021年入选国家专精特新"小巨人"企业。公司分别在河北、江苏建有球形金属粉末材料智能化生产工厂，设计产能10000吨/年，涵盖钛合金、高温合金、医用钴铬合金、高强铝合金、模具钢、不锈钢等高性能粉末材料产品以及配套热工装备等，面向航空航天、数字医疗、汽车模具等领域提供全面金属3D打印材料解决方案服务。主要服务航天科工、航天科技、中国航发、航空工业、中国商飞、中电科、华为、法国SAFRAN、英国GKN等全球1000余家客户。公司作为工业强基《高性能难熔难加工合金大型复杂构件增材制造(3D打印)"一条龙"应用计划》示范企

业，先后突破 VIGA、EIGA、PREP、PA 等世界先进制粉装备技术，实现我国雾化制粉技术从冷雾化到热雾化的重大转变，具备较强的大容量制粉装备设计建造、工艺攻关和材料研制交付能力。

表 7-28　　中航迈特新研发及批产粉末产品列表

类型	牌号	主要特性	3D 打印主要应用
钛基合金粉末	TA0、TA1、TA15、TC4、TC4ELI、TC11、TC17 等	球形或近球形，显微颗粒球形度 Ψ0 >0.90	SLM 选区激光熔化、EBM 电子束熔熔化、LMD 激光金属沉积等
高温合金粉末	GH4169、GH3625、GH5188、GH3230、GH3536 等	球形或近球形，显微颗粒球形度 Ψ0 >0.85	SLM 选区激光熔化、EBM 电子束熔熔化、LMD 激光金属沉积等
铝基合金粉末	HSAl（高强铝）、2219、2024、6061、Al-Si7Mg、A1Si12、AlSi10Mg 等	球形或近球形，显微颗粒球形度 Ψ0 >0.85	SLM 选区激光熔化、EBM 电子束熔熔化、LMD 激光金属沉积等
铁基合金粉末	316L、17-4PH 等不锈钢；CX、18Ni300 等工模具钢；高强钢等	球形或近球形，显微颗粒球形度 Ψ0 >0.85	SLM 选区激光熔化、EBM 电子束熔熔化、LMD 激光金属沉积等
医用金属粉末	CoCr01（CoCrMoW）、CoCrMo、Ti6Al4V、纯钽粉末	球形或近球形，显微颗粒球形度 Ψ0 >0.85	SLM 选区激光熔化、EBM 电子束熔熔化、LMD 激光金属沉积等

六十一、浙江起迪科技有限公司

浙江起迪科技有限公司是一家专业从事研发、生产、销售和服务 3D 打印机和打印耗材批发的新型高科技创新企业。目前入驻瑞安经济开发区阁巷小微园科企加速器，租赁 1 万平方米厂房。2017 年获得浙江省科技型企业。并荣获 2017 年浙商创新创业大赛年度总决赛银奖、中国温州创客大赛一等奖、瑞安创新创业大赛一等奖。公司研发人员占比 20% 以上，拥有实用新型专利证书和软件著作权，拥有美国商标及 FCC、HALA、SD、MET、ROHS、CE 等相关国际协会认证。产品主要技术性能达到国内领先水平，并达到国际同类产品的先进水平，成功突破了全新的 3D 打印、数字光子技术。

六十二、浙江天钛增材制造技术有限公司

浙江天钛增材制造技术有限公司，宁波市航空航天学会理事单位，创立于 2019 年，坐落于“中国制造 2025 试点城市”——浙江宁波。是一家致力于服务增材制造、粉末冶金行业的新材料高新技术企业。公司本着“创新、专注、高效、共赢”的经营理念，通过技术创新不断提高气雾化制粉技术水平，专注致力于钛合金粉末开发和生产，为客户提供质量稳定、性能优异、高性价比的优质钛合金粉末，切实有效地帮助客户提高产品竞争力，推动行业发展。

公司结合欧洲先进的电极感应（EIGA）气雾化制粉技术以及氩气循环回收系统，整合优化出一套年产 100 吨的规模化、系统化、自动化、高效率、低成本的高品质球形钛合金粉末制造生产线，制备生产出的球形钛合金粉末具有低氧低氮、细粉收得率高、粒度分布均匀、球化率高、球形度好、表面光洁度高、流动性好、松装密度高等特点，符合航标、国军标、ASTM 等标准，粉末各项性能与进口粉末相当，已实现进口粉末的国产化无缝替换。完全满足增材制造、热等静压、注射成形、激光熔覆等工艺的性能要求，广泛应用于航空、航天、军工、医疗、新能源应用、汽车、消费品等领域。

六十三、浙江亚通焊材有限公司

浙江亚通焊材有限公司隶属于浙江省冶金研究院，是国内金属 3D 打印粉末材料专业供应商，是国家高新技术企业和浙江省重点企业研究院单位。公司依托钎焊材料与技术国家地方联合实验室和浙江省钎焊材料与技术重点实验室的研发平台，专业致力于金属粉体材料的开发，特别是 3D 打印金属粉末的开发与生产。亚通团队丰富的理论知识和长期的实践经验确立了亚通在粉末制造行业的领先地位。亚通自主研发了多种雾化制粉技术，可以生产从 130℃ ~1600℃范围内的各种金属单质或合金的粉末。目前，已开发出适用于 SLM、SLS、EBM 和 LENS 等 3D 打印技术的金属粉末，产品主要包括钛合金、镍基高温合金、铝合金、铜合金、不锈钢合金等高品质球形粉末。锡、镍、铁等单质及其合金粉末，广泛应用于表面贴装技术、金属催化剂、金属钎焊材料、粉末冶金、磁性材料等领域，为航空、航天、海洋、

军工、汽车、生物医用等领域提供产品和技术支撑。

配备4条真空气雾化、1条非真空气雾化、2条无坩埚气雾化、1条等离子旋转电极雾化、1条水气联合雾化、2条离心雾化等微细粉体生产线。成功开发各类钎焊合金粉末、注射成型金属粉末、增材制造与再制造金属粉末。年产能300吨左右。公司有研发人员5人，其中正高1人，副高1人，中级3人。

粉末类别	牌号
钎焊合金粉末	BNi2, BNi5, BNi7, CuP, CuPSnNi, CuSn, Cu, AlSi10, AlSi12, FeCoCu等
粉末冶金	316L, 304L, 17-4PH, M2, D2, FeNi, FeCo等
增材制造	316L, 304L, 17-4PH, MS1, H13, CuSn, SnSbCu, AlSi10Mg, IN718, TC4, CoCrMo等

图7-17　金属粉末产品

六十四、中天上材增材制造有限公司

中天上材增材制造有限公司(简称中天上材)由中天科技集团有限公司、上海材料研究所、上海粉科企业管理中心(有限合伙)于2018年1月合资成立，总投资2亿元。目前是工信部增材制造研究院授予的中国增材制造产业推进工程合作单位。公司主营高品质增材制造领域用球形金属粉末，包括钛合金、镍基高温合金、钴铬合金、模具钢及其他新型特种合金粉末等，并提供其相关增材制造服务。

公司以推动增材制造产业化为核心，从产业链的前端增材制造粉末出发逐渐具备为用户提供完整解决方案的能力，在航空航天、医疗、模具领域不断开发出新的应用，力争成为“国内最大、技术最强、品种最全、最具有国际影响力”的高品质3D打印用金属粉末供应商和综合服务商。

公司自2018年6月奠基，2019年10月建成投产，公司通过引进德国高端金属粉末制造设备，将上海材料研究所多年气雾化金属粉末研发成果转化为生产力，在超音速气雾化领域拥有多项国内领先的核心技术，例如“快速中间包切换系统和反卫星球系统”、“带气体自循环喷盘功能的电极感应真空气雾化技术”等。截至目前公司已获授权发明专利2项，实用新型6项，另有已受理专利申请12项。体系认证方面已获得ISO9001、ISO45001、ISO18001认证证书。

中天上材以研发和生产高品质增材制造、熔覆修复、再制造等领域用球形金属粉末为核心业务，拥有多项高品质球形增材制造等领域用金属粉末气雾化生产技术的国家发明专利，公司主要经营产品有如下四类。

1. 镍基金属粉末：GH3625、GH4169、GH3536、GH3230

C系列激光熔覆用金属粉末基于公司拥有的紧耦合气雾化与无坩埚感应熔炼气雾化技术，主要制备应用于制造涡轮盘、压气机盘、鼓筒轴、涡轮盘高压挡板等发动机与燃气轮机等热端高温承力转动关键部件所需的镍基高温合粉末，使之既可应用于3D打印，也可应用于传统粉末领域。其主要技术指标：成分均匀无夹杂，氧含量低(≤300ppm)；粉末尺寸细小均匀且球形度高(≥0.9)、流动性好；力学性能优良，抗拉强度1100MPa～1200MPa，延伸率≥15%。粉末粒度范围可定制，生产成本低。

2. 钛基金属粉末：TC4、TA15、TA1

公司引进德国ALD公司最新一代无坩埚感应电极熔炼气雾化制粉设备，主要制备适用于航空、航天等高端3D打印应用市场及具有广泛应用前景的生物医疗领域的钛合金粉末产品，生产的钛合金粉末产品具有以下特点：成分均匀无夹杂，氧含量低(≤1300ppm)，痕量元素含量可控；球形度高(≥0.9)、流动性好；力学性能优良，抗拉强度1000MPa～1200MPa，延伸率5%～10%。粉末粒度范围可定制。

3. 铁基金属粉末：316L、18Ni300、ZSX、S136

(1)不锈钢粉末。

采用真空熔炼惰性气体雾化技术制备不锈钢粉末，并形成以316L不锈钢粉末为此类产品的典型代表，保证满足国内机械、化工、船舶、汽车、仪器仪表等行业需求的产能及粉末性能。以316L粉末为例，粉末特性如下：氧含量低(≤300ppm)；粉末尺寸细小均匀、球形度高(≥0.9)、流动性好；力学性能优良，抗拉强度500MPa～600MPa，延伸率≥15%。粉末粒度范围可定制，生产成本低。

(2)模具钢粉末。

采用真空熔炼惰性气体雾化技术制备模具钢粉末，以生产18Ni300模具钢粉末为主，因为18Ni300是SLM技术专用马氏体时效钢，具有强度高、焊接性能好、韧性以及冷热加工性能好等特性，可应用于制造火箭与导弹薄壳等军工领域以及压力容器、体育器械等民用领域。所生产的模具钢粉末主要性能指标为：氧含量≤600ppm；粉末尺寸细小均匀、球形度≥0.9、流动性好；力学性能优良，抗拉强度 1600MPa ~ 1650MPa，延伸率5% ~10%。粉末粒度范围可定制，生产成本低。

4. 钴基金属粉末：CoCrW、CoCrMo、CoCrMoW、ZSS6、ZSS12、ZSS21

采用真空熔炼惰性气体雾化技术制备钴铬钼合金粉末，粉末可用于激光/电子束增材制造(SLM/EBM)、粉末冶金(PM)、喷涂、焊接等工艺。粉末多用于 3D 打印牙齿、人体支架、人工关节等生物医用材料。具有良好的耐磨性、耐腐蚀性，耐高温性能。以钴铬钼合金粉末为例，粉末特性如下：氧含量低(≤300ppm)；粉末尺寸细小均匀、球形度高(≥0.9)、表面光滑、卫星球少、粒度分布均匀，具有良好的流动性以及较高的松装密度和振实密度；力学性能优良，抗拉强度 1000MPa ~1200MPa，延伸率≥12%。可根据客户要求定制各种粒度金属粉末，生产成本低。

第八篇　组织机构篇

一、国家级行业组织

(一)中国增材制造产业联盟

中国增材制造产业联盟(简称联盟)成立于2016年10月19日，是在工业和信息化部指导下，由增材制造领域的企事业单位、高等院校、科研机构、产业园区等128家相关单位，按照自愿、平等、互利、合作的原则，共同发起组成的跨行业、开放性、非营利性的社会组织，秘书处设在工业和信息化部装备工业发展中心。

联盟坚持开放、创新、合作、共赢的工作原则，立足于为我国增材制造产业搭建合作与促进平台，致力于支撑行业管理、聚拢行业资源、营造创新环境、促进交流合作，助力中国增材制造产业发展壮大。

目前联盟现有成员350余家，已设立7个工作组是中国增材制造领域层次最高、规模最大的行业组织。已出版了《中国增材制造产业年鉴(2020)》《中国战略性新兴产业研究与发展·增材制造》等书籍。联盟支撑工业和信息化部组织召开产业发展座谈会、经验交流会、政策编制研讨会、政策宣贯会等20余场，参加单位包括国家发展和改革委员会、公安部、商务部、文化和旅游部、国家卫生健康委员会、国家市场监督管理总局等部委，各省市工信主管部门，以及增材制造相关行业组织、重点企业、用户单位、高校院所等。联盟定期组织召开座谈会已成为连接政府与企业，梳理行业发展情况的重要手段。成功举办了“2017中国增材制造大会暨展览会”“2018中国增材制造产业发展渭南高峰论坛暨联盟年会”“中国增材制造产业发展芜湖(繁昌)高峰论坛暨2020年中国增材制造产业年会”“2021增材制造发展芜湖(繁昌)高峰论坛暨中国增材制造产业年会”。

(二)全国增材制造标准化技术委员会

全国增材制造标准化技术委员会(简称标委会)于2016年4月由国家标准化管理委员会批准成立，编号为SAC/TC562，秘书处由中国机械科学研究总院中机生产力促进中心承担。委员数量方面，标委会共有委员83名。其中，卢秉恒院士任主任委员，王华明院士、单忠德院士、吴锋处长(工业和信息化部)任副主任委员。目前，标委会换届工作完成，新一届委员由97人构成。委员结构方面，标委会先后组建了测试方法分技术委员会(SAC/TC562/SC1)、专用材料工作组(SAC/TC562/WG1)、数据和设计工作组(SAC/TC562/WG2)、培训和服务工作组(SAC/TC562/WG3)4个下设组织。

到2021年底，累计新制定增材制造标准171项。在这些标准中，政府主导制定标准(国家和行业标准)79项(已发布标准26项、在研标准53项)，占标准总量的46%，其中31项由增材制造与有色金属、特种加工机床、生铁及铁合金等全国专业标准化技术委员会联合归口管理和组织制定，最大程度吸收材料、装备等专家参与研制，有效满足了增材制造交叉融合发展需求、保证标准质量。此外，累计发布《基于金属粉末床熔融技术增材制造植入医疗器械残留不溶颗粒物评价方法》《粉末床激光熔融18Ni300模具钢嫁接增材制造工艺及要求》等92项团体标准，一批创新性、先导性技术和产品通过团体标准实现规范和推广，《增材制造主要特性及测试方法》等团体标准更通过先试先行上升为国家标准。由政府主导制定标准和市场自主制定标准协同推进的新型标准体系基本形成。

2019年5月10日，全国增材制造标准化技术委员会测试方法分技术委员会在江苏无锡成立，主要负责增材制造领域的专用材料、装备成形件的特性、可靠性、安全性等测试方法的国家标准制修订工作。秘书处由无锡市产品质量监督检验院承担。审议通过了《全国增材制造标准化技术委员会测试方法分技术委员会章程》《全国增材制造标准化技术委员会测试方法分技术委员会秘书处工作细则》和《全国增材制造标准化技术委员会测试方法分技术委员会秘书处工作计划》。

召开中国(无锡)增材制造质量提升大会，开展标准宣贯工作。来自国际标准化组织ISO/TC261/WG3工作组秘书长Olivier COISSAC，国家市场监督管理总局、国家标准化管理委员会、工业和信息化部装备工业司、全国增材制造标准化技术委员会、中国机械工业联合会、江苏省市场监督管理局、无锡市人民政府等相关领导出席会议。来自国内外知名机构的多位行业专家学者就增材制造领域国内外标准化工作、产业发展趋势、技术应用情况发表了精彩的演讲。中国增材制造产业联盟、相关高校、研究机构、生产企业、检测机构的300余名代表参加了会议研讨交流。

联合开展标准制修订工作，参与《增材制造桌面级材料挤出成形设备》《增材制造材料挤出成形用塑料线材》等各类标准制订工作，配合完成试验内容编写及相关验证工作。

积极参与国际标准化活动，分标委副主任委员吴建国于9月16—20日，带队参加了ISO TC 261/ASTM F42联合会议，与国际专家共同讨论标准意见。

2020年11月15日，主办以“跨界融合、赋能未来”为主题的2020中国(无锡)增材制造产业技术创新论坛。本论坛作为第十六届中国(无锡)国际设计博览会主要分论坛之一，得到了国家知识产权局、科技部、江苏省人民政府、无锡市人民政府、工信部工业装备一司、中机生产力促进中心、中国增材制造产业联盟、无锡市市场监督管理局等单位的指导和支持。论坛邀请了众多行业顶级技术专家共同探讨产业未来发展方向，研讨产业技术进步路线，共同分享跨界融合经典案例，促进产业创新水平提升。

(三)国家增材制造产品质量监检中心

国家增材制造产品质量检验检测中心(江苏)，地处风景秀丽的太湖之滨——无锡，是全国首个增材制造综合性技术服务平台(见图8-1)。中心按照ISO/IEC 17025和卓越绩效准则建立了完善的质量保证体系，为增材制造领域相关企业单位提供全产业链检测认证一站式的技术服务。

CAMT拥有实验室面积11000平方米，工业CT、激光扫描仪、疲劳试验机、电感耦合等离子体发射光谱仪、美国安捷伦气/液相色谱仪、微波消解仪、德国ZEISS金相分析系统及扫描电子显微镜SEM、德国奥尔托电波暗室及EMC和EMI测试系统、德国SPECTRO直读光谱仪、系列环境试验箱、系列试验机等各类中高端仪器设备100余台(套)，仪器设备资产原值近7000余万元。具备增材制造材料、器件、装备及打印制品的性能、质量、可靠性等检测研究能力。

CAMT是国际标准化组织增材制造技术委员会ISO/TC 261委员单位，工信部“工业(增材制造)产品质量控制和技术评价实验室”，全国增材制造标准化技术委员会SAC/TC562委员单位，中国增材制造产业联盟理事单位，国家级博士后科研工作站，江苏省增材制造专业委员会副理事长单位，江苏省三维打印产业技术创新战略联盟成员，无锡市科技研发机构，无锡市增材制造(3D打印)科技公共服务平台，主持及参与增材制造各类科研课题的研究和相关标准的制定、修订工作。

CAMT以研究员级高工为学术带头人、以博士和硕士为主体，以国内外知名增材制造领域专家为外部支撑；拥有一支外部支撑和自身团队相结合的高端、专业、和谐的人才团队。并与国内外知名院校、研究机构建立交流合作机制。

图8-1　国家增材制造产品质量检验检测中心

(四)国家增材制造创新中心

国家增材制造创新中心作为工信部首批布局的国家制造业创新中心，以国家战略目标和制造创新发展为导向，瞄准重大设备、重要材料、关键工艺、核心软件、核心元器件等前沿共性关键技术，以及创新技术、转化技术、孵化技术，通

图 8-2 国家增材制造创新中心

过多学科交叉创新和“政产学研金用”协同创新，打造完整创新链、产业链，带动整个制造业的转型升级，服务中国制造强国战略。

西安增材制造国家研究院有限公司是国家增材制造创新中心的依托单位和主体。由西安交通大学、北京航空航天大学、西北工业大学、清华大学和华中科技大学 5 所大学及增材制造装备、材料、软件、生产及研发的 13 家重点企业共同组建，注册资金 1.35 亿元。汇聚了国内外高端人才及国家重点实验室、工程中心和工程实验室等科研资源，致力于打造开放的行业资源平台，为国内制造业的转型和创新发展提供重要支撑，实现行业引领。

西安增材制造国家研究院有限公司董事长卢秉恒院士，在国内倡导开拓了增材制造(3D 打印)、微纳制造、生物制造、高速切削机床等先进制造技术的研究，曾获全国五一劳动奖章和全球华人蒋氏科技成就奖，曾担任主持中国工程制造 2025、中国制造 2035 之 3D 打印专项、自然科学基金纳米制造重大计划、仪器重大专项、战略新兴产业的高端装备制造等多个国家级项目。拥有各类金属、非金属 3D 打印成型设备及配套机加工设备 60 余台，可提供优化设计、应用打样、机械加工、新材料工艺开发、3D 打印设备租赁、热处理、线切割、磨粒流后处理等服务，以强大的工艺能力、齐全的 3D 打印加工设备、优惠的价格为广大客户提供全方位的系统解决方案。拥有各类检测及辅助设备 70 余台，具备物理性能、化学性能、力学性能、几何性能、金相及物相分析、化学分析、可靠性检测、无损检测等能力，获得国家 CNAS 检测实验室认证，以专业的检测技术、完整配套能力和优惠价格为行业用户提供系列检测服务。

2014 年 3 月，依托西安增材制造国家研究院有限公司成立全国增材制造(3D 打印)产业技术创新战略联盟，与增材院共同承担国家增材制造创新中心在增材制造产业核心与关键技术研发与创新、增材制造技术交流与合作、增材制造技术产业化应用推广、增材制造行业标准起草与制定以及行业科技成果转移转化、推动行业发展的任务与使命。

经过几年的创新发展，国家增材制造创新中心在金属材料、设备、复合材料等领域积累了大量研究成果，申请获授权发明专利 193 项、实用新型专利 94 项、外观专利 14 项、软著 36 项、PCT 发明专利 4 项。

围绕增材制造领域产业链上下游国际知名高校、企业开展合作交流，创新中心被认定为“陕西省国际科技合作基地”、首批“西安市国际科技合作基地”。联合国际知名企业成立增材制造研发、检测机构，开展研发领域合作。拓展国际项目合作，加入国际知名行业组织，广泛开展国际交流，全面拓展国际视野，洞察国际技术前沿。成立欧洲办事处，吸引海外高层次增材制造人才，拓展与欧洲地区技术研发、技术服务市场。

与西安交通大学、国外高校联合开办 3D 打印国际菁英班，为行业培养高层次国际化视野本科人才。与国外学者、专家、企业交流。聘请欧美等国家和地区增材制造领域知名企业、科研机构、高校的专家担任技术专家委员会委员。

为了推进“3D 打印 + ”战略规划，深化增材制造技术在先进制造行业的应用，国家增材制造创新中心作为 3D 打印行业的创新型平台，肩负着贯彻落实国家战略实施的使命，充分发挥桥梁与纽带作用，搭建增材制造行业与产业、学术、金融、政府、行业应用领域的交流通道，并统筹全国范围内增材制造的科学研究、技术研发、设备材料、技术服务、配套服务等资源，为行业同人搭建供需对接及展示平台，系统、全面、清晰地汇总国内外增材制造在新闻咨询、法规政策、行业标准、商品门类等方面的信息资源，对接用户端，促进增材制造技术在航空航天、生物医疗、军民融合、工业工程等领域的推广应用。

2021 年 3 月 26—27 日，2021 增材制造材料创新发展论坛在江苏省睢宁县徐州空港经济开发区隆重召开。围绕“新材料及增材制造产业创新发展”主题，来自增材制造产业相关的企业、高校、研究机构及地方政府代表等 200 余人相聚江苏睢宁，共同探讨创新材料在航空航天、医疗、汽车、模具等应用领域的机遇和挑战，以期把握全球增材制造产业发展新方向，引导我国增材制造技术创新，促进增材制造行业上下游交流合作，推动长三角地区乃至全国新材料及增材制造产业高质量发展。

2021 年 3 月 19—21 日，增材制造专业建设与 1 + X“增材制造设备操作与维护”职业技能等级标准研讨会在西安召开。本次会议，旨在贯彻落实《国家职业教育改革实施方案》精神，稳步做好“学历证书 + 若干职业技能等级证书”制度试点工作(简称 1 + X 证书制度试点工作)，推动增材制造技术专业及专业群建设与书证融通工作，不断促进增材制造技术应用领域技能人才培养模式创新，更好地服务增材制造产业高质量发展，国家增材制造创新中心、机械行业数字化设计与增材制造职教集团联合西安增材制造国家研究院有限公司，邀请相关领域专家学者及高校与企业负责人共同参与。

2021 年 6 月 10 日，由西安市人民政府主办、西安市科学技术局、西安高新技术产业开发区管理委员会和国家增材制造创新中心共同承办的 2021 全球硬科技创新大会“增材制造技术应用论坛”在国家增材制造创新中心召开。本次论坛围绕增材制造技术在航空航天大构件、航空航天发动机、高端装备、轨道交通、能源动力等方面的创新应用与发展前景等议题，邀请业务主管部门的相关领导，增材制造领域的专家学者，应用领域的相关研究机构和领军企业代表等 200 余人出席。

2021 年 6 月 25—26 日，由湘潭市人民政府和国家增材制造创新中心联合主办的 2021 增材制造与精准医疗创新发展论坛在湖南省湘潭市隆重举行。本次论坛围绕“3D 打印 + 精准医疗”产业创新发展主题，政府领导、院士专家及 200 余位企业精英代表共聚一堂，深入探讨增材制造技术在个性化精准医疗临床应用及市场推广面临的政策配套和实施路径，以搭建高层次产、学、研对接，产、融对接，产、需对接平台，促进我国增材制造产业与精准医疗行业健康快速融合与发展。

二、地方行业组织

(一)上海市增材制造协会

上海市增材制造协会成立于 2015 年，是国内首家经政府部门批准成立的增材制造行业组织。协会现有成员单位 400 余家，主要进行增材制造领域相关的研究与交流，协调、组织标准制定等工作，开展增材制造领域的相关培训、咨询、展览、会议等活动，搭建沟通交流的平台，引导会员单位向健康、有序方向发展。重点解决增材制造技术创新和产业化发展的问题，促进我国增材制造产业发展，为实现我国增材制造产业全面腾飞贡献力量。

图 8-3　上海市增材制造协会运行机制

(二)广东省增材制造协会

为了更好地整合广东省增材制造行业上下游资源，华南理工大学联合广东省内代表性企业于 2015 年 10 月发起成立广东省增材制造协会(简称协会)，协会接受广东省经济和信息化委员会和省社会组织管理局的管理和指导，协会致力于加快华南地区 3D 打印技术产业化与市场化进程，积极开展关键共性技术联合攻关，建立 3D 打印培育和应用示范基地，普及 3D 打印基础知识及技能培训，完善 3D 打印技术研发人才培养体系等工作。

协会将紧密团结会员单位，积极搭建公共服务型平台，发展成为吸引人才和技术资源的强大“磁场”，并为会员提供以下服务：一是通过信息宣传平台与窗口，提高会员单位的知名度；二是参与制定行业标准，规范与推进3D行业的可持续性发展；三是把握国家、省(自治区、直辖市)等产业支持政策，解读产业发展趋势，指导并帮助企业申请相关项目；四是多方位满足企业发展需求，搭建企业与政府、投资机构、媒体和用户之间的沟通桥梁；五是积极开展国际交流与合作，组织国内增材制造企事业单位参与国际有关组织的活动，在国际增材制造行业发挥积极的作用；六是承担政府相关部门或会员单位委托的相关事项。

图8-4 协会第二届会员大合照

(三)安徽省增材制造协会

安徽省增材制造协会是在政府有关部门指导下，由安徽省春谷3D打印智能装备产业技术研究院联合中国科学技术大学先进技术研究院等省内增材制造及相关领域企事业单位，于2018年4月经省民政厅批复正式成立的行业协会。2019年1月，在省民政厅社会组织管理局、安徽省增材制造协会指导下，由中国科学技术大学第一附属医院等省内医疗单位，联合安徽中健三维科技有限公司等开展增材制造在医疗领域应用的企业，发起成立了安徽省增材制造协会医疗分会。

省协会现有会员单位80余家，主要进行增材制造领域相关的研究与交流，协调、组织标准制定等工作，开展增材制造领域相关培训、咨询、展览、会议等活动，搭建沟通交流的平台，引导会员单位向健康、有序方向发展。

2021年以来，省协会通过微信公众号、理事群、工作群共发布240余条宣传信息，涵盖会员单位产品推介、人才招聘等即时信息，切实解决会员单位需求；4—5月，为更好地服务增材制造产业发展和相关专业建设，提升会员单位与高校院所产教融合能力，由春谷3D打印研究院承办，安徽省增材制造协会、安徽三维天下等协办，第一、第二期增材制造模型设计1+X证书师资与考核师培训班在安徽芜湖成功举行；5月26—28日，2021亚洲3D打印、增材制造展览会(TCT亚洲展)在国家会展中心(上海)举办，省协会设置专业展台，组织20余家会员单位参展；协会配合省市区政府，大力开展“双招双引”工作，招引数十个增材制造领域高层次人才团队来皖投资创业，签约了激光智能装备项目、3D打印机核心零部件生产项目、3D打印工业互联网项目等12批招商引资项目，总投资超20亿元。

安徽省增材制造协会将重点整合安徽省增材制造技术产业上下游资源，促进产、学、研结合，推动我省增材制造产业发展，为实现我国增材制造产业全面腾飞贡献力量。

(四)重庆市增材制造协会

重庆市增材制造协会是重庆市华雄实业(集团)有限公司联合中科院绿色智能技术研究院、重庆市科学技术研究院、陆军军医大学西南医院等科研机构和相关企业在重庆市经信委指导下，于2018年10月经重庆市民政部门批复正式成立的行业组织。现有成员单位50余家，主要进行增材制造领域相关的研究、交流与组织标准制定等工作，开展领域相关培训、咨询、展览、会议等活动，搭建沟通交流的平台，为重庆市增材制造产业的发展奠定了坚实的基础，发展规划如下。

努力加强协会自身建设：修好内功，坚持以会员服务为宗旨，加强协会会员制度、财务制度建设，严格遵守议事程序，确保协会内部管理“民主、公开和高效”，加强协会队伍建设，提高协会办会水平和组织协调能力，加强会员培训和交流，提高会员民主、法制和责任意识，努力把协会打造成一个学习型、诚信型、服务型、责任型的团队。

发挥桥梁和纽带作用：协会将积极发挥主管部门及各职能部门与广大会员之间的桥梁和纽带

作用，主动宣传国家及重庆市的产业政策，帮会员企业解疑释惑，经常征求会员意见和建议，及时向政府主管部门反映企业诉求，积极向各级部门争取相关优惠政策，努力引导会员企业高质量发展。

真诚务实地提供服务：坚持“服务立会，服务兴会”的理念，严格按章程办事，认真履行职责，积极为会员企业提供信息、人才、市场、法律等多方面服务，及时帮助会员解决经营管理中遇到的难题，为会员出谋划策，分忧解难。热心为会员单位办实事、办好事，维护会员企业的合法权益，为会员企业的发展提供各种支持和帮助，把协会建设成会员信赖的家园。

切实搞好内外交流与合作：“一枝独秀不是春，百花齐放春满园。”协会的发展要紧跟时代步伐，我们将大力倡导增材制造产业的发展与“大数据、云计算、物联网、区块链”等科学技术相结合，抓好增材制造产业发展的创新工作，利用行业协会及网站平台，通过举办专题研讨、发展论坛、参观考察等活动，以及微信公众号、服务平台等多种方式，广泛开展会员之间，会员和外界的纵向和横向交流与合作，加强与中国增材制造产业联盟的联系，争取为重庆市引进规格高、质量高的专业性展会，带动重庆市增材制造产业更好更快地发展。

图 8-5　重庆市增材制造协会第一届理事会

重庆本土对于推动增材制造产业发展的代表除了中科院绿色智能技术研究院 3D 打印中心和重庆市科学技术研究院光学机械研究所等科研机构外，还有陆军军医大学西南医院、重庆市华港科技有限公司、安德瑞源科技、重庆先临三维，其中安德瑞源科技由安世亚太股份有限公司和杭州德迪智能科技有限公司在重庆市九龙坡区金凤产业园合资成立，主要从事工业 3D 打印设备的研发和生产，目前已成功研发出工业级快速金属 3D 打印设备并实现销售；重庆市华港科技有限公司主要从事工业制造、医疗、航空航天等领域的 3D 打印应用研发和加工服务，目前已为长安汽车、隆鑫工业、建设工业、庆铃汽车、小康工业、平伟集团等 200 多家汽车、工业制造类知名企业提供 3D 打印技术服务；陆军军医大学西南医院关节外科组建 3D 打印技术团队致力于医学 3D 打印技术基础研究与临床应用，完成全球首例 3D 打印多孔钽金属修复巨大骨缺损，与澳大利亚皇家墨尔本理工大学合作重点开展 3D 打印金属植入物研究，与美国佐治亚理工大学合作重点开展 3D 打印非金属植入物研究，目前运用 3D 打印技术已经在关节外科实现临床应用 2236 例，其中术前模型及报告 2154 例、术中导航器 68 例、定制化内植物 14 例，走在了全国医学应用 3D 打印的前列。

图 8-6　重庆市增材协会医学分会年会

(五)四川省增材制造技术协会

四川省增材制造技术协会，是由四川大学牵头，联合中国东方电气集团、成都飞机工业集团、成都发动机集团、四川长虹集团、成都航利航空科技有限公司、四川绵阳西南自动化研究所、中国工程物理研究院、西南交通大学、西华大学、成都工业学院、成都航空职业技术学院等 50 多家企业、院校、研究机构发起为推动四川地区增材制造技术和产业的发展而成立的社会组织。业务主管单位为四川省科学技术协会。

协会有效地整合了省内外增材制造相关资源，形成合力，改变“小而散”“各自为政”的局面，通过行业抱团，产业集聚，引导四川省 3D 打印产业快速、良性发展。

以下为 2021 年四川省增材制造技术协会开展的相关工作。

(1)四川华体照明科技股份有限公司总经办主任李俊一行莅临四川省增材制造技术协会交流。

2021 年 2 月 3 日，四川华体照明科技股份有限公司到四川省增材制造技术协会交流。四川省增材制造技术协会秘书长王长春接待李俊一行。李俊一行参观了孵化基地一楼 3D 打印作品展区和创业孵化基地内 3D 打印的先进设备与材料。四川省增材制造技术协会秘书长王长春先是介绍了 3D

打印在航空、医疗、文创、教育方面的应用以及3D打印产业的产业应用状况、上下游产业的现状以及未来的发展前景。随后，深入走访孵化基地内比较优秀的创业公司，其中四川衫海印象文化创意有限公司3D打印在文创上的应用和成都小火箭科技有限公司在医疗模具上广泛应用都十分出色。

图8-7　华体赴四川增材协会交流

(2)成都科技企业科技孵化协会周柯全一行莅临四川省增材制造技术协会调研。

2021年3月2日，成都科技企业科技孵化协会周柯全一行莅临四川省增材制造技术协会调研，四川省增材制造技术协会秘书长王长春、成都小火箭科技有限公司总经理杜宇负责接待。周柯全一行参观了孵化基地一楼3D打印作品展区和创业孵化基地内3D打印的先进设备与材料，走访了创业孵化基地内多家正在忙碌的优秀创业公司。周柯全表示通过此次的调研考察，了解到3D打印产业具有广阔的发展前景，同时3D打印产业也带动了传统产业的发展，双方一致表示，希望今后进一步加强交流合作，互相学习借鉴，促进共同发展。

(3)河南省漯河市源汇区问十乡委员会王文竹一行莅临协会就智能制造、3D打印开展深度交流。

2021年5月20日，河南省漯河市源汇区问十乡委员会王文竹一行莅临四川省增材制技术协会交流，四川省增材制造技术协会秘书长王长春接待一行。首先，王文竹一行参观了协会一楼3D打印作品展区和创业孵化基地内3D打印的先进设备与材料，走访了创业孵化基地内多家正在忙碌的优秀创业公司。其次，四川省增材制造技术协会秘书长王长春介绍了3D打印在航空、医疗、文创、教育方面的应用以及3D打印产业的应用状况、上下游产业的现状以及未来的发展前景。最后，王文竹表示通过此次的交流，了解到3D打印产业具有广阔的发展前景，同时3D打印产业也带动了传统产业的发展，双方一致表示，希望今后进一步加强交流合作，互相学习借鉴，促进共同发展。

图8-8　成都科技企业科技孵化协会莅临四川增材协会

(4)发那科公司(Fanuc)赴四川省增材制造技术协会交流座谈。

2021年6月10日，机器人四大家族之重庆发那科机器人有限公司市场部经理孙朋赴四川省增材制造技术协会交流座谈。发那科公司是世界上专业生产数控装置和机器人、智能化设备的厂商，该公司技术实力雄厚，为当今世界工业自动化事业做出了重要贡献。首先，秘书长王长春向客人介绍了协会内的专家学者及优秀企业，并就3D打印在航空航天、汽车等工业领域的应用情况进行交流。其次，双方就中外机器人公司的市场竞争力及发展前景进行探讨，还就3D打印与机器人应用的契合领域，成渝两地3D打印相关产业的发展情况互换意见。随后，大家共同参观了协会3D打印作品展区和创业孵化基地内3D打印的先进设备与材料，深入了解增材制造产业的应用。最后，双方商定在适当之时，将开展智能制造领域的深度合作。

图8-9　发那科公司赴四川省增材制造技术协会座谈

(5)四川省增材制造技术协会一届四次会员代表大会。

2021年6月24日，四川省增材制造技术协会

图 8-10　四川省增材制造技术协会一届四次会员代表大会

一届四次会员代表大会在四川省增材制造产业孵化基地成功召开。四川省科学技术协会副主席徐勇、四川省增材协会会长殷国富教授，四川大学华西医学院、成都飞机工业集团有限责任公司、四川大学原子核科学技术研究所、四川大学高分子材料工程国家重点实验室、成都工业学院材料学院、中国航发成发集团、四川普什宁江机床公司、西南交通大学材料科学与工程学院、攀钢集团研究院、东方电气中央研究院、中国工程物理研究院、中国人民解放军第 5719 工厂、中国科学院重庆绿色智能技术研究院、中国兵器装备集团自动化研究所、中国工程物理研究院材料研究所、核工业西南物理研究院的主要领导及协会副会长、理事、会员单位的代表近 60 人参会。首先，四川省增材协会会长殷国富教授致辞，他表示，增材制造面临的最紧迫的任务是技术的转移和应用，没有应用就没有市场，就没有发展的支撑。因此，四川省增材制造技术协会在各单位的支持下成立，在彭州市政府的支持下落户丽春镇，依托“航空动力产业园”，为“3D 特色小镇”的建设，为把丽春镇建成中国增材制造产业的重要聚集地做出努力。殷国富会长呼吁各位同人携起手来，团结川内外广大科技工作者，引进各方面资源，进行有深度的实质性合作。随后，协会王长春秘书长做年度工作总结与 2021 年工作计划汇报。介绍了协会的几项主要工作的开展情况及下年度工作计划。四川省科学技术协会副主席徐勇向参会各位代表、各位专家表示诚挚的问候，并向我省增材制造技术领域的科技工作者和企业家们致以崇高的敬意。他表示，我省正处于深入推进创新驱动引领高质量发展关键时期，希望省增材制造技术协会进一步提升凝聚力、创新力和影响力，组织动员增材制造行业科技工作者和企业创新争先，在科技前沿探索、科技成果转化、服务高质量发展等方面发挥积极作用。同时，也对协会今后的工作发展提出了指导性建议。会上，全体会员代表审议了协会章程的修改内容，并获全票通过。中国人民解放军第 5719 工厂副总工程师何勇、眉山点云生物汪贵总经理分别就 3D 打印应用情况作了介绍。最后的座谈交流时间，与会嘉宾就增材制造的产学研运用方向、技术创新、3D 打印的市场前景等问题热烈讨论、互相交换意见。

(6) 四川省天府科技云精准服务企业创新驱动发展专题研讨会。

2021 年 7 月 28 日，四川省天府科技云精准服务企业创新驱动发展专题研讨会第二次会议在省科协召开。会议由省科协党组成员、副主席、省云服务中心主任徐勇主持。四川省增材协会秘书长王长春参会，介绍了四川省增材制造技术协会的发展概况；就协会有关单位使用天府科技云的情况反馈进行了汇报，并提出推进工作的几点建议。

下一步，四川省增材制造技术协会将加大宣传力度，引入社会力量开展“天府科技云服务”平台注册、科普直达、科技服务、成果转化等工作。积极组织基地入孵企业和会员单位、科技工作者在天府科技云注册、发布信息，包括 3D 打印技术咨询、技术服务、知识产权需求。

(六) 广西增材制造协会

为贯彻落实《国家增材制造产业发展推进计划(2015—2016)》中关于“组建产学研用共同参与的行业组织”和“建立增材制造专家咨询委员会”的具体要求，推动广西增材制造产业健康有序发展。在自治区工业和信息化厅指导下，广西壮族自治区区内增材制造领域的企、事业单位、高等院校、科研机构、金融投资机构、产业园区等相关单位于 2015 年 7 月 1 日在南宁召开广西增材制造协会首届会员大会；会后依法向广西壮族自治区民政厅备案登记、接受指导，2015 年 8 月正式批复成立广西增材制造协会，是继上海市增材制造协会成立后全国第二家在增材制造领域的省级行业协会。

(七) 河北省增材制造学会

河北省增材制造学会于 2019 年 8 月由河北科技大学、河钢集团有限公司、华北理工大学、石家庄铁道大学、中航迈特粉冶科技(固安)有限公司 5 家单位共同筹备发起成立，并接受业务主管单位河北省科学技术协会的业务指导。学会第一届会员代表大会于 2021 年 9 月在河北省省会石家庄召开。

学会成立的目的和意义在于促进河北省增材

制造及相关产业的繁荣和发展，促进河北省增材制造技术的普及和推广，促进增材制造技术人才的成长和提高，促进增材制造技术更好地服务地方经济。

团结和动员增材制造科研工作者，遵守宪法、法律、法规和国家政策，遵守社会道德规范，践行社会主义核心价值观；尊重知识、人才与创造，积极倡导“团结、创新、求实、奉献”的精神；坚持科学发展观，促进增材制造技术的繁荣和发展，促进增材制造技术的普及和推广，促进增材制造技术人才的成长和提高，促进增材制造技术与经济的结合，反映增材制造科研工作者的意见，维护增材制造科研工作者的合法权益，为科研工作者服务，为经济社会发展服务，为提高全民科学素质服务。

河北省增材制造学会将围绕增材制造技术及相关领域开展以下业务活动。

一是开展国内外增材制造及其相关学科的科学研究、学术交流、科学普及、科技推广与咨询服务，促进科技发展。

二是开展增材制造及其相关学科的科学论证、培训工作，提出政策建议，促进科学技术成果的转化。

三是经国家相关部门的批准，制定教育教学学科、专业标准，研究并编写增材制造相关教材，出版相关学术性书刊。

四是反映科研工作者的建议、意见和诉求，维护增材制造科研工作者的合法权益。

(八)天津市增材制造产业技术创新联盟

天津市工艺管理协会成立于1985年，是在天津市工信局装备处业务指导下的法人社会团体组织。于2020年11月17日由市科技局正式批复为天津市增材制造产业技术创新联盟。主要进行增材制造领域相关的研究与交流，协调组织标准制定等工作及增材制造相关领域的培训咨询、展览、会议等活动，搭建沟通交流平台，引导会员单位实现健康、有序的发展，重点解决增材制造技术创新和产业化发展的问题。为推动产业链发展，该联盟与上海均和集团为主要投资与资源整合方全力整合市场资源，协同增材制造产业链上下游、导入关键要素打造了满足企业成长需求的增材制造产业园区。全部占地500亩，其中300亩中新生态城，200亩空港保税区(100亩增材制造产业园)，目前已经签署协议。天津市增材制造创新联盟打造了集产、学、研、用、金、服于一体融合的增材制造全链示范项目。其中包含重点实验室、工程研究中心、市级工程技术中心、企业技术中心、制造业创新中心、产业技术研究院、科技企业孵化器、众创空间；引进了专精特新“小巨人”企业、制造业单项冠军企业。该联盟为共同促进增材制造产业发展，实现我国增材制造产业全面腾飞贡献了力量。以工艺数字化为引领，以增材制造为主线。负责编制市工艺数字化行动指南、推进制造业工艺数字化实践能力，推广工艺管理数字化相关产品、技术、软件、设备、标准、服务，推动工艺数字化系统解决方案。

共建工艺管理数字化科学技术委员会，开展数字化工艺先进方法体系培训。联合建设数字技能实训基地，创新工艺管理人才。建立工艺工匠体系，为企业搭建服务信息平台，规范工艺工匠行为准则，协调行业工艺工匠服务的社会团体。围绕天津市增材制造产业创新开展3D打印全产业链材料、技术、设备、软件、测试、标准、服务的开发与应用，推动工艺数字化系统解决方案。

图8-11 天津市增材制造产业技术创新联盟

2021年工作开展情况：

2021年协会整体转入工艺数字化为指引，以增材制造为核心，更改了协会简介，并召开会长办公会议。

2021年9月15日由河北理工大学杨伟东为课题组长，对市科协下达的议天津市增材制造发展趋势的课题结盟。

编撰了增材制造产业规划，与上海均和集团推进东丽区临空经济区500亩地事项。现已签署协议，共同建设增材制造产业园区。

与上海展览咨询公司合作举办展览，帮助企业走进大湾区。

参加了深圳创想三维的产品发布会，形成天津地区代理。

与天津职业大学共同开展与深圳创想三维公司组织的论坛会、交流会特别举办了创想杯大赛。

同天津师范大学和天津市师范大学教育集团，2022年签署了全面战略合作，目前推进增材制造产业学院，协同育人、职业教育、大学生竞赛、科普基地、科技成果转化，特别与材料与物理学院、人工智能学院、软件学院开展了制造业工艺数字化创新中心的建设工作。

代理 Altair 软件，Altair 软件可以完整地应对增材制造所需设计、仿真及优化，包括拓扑优化设计平台(Inspire)，增材制造专属建模工具(Inspire PolyNURBS)，点阵/栅格优化生成(Inspire)，模型验证及机构运动载荷提取(Inspire Structures / Motion)，支撑规划及自支撑结构设计(Inspire & Inspire 3DPrinting)，打印过程仿真(Click2Print)，打印 + 铸造模拟(Click2Cast)，是全球领先的企业级产品创新解决方案。

2021 年 11 月初次接触天津师范大学讨论大学科技园入驻事宜。于 2022 年 1 月 1 日进入大学科技园。

系统操作员四级、三级、二级、一级，系统运维员四级、三级、二级、一级，等技能认定能力获市人社局批复。

(九)江苏省激光产业技术创新战略联盟

江苏省激光产业技术创新战略联盟成立于 2017 年 9 月，由苏州市科技局组织协调省内外激光产业骨干单位发起组建。该联盟理事长单位为南京先进激光技术研究院，秘书处设在苏州大学。该联盟进一步整合激光产业的骨干企业、有关高校和科研单位各方创新资源，立足江苏，集全球智慧，共同推进江苏省激光产业政、产、学、研、资、用的合作与产业链建设，为产业发展做出贡献。目前已经有省内外的 111 家企业和科研单位(含国外著名公司一家)加入共同推动激光产业快速健康发展。该联盟的主要目的是联合产业链上下游单位，合力突破激光产业关键技术，推动江苏省激光产业的技术攀升和产业协同发展，共同促进激光行业的转型升级。

(十)江苏省机械行业协会增材制造专业委员会

江苏省机械行业协会增材制造专业委员会是由江苏永年激光成形技术有限公司牵头，南京中科煜宸激光技术有限公司、无锡飞而康快速制造科技有限责任公司、中瑞机电科技有限公司等单位联合发起，在江苏省机械行业协会领导下，面向江苏省境内从事 3D 打印技术的研发、生产、服务和产业链企业以及相关单位自愿组成的行业非营利性社团组织。该专业委员会的业务范围和主要任务是：3D 打印产业的业务指导、标准定制、专业管理、国际交流、人才培训、咨询服务、协调仲裁等。该专业委员会接受江苏省工信厅装备工业处的业务指导，受江苏省机械行业协会领导和监督管理。

该专业委员会积极发展会员单位，把行业内中小企业组织起来，凝心聚力。目前已发展会员单位近 30 余家，整合和集聚国内外创新资源，构建 3D 打印上下游产业链合作体系，壮大骨干企业集群。同时成立了专家库，聘请了国家“千人计划”获得者、中科院宁波工研院所先进制造所副所长张文武高级研究员，国家“万人计划”获得者、南京航空航天大学材料科学与技术学院顾冬冬教授等国内 3D 打印行业的知名专家 14 人为江苏省增材制造专业委员会智库专家；联合培养人才，提升会员在 3D 打印技术相关领域的研究、开发、制造和服务水平，加快江苏省 3D 打印技术产业化发展。

(十一)山东省增材制造产业联盟

山东省增材制造产业联盟于 2019 年 5 月 31 日成立，该联盟是在山东省工信厅等政府部门指导和增材制造及行业应用领域各企事业单位的大力支持下成立的行业组织，隶属于山东省快速制造产业(3D 打印)创新中心。

山东省增材制造产业联盟的成立，打通了山东省各城市、园区、企业、科研院所、金融投资等产业链各环节，通过产业链垂直整合和创新资源优化组合，形成涵盖技术、人才、平台及国际合作高度融合的协同创新系统和完善的技术开发产业链，打造成跨界协同的创新生态系统，建成以山东为中心的特色优势产业集群。

山东省增材制造产业联盟组织机构包括会员大会、专家委员会、理事会、秘书处。山东大学机械工程学院院长黄传真当选联盟专家委员会主任，机械科学研究总院当选为联盟理事长单位，山东三迪时空集团董事长李培学当选联盟秘书长。联盟成员包括海尔集团、万华化学、华天软件、山东航空、中科煜宸激光、山东大学、中国石油大学、青岛科技大学、青岛理工大学等 21 家副理事长单位，以及重庆华港科技、广东峰华卓立、青岛德铸特钢、爱司凯、斯汀纳睿、青岛蜗牛影视动画等 15 家理事单位。

(十二)辽宁省机械工程学会增材制造分会

2018 年 8 月 3 日，辽宁省机械工程学会增材制造分会正式成立，大会在中国科学院沈阳自动化研究所南区召开，沈阳自动化研究所为学会挂靠单位和理事长单位。辽宁省机械工程学会增材制造分会的正式成立对促进辽宁增材制造技术学科发展，加强省内增材制造单位产学研合作具有重要的意义和价值。中科院沈阳自动化研究所赵吉宾研究员(重点实验室主任)为学会理事长，沈阳航空航天大学杨光教授为秘书长，中科院沈阳自动化研究所赵宇辉副研究员(重点实验室)为常务副秘书长。

(十三)河南省增材制造产业联盟

河南省增材制造产业联盟成立于2020年12月27日，是在河南省工信厅指导下，由河南省增材制造领域的企事业单位、高等院校、科研机构、产业园区等相关单位，按照自愿、平等、互利、合作的原则，共同发起组成的跨行业、开放性、非营利性的社会组织。

该联盟组织机构包括指导委员会、专家委员会及理事会，并在理事会下设立秘书处负责联盟的日常运营工作。联盟聚集了增材制造材料、设备、服务各领域的龙头企业、领军企业、专精特新及大中小微代表企业60余家，并已与郑州大学、河南工业大学、郑州机械研究所有限公司等科研院所建立了广泛合作，聚集了中科软智、大象融媒等科技金融、融媒体方面的优质资源，面向联盟企业提供各项专业服务。

河南省增材制造产业联盟2021年度工作开展情况如下。

(1)河南(管城)增材制造产业园区建设。

推进联盟与传化集团合作开展了河南(管城)增材制造产业园区项目。项目位于小李庄火车站规划的核心区域，占地面积165亩，总建筑面积约21万平方米，计划总投资约为10亿元人民币，目前，现正推进项目各方正加紧沟通，推动项目尽快开工建设。

(2)河南省增材制造创新中心及河南省增材制造公共服务平台建设。

深入学习制造业创新中心及公共服务平台建设要求，筹备河南省增材制造创新中心及河南省增材制造公共服务平台建设，并已初步形成了建设方案及实施路径。

(3)推进河南省增材制造技术应用普及工程。

推进开展了河南省增材制造技术应用普及工程，目前已完成了相关方案及汇报PPT文档编写，并与郑州市企业家联合会、河南省铸锻工业协会、郑州市工信局软件处等相关单位沟通并汇报方案。

后续将持续与各相关主管部门、行业协会及相关企业对接，推进普及工程开展，并同步配套开展专业培训、设备销售、企业服务等相关服务。

(4)培育建设郑州市金属增材制造工程技术研究中心。

与郑飞集团相关人员多次动员、沟通、指导，推进郑飞集团成功被认定为郑州市金属增材制造工程技术研究中心，为河南省第一个被认定的金属增材制造研发平台，对推进金属增材制造在河南省工业领域的应用推广起到积极作用。

(5)会员发展工作。

截至2021年年底，联盟现有会员62家；与南极熊合作，开展了河南省增材制造产业调研行动，以多种形式，走访行业单位(企业、高校、机构)20余家，初步摸清了河南省增材制造企业基本情况及高校拥有各类设备、专业软件情况。

后续将充分发挥联盟的平台作用，推进增材行业企业、专业院校之前的交流合作，并根据联盟资源面向企业推进各项服务开展。

(6)配合指导委员会开展了增材制造相关工作。

调研了河南省高校现有增材制造相关设备及软件情况调研统计，并汇总形成报告，已报送河南省工信厅；起草并向科技厅提交河南省增材制造产业“十四五”发展规划；编写河南省增材制造产业发展相关情况汇报，已报送市工信局产业融合处；配合河南省工信厅开展了软协换届相关工作。

(7)行业合作。

对接河南铸造协会、郑州市企业家联合会、郑州市军民融合协会、河南省软协、郑州市软协等多家行业组织，并推进深度合作。

(8)开展相关活动。

成功举办了增材制造示范应用座谈会议；结合双创周活动举办，并与鑫苑沟通，开展增材制造技术应用高峰论坛；已形成具体活动方案，受水灾、疫情影响，未举办；与713所沟通，合作举办第二届河南省增材制造产业高峰论坛暨激光熔融修复技术发展峰会；已形成具体活动方案，受疫情影响，未举办；组织联盟企业，参加徐州2021增材制造材料创新发展论坛、上海TCT展会等行业活动10余次。

(9)与鲲智教育合作建设增材制造展厅，已完成了展厅设计、装修，展品征集及布置工作，现已多次接待相关领导及企业到访参观。

(十四)湖北省3D打印产业技术创新联盟

湖北省及武汉市一直是我国3D打印技术的重要基地，华中科技大学是我国开展3D打印技术研究的最早的几家单位之一，在国家3D打印版图中占有重要的一席之地。2013年12月，在湖北省科技厅、武汉市科技局及武汉东湖技术开发区管委会等的支持下，湖北省3D打印产业技术创新联盟由湖北省科技厅批准成立。该联盟由从事3D打印技术的研究开发、装备制造、加工服务、配套服务和应用的具有行业代表性的企业、大专院校、科研单位和行业组织等相关机构自愿组成。目前，湖北省3D打印产业、技术创新联盟共有成员单位100余家，现任理事长单位为武汉华科三维科技有限公司，联盟理事长由华中科技大学史玉升教授担任，联盟秘书处设在武汉东湖开发区未来科技城。

湖北3D打印联盟汇集和整合了湖北省内与3D打印技术相关的各种资源，围绕3D打印产业链，积极促进行业内的交流与共同发展，提高各单位创新资源利用率；积极开展关键共性技术联合攻关，加快突破核心技术；举办3D打印知识及技能培训，协助高校和企业完善3D打印技术人才培养工作，壮大骨干企业集群，提升联盟成员在3D打印技术相关领域的研究、开发、制造、服务水平。同时，该联盟发挥行业渠道优势，积极宣导、贯彻国家有关3D打印行业发展的政策和法规，协助政府对3D打印产业发展实行监督和管理，为政府制定相关产业发展政策和规划提供依据和协助，为加快湖北省3D打印技术产业化、市场化进程，为湖北省制造业转型升级和战略性新兴产业发展提供支撑。另外，该联盟为3D打印及产业链相关企业和科研单位提供市场拓展、业务咨询、技术交流、新技术新产品推介、人才培养与就业、自主创新支撑、项目申报等平台式综合服务。对外组织成员参加行业活动，与全国兄弟联盟和协会保持密切联系，加强交流，促进合作。

多年来，湖北省涌现了一大批优秀的企业，在3D打印的各个细分领域做出了优异的成绩，涵盖了工业级装备、桌面级装备和材料的研发生产，专业的3D打印加工服务等领域，大力促进了3D打印技术在航空航天、模具、汽车、制鞋、电子产品、医疗器械、手办等领域的应用。特别是“十三五”国家重点研发计划“增材制造和激光制造”重点专项实施以来，湖北是牵头承担该专项项目最多的省份之一，充分表明了湖北省在3D打印技术方面的强大科研实力和产业实力。

(十五)湖南省3D打印产业技术创新战略联盟

湖南省3D打印产业技术创新战略联盟(简称湖南省3D打印联盟)成立于2017年12月12日，是由湖南华曙高科技股份有限公司、中南大学湘雅医院、湖南中南智能装备有限公司等三家单位共同发起倡议并组建。湖南省3D打印联盟的组织机构包括理事会和常务理事会。其中，理事会下设秘书处、专家委员会，常务理事会为理事成员大会执行机构，负责开展日常工作。湖南省3D打印联盟的理事长是由应用数学博士、华曙高科创始人、董事长、世界著名3D打印科学家、福布斯杂志封面人物、美国AMUG理事会唯一亚太地区理事、湘潭大学特聘教授许小曙担任。湖南省3D打印联盟共发展成员单位57家，包含了高校、科研院所、技术协会、企业等多个方面的组织。

湖南省3D打印联盟汇聚了3D数字化制造领域的各方面资源，宗旨是以3D数字化增材制造先进技术为引领，以“3D数字化制造”技术服务为切入点，完整产业链、信息相连、互为促进、整体发展。按联盟宗旨先后以中南大学湘雅医院为依托创立了“3D打印医学应用推广中心”，以湖南信息职业技术学院为依托创立了“3D打印技术创新教学中心”，以湖南六新智能科技有限公司为依托创立了“3D打印文化创意技术应用研究中心”，以湖南顶立科技有限公司为依托创立了“增材制造材料应用推广中心”，以湖南云箭集团有限公司为依托创立了“增材制造企业应用推广中心”等五个技术综合服务平台。

湖南省3D打印联盟坚持开放、创新、合作、共赢的工作原则，立足于为湖南省3D打印产业搭建合作与促进平台，致力于支撑行业管理、聚拢行业资源、营造创新环境、促进交流合作，助力湖南省3D打印产业发展壮大。

(十六)中山市增材制造协会

2021年，在中山市工业和信息化局的指导下，中山市增材制造协会成立，会员企业涵括3D打印设备商、材料商、工业设计企业、产业应用企业等增材制造相关的上中下游企业，从产业发展的需求出发，聚集3D打印资源，大力推广3D打印技术的发展和应用。该协会以“协同创新、聚能发展”为宗旨，以“政产学研”为四大抓手，依托本地制造业优势，聚焦工业制造、文化创意、生物医疗、人才教育等领域，推动增材制造与传统产业的融合创新，推进制造业数字化智能化转型，建设突破产品工业设计和制造工艺的壁垒和瓶颈，实现传统制造企业的转型升级和智能创新深度发展。

2021年，中山市“十四五”规划纲要中提出把“激光与增材制造”产业列为六大战略性新兴产业之一，所以，增材制造有望成为中山市经济发展的新亮点。在中山市工业和信息化局的指导下，中山市增材制造协会积极组织盈普三维、汉邦科技、哈特三维、大简科技、中山职业技术学院、弘邦三维、永涂乐、广通三维、疆行智能、大黄蜂模型、领地三维、新锐模型、大准增材、至顺模具、旭晨鞋业、协成信息、小榄工业产品设计等会员企业，从产业发展的需求出发，以“协同创新、聚能发展”为宗旨，聚集3D打印资源，大力推广3D打印技术的发展和应用。同时，该协会依托本地制造业优势，聚焦工业制造、文化创意、生物医疗、人才教育等领域，推动增材制造与传统产业的融合创新，突破产品工业设计和制造工艺的壁垒和瓶颈，实现传统制造企业的转型升级和智能创新深度发展。

图8-12　中山市增材制造协会成立大会

(十七)南宁市增材协会

为了更好地推动增材制造行业在南宁市乃至广西区域的普及应用，推广应用服务市场化，南宁市第二人民医院联合省内各代表性相关企业和院校，于2021年7月发起成立南宁市增材制造协会。在广西增材制造协会、南宁市民政局、南宁市卫生健康委员会的指导下，以及在南宁市行政审批局的监督管理下，南宁市增材协会于2021年10月28日召开成立大会暨第一届第一次会员大会，目前由25家企事业单位会员及其他个人会员组成，副会长单位有广西大学、广西机械设计研究院、南宁三帝科技有限公司、广西嗨酷科技有限公司，理事单位有广西南宁技师学院等。

南宁市增材制造协会立足于增材制造的快速发展，解决南宁市增材制造行业的共性关键技术、行业交流、促进增材制造发展，更好地应用于医疗、工业、航天、汽车等行业而设立的，同时是为全市增材制造行业发展搭建一个有利于增材制造公共交流对话、沟通合作、服务发挥的平台，希望通过平台组织职能建设与服务功能的不断完善来推动南宁市增材制造行业又好又快地发展。

南宁市增材制造协会通过立足南宁，辐射整个广西地区。协会致力于加快广西地区增材制造技术产业化与场景应用进程，积极开展关键共性技术联合攻关，建立增材制造培训与应用示范基地，举办增材制造知识及技能培训，完善增材制造技术研发人才培养等工作。

第九篇　科研团队及技术中心篇

一、科研团队

(一)北京航空航天大学王华明团队

王华明，中国工程院院士，北京航空航天大学教授、博士生导师，激光增材制造领域专家。2006年“全国五一劳动奖章”及“国家杰出青年科学基金”获得者，北京航空航天大学材料科学与工程学院“长江学者特聘教授”，2015年12月7日当选中国工程院院士。王华明1962年出生于四川，1989年获中国矿业大学北京研究生部矿山机械工程专业博士学位，1992年中国科学院金属研究所博士后出站到北京航空航天大学工作，同年获德国“洪堡基金”，赴埃尔朗根—纽伦堡大学工学院金属科学与技术研究所工作。1994年，王华明从德国访问回国后即全力投入北航的教学与科研工作中。2005年，王华明团队成功实现三种激光快速成型钛合金结构件在两种飞机上的装机应用，使我国成为世界上第二个掌握飞机钛合金结构件激光快速成型装机应用技术的国家。2012年1月18日，王华明教授主持的“飞机钛合金大型复杂整体构件激光成型技术”项目获得国家技术发明一等奖。王华明教授团队十几年来致力于飞机、发动机等装备中钛合金、超高强度钢等高性能、难加工、大型关键构件激光直接制造技术研究，并取得了众多突破性成果。团队发明了系列激光成形新工艺、内部结构控制新方法和大型工程成套新装备，使我国成为迄今世界上唯一突破该技术并实现装机工程应用的国家。该成果为钛合金、超高强度钢等难加工大型复杂关键构件的高性能、短周期、低成本、快速制造提供了技术新途径，对提升我国飞机、航空发动机等重大装备研制生产能力、提高性能、降低成本，具有重大应用价值和广阔应用前景。

(二)清华大学林峰教授团队

林峰教授，清华大学机械工程系长聘教授，博士生导师博导，副系主任，国家CIMS工程技术研究中心快速成型技术分中心主任，先进成型制造教育部重点实验室副主任，生物制造与快速成型技术北京市重点实验室副主任。目前担任中国机械工程学会理事，增材制造分会副主任委员，特种加工分会常务理事，生物制造分会常务委员等。自1990年年初即开始从事快速原型制造技术的研发，在增材制造、生物制造技术领域有多年的研究和开发经验。目前的研究方向为金属材料增材制造、生物三维打印等。特别是在电子束选区熔化及其多材料和复合增材制造工艺与设备研发方面，在国内最先进行了探索和研究；并于2015年成立了天津清研智束科技有限公司，开始了产业化。林峰教授主要的研究领域为电子束熔化(EBM)增材制造(3D打印)技术，该技术利用高能电子束在三维模型数据的驱动下直接制造高度致密的金属实体零件。该技术可广泛应用于新金属材料研发、高性能复杂零件制造、航空航天零部件和个性化医学植入体制造等领域。林峰教授创新性地提出了电子束和激光选区复合(EBM + SLM)的金属3D打印技术在国内外居于首位。

(三)西北工业大学黄卫东团队

黄卫东教授：博士生导师，国家杰出青年科学基金获得者，教育部长江学者奖励计划特聘教授，国家自然科学基金委员会金属学科评审专家，中国机械工程学会增材制造分会副理事长，国家科技部3D打印专家组首席专家，国家智能制造重大工程项目专家组成员，国家增材制造创新中心副主任，3D打印领域世界首本国际杂志*3D Printing and Additive Manufacturing*编委，曾任中国铸造学会理事长，《铸造》和*China Foundry*杂志编委会主任，凝固技术国家重点实验室主任。团队代表还有林鑫教授：博士生导师，材料学院副院长，金属高性能增材制造与创新设计工业和信息化部重点实验室主任，“万人计划”领军人才，科技部中青年科技创新领军人才，教育部“新世纪优秀人才支持计划”入选者，陕西省“特支计划”科技创新领军人才，英国皇家学会“牛顿学者”，目前担任陕西增材制造军民融合产业联盟秘书长，中国热处理学会高能密度热处理技术委员会副主任，全国增材制造标准化委员会委员，第五届国家新材料产业发展战略咨询委员会学术委员，中国材料研究学会凝固科学与技术分会常务理事，中国机械工程学会增材制造技术分会委员，主持国家重点研发计划项目、973、863、国家自然科学基金、国防基础研究、预研和推广应用项目等20余项国家和省部级科研项目。

团队依托的凝固技术国家重点实验室，是我国3D打印技术研发最出色的单位之一，主要发展名为"激光立体成形"的3D打印技术。该技术通过激光熔化金属粉末，几乎可以"打印"任何形状的产品。其最大的特点是，使用的材料为金属，"打印"的产品具有极高的力学性能，能满足多种用途。

(四)西安交通大学李涤尘研究团队

西安交通大学李涤尘教授负责的"高性能增材制造"研究团队，在卢秉恒院士的指导下，依托机械制造系统工程国家重点实验室，面向"材料设计结构一体化制造"方向，开展金属、聚合物、陶瓷、复合材料增材制造方面的基础研究与工程应用。团队有教授7人，副教授4人，讲师及工程师4人。团队建设有教育部快速成型工程研究中心，国家药监局医用增材制造研究与评估重点实验室。团队近年来围绕航空航天、生物医疗开展了研究工作。

1. 高性能金属增材制造

研究激光能量沉积与粉末床工艺，围绕高熵合金和高温合金增材制造技术研究，将其应用于高性能金属零件的制造与修复。在增材制造修复方面研究了野外快速修复系统，建立了快速扫描、原位打印修复的移动式野外增材制造修复工艺与装备，研究成果受邀参加第十九届中国科协年会先进材料创新展览会、第三届军民融合发展高技术装备成果展。发明了3D打印与高温合金定向凝固技术融合的空心叶片的一体化成型技术，解决了组合铸型芯壳精度配合的难题，实现了复杂铸型成型与铸型壁厚精确控制，为航空发动机和燃气轮空心叶片制造提供新方法。

2. 树脂基多功能复合材料增材制造

重点研究热塑性树脂基短纤维和长纤维复合材料增材制造技术。发明了3D打印喷头内部熔融浸渍原位复合成形新方法，实现了连续纤维无模具直接制造复合材料构件的3D打印工艺装备，技术应用于太空3D打印技术发展。研发大尺寸功能复合材料熔融挤出成形装备，开展电磁吸波、辐照屏蔽、生物融合功能的研究。

3. 个性化骨替代物增材制造

研究了个性化骨植入物设计与增材制造技术，在金属颅颌面个性化替代物方面获得国家技术发明二等奖。开展聚醚醚酮(PEEK)植入物研究，发明了精确温控的PEEK增材制造新方法，解决了3D打印PEEK替代物力学调控难题，实现了世界首例3D打印PEEK肋骨、胸肋骨、护心板个性化假体的临床试验，个性化骨植入物获得获首届中国好设计金奖。

4. 可降解软组织支架增材制造

建立了可降解软组织支架形态与力学适配设计方法，发明了可降解材料高精度增材制造新工艺装备，通过梯度支架促进了软硬组织的生物固定，研发的乳腺植入物等实现了世界首例临床试验。获高等学校科学技术一等奖(自然奖)，被国际学术网站专题评述"一种新的高精度生物打印方法"高度评价，产生了良好的临床效果和学术影响。

研究团队与国内外研究机构和企业开展广泛合作，将基础研究与产业化应用结合，推进我国增材制造技术发展。

(五)华中科技大学史玉升团队

史玉升教授：博士生导师，华中科技大学特聘教授，现任华中科技大学材料科学与工程学院副院长，材料成形与模具技术国家重点实验室副主任，湖北省先进成型技术及装备工程技术研究中心副主任，中英先进材料及成型技术联合实验室副主任，湖北省材料化学与服役失效重点实验室学术委员会委员，湖北省机械工程学会理事、湖北省机电一体化技术应用协会理事，中国机械工程学会高级会员，中国机械工程学会特种加工分会青年工作委员会委员等职务。

史玉升长期从事快速制造和农业节水产品快速开发等领域的教学和研工作，近年来承担863重大项目等28项，作为第一负责人主持16项；获发明专利18项、实用新型专利7项，受理发明专利18项、实用新型专利2项；软件登记3项；论文100多篇，三大索引收录80多篇；成果达到国际先进或领先水平，获国家二等奖1项、省部级一等奖1项、省部级二等奖3项；领导的研究团队获2000年湖北省自然科学基金创新群体；建立了粉末材料激光快速成型技术的学术体系及集成系统，在国内外200多家单位得到广泛应用，取得了显著的经济与社会效益；建立了成套的农业节水产品低成本快速开发理论与方法，取得一系列创新成果，并得到应用。

(六)华南理工大学杨永强团队

杨永强：华南理工大学教授，博士生导师。

现任中国机械工程学会特种加工分会常务理事，中国机械工程学会生物制造工程分会理事，广东省增材制造协会会长、广东省3D打印标准化委员会主任、广东省激光协会监事长等。杨永强教授长期从事3D打印、激光加工和现代焊接等技术领域科研工作，是国内最早开展激光选区熔化增材制造设备、工艺和应用研究的学者，研发出的Dimetal-50、Dimetal-100、Dimetal-280和Dimetal-400等系列金属3D打印设备已经在广州雷佳增材科技有限公司产业化，在个性化定制医疗器械、模具、航空航天零部件等多方面得到应用推广，2013年以来承担包括科技部国际合作项目、国家自然基金、广东省重大专项等项目20多项，发表有关学术论文260余篇，SCI索引150余篇，在中国、美国、德国有发明专利共44项。

杨永强教授在激光快速成型制造、激光材料加工、焊接工艺与装备等方面做了大量的卓有成效的研究工作，历年来承担和参加国家、国际合作、省市级科研项目多项，其中23项为项目负责人，发表有关学术论文110篇(其中期刊论文88篇，会议论文22篇)。杨永强教授主要研究工作集中在激光快速成型、激光焊接、激光在线打码机和激光表面处理等方面的装备、控制系统、软件及工艺开发等，在电子制造的无铅钎料、绿色制造微连接装备与材料方面也开展了研究。

(七)南京航空航天大学顾冬冬团队

团队近五年承担了国家重点研发计划“增材制造与激光制造”重点专项、国家自然科学基金重点项目、面上项目、国家优秀青年科学基金、NSFC-DFG联合资助中德合作研究项目、江苏省重点研发计划—产业前瞻与共性关键技术、江苏省杰出青年基金、航空科学基金、航天科技创新基金重点项目、国家商用飞机制造工程技术研究中心创新基金、国防基础科研科学挑战专题、国防科技项目基金等国家及省部级项目60余项。在*Int Mater Rev*、*Acta Mater*、*Scripta Mater*、*Int J Mach Tool Manuf*、*Trans ASME J Manuf Sci Eng*、*Appl Phys Lett*、*J Appl Phys*等国际学术期刊上发表有关激光增材制造的SCI论文120余篇，6篇SCI论文入选ESI高被引论文，SCI他引次数2100余次。由德国Springer、荷兰Elsevier等国际知名出版机构出版英文专著1部/合著2部。围绕激光增材制造的装备、材料、工艺及应用，申请/授权国家发明专利40余项。实验室完成的“Green remanufacturing of metal components using laser technology”获德国联邦教育和研究部(BMBF)颁发的Green Talents(绿色精英)奖；完成的“高性能金属零件选区激光熔化增材制造应用基础研究”获江苏省科学技术奖二等奖、“激光3D打印金属基复合材料构件工艺及性能调控基础”获高等学校科学研究优秀成果奖(自然科学奖)二等奖。实验室成员获德国亚历山大·冯·洪堡基金会Fraunhofer-Bessel Research Award(弗劳恩霍夫-贝塞尔研究奖)、德国科学基金会(DFG)Mercator Fellow奖、第十四届“中国航空学会青年科技奖”。

(八)中国科学院金属研究所杨锐团队

杨锐：研究员，博士生导师，1980—1992年先后于武汉水利电力学院、中国科学院金属研究所、剑桥大学获学士、硕士、博士学位，1992—1995年在剑桥大学从事博士后研究，1995年起在中国科学院金属研究所任职，国家杰出青年基金获得者，973计划首席科学家，获国防科技工业突出贡献中青年专家、周光召应用科学奖、何梁何利基金科学与技术奖等荣誉，担任*Journal of Materials Science&Technology*(JMST)主编、《金属学报》编委、中国材料研究学会副理事长等。

杨锐团队长期从事新型钛合金、钛铝系金属间化合物、钛基复合材料、激光增材制造钛合金粉末研发及高性能构件成形技术等研究工作。近几年承担了国家重点研发计划、工信部民机科研专项、装备预研基金、中科院重点部署等10余项增材制造领域科研项目。2006年，在国内率先开展了无坩埚感应熔化气体雾化钛合金粉末洁净化制备工艺研究，采用研制粉末制备出的氢泵叶轮应用于氢氧发动机，支撑长征五号运载火箭完成火星探测、月球采样返回、空间站发射等任务。2016年，承担了激光增材制造用钛合金超细粉末国产化项目，突破了超低间隙钛合金超细粉末制备技术，研制出的超细粉末应用于先进飞机，解决了航空领域重点型号的“卡脖子”材料问题，打破了国外技术垄断与出口限制，实现自主可控，有力地支撑了国防装备的加速发展。

(九)河北科技大学增材制造团队

河北科技大学是河北省增材制造产业技术创新战略联盟和河北省增材制造学会理事长单位。自2005年开始从事增材制造相关技术研究与应用推广工作，是河北省涉足增材制造领域较早、连续性最好且发展最全面的单位。目前汇集了河北省增材制造产业技术研究院、河北省通用航空增材制造协同创新中心和快速制造国家工程研究中心河北省示范中心在内的河北省全部3个与增材制造相关的省部级创新平台，已经成为河北省增材制造科技创新和成果转化中心。

该方向现有科研人员 79 人，科研场地 4509 平方米，拥有包括引进的国内首台新型原子扩散型金属 3D 打印系统、激光熔融金属快速成型机、碳纤维 3D 打印机、高精度三维激光扫描系统、拓扑优化设计与仿真系统等在内的工业级增材制造仪器、设备及软件 734 台套，总值 4750 余万元。

河北科技大学增材制造学科方向针对高端装备制造和国防重大需求，开展大型复杂构件增材制造机理、工艺及装备研究，开发了镁合金增材制造烟尘融合抑制技术，解决了镁合金增材制造控形控性的难题；研究了锆铜合金增材制造增韧新方法，拓展了非晶合金的应用领域；自主研发的光固化增材制造个性化医疗技术，在 60 余家医疗单位广泛应用等。

承担国家级科研项目 26 项，省部级科研项目 81 项，各级科研总经费达 1.2 亿元；发表学术论文 350 余篇，其中 SCI、EI 收录 82 篇；取得国家发明专利授权 104 件；获得省部级科学技术奖励 6 项。该方向的研究成果解决了 150 余家企业的技术难题。

(十) 杭州电子科技大学徐铭恩团队

徐铭恩：博士，副教授，主要从事研究领域方向：生物医学工程交叉学科，涉及生物制造、药物高内涵筛选技术、生物图像分析等。其课题方向致力于将计算机辅助制造技术、组织工程技术和现代药物检测评价技术相结合，以期解决药物筛选、评价、器官制造等问题，同时完善细胞组装技术，研究细胞微阵列芯片，生物人工肝制造等课题。主持的国家级项目有：国家自然科学基金与基于细胞组装技术的能量代谢系统建模和应用；获得中国博士后基金一项，基于细胞组装技术的高内涵药物筛选理论和方法研究；主持校级课题两项：杭州电子科技大学的软骨关节的生物制造；清华大学的脂肪干细胞三维受控组装与分化机制研究。在研究领域国际核心期刊上发表多篇 SCI 收录的论文。参与获得浙江省科学技术一等奖一项；完成教育部科技成果一项。徐铭恩教授团队研发出国内首台生物 3D 打印机，能够直接打印出人体活细胞。以这些细胞为基础，打印机还可打印诸如骨骼修复器件、人工器官等生物材料。

二、科研院所及技术中心

(一) 中国航发北京航空材料研究院 3D 打印中心

中国航发北京航空材料研究院成立于 1956 年，是我国第一个五年计划的重点项目之一，是国内唯一面向航空、从事航空先进材料应用基础研究、材料研制与应用技术研究、工程化研究以及型号应用研究的综合性科研机构。

中国航发航材院 3D 打印中心成立于 2013 年，针对航空发动机、燃气轮机、火箭发动机、飞机的复杂结构、承力结构、新型材料成形技术和高价值部件修复需求，开展激光选区熔化成形、激光直接沉积熔化成形、电子束选区熔化成形、电子束熔丝成形四种工艺的研究工作。

该中心包含北京和镇江两个基地，分别开展基础研究和工程应用研究，涵盖粉末、成形工艺、热处理、表面工程、无损检测、力学性能、物理冶金、失效分析等 3D 打印全过程。该中心承担了包括“两机”重大专项课题、国家重点研发计划项目、科工局一条龙项目、国家自然科学基金、中国航发自主创新专项资金项目等课题共 72 项，建立集团标准 14 项，建立集团增材制造数据库，收录增材制造相关数据 3848 条。该中心获得授权专利 25 项，受理专利 38 项，累计授权专利 132 项。

(二) 中国商飞公司增材制造技术应用研究中心

中国商用飞机有限责任公司增材制造技术应用研究中心成立于 2017 年，简称中国商飞增材中心，行政上挂靠中国商用飞机有限责任公司北京民用飞机技术中心。中国商飞增材中心是商飞公司增材制造专业技术发展及能力建设的责任主体，以及增材制造技术应用能力管理职能的延伸机构。该公司自成立以来，主要开展了结构优化设计方法、增材制造技术评估与验证、增材制造结构件性能测试与质量检测等研究工作。该公司针对多个型号零部件开展了结构优化设计和验证技术研究，实现飞机设计的快速迭代、验证，降低了零件结构重量，缩短了飞机传统设计的周期，降低了成本，积累了丰富的型号预研经验。该公司提出了民机增材制造件适航取证思路，支持了钛合金增材制造件装机应用。该公司牵头或参与完成中国工程院、科技部、工信部等国家部委、地方及企业课题 20 余项，牵头或参与编制国家标准、团体标准及企业标准 20 余份，申请或授权专利 10 余项。

(三) 中国航天科工集团增材制造技术创新中心

中国航天科工集团增材制造技术创新中心成立于 2016 年 9 月，挂靠三院 159 厂，是科工集团开展增材制造技术研究应用和产业培育的重要平台。该中心汇聚航天单位强大的设计、研发、制造资源，坚持上中下游全产业链发展模式，在金属粉末研发、优化设计、装备研制、应用服务、检测评价等方面取得了多项关键技术突破，为我国航空航天领域多项重点型号研制解决了大量复杂异性构件加工制造难题，完成数千件增材制造产品在武器装备研制中的应用，实现产品研制向批生产过渡。

该中心的厂房面积有9000多平方米，专业化人才队伍60余人，技术人员硕博士比例高达90%，拥有各类金属、非金属增材制造设备30余台，其中大尺寸金属激光选区熔化成形(SLM)装备16台，激光送粉成形(LMD)装备2台，SLM最大成型尺寸设备800mm×600mm×1000mm，LMD最大成型尺寸2500mm×2500mm×1500mm，可满足大部分型号钛合金、高温合金、不锈钢、铝合金等材料大型复杂构件研制需求。现已发展成国内航天领域规模最大、技术最为全面的增材制造专业化研究机构。

(四)中航工业沈阳飞机设计研究所

中航工业沈阳飞机设计研究所是大型金属构件增材制造国家工程实验室的理事单位，拥有国防科技工业局“激光增材技术研究应用中心”的应用依托单位和创新设计与验证部、中国航空工业集团公司新型功能结构设计与验证航空科技重点实验室、辽宁省增材制造产业共性技术创新平台、辽宁省高性能金属增材结构设计与验证工程技术研究中心；拥有一批与3D打印技术相关的设备、设计与仿真软件和试验研究平台，包括激光选区熔化快速成型设备、激光同轴送粉快速成型设备、增材结构数字化设计与仿真软件、结构性能综合考核验证技术。

沈阳飞机设计研究所结合飞机重点型号研制需求，开展了大量应用研究工作，突破了飞机金属大型整体主承力结构件激光成形核心关键技术。实现了3D打印技术从次承力构件到主承力构件，再到结构规模化应用的三个跨越；完成了4项成形技术、5种金属材料、7大类结构件在四型飞机上的装机应用和一型飞机方案验证；获得了以国家技术发明奖和国防科技进步奖为代表的多项重大研究成果。

历经10余年的技术开拓，沈阳飞机设计研究所在飞机3D打印结构技术领域形成了成熟的设计思想与研究方法；建立了基于3D打印特征的飞机结构设计技术群；形成了完备的大型复杂金属3D打印结构性能测试与评价体系，具备精准判断3D打印结构性能水平及工程化可用性的能力。

(五)上海理工大学增材制造研究院

上海理工大学增材制造研究院秉承百年理工“中西合璧的办学传统”与“海纳百川的人文精神”，践行“信义勤爱，思学志远”的校训，立足国内，以国际化视野，引进了美国工程院院士James C. Williams、美国著名航空材料专家Rodney R. Boyer作为外聘专家，并从国内外知名高校、研究机构和企业引进了一批高水平增材制造专业人才。

上海理工大学增材制造研究院拥有增材制造全流程制造、后处理和分析检测设备，包括气雾化制粉炉、激光/电子束粉末床3D打印机、PEEK材料3D打印机、同轴送粉3D打印机、熔丝3D打印机、表面处理平台、真空热处理炉、热等静压炉、三维扫描仪、工业CT等20余台/套进口先进设备，是国内设备种类最齐全、最先进、流程最完整的增材制造研究机构之一。该研究院聚焦增材制造在航空航天、新能源、医疗领域应用的基础科学问题和关键技术，从专用材料、工艺、后处理与功能化以及质量保障的一体化增材制造创新链研究出发，开展增材制造技术相关的基础研究、应用研究和工艺技术开发等工作。该研究院已与中国商飞、中国航发、中航工业、中广核、微创医疗等知名企业建立深入合作关系，为国产大飞机、航空发动机、核电、医疗等行业做出一定贡献。

(六)深圳大学增材制造研究所

深圳大学增材制造研究所(Additive Manufacturing Institute, Shenzhen University, AMI-SZU)成立于2016年，是深圳大学目前唯一专门从事各类增材制造技术研究的校一级研究机构。该研究所现有教师5人，专职副研究员2人，博士后研究人员8人，博士研究生3人，硕士研究生50余人，均从事面向科学基础和工程应用的增材制造研究，涵盖了材料、工艺、装备和应用等各个方面。目前开展的增材制造工艺方面的研究包括：用于有机物和陶瓷增材制造的光固化技术(包括SL和DLP)、用于陶瓷等无机材料增材制造的挤出直写技术(DIW)、用于无机材料增材制造的喷墨打印技术(IJP)、用于金属增材制造的激光选区熔化技术(SLM)和用于金属和陶瓷材料增材制造的激光能量沉积技术(LMD)等。研究的应用方向包括：固态氧化物燃料电池和锂电池等能源器件；面向尾气净化环保及核聚变堆的催化剂载体部件；面向航空航天的轻质高强陶瓷结构件和高性能金属部件等。深圳大学增材制造研究所成立以来，获批国家省市各级纵向和横向科研项目30余项，累计科研经费和固定资产近3000万元。该研究所在陶瓷和金属材料增材制造等领域顶级期刊发表高水平研究论文和综述性论文近60篇，研究成果获得《科技日报》、人民网、新华网等中央主流媒体长文报道。

(七)沈阳航空航天大学增材制造中心

沈阳航空航天大学是一所以航空宇航为特色，以工为主，工、理、经、管等协调发展的多科性高校，是教育部、航空工业与辽宁省三方共建高校，是国防科工局与辽宁省共建高校。学校现有“新能源通用飞机技术国家地方联合工程研究中心”等3个国家级科研平台，21个省部级重点实验室(工程中心)，1个省级协同创新中心。“航空制造工艺数字化国防重点学科实验室”是34个国防重点学科实验室之一。

依托沈阳航空航天大学建设的辽宁省高性能金属增材制造工程研究中心现有专职科研人员16人，其中博士7人，硕士5人。专业涉及机械制造航空宇航制造、材料加工等。现有各型号增材制造装备、分析测试设备近10台套。团队致力于增材制造装备、工艺、性能考核和应用等方面的研究工作。已授权增材制造核心发明专利15项，获多项省部级以上奖励。研究成果已在某3代重型战机、4代隐身战机、航空发动机等重点型号承力结构件制造、运维方面成功应用，解决批产和科研瓶颈难题，取得了显著的经济和社会效益。

(八)季华实验室新型增材制造研究院

季华实验室(先进制造科学与技术广东省实验室)是广东省委、省政府启动的首批4家广东省实验室之一，选址于佛山市三龙湾科技城核心区域，位于广佛交界中心地区。季华实验室现已展开了机器人及其关键技术、半导体技术与装备、高端医疗装备、新型显示装备、先进遥感装备、增材制造、新材料新器件研究、微纳制造8个研究方向。

季华实验室新型增材制造研究院围绕国家在航空航天、生物医疗、新能源和高端装备等领域的发展需求，围绕增材制造材料、关键装备和核心工艺技术等领域面临的“卡脖子”技术问题，从材料、装备、工艺及产品需求出发，开展创新性研究工作，以工程化及产业发展需求为目标，建设3D打印材料、装备、工艺、产品全产业链的设施和科研能力。新型增材制造研究院项目以工程化及产业发展需求为目标，支撑粤港澳大湾区在增材制造领域的基础研究、新技术和新装备研发，引领佛山先进制造技术。

该研究院现有科研技术人员60余人，其中70%以上拥有博士或硕士学位。拥有材料研发、制备工艺及装备研制、专用增材制造打印设备研制、3D打印工艺及产品开发、软件设计及仿真模拟等跨领域、全流程科研能力。在科研项目实施中培养一大批高素质专业人才。

该研究院现已建成金属增材制造研究中心和生物医疗3D打印中心。其中金属增材制造中心拥有实验室场地1600平方米，包括金属增材制造装备及工艺研发实验室、金属增材制造产品研发实验室、金属增材制造雾化技术实验室和金属增材制造检测、分析、后处理实验室。配有多台激光选区熔化和熔覆设备，包括德国EOS M290、华曙FS621M和FS273M金属3D打印机；两台小型金属3D打印机；1台自研超大尺寸金属3D打印机(JHL600)和1套自研大型激光熔覆复合制造设备(JHL2000)。该研究院拥有金属粉末雾化制备、真空热处理、热等静压、仿真模拟、金相分析、力学性能测试及台架测试等设施，可以实现全流程研发及中试雾化和批量产品打印能力。生物医疗3D打印中心构建了生物与医疗3D打印研究实验室，包含400平方米超洁净实验室和260平方米常规实验室。拥有混料机、挤丝机、挤出打印机、生物力学试验机、多通道神经电生理记录系统、高速冷冻离心机、冷冻切片机、等离子体处理设备和高温真空烧结炉等设备，可以开展植入物设计与优化分析、打印工艺开发、性能测试与评估等方面研究工作。

该研究院承担了广东省粤佛联合基金粤港澳团队项目、国家自然基金和广东省自然基金等项目；开展了航空发动机关键零部件增材制造核心工艺开发与专用装备研制、航空级高强度铝合金粉末研制及低成本钛合金制粉技术研发及人体组织功能化3D打印制造技术等自立项目研究。

图9-1 PEEK植入物打印实验室

图 9-2　可降解材料打印实验室

季华实验室新型增材制造研究院在专用增材制造设备，金属增材制造打印工艺、航空发动机增材制造零部件性能评估与优化、水凝胶复合物 3D 打印生物墨水等领域取得了显著多项科研成果。

（1）超大尺寸激光选区熔化设备 JHL600 的研制。

超大尺寸激光选区熔化设备主要面向解决航空航天大尺寸复杂构件增材制造中的痛点而研制的。该设备可实现最大成型尺寸 800mm × 600mm × 600mm 的同步扫描打印。利用双构建仓可快速切换概念、多激光动态聚焦同步扫描、自适应双向铺粉等模块式设计，配合自主开发的上位机及扫描路径规划软件，实现了高效率、高稳定性、超大尺寸的打印功能。该设备主要用于高强铝合金、高温合金等大尺寸复杂构件的开发和打印，同时该设计将承担新一代选区激光熔化设备研发、测试及关键零部件国产化的开发工作。

图 9-3　JHL600 大尺寸激光选区熔化设备

（2）激光熔覆复合制造设备（JHL2000）的研制。

季华实验室新型增材制造院针对传统增材制造大型承力构件的力学性能差等问题，研制新型激光熔覆复合制造技术，通过原位辊轧，改善熔覆增材制造构件的缺陷和微观组织，提高材料的强韧性和抗疲劳性能，为满足增材制造大型结构件在轨道交通、航空航天、核电等领域的应用奠定了技术基础。该设备采用精密机床与 6 轴机械人协同控制，融合 3D 打印与高温辊轧等技术，实现关键技术的突破。

图 9-4　JHL2000 激光熔覆复合制造设备

（3）定制化骨替代物。

季华实验室新型增材制造院研制了面向功能仿生植入物的控性熔融沉积 3D 打印装备，开展了 PEEK 及其复合材料的共混打印和变组分打印工艺研究，通过材料混合改性和表面改性方式研究了 PEEK 材料的生物学改性技术。创建了 3D 打印 PEEK 支架改性后对软/硬组织修复效果的研究，并完成了多例定制化 PEEK 替代物的临床应用案例。

图 9-5　PEEK 材料可控复合熔融沉积成形增材制造装备

（4）航空发动机零部件增材制造工艺。

实现了高温合金、钛合金、铝合金、铜合金及不锈钢等材料的打印工艺和热处理工艺优化，完成了多款复杂航空零部件的设计、打印、后处理及检测工艺开发，建立了高温合金、铝合金的增材制造工艺规范和数据库，为后期增材制造在航空航天、工业制造等领域的产品研发和应用积累了科研数据和专业技能。

季华实验室新型增材制造研究院是集产、学、研于一体的全工艺链条大设施，旨在打造一个在粤港澳大湾区引领先进增材制造行业、可持续创新的科研平台；聚焦在增材制造专用装备、工艺和产品的工业化应用，为珠三角地区增材制造技

图9-6 航空发动机进气机匣

术的发展培养高水平科研人才。

金属增材制造中心建设将聚焦航空航天金属增材制产业链中关键“卡脖子”技术难题，建立原材料、装备、工艺及产品等全流程科研设施；将推进增材制造的物理大设施，进一步完善金属增材制造中心的新型雾化工艺及装备技术、专用装备研制、产品研发与应用。根据市场发展和应用需求，将金属增材制造科研平台扩展到新能源、模具等工业应用领域。在今后3~5年内，将金属增材制造平台打造成国内一流、国际领先的科研与工程化中心。

生物医疗3D打印将进一步围绕熔融沉积增材制造装备、精准多细胞生物3D打印系统、多功能生物培养一体化系统的开发和测试工作；重点围绕骨植入物、软骨/关节组织、乳房组织、皮肤组织、脑组织开展基础与应用基础研究，为精准3D打印技术在临床治疗应用探索可行性方案，形成面向快速转化的人体活性组织的制造与应用，打造季华实验室“生物材料—结构设计—制造装备—打印工艺—性能评价—临床应用”的全链条科研平台。

(九)上海市增材制造研究院

上海市增材制造研究院是由上海市增材制造协会发起，由政府部门指导，联合高校、研究机构和企业共同成立的专门从事增材制造产业规划、研发与交流、专业人才培养和科技成果转化的技术服务平台。研究院以建设高水平的政产学研用公共服务和研发平台为目标，促进增材制造技术的产业化，培育高新技术经济增长点，积极培养行业复合型领军人才和高技能人才，为上海建设具有全球影响力的科技创新中心做出贡献。

研究院聘请了国内外著名高校、研究机构和知名企业的专家和教授担任技术顾问、导师和兼职研发人员，形成了一支跨学科、多领域综合交叉、协同创新的研究开发队伍。研究院先后承载了“上海市3D打印高技能人才培养基地”“上海四新人才培养基地”“SAMA国际论坛”“上海3D知识产权联盟”“同济大学联合实验室”“国家技术转移东部中心创新服务站”“上海市制造业创新中心(增材制造)”等任务。

2019年，研究院重点关注增材制造行业发展现状、趋势和行业人才培养。在上海市经济和信息化委员会指导下及上海市增材制造协会组织下，研究院承办了第四届SAMA国际论坛暨2019“一带一路”3D打印与智能制造年会。大会以创新、协作与融合为主题，强调通过技术和应用领域的创新，推动智能制造和3D打印产业健康有序发展；通过加强材料、设备、软件、应用全产业链上中下游的协作，突破行业发展的瓶颈；通过3D打印、智能制造技术与传统产业的融合发展，通过与“一带一路”国家的紧密合作，实现在智能制造领域的共赢和共享。来自中国、美国、英国、法国、德国、韩国、新加坡、以色列、瑞典、埃及、印度、捷克等不同国家和地区的近百位全球顶级专家、行业领袖以及800余位企业代表莅临大会，探讨智能制造和3D打印行业发展，展示和交流智能制造和3D打印技术在航空航天、生物医疗、汽车、模具、文创、影视及消费品等领域的应用。

在上海市人力和资源保障局、上海市经济和信息化委员会的指导下，上海市增材制造研究院作为上海市3D打印高技能人才培养基地实施单位，组织了3000多人次的增材制造理论及技能培训，为上下游企业更好地应用增材制造提供了极大的帮助。

(十)河北省增材制造产业技术研究院

河北省增材制造产业技术研究院是在河北省科技厅、石家庄市政府的支持和引导下，依托河北科技大学、联合中航通飞华北飞机工业有限公司、河北中友机电设备有限公司、石家庄煤矿机械有限责任公司、河北立中新星增材科技有限公司、石家庄生产力促进中心、中航迈特粉冶科技(固安)有限公司6家共建单位，以及省外的4家协同单位共同建设的科技创新与成果转化平台，涵盖了增材制造材料、装备、应用和服务的河北省骨干企业和国内外的知名科研机构和企业，旨在瞄准增材制造产业发展方向，围绕产业创新需求，开展关键共性技术研发、科技成果转化、专业人才培养、技术交流服务等多种形式的创新服务活动，引领河北省增材制造产业的发展，推动河北省制造业的转型升级。2014年，研究院通过了以卢秉恒院士为组长的专家论证，成为国内首家增材制造领域的省级产业技术研究院。

2019年，河北省增材制造产业技术研究院研发资金投入6500余万元，获得省部级科技奖励2项，承担各类科研项目91项，发表论文58篇，获得专利10件，转化应用新产品、新技术、新工艺25项，开展技术服务31项，组织增材制造技术培训、承担国家级增材制造培训项目，共培训近400人，研究院场地面积达到5000平方米，仪器设备总值3000万元。相关科研成果应邀参加第十六届河北省装备制造业博览会，得到广泛好评。针对高端装备制造和国防重大需求，开展大型复杂构件增材制造机理、工艺及装备研究，镁合金增材制造装备及控形控性技术在医疗和国防应用上独具特色；锆铜合金增材制造工艺和光固化增材制造个性化医疗技术居国内先进水平。研究成果应用于150余家企业，解决了2000多项技术问题。

(十一)上海3D打印材料工程技术研究中心

上海材料研究所(SRIM)源于1946年成立的“材料性能实验室”，拥有40余年的专业金属粉末制备经验。依托于该所的上海3D打印材料工程技术研究中心，是一家专业从事3D打印材料研发生产、打印服务及检测评价的省部级工程中心。

上海3D打印材料工程技术研究中心以高品质增材制造金属粉末耗材作为新材料领域技术创新的战略布局重点，实现了一系列技术突破，开发出多项具有自主知识产权的高球形度气雾化粉末制备技术，技术水平达到国内领先。

在3D打印金属粉末耗材制备方面，该中心已引进德国EIGA50-500气雾化设备一套，国产真空惰性气体雾化VIGA设备一套，成为上海地区同时拥有EIGA和VIGA制粉设备的唯一单位。同时研发设计了限制式和自由式两种雾化技术，成为少数同时拥有该两种技术的单位之一。在技术方面，该中心分别展开了两种雾化技术工艺的研究，雾化制粉技术已处于行业领先水平。例如，利用紧耦合气雾化技术制备Inconel718高温合金时，细粉收得率高达70%，高于行业平均水平。

在3D打印高分子丝材制备方面，该中心拥有三条高效率的生产线及一条实验线，现已成功开发出PLA、PETG、HIPS、柔性等各类3D打印丝材，生产的3D打印高分子丝材具有直径均匀、强度高、韧性好、色泽均匀、打印质量稳定等优点，适用于各类FDM型打印机。

上海3D打印材料工程技术研究中心还提供3D打印材料和制品的性能检测、3D打印服务、3D打印制件后处理等加工业务及材料基因组方面的工作。该中心引进多台3D打印相关设备，如德国EOS公司M290金属选择性激光熔化3D打印机、激光烧结3D打印机、三维扫描仪等。

同时上海3D打印材料工程技术研究中心拥有良好的产学研用机制和技术转化能力，与上海电气、上海悦瑞三维科技股份有限公司、上海航天设备制造总厂、上海交通大学等企业院校达进行了合作，促进产学研用的发展，带动了其他企业和相关行业的间接经济利益，已具备了技术成果工程化、产业化基础条件，具有显著的经济效益和社会效益。这一年，该中心不断探索增材制造新材料的研发技术，力争打造增材制造材料共性技术研究和产业化基地，重点解决增材制造材料领域应用研究到小试生产的关键一公里核心技术，以及小试研究到产业化关键技术研究的最后一公里核心技术，弥补实验室产品与产业化之间的缺失环节。

在产业化发展方面，上海3D打印材料工程技术研究中心与中天科技集团合资成立的中天上材增材制造有限公司，已完成一期厂房建设，开始产业化生产，推动了中心增材制造材料的工程化和产业化进程。同时，该中心获批上海市发改委的“上海市增材制造材料与检测工程研究中心”、获批筹建中国机械工业联合会的“机械工业增材制造材料工程研究中心”，形成了更加全面和完善的3D打印体系，继续推进了向产业化方向的发展。

(十二)河北省通用航空增材制造协同创新中心

河北省通用航空增材制造协同创新中心是在河北省教育厅的支持和引导下，以河北科技大学作为牵头单位，联合中航通飞华北飞机工业有限公司、保定标正机床有限责任公司、河北立中新星增材科技有限公司、北京隆源自动成型系统有限公司、秦皇岛天秦三维数字化技术有限公司、天津市天大银泰快速制造生产力促进中心有限公司、快速制造国家工程技术研究中心(西安交通大学)、北京工业大学机械工程与应用电子技术学院、石家庄市生产力促进中心等相关领域的企业和院校，通过机制体制创新、集聚了一批增材制造拔尖人才和关键仪器设备，形成的省内领先、国内知名的增材制造协同创新团队和技术研发与推广应用基地。

河北省通用航空增材制造协同创新中心主要研究方向有复杂构件3D打印/近净成型、复合材料异型构件自动成型和大型金属结构件焊接/熔覆成型。围绕上述三个方向对增材制造的关键装备、工艺、材料与检测等技术进行科技攻关，取得一批居国内领先、国际先进水平的科研成果，并实现产业化，为河北省增材制造产业科技创新能力的提升、高级人才的培育以及管理水平的提高提供有力的支撑，引领增材制造技术在航空航天、工业制造、国防军工、医疗等领域，特别是通用航空器领域的应用和发展，促进河北省装备制造业的转型升级。

2020 年，河北省通用航空增材制造协同创新中心研发资金投入 3800 余万元，获得省部级科技奖励 2 项，承担各类科研项目 144 项，发表学术论文 198 篇，获得专利授权 104 件、转化应用新产品、新技术和新工艺 47 项，开展技术服务 104 项，邀请国内外相关领域的专家学者进行专题讲座 12 次，受听师生及企业技术人员约 1000 人次，接待各级政府领导、专家学者、国际友人、企业技术人员到中心参观、考察、学习 48 次，培训增材制造技术人员 160 人，中心实验室面积 7160 平方米，仪器设备总价值 6625 万元。代表性科研项目与成果主要有基于烟尘融合抑制的镁基合金选区激光熔融高性能增材制造技术、陆军装备机器人熔覆修复系统关键技术与示范应用、具有执行器特性的无人机系统受限跟踪控制方法、基于 ADS-B 制式的无人机综合避险装备及技术和医用多孔钛合金 3D 打印制备及性能调控方法等。

附录一：行业大事记

(一)国内部分

2021年1月　CCTV-10报道安徽省春谷3D打印智能装备产业园已成为华东地区最大产业聚集区；国家药监局将3D打印截骨导板、牙科3D打印金属材料等列入免于临床试验医疗器械目录；西安交通大学卢秉恒院士团队利用电弧熔丝增减材一体化制造技术，制造完成了世界上首件10m级高强铝合金重型运载火箭连接环样件。

2021年2月　科技部“十四五”国家重点专项发布，在“工程科学与综合交叉重点专项”“先进结构与复合材料”“高端功能与智能材料”重点专项中涉及10个关于增材制造(3D打印)技术的项目；教育部发布了《教育部关于公布2020年度普通高等学校本科专业备案和审批结果的通知》，“增材制造工程”专业被列入普通高等学校本科专业目录；爱康医疗金属3D打印全膝关节系统获NMPA批准上市，填补了国内在膝关节领域的空白。

2021年3月　《中华人民共和国国民经济和社会发展第十四个五年规划和2035年远景目标纲要》中明确提出“发展增材制造”；2021增材制造材料创新发展论坛在江苏省睢宁县徐州空港经济开发区隆重召开；三星堆最大青铜器出土，工作人员通过三维扫描、3D打印等技术制作保护套首次用于文物提取。

2021年4月　中国机械工程学会发布了5项增材制造技术团体标准，涉及四种材料的技术要求和一种测试方法，目的是增强增材制造合金的质量控制，保证金属粉末定向能量沉积工艺稳定性，提高产品监管水平。标准名称分别为：《增材制造激光粉末床熔融316L不锈钢技术要求》(T/CMES 35004—2021)、《增材制造激光粉末床熔融AlSi10Mg合金技术要求》(T/CMES 35005—2021)、《增材制造激光粉末床熔融IN718合金技术要求》(T/CMES 35006—2021)、《增材制造激光粉末床熔融TC4合金技术要求》(T/CMES 35007—2021)、《增材制造金属粉末定向能量沉积设备加工模块性能测试方法》(T/CMES 35008—2021)；国家药品监督管理局医疗器械技术审评中心组织起草了《增材制造聚醚醚酮植入物注册技术审查指导原则(征求意见稿)》。

2021年5月　中国增材制造产业联盟组织编写的国内第一本专注于增材制造领域的资料性工具书《中国增材制造产业年鉴(2020)》正式出版；南京航空航天大学材料科学与技术学院、江苏省高性能金属构件激光增材制造工程实验室顾冬冬教授团队在国际著名学术期刊*Science*上发表了研究综述论文《材料—结构—性能一体化激光金属增材制造》；安装多个3D打印零件的“天问一号”探测器在火星乌托邦平原南部预选着陆区成功着陆。

2021年6月　增材制造装备被列入《2021年度实施企业标准“领跑者”重点领域》；中山市增材制造协会第一届第一次会员大会暨成立大会在中山职业技术学院召开；隐形矫治解决方案提供商时代天使在港交所挂牌上市。南京三迭纪医药科技有限公司完成3.3亿元B+轮融资，继续致力于熔融沉积(FDM)药剂开发。

2021年7月　植入医疗器械科技创新企业迈普医学成功在深圳证券交易所创业板上市；河北省民政厅批复成立河北省增材制造学会，致力于促进河北省增材制造及相关产业发展；玻璃大王曹德旺投资3.5亿元在海南建设7万吨/年3D打印砂生产线。

2021年8月　上海漫格科技有限公司团队发布DLP/LCD光固化3D打印数据准备软件VoxelDance Tango，满足桌面机的市场需求；西安赛隆增材技术股份有限公司投资3.2亿元，拟建设年产2000吨金属粉末和80台电子束装备的规模化生产线；奇瑞汽车股份有限公司、中科院上海光机所、繁昌区人民政府在安徽省春谷3D打印智能装备产业园联合成立先进激光联合实验室。

2021年9月　易加三维增材技术(北京)有限公司脱离先临三维科技股份有限公司成为独立公司，并面继续为全球提供工业3D打印设备销售及售后业务；《自然》官网发布了上海交通大学医学院附属第九人民医院戴尅戎院士、王金武教授团队的生物3D打印项目专访。

2021年10月　2021增材制造发展芜湖(繁

昌）高峰论坛暨中国增材制造产业年会顺利召开；国际标准 ISO/IEC23510:2021 *Information technology-3D printing and scanning—Framework for an Additive Manufacturing Service Platform*（*AMSP*）正式发布，标志着我国该领域国际标准化工作实现了零的突破；河南省新乡市投资 3.5 亿元，启动河南新乡 3D 打印产业园建设。

2021 年 11 月 两院院士增选结果正式揭晓，哈尔滨工业大学教授、中国增材制造产业联盟专家委员会副主任冷劲松当选中国科学院院士，航空工业沈阳飞机设计研究所项目总设计师、增材制造专家王向明成功当选中国工程院院士；清研智束成功开发电子枪大幅面电子束熔化装备，在全球首次实现了大尺寸钛合金部件的电子束打印。

2021 年 12 月 工业和信息化部、国家发展和改革委员会、教育部等八部委联合发布《"十四五"智能制造发展规划》，在重点任务第一条中提出"开发应用增材制造、超精密加工等先进工艺技术"，并将增材制造列为专栏 1"智能制造技术攻关行动中"的"关键核心技术"。同时，将"激光/电子束高效选区熔化装备、激光选区烧结成形装备等增材制造装备"列为"十四五"期间重点发展的"通用智能制造装备"；工业和信息化部、国家卫生健康委员会、国家发展和改革委员会等八部委联合《"十四五"医疗装备产业发展规划》，在重点发展领域的"有源植介入器械"内容中，提出推动 3D 打印技术应用；工业和信息化部、财政部等五部门发布的《进口不予免税的重大技术装备和产品目录（2021 版）》中新增"高功率光纤激光器""粉末床激光增材制造装备""送粉式激光增材制造装备""送丝式电子束增材制造装备"等零部件和装备。

（二）国外部分

2021 年 1 月 瑞士公司 Blackstone Resources 利用 3D 打印锂离子固态电池技术将电池能量密度提升一倍，制造成本降低一半；美国航空航天制造厂 Lockheed Martin 宣布达成收购增材制造公司 Aerojet Rocketdyne 的协议，交易价格约为 44 亿美元。

2021 年 2 月 美国防部发布 *Department of Defense Additive Manufacturing Strategy*，简要分析了制定增材制造战略的目的，明确了增材制造的未来发展愿景、战略目标及发展重点；Stratasys 收购工业级 SLA 3D 打印机供应商 RPS 公司，完善产业布局。

2021 年 3 月 国际增材制造研究机构 Wohlers Associates 发布增材制造产业报告 Wohlers Report 2021，这是该机构第 26 年发布产业报告，被誉为"增材制造领域的圣经"；美国核能研究所发布《核能工业先进制造方法验收监管路线图》，完善增材制造产品认证体系，初步建立监管机制；欧洲焊接联合会通过 SAM（Sector Skill Strategy in Additive Manufacturing）项目发布了《欧洲技能战略路线图》，解决增材制造行业技能短缺问题。

2021 年 4 月 Materialise 投资 750 万欧元在德国 Bremen 建立新的金属 3D 打印工厂，面积达 3500 平方米；日本尼康公司（Nikon）已完成收购美国公司 Morf 3D 的多数股权，加快 Morf 3D 在航空航天、国防等领域的创新，推动工业化进程。

2021 年 5 月 通快集团在 TCT 亚洲展上发布 TruPrint1000 绿光 3D 打印机，更高效率制造铜合金、铝合金等高反射金属；Desktop Metal 宣布推出新型木质 3D 打印技术 Forust^{TM}，利用单程黏结剂喷射技术生产木质零件。

2021 年 6 月 航空航天推进系统开发商 Agile Space Industries 宣布收购 3D 打印服务商 Tronix3D，进一步开发航天推进系统，扩展太空火箭发动机业务；SLM Solutions 发布无支撑金属 3D 打印技术；惠普应用多射流熔融技术（MJF），交付的零件数量超过了 6000 万个。

2021 年 7 月 美国增材制造企业 Seurat Technologies 获得投资公司 Capricorn 基金 4100 万美金，完成 B 轮融资，加速区域打印的研发和商业化。Desktop Metal 收购比利时数字工艺多材料粉末沉积系统制造商 Aerosint，推进差异化增材制造技术战略；美国防部发布《增材制造在国防部的应用》，推进增材制造在装备研制、保障、战备中的协同高质量发展。

2021 年 8 月 美国 Desktop Metal 宣布以 5.75 亿美元收购 ExOne，完成在航空航天、汽车、医疗和国防等众多领域的布局；美国增材制造厂商 Markforged 和 Fathom 在纽交所完成上市；日本科研人员在 *nature communications* 发布成果，宣布使用干细胞打印出具有大理石纹效应的和牛肉；加拿大工业材料供应商 Tekna 公司的 TC4 粉末已获得美国联邦航空管理局（FAA）、欧盟航空安全局（EASA）和美国国防部（DoD）供应商的认证，并已成为空客公司 3D 打印粉末的供应商。

2021 年 9 月 SLM Solutions 开发出 AlSi10Mg 铝合金 90μm 工艺参数，打印效率提升了 400% 以上；美国福布斯评选 7 款市场最佳 3D 打印机，4 款来自中国；3D System 宣布与 Oqton 达成收购协议，向数字化智能化转型。

2021 年 10 月　劳伦斯利弗莫尔国家实验室的研究人员采用新型光束——贝塞尔光束进行增材制造试验，有望彻底解决增材制造行业的缺陷问题，该研究发表在 *Science Advances*；Relativity Space 的完全 3D 打印火箭 Terran 1 完成第一阶段测试。

2021 年 11 月　全球标准组织 ASTM 宣布收购了增材制造(AM)和 3D 打印行业的全球情报机构 Wohlers Associates，此次收购支持了 ASTM 的发展愿景，扩大了在 3D 打印行业的影响力。

2021 年 12 月　瑞士公司 Blackstone Resources 宣布首个大规模 3D 打印锂电池工厂将开工生产；澳大利亚生物 3D 打印公司 Inventia Life Science 完成 B 轮融资，由 Blackbird Ventures 牵头，投资金额达到 3500 万澳元。

(摘自 2021 年 1～12 期《增材制造产业发展简报》)

附录二：2021 年国内外重点融资概况

(一)国内融资情况				
时间	公司	主营业务	投资金额	轮次
2021 年 1 月	山东华天软件	三维 CAD、PLM	近亿元	A 轮
2021 年 1 月	重庆摩方精密	微纳级光固化 3D 打印	数千万元	B 轮
2021 年 1 月	深圳未来工场	3D 打印服务	1.2 亿元	A 轮
2021 年 1 月	深圳光华伟业	3D 打印材料	6800 万元	定增
2021 年 2 月	上海远铸智能	高性能 FDM 3D 打印机	数千万元	C 轮
2021 年 2 月	上海镭镆科技	金属 3D 打印模具	千万级	A 轮
2021 年 2 月	西安知象光电	高精度 3D 相机	数千万元	A + 轮
2021 年 3 月	深圳快造科技	桌面级 3D 打印机	数千万元	A 轮
2021 年 3 月	广州中望软件	2D/3D/CAE 软件	6 亿元	IPO
2021 年 4 月	上海黑焰医疗	医疗 3D 打印	数千万元	A 轮
2021 年 5 月	深圳金石三维	工业级光固化 3D 打印机	1 亿元	B 轮
2021 年 5 月	北京清锋科技	高速光固化 3D 打印	亿元级	B + 轮
2021 年 5 月	长春交大高能	动力电池数字化 3D 打印	百万级	天使轮
2021 年 5 月	Raise3D 上海复志	FFF、桌面金属 3D 打印机	数千万元	B + 轮
2021 年 5 月	湖北超卓航空	喷涂增材制造	2.8 亿元	IPO
2021 年 6 月	苏州诺普再生	生物医疗 3D 打印	数千万元	A 轮
2021 年 6 月	南京三迭纪	药物 3D 打印	3.3 亿元	B 轮
2021 年 7 月	苏州博理	高速光固化 3D 打印技术	近亿元	A + 轮
2021 年 7 月	山东华天软件	三维 CAD 与 PLM	1.8 亿元	B 轮
2021 年 7 月	深圳协同创新高科	3D 打印制造业创新中心	600 万元	增资
2021 年 8 月	泛海统联	MIM 精密金属零部件产品及模治具产品，MIM + 3D 打印	8.98 亿元	IPO
2021 年 8 月	西湖未来智造	超高精度电子增材技术方案	数千万元	战略投资
2021 年 8 月	CellX	3D 打印动物肉	3000 万元	天使轮
2021 年 9 月	智塑健康	3D 打印骨科器械	数千万元	Pre-A 轮
2021 年 9 月	知象光电	高精度 3D 相机	数千万元	B 轮
2021 年 10 月	西湖未来智造	超高精度电子增材技术方案	数亿元	A 轮
2021 年 10 月	西安赛隆	金属粉末粉床电子束 3D 打印技术与装备	1.8 亿元	
2021 年 11 月	远铸智能	高性能材料 3D 打印设备	数千万元	C 轮
2021 年 11 月	Polymaker	3D 打印材料	过亿元	D 轮
2021 年 11 月	赛纳三维	工业级彩色 3D 打印	亿元级	Pre-A 轮
2021 年 11 月	南京三迭纪	3D 打印药物	数亿元	B + 轮
2021 年 12 月	深圳未来工场	3D 打印服务平台	5500 万美元	B 轮
2021 年 12 月	上海镭镆科技	模具 3D 打印应用解决方案提供商	数千万元	A + 轮

续表

(二)国外融资情况				
时间	公司	业务	投资金额	轮次
2021 年 1 月	EnvisionTEC(德国)	光固化、生物 3D 打印	3 亿美元	收购
2021 年 1 月	Oqton(美国/比利时)	智能制造软件云平台	4000 万美元	A 轮
2021 年 1 月	3D Hubs(荷兰)	分布式 3D 打印服务	3.3 亿美元	收购
2021 年 1 月	Massivit3D(以色列)	大型凝胶点胶 3D 打印	5000 万美元	IPO
2021 年 2 月	Physna(美国)	3D 模型搜索引擎 Thangs	2000 万美元	B 轮
2021 年 2 月	Triditive(西班牙)	工业级 3D 打印机	180 万美元	种子轮
2021 年 2 月	Uniformity(美国)	金属 3D 打印材料	3835 万美元	B 轮
2021 年 2 月	Mighty Buildings(美国)	建筑 3D 打印	4000 万美元	B 轮
2021 年 2 月	voxeljet(德国)	黏结剂喷射 3D 打印	1200 万美元	股票增发
2021 年 2 月	Redefine Meat(以色列)	3D 打印植物肉	2900 万美元	A 轮
2021 年 2 月	Additive(英国)	3D 打印服务	不详	收购
2021 年 2 月	Fictiv(美国)	数字制造平台	3500 万美元	D 轮
2021 年 2 月	RPS(英国)	工业级 SLA 3D 打印机	不详	收购
2021 年 2 月	Markforged(美国)	金属和碳纤维 3D 打印	4.25 亿美元	上市
2021 年 2 月	Mantle(美国)	金属挤出 3D 打印与铣削	1300 万美元	A 轮
2021 年 2 月	CGTrader(立陶宛)	AR、平面设计和 3D 模型	950 万美元	B 轮
2021 年 3 月	ATM(英国)	3D 打印后处理	250 万英镑	A + 轮
2021 年 3 月	3D Metalforge(澳洲)	3D 打印服务	1000 万澳元	IPO
2021 年 3 月	AddiFab(丹麦)	3D 打印注塑	450 万英镑	A 轮
2021 年 3 月	Continuous Composites(美国)	连续纤维 3D 打印	不详	天使轮
2021 年 3 月	Fortify(美国)	纤维增强光固化 3D 打印	2000 万美元	B 轮
2021 年 3 月	Stratasys(美国)	综合性 3D 打印	3000 万美元	股票增发
2021 年 3 月	MatTek(美国)	三维重建人体组织模型	6800 万美元	收购
2021 年 3 月	VELO3D(美国)	无支撑金属 3D 打印	5 亿美元	上市
2021 年 3 月	ValCUN(比利时)	节能金属 3D 打印机	150 万欧元	天使轮
2021 年 3 月	Multiphoton Optics GmbH(德国)	开发和生产高精度光刻系统和纳米加工工具	不详	收购
2021 年 3 月	Rokit(韩国)	生物医疗 3D 打印	不详	IPO
2021 年 4 月	3D Printing(日本)	3D 打印经销	4 亿日元	A 轮
2021 年 4 月	3T Additive(英国)	金属 3D 打印服务	不详	收购
2021 年 4 月	MX3D(荷兰)	电弧金属 3D 打印	225 万欧元	A 轮
2021 年 4 月	Revo Foods(奥地利)	3D 打印三文鱼	150 万欧元	天使轮
2021 年 4 月	3YOURMIND(德国)	3D 打印自动化生产软件	1240 万美元	A + 轮
2021 年 4 月	Shapeways(美国)	3D 打印服务平台	1.95 亿美元	上市
2021 年 4 月	NanoFabrica(以色列)	微米级 3D 打印	5490 万美元	收购
2021 年 4 月	Freshmade 3D(美国)	砂型 3D 打印工具	不详	收购
2021 年 4 月	DeepCube(以色列)	机器学习/深度学习	7000 万美元	收购
2021 年 4 月	3D Medlab(法国)	增材制造医疗组件提供商	不详	收购
2021 年 4 月	3DTRUST	增材制造过程管理	不详	收购
2021 年 4 月	Morf3D(美国)	3D 打印航空航天和国防工业	不详	收购
2021 年 5 月	Allevi(美国)	生物 3D 打印	不详	收购
2021 年 5 月	Additive Works(德国)	3D 打印仿真优化、自动化软件	不详	收购

续表

时间	公司	业务	投资金额	轮次
2021 年 5 月	One Click Metal(德国)	廉价简易金属 3D 打印机	不详	收购
2021 年 5 月	Nexa3D(美国)	高速光固化 3D 打印	5500 万美元	B 轮
2021 年 5 月	Adaptive3D(美国)	弹性体 3D 打印	不详	收购
2021 年 5 月	Formlabs(美国)	桌面级光固化 3D 打印机	1.5 亿美元	E 轮
2021 年 5 月	Nanoscribe(德国)	双光子聚合微纳级 3D 打印	5000 万欧元	收购
2021 年 5 月	Ciceri de Mondel Srl(意大利)	FDM 3D 打印材料的生产和销售	不详	收购
2021 年 6 月	3D Systems(美国)	3D 打印按需制造业务	8200 万美元	剥离收购
2021 年 6 月	Xometry(美国)	按需制造服务平台	2.52 亿美元	IPO
2021 年 6 月	Launcher(美国)	金属 3D 打印火箭	1170 万美元	A 轮
2021 年 6 月	ERPRO(法国)	3D 打印制造服务	不详	投资
2021 年 6 月	Relativity Space(美国)	金属 3D 打印火箭	6.5 亿美元	E 轮
2021 年 6 月	materialise(比利时)	3D 打印软件、制造服务	9600 万美元	股票增发
2021 年 6 月	Brinter(芬兰)	生物 3D 打印	120 万欧元	种子轮
2021 年 6 月	Tronix3D(美国)	金属 3D 打印制造服务	不详	收购
2021 年 6 月	Blackstone(瑞士)	电池 3D 打印	不详	上市
2021 年 7 月	Physna(美国)	3D 模型搜索引擎 Thangs	5600 万美元	C 轮
2021 年 7 月	Freemelt(瑞典)	电子束金属 3D 打印	850 万欧元	上市
2021 年 7 月	Fabric8Labs(美国)	电化学沉积金属 3D 打印	1930 万美元	A 轮
2021 年 7 月	Inkbit(美国)	闭环反馈喷射 3D 打印	3000 万美元	B 轮
2021 年 7 月	Mighty Buildings(美国)	建筑 3D 打印	2200 万美元	B + 轮
2021 年 7 月	Continuous Composites(美国)	光固化连续纤维 3D 打印	1700 万美元	A 轮
2021 年 7 月	Aleph Farms(以色列)	3D 打印牛排	1.05 亿美元	B 轮
2021 年 7 月	4D Biomaterials(英国)	生物 3D 打印植入物	160 万英镑	种子轮
2021 年 7 月	Seurat(美国)	高速“区域”金属 3D 打印	4100 万美元	B 轮
2021 年 7 月	Fast Radius	数字制造服务提供商	4.45 亿美元	SPAC IPO
2021 年 7 月	Collider	DLP3D 打印与注射成型相结合	不详	收购
2021 年 7 月	DWFritz Automation(美国)	先进制造提供精密计量、检测和装配解决方案的供应商	不详	收购
2021 年 7 月	Aerosint(比利时)	数字工艺多材料粉末沉积系统制造商	不详	收购
2021 年 8 月	AREVO(美国)	连续碳纤维复合材料增材制造	2500 万美元	C 轮
2021 年 8 月	Diamond Age(美国)	3D 打印房屋建造	800 万美元	种子轮
2021 年 8 月	ICON(美国)	建筑 3D 打印	2.07 亿美元	B 轮
2021 年 8 月	Advanced BioMatrix(美国)	生物墨水和试剂产品	1500 万美元	收购
2021 年 8 月	Gelato(挪威)	按需制造平台	2.4 亿美元	
2021 年 8 月	Zetwerk(印度)	数字制造服务提供商	1.5 亿美元	E 轮
2021 年 8 月	Holo(美国)	精密金属部件	不详	B 轮
2021 年 9 月	General Lattice(美国)	3D 打印晶格设计软件	100 万美元	种子轮
2021 年 9 月	6K Additive	金属 3D 打印粉末材料	5100 万美元	C 轮
2021 年 9 月	AON3D	高级热塑性材料 3D 打印机	1150 万美元	A 轮
2021 年 9 月	Mantle	金属 3D 打印机制造商	2500 万美元	B 轮
2021 年 9 月	Oqton	新型智能、基于云的制造的操作系统(MOS)平台	1.8 亿美元	收购
2021 年 9 月	Cumberland Additive Holdings(美国)	金属 3D 打印服务商	500 万美元	收购 27%

续表

时间	公司	业务	投资金额	轮次
2021 年 9 月	Aidro(意大利)	批量生产下一代液压和流体动力系统	不详	收购
2021 年 9 月	AstroPrint(美国)	3D 打印软件	不详	收购
2021 年 10 月	Xaar plc	基于粉末的 SAF™ 打印系统	不详	收购
2021 年 10 月	Sakuu(美国)	电池 3D 打印	数千万美元	
2021 年 10 月	Specialty Metallurgical Products (美国)	金属合金市场晶粒精炼厂的钛和锆片	不详	收购
2021 年 10 月	英国(AMT)	3D 打印后处理设备制造商	1500 万英镑	B 轮
2021 年 10 月	ConfluxTechnology(澳大利亚)	热交换器 3D 打印	850 万澳元	A 轮
2021 年 10 月	Volumetric Biotechnologies (美国)	生物 3D 打印技术	4 亿美元	收购
2021 年 10 月	Vertex Manufacturing	3D 打印服务提供商	不详	收购
2021 年 11 月	Essemtec(瑞士)	电子组装设备制造商	2480 万美元	收购
2021 年 11 月	Immensa Technology Labs (沙特)	咨询、工程和按需生产服务	700 万美元	A 轮
2021 年 11 月	Link3D(美国)	增材工作流程和数字制造软件	3350 万美元	收购
2021 年 11 月	ExOne(德国)	砂型、金属 3D 打印机	5.613 亿美元	收购
2021 年 11 月	Wohlers Associates(美国)	3D 打印情报机构	不详	收购
2021 年 11 月	Prosilass(意大利)	3D 打印服务商	不详	收购
2021 年 11 月	TRUMPF SISMA(意大利)	激光金属熔化(LMF)技术的 3D 打印设备	不详	收购
2021 年 11 月	nTopology(美国)	3D 轻量化和优化设计软件	6500 万美元	D 轮
2021 年 11 月	Trilab(捷克)	为企业部门开发和制造 3D 打印机	不详	收购
2021 年 12 月	Foundry Lab	数字微波铸造	800 万美元	A 轮
2021 年 12 月	Dycomet Europe(荷兰)	冷喷涂技术	不详	收购

(数据来自南极熊)

附录三：近三年增材制造装备进出口情况

(一)2019 年进出口情况

月份	进口情况			出口情况		
	数量/台	金额/万元	单价/元	数量/台	金额/万元	单价/元
1	1531	8588	56099	115554	15417	1334
2	297	3383	113908	83336	9363	1123
3	231	3377	146191	88652	13565	1530
4	236	4587	194374	82844	12640	1525
5	501	8220	164077	93576	15546	1661
6	181	2328	128627	78113	14760	1889
7	409	3181	77791	89410	16171	1808
8	760	1905	25077	110237	16323	1480
9	109	14142	129746	219958	16549	752
10	235	1157	49262	166156	18929	1139
11	702	2396	34135	126235	18793	1488
12	2245	3240	14433	177835	22161	1246

(二)2020 年进出口情况

月份	进口情况			出口情况		
	数量/台	金额/万元	单价/元	数量/台	金额/万元	单价/元
1	1103	1426	12931	168683	19841	1176
2	622	497	8003	40856	4839	1184
3	866	1733	20015	84217	14470	1718
4	571	2159	37821	190341	21959	1153
5	459	1394	30375	254561	33355	1310
6	521	3801	72963	262305	40180	1531
7	461	5703	123717	311182	51770	1663
8	5637	3875	6874	273340	41254	1509
9	617	1997	32370	242047	28566	1180.
10	456	2380	52214	228855	33177	1449
11	397	5555	139940	289638	35285	1218
12	591	4195	70983	193817	29875	1541

(三)2021 年进出口情况						
月份	进口情况			出口情况		
	数量/台	金额/万元	单价/元	数量/台	金额/万元	单价/元
1	349	8540077	24470	243254	32250	1325
2	983	31932425	32484	197995	29846	1507
3	748	32386742	43297	194753	31533	1619
4	628	16605030	26441	242912	35987	1481
5	503	19724714	39214	176296	29660	1682
6	461	9774101	21201	251323	34685	1380
7	115	7509264	65297	193765	28722	1482
8	364	13292951	36519	218676	27448	1255
9	555	31759872	57224	222693	28991	1301
10	763	20239730	26526	328342	31363	955
11	1141	22629892	19833	328121	30198	920
12	781	30229979	38706	282366	37099	1313

（数据来自海关统计数据查询平台）

附录四：2021 年十大工业级增材制造装备

2022 年 1 月 26 日，中国增材制造产业联盟举办“2021 年十大工业级增材制造装备”评选活动，活动期间，经过增材制造企业及广大用户积极参加投票，评选出最终结果，以下为装备详细介绍。

(一)清研智束 4 电子枪 EBM 增材制造装备 Qbeam S600

天津清研智束科技有限公司研发团队刻苦攻关，解决了枪间干扰、扫描拼接、多枪集成等技术难题，突破了国产长寿命、高稳定性电子枪设计制造技术，研发成功配备 2 × 2 电子枪阵列的大幅面 EBM 金属增材制造装备 Qbeam S600。在全球首次实现了基于电子枪阵列的大尺寸钛合金零件 EBM 成形，为增材制造技术在我国相关领域的普及应用提供有力保障。

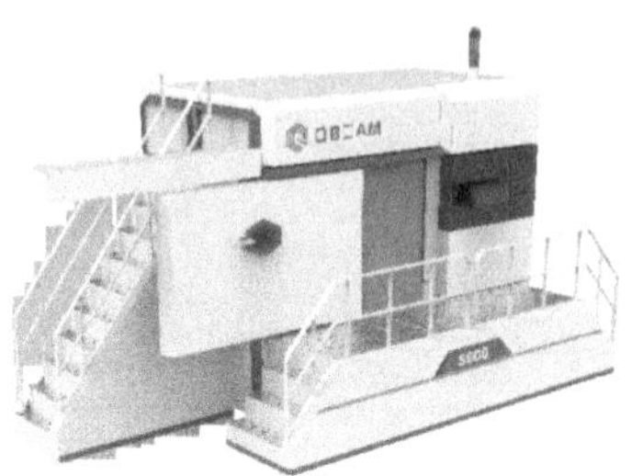

(二)天津镭明 4 激光 SLM 增材制造装备 LiM-X650H

天津镭明激光科技有限公司自主研发 LiM-X650H 金属增材制造装备，可打印零件尺寸为 650mm × 650mm × 1500mm，打印纵深为可商业化销售的金属增材制造装备中的最高水平之一。该装备搭载完整闭环的粉末自动输送系统，零件打印全程无须人工干预粉末上下料及筛分过程，配备零件粉末清理回收模块，高效、实用、安全。LiM-X650H 系列装备已有钛合金、高温合金、铝合金等材料成熟的打印参数包并广泛应用到航空、航天、汽车制造等领域。

(三)康硕集团陶瓷光固化 SLA 增材制造装备 KS301C

康硕电气集团有限公司自主研发工业级陶瓷增材制造装备 KS301C。设备成型尺寸在 300mm × 300mm × 300mm，采用非接触式支撑快速成型等独家工艺及专利材料，可打印 SiO_2、Al_2O_3、ZrO_2、HA/TCP、硅锆混合等材料，且具有精度高、成型幅面大、材料适应性强等优势。该装备的研发对实现我国航空关键零部件制造设备的国产化，规避国外技术垄断和壁垒具有积极的战略意义。

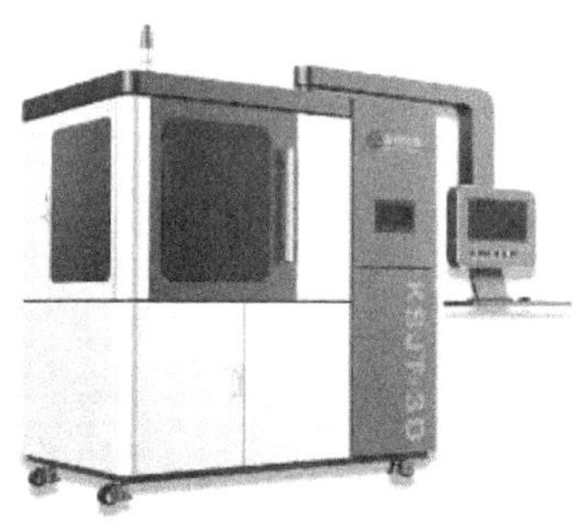

(四)南京铖联高效齿增材制造设备 NCL-M2150S

南京铖联激光科技有限公司自主研发齿科金属增材制造装备 NCL-M2150S，最大成型尺寸为 Φ150mm × 75mm，拥有自主知识产权的全套 3D 打印软件，可实现一键排版功能；采用无螺钉基板，基板无须固定，方便快捷，提升工作效率；采用双激光系统，可大大提高工作的精度与效率；采用湿式防爆净化系统，规避爆燃风险，通过切换滤芯减少维护次数。

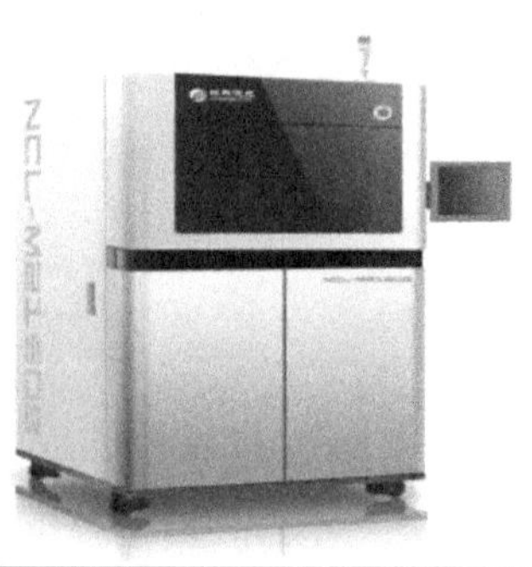

续表

(五)上海复志大幅面 FFF 增材制造装备 RMF500

上海复志信息科技股份有限公司推出了是一款针对工业领域小批量生产的大幅面 FFF 增材制造装备 RMF500，能够打印碳纤维增强材料。机器具有 500mm×500mm×500mm 的大型构建区域，打印速度高达 300mm/s，加速度高达 2G，移动速度高达 1000mm/s。此外，借助独立双挤出机系统(IDEX)，可以同时执行 2 个打印作业，更快、更高效。这是一款不需要保温仓可以打印 PPA-CF 等高性能材料的大尺寸打印装备，具备直驱电机的高速打印能力。

(六)永年激光高效率 8 激光 SLM 增材制造装备 YLM1000

YLM1000 型装备是江苏永年激光成形技术有限公司历经 2 年时间自主研发的“2 缸—3 工位、8 激光、重载荷、高精度的 SLM 增材制造装备。装备打印尺寸为 Φ1000mm×800mm，分层厚度 20μm～100μm，最大扫描速度 10m/s，综合性能指标达到国内外先进水平，填补了国内大型增材制造装备空白，为解决航天、航空等领域的大尺寸复杂结构件成形提供了一种“安全、高效、智能化”的新型平台，使我国在增材制造领域的设计和制造能力跻身国际先进水平。

(七)铂力特 10 激光 SLM 增材制造装备 BLT-S800

西安铂力特增材技术股份有限公司推出了 10 激光器金属增材制造装备 BLT-S800。其成型尺寸突破至 800mm×800mm×600mm，可在更大程度上满足大尺寸零件的成形要求，解决高端应用领域大尺度异形空间曲面特征、多特征跨尺度结构、镂空网状及空间连续拓扑包络等复杂结构的一体化成形难题。此外，更大的成型尺寸也可实现中小尺寸零件的批量化生产。

(八)宁夏共享铸造黏结剂喷射成形装备 AJS 2500A

共享智能装备有限公司带头攻克了铸造黏结剂喷射形成的 3D 打印工艺、材料、软件、关键部件及装备集成的产业应用的技术难题，实现了铸造砂型 3D 打印产业化应用的国内首创。突破了双原点正反向喷墨、正反向铺砂等装置的设计制造技术，成功研制出具有自主知识产权的铸造黏结剂喷射成形装备-AJS 2500A，该设备铺砂装置与喷墨打印装置采用正反向跟随式打印方式，实现了同尺寸单箱设备最高效率达 500L/h，处于国际领先水平。

(九)武汉天昱智能铸锻铣短流程绿色复合制造机床 TY4000L

武汉天昱智能制造有限公司建成投运“全新一代智能铸锻铣短流程绿色复合制造机床”(TY4000L)。该机床面向国家高端装备高品质短流程制造之急需，将金属增材—等材—减材合三为一，融合了武汉天昱在设计、材料、工艺、软件、核心器件及产品复合制造方面的经验耦合，集成国产数控机床主机、数控系统、功能部件及万向微铸锻系统。Wohlers Report 评价“发明了新颖的铸锻铣复合增材制造技术”。

(十)远铸智能工业级 FDM 增材制造装备 FUNMAT PRO 610 HT

上海远铸智能技术有限公司的 FUNMAT PRO 610HT 填补了国内在高端工业 FDM 领域的空白，可以打印市场上几乎所有高性能材料，如 ULTEM、PEEK、PPSU 以及 PA、PC、ABS 等；尺寸高达 610mm×508mm×508mm，成型尺寸能够满足打印大尺寸零件或多个相对较小尺寸零件的生产需求。远铸智能的工业级增材制造装备颇受全球顶尖客户的青睐，包括 Airbus、德国弗劳恩霍夫研究院、米其林等。为汽车制造、航空航天、军工、石油燃气、医疗等行业的小批量生产提供多材料一体化的增材制造解决方案。

附录五：中国增材制造产业联盟成员单位名录

(一)理事长单位

单位名称：工业和信息化部装备工业发展中心　　网　　址：http：//www. miit-eidc. org. cn
地　　址：北京市海淀区万寿路 27 号院 8 号楼　　E-mail：amac@ miit-eidc. com. cn
电　　话：010 - 63942029

(二)副理事长单位

单位名称：机械科学研究总院　　网　　址：https：//www. cam. com. cn
地　　址：北京市海淀区首体南路 2 号　　E-mail：cam@ cam. com. cn
电　　话：010 - 68340825

单位名称：西安铂力特增材技术股份有限公司　　网　　址：https：//www. xa-blt. com
地　　址：陕西省西安市高新区上林苑七路 1000 号　　E-mail：sales@ xa-blt. com
电　　话：029 - 88485673

单位名称：杭州先临三维科技股份有限公司　　网　　址：https：//www. shining3d. cn
地　　址：浙江省杭州市萧山区闻堰街道湘滨路 1398 号　　E-mail：marketing@ shining3d. com
电　　话：0571 - 82999050

单位名称：湖南华曙高科技股份有限公司　　网　　址：https：//www. farsoon. com
地　　址：湖南省长沙市高新开发区林语路 181 号　　E-mail：info@ farsoon. com
电　　话：400 - 0552155

单位名称：北京太尔时代科技有限公司　　网　　址：https：//www. tiertime. cn
地　　址：北京市怀柔区雁栖经济开发区南一街 2 号院　　E-mail：support@ tiertime. net
电　　话：010 - 51662221

单位名称：武汉华科三维科技有限公司　　网　　址：https：//www. huake3d. com
地　　址：湖北省武汉市东湖高新区大学园路华工科技园　　E-mail：huake3d@ 126. com
电　　话：027 - 81802777

单位名称：南京中科煜宸激光技术有限公司　　网　　址：https：//www. raycham. com
地　　址：江苏省南京市栖霞区栖霞大道 68 号 3 号楼　　E-mail：nfo@ raycham. com
电　　话：400 - 1070008

单位名称：共享装备股份有限公司　　网　　址：https：//www. kocel. com
地　　址：宁夏银川西夏区北京西路 550 号　　E-mail：jincheng. bai@ kocel. com
电　　话：0951 - 6835995

单位名称：中航天地激光科技有限公司
地　　址：北京市昌平区科技园区超前路 37 号院 16 号楼 2 层 A0029 号
电　　话：010 - 56767955
网　　址：https：//www. aviclm. com
E-mail：zhtdjg@ 136. com

单位名称：山东三迪时空智能科技发展有限公司
地　　址：山东省青岛市莱西市经济开发区梅山路 6 号
电　　话：0535 - 8010101
网　　址：https：//www. china3dfocus. com
E-mail：1807737803@ qq. com

单位名称：安徽省春谷 3D 打印智能装备产业园
地　　址：安徽省芜湖市繁昌区繁昌经济开发区横山大道中段春谷 3D 打印产业园
电　　话：0553 - 7873389
网　　址：https：//www. cg3dyjy. com
E-mail：121211023@ qq. com

单位名称：广州迈普再生医学科技股份有限公司
地　　址：广东省广州高新技术产业开发区科学城揽月路 80 号 E 区第三层
电　　话：020 - 32296118
网　　址：https：//www. medprin. com
E-mail：sales@ medprin. com

单位名称：陕西恒通智能机器有限公司
地　　址：陕西省西安市碑林区交通大学软件楼一楼
电　　话：029 - 83395080
网　　址：https：//www. lz3d. com. cn
E-mail：2242869055@ qq. com

单位名称：康硕电气集团有限公司
地　　址：北京市朝阳区望京东园四区 11 号楼 10 层 1001 - 06 室
电　　话：010 - 64395398
网　　址：https：//www. ks-jt. com
E-mail：lidan@ ks-jt. com

单位名称：中广核工程有限公司
地　　址：广东省深圳市大鹏新区鹏飞路大亚湾核电基地工程公司办公大楼
电　　话：0755 - 88616386
网　　址：https：//www. cnpec. com. cn
E-mail：yangwenlong@ cgnpc. com. cn

单位名称：上海航天设备制造总厂有限公司
地　　址：上海市闵行区华宁路 100 号
电　　话：021 - 24187000
网　　址：https：//www. saem. cn
E-mail：lipeng314159@ 126. com

单位名称：中国工信出版传媒集团有限责任公司
地　　址：北京市东城区东单三条 8 号东方广场东配楼
电　　话：010 - 65266696
网　　址：https：//www. ciitp. com. cn
E-mail：hr@ ciitp. com. cn

单位名称：GE Additive
地　　址：上海市浦东新区华佗路 1 号 2 号楼 4 层
电　　话：400 - 8208208
网　　址：https：//www. ge. com/additive
E-mail：patrick. wang@ ge. com

单位名称：大族激光科技产业集团股份有限公司
地　　址：广东省深圳市南山区深南大道9988号大族科技中心大厦
电　　话：400－6664000
网　　址：https：//www. hanslaser. com
E-mail：hans@ hanslaser. com

单位名称：安世亚太科技股份有限公司
地　　址：北京市朝阳区八里庄东里1号莱锦文化创意园CN08座
电　　话：400－6600388
网　　址：https：//www. peraglobal. com
E-mail：info@ peraglobal. com

(三)理事单位

单位名称：中国模具工业协会
地　　址：北京市海淀区首体南路20号
电　　话：010－88356461
网　　址：https：//www. cdmia. com. cn
E-mail：admia@ admia. com. cn

单位名称：中国铸造协会
地　　址：北京市海淀区首体南路2号
电　　话：010－68418899
网　　址：https：//www. foundry. org. cn
E-mail：wenping@ foundy. com. cn

单位名称：中国核能行业协会信息化专业委员会
地　　址：北京市西城区南礼士路21号
电　　话：15600680181
网　　址：https：//www. china-nea. cn
E-mail：cnea@ org-cnea. cn

单位名称：中机生产力促进中心有限公司
地　　址：北京市海淀区首体南路2号
电　　话：010－88301776
网　　址：https：//www. bzw. com. cn
E-mail：pcmi@ pcmi. com. cn

单位名称：国家增材制造产品质量检验检测中心(江苏)
地　　址：江苏省无锡市新吴区新华路5号创新创意产业园D栋
电　　话：0510－88204827
网　　址：https：//www. wxzjs. com
E-mail：lvxinfeng@ camt. org. cn

单位名称：国家办公设备及耗材质量监督检验中心
地　　址：浙江省杭州市莫干山路187号易盛大厦12F
电　　话：022－26669168
网　　址：https：//oattj. testrust. com
E-mail：zongzetao@ 126. com

单位名称：西北有色金属研究院
地　　址：陕西省西安市未央路96号
电　　话：029－86264926
网　　址：https：//www. c-nin. com
E-mail：zyf2050@ fjirsm. ac. cn

单位名称：中国科学院海西研究院
地　　址：福建省福州市鼓楼区杨桥西路155号
电　　话：0591－63173068
网　　址：https：//www. fjirsm. ac. cn
E-mail：dqb@ fjirsm. ac. cn

单位名称：中国商飞北京民用飞机技术研究中心
地　　址：北京市昌平区小汤山未来科技城
电　　话：010－57808761
网　　址：https：//bj. comac. cc
E-mail：sunxiangyun@ comac. cc

单位名称：中科院沈阳自动化所
地　　址：辽宁省沈阳市浑南区创新路135号
电　　话：024－23970013
网　　址：https：//www. sia. cn
E-mail：siaxxgk@ sia. cn

单位名称：上海市增材制造研究院
地　　址：上海市闵行区苏召路1628号
电　　话：021－34505682
网　　址：https：//www. sama2020. cn
E-mail：xufang@ samafb. org

单位名称：中国航天科工集团二院二十五所
地　　址：北京市海淀区阜成路8号
电　　话：010－68385088
网　　址：https：//www. casic. com. cn
E-mail：wangqiang2000@ sohu. com

单位名称：广西机械工业研究院
地　　址：广西南宁市高新区创新路5号
电　　话：0771－3311668
网　　址：https：//www. gxjyy. com
E-mail：gxjysscb@ 163. com

单位名称：广东省科学院材料与加工研究所
地　　址：广东省广州市天河区长兴路363号
电　　话：020－61086129
网　　址：https：//www. gimp. gdas. gd. cn
E-mail：shaneliu118@ hotmail. com

单位名称：中国核动力研究设计院
地　　址：四川省成都市双流区华阳长顺大道1段328号
电　　话：028－85903138
网　　址：https：//www. npic. ac. cn
E-mail：npiccwc@ npic. ac. cn

单位名称：工业和信息化部电子第五研究所
地　　址：广东省广州市增城区朱村街朱村大道西78号
电　　话：020－8723688
网　　址：https：//www. ceprei. com
E-mail：yzp_ bit@ 163. com

单位名称：西北工业大学
地　　址：西安市友谊西路127号
电　　话：13572010771
网　　址：https：//www. nwpu. edu. cn
E-mail：nmh@ nwpu. edu. cn

单位名称：华中科技大学
地　　址：湖北省武汉市洪山区珞喻路1037号
电　　话：18627938809
网　　址：https：//www. hust. edu. cn
E-mail：gangzhou@ hust. edu. cn

单位名称：南京理工大学
地　　址：江苏省南京市孝陵卫街200号
电　　话：13805180128
网　　址：https：//www. njust. edu. cn
E-mail：cnwho@ njust. edu. cn

单位名称：南方医科大学
地　　址：广东省广州市白云区沙太南路1023号－1063号
电　　话：020－61648199
网　　址：https：//www. smu. edu. cn
E-mail：jouyang@ 126. com

单位名称：清华大学
地　　址：北京市海淀区双清路30号
电　　话：13693259319
网　　址：https：//www. tsinghua. edu. cn
E-mail：linfeng@ tsinghua. edu. cn

单位名称：沈阳航空航天大学
地　　址：沈阳市沈北新区道义南大街37号
电　　话：18040037100
网　　址：https：//www. sau. edu. cn
E-mail：yangguang@ sau. edu. cn

单位名称：河北工业大学
地　　址：天津市北辰区西平道5340号
电　　话：13920078173
网　　址：https：//www. hebut. edu. cn
E-mail：191584150@ qq. com

单位名称：天津大学
地　　址：天津市南开区卫津路92号
电　　话：18622288083
网　　址：https：//www. tju. edu. cn
E-mail：yunhui@ tju. edu. cn

单位名称：北京化工大学
地　　址：北京市朝阳区北三环东路15号
电　　话：18610321984
网　　址：https：//www. buct. edu. cn
E-mail：Jiaozw@ mail. buct. edu. cn

单位名称：河北科技大学
地　　址：河北省石家庄市裕翔街26号
电　　话：0311－81668635
网　　址：https：//www. hebust. edu. cn
E-mail：y_ guang@ 126. com

单位名称：北方工业大学
地　　址：北京市石景山区晋元庄路5号
电　　话：13426015597
网　　址：https：//www. ncut. edu. cn
E-mail：hfw@ ncut. edu. cn

单位名称：北京印刷学院
地　　址：北京市大兴区兴华大街(二段)1号
电　　话：13911154982
网　　址：https：//www. bigc. edu. cn
E-mail：liuling@ bigc. edu. cn

单位名称：江苏永年激光成形技术有限公司
地　　址：江苏省宿迁市宿城区激光产业园A11栋厂房
电　　话：0512－36862020
网　　址：https：//www. ynamt. com
E-mail：Sales@ ynamt. com

单位名称：广东峰华卓立科技股份有限公司
地　　址：广东省佛山市南海区丹灶镇丹灶物流中心利众路8号C2－2
电　　话：0757－88775583
网　　址：https：//fhzl. com
E-mail：3dp@ fhzl. co

单位名称：北京隆源自动成型系统有限公司
地　　址：北京市顺义区天竺空港工业区B区裕东路7号
电　　话：010－84638842
网　　址：https：//www. lyafs. com. cn
E-mail：rp@ lyafs. com. cn

单位名称：北京南极熊科技有限公司
地　　址：北京市海淀区中关村东路18号1号楼11层C－1203
电　　话：010－53350708
网　　址：https：//www. nanjixiong. com
E-mail：3d@ nanjixiong. com

单位名称：天津清研智束科技有限公司
地　　址：天津市东丽区华明高新技术产业区低碳产业基地C1栋207室
电　　话：010－67880938
网　　址：https：//www. qbeam-3d. com
E-mail：info@ qbeam-3d. com

单位名称：飞而康快速制造科技有限责任公司
地　　址：江苏省无锡市新吴区鸿山街道经十一路与鸿新路交叉口
电　　话：0510－68788619
网　　址：www. falcontech. com. cn
E-mail：info@ falcontech. com. cn

单位名称：北京汇天威科技有限公司
地　　址：北京市海淀区上地信息路2号1幢6层6A-1
电　　话：400－660－0637
网　　址：https：//www. hori3d. com
E-mail：caigou@ hori3d. com

单位名称：福建华峰运动用品科技有限公司
地　　址：福建省莆田市荔城区北高镇坑园村岭头268号
电　　话：0594－2176028
网　　址：https：//www. huafeng-cn. com
E-mail：linjh@ huafeng-cn. com

单位名称：青岛中德生态园
地　　址：山东省青岛市西海岸新区团结路2877号
电　　话：0532－86988067
网　　址：https：//www. sgep. cn
E-mail：claire@ sgep. cn

单位名称：易加三维增材技术(北京)有限公司
地　　址：北京市昌平区沙河镇昌平路97号7幢705、105
电　　话：010－80734969
网　　址：https：//www. eplus3d. com
E-mail：sales@ eplus3d. com

单位名称：西安赛隆增材技术股份有限公司
地　　址：陕西省西安市，西安经济开发区凤城十二路凯瑞A座303－46室
电　　话：029－86232183
网　　址：https：//www. slmetal. com
E-mail：sl_ metal@ 126. com

单位名称：中航迈特增材科技（北京）有限公司
地　　址：北京市经济技术开发区荣昌东街6号
电　　话：010－67870090
网　　址：https：//www. avimetalam. com
E-mail：sales@ avimetalam. com

单位名称：北京易速普瑞科技股份有限公司
地　　址：北京市海淀区上地十街1号院3号楼8层802
电　　话：010－56191793
网　　址：https：//www. mohou. com
E-mail：contact@ mohou. com

单位名称：南京宝岩自动化有限公司
地　　址：江苏省南京市栖霞区尧化街道科创路1号04栋1楼西侧
电　　话：025－68791291
网　　址：https：//www. by3dp. com
E-mail：wuwei@ by3dp. cn

单位名称：北京天远三维科技股份有限公司
地　　址：北京市海淀区清河永泰园甲1号综合楼5层517－519号
电　　话：010－82600881
网　　址：https：//www. 3dscan. com. cn
E-mail：Liuzhonglai@ 3dscan. com. cn

单位名称：杭州睿腾快速成型技术有限公司
地　　址：浙江省杭州市滨江区长河街道山一社区孔家里37号－01
电　　话：0571－86927899
网　　址：/
E-mail：liangting@ shining3d. com

单位名称：甘肃普锐特科技有限公司
地　　址：甘肃省兰州市兰州新区牡丹江街419号
电　　话：0931－8251418
网　　址：https：//www. gsprt. cn
E-mail：gsprt@ sina. com

单位名称：北京鉴衡认证中心有限公司
地　　址：北京市东城区和平里北街6号26号楼三层301
电　　话：010－59796665
网　　址：https：//www. cgc. org. cn
E-mail：chenxs@ cgc. org. cn

单位名称：浙江闪铸三维科技有限公司
地　　址：浙江省杭州市西湖区古墩路598号同人广场B座三楼
电　　话：0579－82273989
网　　址：https：//www. sz3dp. com
E-mail：marketing@ flashforge. com

单位名称：三的部落（上海）科技股份有限公司
地　　址：上海市松江区九新公路1198号G60微衡科技园1号楼413室
电　　话：021－64836303
网　　址：https：//www. 3dpro. com. cn
E-mail：zzf@ 3dpro. com. cn

单位名称：深圳光华伟业股份有限公司
地　　址：广东省深圳市南山区粤兴二道6号武汉大学深圳产学研大楼A403-Ⅰ
电　　话：0755－86393186
网　　址：https：//www. brightcn. net
E-mail：markethu@ brightcn. net

单位名称：广东汉邦激光科技有限公司
地　　址：广东省中山市南头镇同济西路23号宏基e谷·国际企业港一期1幢
电　　话：021－34126587
网　　址：https：//www. hb3dp. com
E-mail：hb3d@ hb3dp. com

单位名称：凯拓天和(北京)投资基金管理有限公司
地　　址：北京市平谷区山东庄镇府前路9号
电　　话：010－68340825
网　　址：/
E-mail：76511820@ qq. com

单位名称：塑成科技(北京)有限责任公司
地　　址：北京市朝阳区将台路5号院内12号楼一层1005室
电　　话：18519889989
网　　址：https：//www. sctech3d. com
E-mail：hailun@ sctech3d. com

单位名称：安徽中科镭泰激光科技有限公司
地　　址：安徽省芜湖市繁昌县经济开发区
电　　话：0553－2586288
网　　址：/
E-mail：jiajing. gao@ 3dptek. com

单位名称：西迪技术股份有限公司
地　　址：湖南省株洲市芦淞区太子路董家塅高科园
电　　话：0731－22725555
网　　址：https：//www. seed-carbide. com
E-mail：seedqh@ seed-carbide. com

单位名称：甘肃伯骊江3D打印科技有限公司
地　　址：甘肃省兰州市榆中县定远镇定远村25号楼
电　　话：0931－5322111
网　　址：https：//www. blj3d. com
E-mail：bolijiang3d@ 163. com

单位名称：广西富乐科技有限责任公司
地　　址：广西南宁市青秀区民族大道136－5华润中心
电　　话：0771－6724912
网　　址：https：//www. tiancaijiahuo. com
E-mail：610388585@ qq. com

单位名称：广西慧思通科技有限公司
地　　址：广西南宁市青秀区华润大厦C座35层
电　　话：0771－2783718
网　　址：https：//www. huisiton. com
E-mail：1005332152@ qq. com

单位名称：杭州捷诺飞生物科技股份有限公司
地　　址：浙江省杭州经济开发区6号大街452号高科技企业孵化器2幢11层C区1101室
电　　话：0571－85788536
网　　址：https：//www. regenovo. com
E-mail：consult@ regenovo. com

单位名称：青岛前哨精密机械有限责任公司
地　　址：山东省青岛市城阳区锦暄路61号
电　　话：0532-84962607
网　　址：https://www.qianshao.com
E-mail：qdwqy@qianshao.com

单位名称：上海联泰科技股份有限公司
地　　址：上海市松江区莘砖公路漕河泾开发区258号40幢102室
电　　话：021-64978786
网　　址：https://www.union-tek.com
E-mail：mkt@uniontech3d.cn

单位名称：高等教育出版社有限公司
地　　址：北京市西城区德胜门外大街4号
电　　话：010-58581867
网　　址：https://www.icourses.edu.cn
E-mail：office@hep.com.cn

单位名称：云上动力(北京)数字科技有限公司
地　　址：北京市昌平区北清路1号院7号楼14层1单元1413室
电　　话：010-61190579
网　　址：https://www.yundl.com.cn
E-mail：lxl@yundl.com.cn

单位名称：鑫精合激光科技发展(北京)有限公司
地　　址：北京市昌平区沙河镇能源东路1号院1号楼11层1单元1106室、1107室
电　　话：010-61787035
网　　址：https://www.tsc-bj.com
E-mail：xingjinghe@tsc-lm.com

单位名称：万华化学集团股份有限公司
地　　址：山东省烟台市经济技术开发区重庆大街59号
电　　话：0535-3031588
网　　址：https://www.whchem.com
E-mail：support@whchem.com

单位名称：北京燕山石化高科技术有限责任公司
地　　址：北京市房山区燕山燕东路8号
电　　话：010-69341705
网　　址：/
E-mail：wangcq001.yssh@sinopec.com

单位名称：西安新拓三维光测科技有限公司
地　　址：陕西省西安市雁翔路99号交大科技园博源科技广场C座14层1407室
电　　话：029-89553035
网　　址：https://www.xjtops.com
E-mail：867394832@qq.com

单位名称：陕西东望科技有限公司
地　　址：陕西省西安高新区科技二路65号启迪清扬时代D座二层启迪之星孵化基地
电　　话：029-68565286
网　　址：https://www.3dtt.com.cn
E-mail：DWKJ3D@163.com

单位名称：北京锐海三维科技有限公司
地　　址：北京市中关村科技园昌平园区超前路35号化工大学科技园
电　　话：010-89788992
网　　址：https://www.ruihaiworld.com
E-mail：ruihaikeji01@163.com

单位名称：江苏时间环三维科技有限公司
地　　址：江苏省南通市港闸区深南路 199 号天安数码城 8 号楼 402－406 室
电　　话：0513－85630888
网　　址：https：//3dtalk. tmall. com
E-mail：hr@ ouring. com. cn

单位名称：陕西瑞特快速制造工程研究有限公司
地　　址：陕西省渭南市高新技术产业开发区 3D 打印孵化中心大楼 314 室
电　　话：029－83399133
网　　址：https：//www. rm-nerc. com
E-mail：lshyzz4958082@ 163. com

单位名称：渭南高新区 3D 打印产业培育基地
地　　址：陕西省渭南市高新技术产业开发区朝阳大街 70 号 3D 打印科技企业孵化器 3 楼 314 室
电　　话：0913－3031231
网　　址：https：//www. gx3d. cn
E-mail：304787704@ qq. com

单位名称：湖南顶立科技股份有限公司
地　　址：中国(湖南)自由贸易试验区长沙片区星沙产业基地(长龙街道)凉塘东路 1271 号
电　　话：0731－82819666
网　　址：https：//www. chinaacme. net
E-mail：3d@ sinoacme. cn

单位名称：上海数造机电科技股份有限公司
地　　址：上海市浦东新区沪南公路 8666 弄智城工业园 11 栋
电　　话：021－31180558
网　　址：https：//www. digitalmanu. com
E-mail：sales@ digitalmanu. com

单位名称：合肥华励智造科技有限公司
地　　址：安徽省合肥市高新区创新大道 2688 号中新大厦 11 层
电　　话：0551－63468302
网　　址：https：//www. hualizhizao. cn
E-mail：chenliang@ hualizhizao. cn

单位名称：武汉市普仁医院
地　　址：湖北省武汉市青山区武汉市青山区本溪街 1 号
电　　话：027－86360001
网　　址：https：//www. purenyy. com
E-mail：54211540@ qq. com

单位名称：北京康普锡威科技有限公司
地　　址：北京市怀柔区雁栖经济开发区乐园大街 6 号
电　　话：010－69667236
网　　址：https：//www. composolder. com
E-mail：composolder@ vip. 163. com

单位名称：苏州诺普再生医学有限公司
地　　址：中国(江苏)自由贸易试验区苏州片区苏州工业园区星湖街 218 号生物纳米园 B1 楼 605 室
电　　话：0512－67487187
网　　址：/
E-mail：q. guo@ 3dnovaprint. com

单位名称：北京紫光卓越数码科技有限公司
地　　址：北京市海淀区中关村东路1号院2号楼4层408室
电　　话：010－62705898
网　　址：https：//www. ziguanggo. cn
E-mail：liuy003@ thunis. com

单位名称：西安点云生物科技有限公司
地　　址：陕西省西安市高新区丈八五路2号现代企业中心东区1栋3层10301室
电　　话：029－87990076
网　　址：https：//www. particlecloud. cn
E-mail：wangar@ dianyunkeji. com

单位名称：武汉奥尔克特科技有限公司
地　　址：湖北省武汉市江岸区花桥街江大路30号14栋1－3层
电　　话：4006－131－668
网　　址：https：//www. allcct. com
E-mail：18186406966@ qq. com

单位名称：湖北嘉一三维高科股份有限公司
地　　址：湖北省武汉市武昌区徐东大街338号纺织大厦
电　　话：027－88991133
网　　址：https：//www. joye3d. com
E-mail：jygk@ joye3d. com

单位名称：武汉天昱智能制造有限公司
地　　址：湖北省武汉市东湖新技术开发区光谷一路225号
电　　话：027－59611590
网　　址：https：//www. ty-im. com
E-mail：tianny@ ty-im. com

单位名称：石化盈科信息技术有限责任公司
地　　址：北京市东城区东四十条甲22号南新仓商务大厦12层
电　　话：010－84191188
网　　址：https：//www. pcitc. com
E-mail：marketchannels@ pcitc. com

单位名称：北京易博三维科技有限公司
地　　址：北京市门头沟区石龙工业区华园路1号2幢1层101室
电　　话：010－68649300
网　　址：https：//www. yibo3d. com
E-mail：yibo3d@ 163. com

单位名称：广州中望龙腾软件股份有限公司
地　　址：广东省广州市天河区珠江西路15号珠江城32层
电　　话：4007－182－588
网　　址：https：//www. zwcad. com
E-mail：support@ zwcad. com

单位名称：山东蓝合智能科技有限公司
地　　址：山东省济南市经济开发区富美路1号蓝合科技园
电　　话：400－889－0566
网　　址：https：//www. lanhigher. com
E-mail：lanhe@ lanhigher. com

单位名称：天津微深科技有限公司
地　　址：天津市和平区华苑产业区海泰发展六道6号
电　　话：022－23729136
网　　址：https：//www. visentech. com
E-mail：vtop@ visentech. com

单位名称：青岛尤尼科技有限公司
地　　址：山东省青岛市市南区山东路10号壬1号楼1单元2003室
电　　话：0532－55786185
网　　址：https：//www. sinounic. com
E-mail：caiwu@ qdunique. com

单位名称：北京航天智造科技发展有限公司
地　　址：北京市石景山区八大处路49号院7号楼7层701室
电　　话：010－88611979
网　　址：https：//www. casicloud. cn
E-mail：qifangxu@ casicloud. cn

单位名称：上海探真激光技术有限公司
地　　址：上海市杨浦区军工路1076号511幢
电　　话：021－61234258
网　　址：https：//www. techgine-3d. com
E-mail：sales@ techgine-3d. com

单位名称：浙江亚通新材料股份有限公司
地　　址：浙江省杭州市西湖区三墩工业区
电　　话：0571－88965310
网　　址：https：//www. asia-general. com
E-mail：eleven@ asia-general. com

单位名称：杭州喜马拉雅信息科技有限公司
地　　址：浙江省杭州市滨江区伟业路3号德信AI产业园
电　　话：0571－88055220
网　　址：https：//www. zj-himalaya. com
E-mail：235263448@ qq. com

单位名称：广东奥基德信机电有限公司
地　　址：广东省佛山市顺德区容桂小黄圃外环路16号东逸湾倚湖居20座
电　　话：13924892633
网　　址：https：//oggi3d. com
E-mail：wangxiaobin@ oggi3d. com

单位名称：杭州德迪智能科技有限公司
地　　址：浙江省杭州市滨江区西兴街道滨康路228号3幢A座1601室
电　　话：0571－81958595
网　　址：https：//www. dedibot. com
E-mail：dedibot@ dedibot. com

单位名称：上普博源(北京)生物科技有限公司
地　　址：北京市海淀区开拓路5号中关村生物医药园B114
电　　话：010－62981639
网　　址：https：//www. sunpbiotech. cn
E-mail：info-china@ sunpbiotech. cn

单位名称：北京紫熙科技发展有限公司
地　　址：北京市怀柔区乐园西大街13号院28号楼1层28－3(集群注册)
电　　话：13811479597
网　　址：https：//www. zixichina. com
E-mail：contact@ zixichina. com

单位名称：南京机器人研究院有限公司
地　　址：江苏省南京市麒麟科技创新园（生态科技城）智汇路300号
电　　话：025－84698789
网　　址：https：//www. nrri. com. cn
E-mail：xuani@ nrri. com. cn

单位名称：西安艾德三维科技有限公司
地　　址：陕西省西安市高新区细柳街办毕原二路3000号硬科技企业社区5号楼501室
电　　话：18840244097
网　　址：https：//www. add-3d. net
E-mail：727655975@ qq. com

单位名称：潍坊金健钛设备有限公司
地　　址：山东省潍坊市临朐县山旺镇中小企业创业园兴业路东凰山路北
电　　话：0536－3111456
网　　址：https：//www. chianjiantaiye. com
E-mail：chinajinjian@ 163. com

单位名称：北京钢研新材科技有限公司
地　　址：北京市海淀区学院南路76号62幢二层259室
电　　话：010－62188391
网　　址：https：//www. atsteel. com. cn
E-mail：atsteel@ cisri. com. cn

单位名称：深圳市纵维立方科技有限公司
地　　址：广东省深圳市龙岗区龙城街道万科时代广场3栋B座13层
电　　话：0755－89588104－分机号8002
网　　址：https：//cn. anycubic. com
E-mail：emilycai@ anycubic. com

单位名称：北京三帝科技股份有限公司
地　　址：北京市顺义区天竺空港工业区B区裕东路7号
电　　话：010－62117806
网　　址：https：//www. 3dptek. com
E-mail：3dptek@ 3dptek. com

单位名称：邢台春蕾新能源开发有限公司
地　　址：河北省邢台市信都区会宁镇70号
电　　话：0319－5111111
网　　址：https：//www. hbchunlei. com
E-mail：chunleijituan@ 163. com

单位名称：山西增材制造研究院有限公司
地　　址：山西综改示范区太原唐槐园区唐槐路77号孵化基地5号楼7层708室
电　　话：0354－8564818
网　　址：https：//www. sxiam. com
E-mail：sxzczzyjy@ 163. com

单位名称：陕西鼎益科技有限公司
地　　址：陕西省西安市高新区唐延路旺座现代城D座3104室
电　　话：029－88350806
网　　址：https：//www. dingyitech. com
E-mail：sales@ tiproti. com

单位名称：江西宝航新材料有限公司
地　　址：江西省南昌市高新区航空城大道鹰翔一路东段
电　　话：0791－88600802
网　　址：https://www.bhmaterials.com
E-mail：market@bhmaterials.com

单位名称：浙江天钛增材制造技术有限公司
地　　址：浙江省宁波市镇海区骆驼街道汇沁路19号
电　　话：0574－87607900
网　　址：https://www.titaniumpowder.cn
E-mail：sales@titaniumpowder.cn

单位名称：南京铖联激光科技有限公司
地　　址：江苏省南京市雨花台区凤集大道15号22幢A02栋
电　　话：025－69598899
网　　址：https://www.chamlion.com
E-mail：clsale@3dimi.cn

单位名称：深圳市创想三维科技股份有限公司
地　　址：广东省深圳市龙华区梅陇大道锦绣鸿都大厦18楼
电　　话：0755－33965666
网　　址：https://www.creality.com
E-mail：cs@creality.com

单位名称：北京航天新风机械设备有限责任公司
地　　址：北京市海淀区永定路52号
电　　话：010－88525049
网　　址：/
E-mail：bjht283@163.com

单位名称：中国兵器科学研究院宁波分院
地　　址：浙江省宁波国家高新区凌云路199号
电　　话：13777975958
网　　址：https://52.norincogroup.com.cn
E-mail：hical@163.com

单位名称：首钢集团有限公司技术研究院
地　　址：北京石景山区石景山路68号
电　　话：010－88297977
网　　址：https://www.shougang.com.cn
E-mail：website@shougang.com.cn

单位名称：广东省增材制造研究与应用协会
地　　址：广东省广州市天河区黄埔大道662号金融城绿地中心2411号
电　　话：020－32386962
网　　址：https://www.gd3d.org
E-mail：gdzczzxh@163.com

单位名称：中国机械工程杂志社
地　　址：湖北省武汉市洪山区南李路28号
电　　话：027－59750772
网　　址：https://www.cmemo.org.cn
E-mail：paper@cmemo.org.cn

单位名称：中国兵器装备集团增材制造研究应用中心
地　　址：湖南省长沙新区
电　　话：18874831583
网　　址：https://861china.csgc.com.cn
E-mail：yuanchengzhi83@sina.com

单位名称：斯棱曼激光科技(上海)有限公司
地　　址：上海市闵行区中春路1288号19幢1－2层
电　　话：021－67668030
网　　址：https://www.slm-solutions.com
E-mail：Amy.Lou@slm-solutions.com

单位名称：苏州博理新材料科技有限公司
地　　址：江苏省苏州市吴江经济技术开发区益堂路北侧
电　　话：0512－63362261
网　　址：https：//www. pollypolymer. com
E-mail：polly@ pollypolymer. com

单位名称：苏州聚复科技股份有限公司
地　　址：江苏省苏州市常熟市碧溪街道电厂路 15 号 C 栋、G 栋
电　　话：0512－52096516
网　　址：https：//www. polymaker. com. cn
E-mail：inquiry@ polymaker. com

单位名称：上海市增材制造协会
地　　址：上海市松江区莘砖公路 258 号 33 幢
电　　话：021－31601896
网　　址：https：//www. samafb. org
E-mail：services@ samafb. org

单位名称：南京紫金立德电子有限公司
地　　址：江苏省南京经济技术开发区恒发路 29 号
电　　话：025－87723195
网　　址：/
E-mail：/

单位名称：广西增材制造协会
地　　址：南宁市邕宁区龙亭路 8 号学术交流中心名洋国际大酒店 B 区四楼 3 号房
电　　话：0771－2298681
网　　址：/
E-mail：gxzczzxh@ 126. com

单位名称：北京紫光卓越数码科技有限公司
地　　址：北京市海淀区中关村东路 1 号院 2 号楼 4 层 408 室
电　　话：010－62705898
网　　址：https：//www. ziguanggo. com. cn
E-mail：liuy003@ thunis. com

单位名称：广东省增材制造协会
地　　址：广东省广州市荔湾区东沙工业区荷景南路 21 号 C 栋 2 楼
电　　话：020－81495838
网　　址：https：//www. gd-3d. com
E-mail：2850583430@ qq. com

单位名称：重庆市增材制造产业协会
地　　址：重庆市江北区港安二路 16 号附 3 号 15 楼
电　　话：023－61809116
网　　址：https：//www. cqama. com
E-mail：cqama666@ . 163. com

单位名称：江苏智仁景行新材料研究院有限公司
地　　址：江苏省南京市秦淮区永智路 5 号南京白下高新技术产业园科技创业研发孵化综合楼(五号楼)C 座 5 层
电　　话：025－89672515
网　　址：https：//www. js-zrjh. com
E-mail：chelimuge@ zrjh. net

（四）会员单位

单位名称：上海材料研究所
地　　址：广东省上海市虹口区邯郸路 99 号
电　　话：021 -65556775
网　　址：https：//www. srim. com. cn
E-mail：guzheming@ 163. com

单位名称：中国航空集团公司沈阳飞机设计研究院
地　　址：辽宁省沈阳市皇姑区陵北街 1 号
电　　话：024 -86598852
网　　址：https：//www. sac. avic. com
E-mail：sac600760@ 163. com

单位名称：广州市妇女儿童医疗中心
地　　址：广东省广州市金穗路 9 号
电　　话：020 -81886332
网　　址：https：//www. gzfezx. com
E-mail：wubin1028@ sina. com

单位名称：黑龙江省科学院智能制造研究所
地　　址：黑龙江省哈尔滨市南岗区汉水路 165 号
电　　话：0451 -82300045
网　　址：https：//www. haai. org. cn
E-mail：webmaster@ haai. com. cn

单位名称：华南理工大学
地　　址：广东省广州市天河区五山路 381 号
电　　话：020 -39380257
网　　址：https：//www. scut. edu. cn
E-mail：biomater@ scut. edu. cn

单位名称：吉林大学
地　　址：吉林省长春市前进大街 2699 号
电　　话：0431 -85095428
网　　址：https：//www. jlu. edu. cn
E-mail：yzj@ jlu. edu. cn

单位名称：浙江工业大学
地　　址：浙江省杭州市拱墅区潮王路 18 号
电　　话：0571 -88320383
网　　址：https：//www. zjut. edu. cn
E-mail：ddtwl@ foxmail. com

单位名称：南京晨光集团有限公司
地　　址：江苏省南京市秦淮区正学路 1 号
电　　话：025 -52822299
网　　址：https：//www. cacgg. com
E-mail：lhyjs@ cacgg. com

单位名称：西华大学
地　　址：四川省成都市金牛区土桥金周路 999 号
电　　话：028 -87720037
网　　址：https：//www. xhu. edu. cn
E-mail：Luan128888@ sina. com

单位名称：北京阿迈特医疗器械有限公司
地　　址：北京市大兴区永旺西路 26 号院中关村医疗器械园 11 号楼
电　　话：010 -62977955
网　　址：https：//www. ametcorp. com
E-mail：amt@ ametcorp. com

单位名称：黑龙江鑫达企业集团有限公司
地　　址：黑龙江省哈尔滨经开区哈平路集中区大连北路 9 号
电　　话：027 -86781111
网　　址：https：//www. xdholding. com
E-mail：xdgfz@ chinaxd. net

单位名称：安徽煜锐三维科技有限公司
地　　址：中国（安徽）自由贸易试验区蚌埠片区蚌埠市燕南路 1261 号办公楼 2 层
电　　话：0552－3011988
网　　址：https：//www. raycham3d. com
E-mail：renting@ raycham. com

单位名称：上海普利生机电科技有限公司
地　　址：上海市松江中心路 1158 号科技绿洲 11 号楼
电　　话：021－54991851
网　　址：https：// www. prismlab. com
E-mail：info@ prismlab. com

单位名称：安徽拓宝增材制造科技有限公司
地　　址：安徽省芜湖市繁昌经济开发区春谷 3D 打印产业园
电　　话：0553－7776686
网　　址：/
E-mail：tuobao2013@ 163. com

单位名称：上海光韵达数字医疗科技有限公司
地　　址：上海市松江区九亭镇九亭中心路 1158 号 7 幢 102 室
电　　话：021－57778088
网　　址：https：//www. med3dp. cn
E-mail：sh3dmed@ sunshine-laser. com

单位名称：云南增材佳唯科技有限公司
地　　址：云南省昆明市高新区二环西路 398 号高新科技信息中心主楼 9 楼
电　　话：18988271781
网　　址：https：//www. ynzc3d. net
E-mail：1457008036@ qq. com

单位名称：深圳市瑞普莱斯信息科技有限公司
地　　址：广东省深圳市光明新区公明办事处李松蓢社区第二工业区荣泰佳厂房二栋二楼 C 区
电　　话：13723789599
网　　址：/
E-mail：30075692@ qq. com

单位名称：陕西智拓固相增材制造技术有限公司
地　　址：陕西省渭南高新技术产业开发区朝阳大街西段 70 号
电　　话：0913－2101660
网　　址：https：//www. zhituohitech. com
E-mail：ztwelding@ 163. com

单位名称：渭南鼎信创新智造科技有限公司
地　　址：渭南高新区崇业路 4 号 3D 打印产业基地
电　　话：0913－3033647
网　　址：https：//www. dxcxjy. com
E-mail：wndx3d9x@ 163. com

单位名称：深圳微纳增材技术有限公司
地　　址：广东省深圳市南山区西丽街道西丽留仙洞中山园路 1001 号 TCL 科学园区研发楼
电　　话：0755－23215323
网　　址：https：//www. minatech. com. cn
E-mail：sales@ minatech. com. cn

单位名称：江苏威拉里新材料科技有限公司
地　　址：江苏省徐州经济技术开发区金工路 2 号
电　　话：0516－68387180
网　　址：https：//www. wllxcl. com
E-mail：wllxcl@ 163. com

单位名称：天津希统电子设备有限公司
地　　址：天津市新技术产业园区海泰绿色产业基地E座502
电　　话：022－23789751
网　　址：https：//med2074. yixie8. com
E-mail：txynjzj@ 126. com

单位名称：武汉惟景三维科技有限公司
地　　址：湖北省武汉市东湖高新区大学园路29号光谷物联港6号楼
电　　话：18971668135
网　　址：https：//www. vision3dtech. com
E-mail：wuhan@ vision3dtech. com

单位名称：江苏威宝仕智能科技有限公司
地　　址：江苏省南京市江宁区兴民工业园科苑路128号
电　　话：025－86169136
网　　址：https：//www. weedo3d. cn
E-mail：service@ wiibooxtech. com

单位名称：河南泛锐复合材料研究院有限公司
地　　址：河南省巩义市站街镇胡坡村军民融合产业孵化园
电　　话：0371－63232368
网　　址：https：//www. van-research. cn
E-mail：service@ van-research. cn

单位名称：武汉萨普科技股份有限公司
地　　址：湖北省武汉经济技术开发区全力二路101号经开智造2045创新谷1号厂房
电　　话：027－84650747
网　　址：https：//www. sapw. com. cn
E-mail：liyushi@ sapw. com. cn

单位名称：北京大璞三维科技有限公司
地　　址：北京市石景山区实兴大街30号院3号楼2层A－0685房间
电　　话：18901106681
网　　址：/
E-mail：dapu3d@ 163. com

单位名称：陕西东望科技有限公司
地　　址：陕西省西安高新区科技二路65号启迪清扬时代D座二层启迪之星孵化基地
电　　话：029－68565286
网　　址：https：//www. 3dtt. com. cn
E-mail：DWKJ3D@ 163. com

单位名称：上海君维信息科技有限公司
地　　址：上海市宝山区新川沙路517号9幢500室
电　　话：021－66055031
网　　址：https：//www. jun-way. com
E-mail：swq0603@ 163. com

单位名称：上海极臻三维设计有限公司
地　　址：上海市松江区莘砖公路668号103室－1
电　　话：021－57689128
网　　址：https：//www. xuberance. com
E-mail：leirah. wang@ xuberance. com

单位名称：陕西天元智能再制造股份有限公司
地　　址：陕西省西安市未央区明光路166号西安工业设计产业园凯瑞B座18层
电　　话：029－88881036
网　　址：https：//www. tyontech. com
E-mail：49322708@ qq. com

单位名称：南京百川行远激光科技股份有限公司
地　　址：江苏省南京经济技术开发区恒园路龙港科技园A1栋505室
电　　话：025－68790647
网　　址：/
E-mail：chaoyang. zhang@ future-make. com

单位名称：弗尔德（上海）仪器设备有限公司
地　　址：上海浦东新区康威路739弄15号楼
电　　话：021－33932950
网　　址：https：//www. qatm. cn
E-mail：info@ verder. com

单位名称：禅月工业智能科技（上海）有限公司
地　　址：上海市闵行区光华路598号2幢AC4038室
电　　话：021－91310112
网　　址：https：//www. 3dluna. com
E-mail：contact@ 3dluna. com

单位名称：宁夏锐海科技有限公司
地　　址：宁夏银川市金凤工业集中区5号楼2层
电　　话：0951－6159534
网　　址：https：//www. ruihaiworld. com
E-mail：ruihaikeji01@ 163. com

单位名称：天津大格科技股份有限公司
地　　址：天津市武清开发区福源道18号539－15
电　　话：13831105001
网　　址：https：//www. dagekeji. com
E-mail：13831105001@ 163. com

单位名称：上海悦瑞三维科技股份有限公司
地　　址：上海市闵行区顾戴路2337号B座2F－F3
电　　话：021－54171123
网　　址：https：//www. ureal. cn
E-mail：sales@ ureal. cn

单位名称：北京实诺泰克科技有限公司
地　　址：北京市海淀区海淀大街1号第4层409室
电　　话：13521018510
网　　址：/
E-mail：876139778@ qq. com

单位名称：浙江迅实科技有限公司
地　　址：浙江省绍兴市柯桥区柯北经济开发区西环路586号科技园起航楼二幢4楼
电　　话：400－619－0002
网　　址：https：//www. soonsolid. com
E-mail：info@ soonsolid. com

单位名称：优克多维（大连）科技有限公司
地　　址：辽宁省大连市甘井子区凌水镇七贤岭任贤街12号2FD219号
电　　话：13842871122
网　　址：https：//www. um3d. cn
E-mail：2358592509@ qq. com

单位名称：磐纹科技(上海)有限公司
地　　址：上海市静安区沪太路 1895 弄诺诚 1895 创意园 12 号楼 301 室
电　　话：021 -65113306
网　　址：https：//www. panowin. com
E-mail：service@ panowin. com

单位名称：北京仙塔纳克机电技术有限责任公司
地　　址：北京市通州区中关村科技园区通州园金桥科技产业基地景盛南四街 15 号乙 36B
电　　话：15620729048
网　　址：https：//www. bj-santanac. com
E-mail：santanac@ 163. com

单位名称：苏州中瑞智创三维科技股份有限公司
地　　址：江苏省苏州市吴江区同安西路 13 号
电　　话：0512 -6339 8240
网　　址：https：//www. zero-tek. com
E-mail：zr100@ zero-tek. com

单位名称：金华市易立创三维科技有限公司
地　　址：浙江省金华市婺城区龙潭路 589 号仙华基地 1# -1 科研楼 1111 室、1113 室
电　　话：13957992098
网　　址：https：//www. ecubmaker. com. cn
E-mail：jwt@ zd3dp. com

单位名称：广州优塑塑料科技有限公司
地　　址：广东省广州市从化区广东从化经济开发区高技术产业园回归路 3 号之 9
电　　话：13602213193
网　　址：/
E-mail：670570622@ qq. com

单位名称：厦门螺壳电子科技有限公司
地　　址：中国(福建)自贸区厦门片区高殿路 8 号云创智谷 E 栋 515 -516 单元
电　　话：0592 -5685660
网　　址：https：//www. raco3d. com
E-mail：sevice@ raco3d. com

单位名称：深圳市普立得科技有限公司
地　　址：广东省深圳市福田区车公庙泰然四路天安创新科技广场大厦一期 B 座 1208C
电　　话：0755 -82953613
网　　址：https：//www. 3dpt. cn
E-mail：info@ 3dpt. cn

单位名称：深圳森工科技有限公司
地　　址：广东省深圳市宝安区福永镇凤塘大道 162 号(西乡蚝业工业园)B 栋 3 楼 B 单元
电　　话：0755 -27370002
网　　址：https：//www. soongon. com
E-mail：312375324@ qq. com

单位名称：宁波速美科技有限公司
地　　址：浙江省宁波市奉化区经济开发区汇明路 98 号
电　　话：0574 -88687111
网　　址：https：//www. speedymaker. com
E-mail：dingxq@ speedymaker. cn

单位名称：深圳市优锐科技有限公司
地　　址：广东省深圳市龙华区福城街道茜坑社区观澜大道 17 - 3 号楼房 201
电　　话：13316960580
网　　址：https：//www. 333d. cn
E-mail：2633232597@ qq. com

单位名称：形创（上海）贸易有限公司
地　　址：上海市闵行区庙泾路 66 号
电　　话：400 - 0210328 转 1
网　　址：https：//www. creaform3d. com. cn
E-mail：Lzhang@ creaform3d. com

单位名称：武汉易制科技有限公司
地　　址：湖北省武汉市洪山区武大园一路 9 - 2 号易制信创大楼
电　　话：027 - 87296008
网　　址：https：//www. easy3dmade. com
E-mail：info@ easy3dmade. com

单位名称：河源市光神王网络技术有限公司
地　　址：广东省河源市新市区学前坝小区沿江路北边 N 路西边益和花园 B 区 B2 - 08 号一楼
电　　话：13829380197
网　　址：https：//www. fuiure. com
E-mail：2355262367@ qq. com

单位名称：广州宝恒科技有限公司
地　　址：广东省广州市番禺区沙头街嘉品二街 2 号 1 栋 1903 房
电　　话：020 - 39939699
网　　址：https：//www. dimai3d. com
E-mail：marketing@ dimai3d. com

单位名称：厦门三维天空信息科技有限公司
地　　址：福建省厦门市软件园三期诚毅大街 339 号 A03 栋 10 楼 1009—1012 室
电　　话：0592 - 6071601
网　　址：https：//www. skymaker. com. cn
E-mail：info@ skymaker. com. cn

单位名称：青岛亿辰电子科技有限公司
地　　址：山东省青岛市高新区广盛路 61 号青岛光电工程技术研究院科研楼二楼 206 室、210 - 211 室
电　　话：400 - 6885195
网　　址：https：//www. feimaoweb. com
E-mail：qdyichendianzi@ 163. com

单位名称：深圳三维立现科技有限公司
地　　址：广东省深圳市龙华区观澜街道观光路 1119 号 3 楼
电　　话：0755 - 23006896
网　　址：https：//www. lexcent. com
E-mail：leo. xiao@ lexcent. com

单位名称：江苏豪然喷射成形合金有限公司
地　　址：江苏省镇江市丁卯新区四平山路 16 号
电　　话：0511 - 88879576
网　　址：https：//www. haorantech. com
E-mail：hrkj_ bg@ haorantech. com

单位名称：大连三垒科技有限公司
地　　址：辽宁省大连市高新园区七贤岭火炬路 39 号
电　　话：0411 - 84793300
网　　址：https：//www. daliansunlight. com
E-mail：sales@ slsj. com. cn

单位名称：青岛科元三迪智能科技有限公司
地　　址：山东省青岛市莱西市经济开发区梅山路3号
电　　话：13206432890
网　　址：https：//www. keyscien3dp. com
E-mail：wangli@ keyscien3dp. com

单位名称：雷诺丽特塑料科技（北京）有限公司
地　　址：北京市怀柔区雁栖经济开发区雁栖河西路3号
电　　话：010－85653399
网　　址：https：//www. renolit. com/cn
E-mail：anne. dai@ rbm. renolit. com. cn

单位名称：河南医工智能科技有限公司
地　　址：河南省郑州市金水区国基路与普庆路交叉口弘毅大厦908室
电　　话：13333817842
网　　址：/
E-mail：1732772962@ qq. com

单位名称：浙江必印三维科技发展有限公司
地　　址：浙江省宁波市江北区长兴路618号42幢
电　　话：18105762551
网　　址：https：//www. biyin3d. com
E-mail：zjby3d@ qq. com

单位名称：上海万耀科迅展览有限公司
地　　址：上海静安区南京西路1333号上海展览中心7号门VNU商务楼
电　　话：021－61956088
网　　址：https：//www. tctasia. cn
E-mail：cherry. ma@ vnuexhibitions. com. cn

单位名称：北京天星盛世投资中心
地　　址：北京市海淀区中关村东路66号1号楼2层商业5－052
电　　话：010－85323239
网　　址：/
E-mail：cw@ txcap. com

单位名称：河南华宇光医疗科技有限公司
地　　址：河南省郑州市二七区航海中路60号海为科技园A区第8层801B号
电　　话：0371－86506118
网　　址：https：//txcap. com
E-mail：office@ txcap. com

单位名称：深圳市七号科技有限公司
地　　址：广东省深圳市南山粤海街道深圳湾科技生态园6栋705
电　　话：0755－86570501
网　　址：https：//www. 7thtech. com
E-mail：grace. liang@ 3dptek. com

单位名称：航天恒星科技有限公司
地　　址：北京市海淀区知春路82号
电　　话：010－68197500
网　　址：https：//www. spacestar. com. cn
E-mail：mail@ spacestar. com. cn

单位名称：沙河市远维电子科技有限公司
地　　址：河北省邢台市沙河市人民大街南侧翡翠路西侧
电　　话：0319－7300830
网　　址：/
E-mail：/

单位名称：江苏薄荷新材料科技有限公司
地　　址：江苏省南京市江北新区惠达路9号国电南自数字化电厂软件园C座二楼212－3室
电　　话：18020108838
网　　址：https：//www. mint3d. cn
E-mail：mint@ mint3d. cn

单位名称：山东中科智能设备有限公司
地　　址：山东省临沂市经济技术开发区芝麻墩海关路与金华路交会处山东智晟科技园
电　　话：400－1516018
网　　址：https：//www. zorker3d. cn
E-mail：sales@ zorker3d. com

单位名称：深圳市威勒科技股份有限公司
地　　址：广东省深圳市深南大道1006号国际创新中心C座15楼
电　　话：0755－83456602
网　　址：https：//www. wqtb. com
E-mail：winner@ wqtb. com

单位名称：华鑫证券有限责任公司西安阎良红安路证券营业部
地　　址：陕西省西安市阎良区西飞大道中段东侧(财务大楼201幢一、二层)
电　　话：0755－82083788
网　　址：https：//cfsc. com. cn
E-mail：services@ cfsc. com. cn

单位名称：辽宁森远增材制造科技有限公司
地　　址：辽宁省鞍山市高新区鞍千路281号
电　　话：0412－5260139
网　　址：/
E-mail：512325354@ qq. com

单位名称：保定翰阳科技有限公司
地　　址：河北省保定市向阳北大街2628号1号楼1610室
电　　话：400－1115880
网　　址：https：//www. mydemak. net
E-mail：admin@ hanyan3d. com

单位名称：湖北恒维通智能科技有限公司
地　　址：湖北省襄阳市高新区深圳工业园珠海大道与无锡路交会处襄阳科技城科谐楼101室
电　　话：0710－7160601
网　　址：https：//www. hwt3d. com
E-mail：service@ hwt3d. com

单位名称：上海数巧信息科技有限公司
地　　址：中国(上海)自由贸易试验区盛夏路560号606室
电　　话：021－50331908
网　　址：https：//www. simright. com
E-mail：info@ simright. com

单位名称：北京金橙子科技股份有限公司
地　　址：北京市丰台区丰台路口139号319室
电　　话：010－64426993
网　　址：https：//www. bjjcz. cn
E-mail：market@ bjjcz. com

单位名称：广州晋原铭科技有限公司
地　　址：广东省广州市科华街251号乐天创意园A1－5006
电　　话：020－38808969
网　　址：https：//www.3d-controlsys.com
E-mail：925071747@qq.com

单位名称：辽宁冠达新材料科技有限公司
地　　址：辽宁省鞍山市激光产业园光栅路42号
电　　话：0412－5263110
网　　址：https：//www.lngdkj.cn
E-mail：SD@lngdkj.cn

单位名称：新乡市滤清器有限公司
地　　址：河南省新乡市新飞大道1789号高新区火炬园BII304
电　　话：0373－3520011
网　　址：https：//www.xxslqq.com
E-mail：xlgsrkjx@163.com

单位名称：浙江天雄工业技术有限公司
地　　址：浙江省新昌县浙江新昌经济开发区初丝湾南路3号
电　　话：0575－86387369
网　　址：https：//www.amt3d.com.cn
E-mail：amt_3d@163.com

单位名称：宁夏北鼎新材料产业技术有限公司
地　　址：宁夏回族自治区石嘴山市大武口区世纪大道南566号三楼327－4号
电　　话：0952－2058567
网　　址：https：//beidingxincai.com
E-mail：sales@beidingxincai.com

单位名称：江苏云仟佰数字科技有限公司
地　　址：江苏省徐州市泉山区软件园路6号徐州软件园C-1-C号楼107－112室
电　　话：0516－67036598
网　　址：https：//www.mesea3d.com
E-mail：3d@mesea3d.com

单位名称：上海龙烁焊材有限公司
地　　址：上海市宝山区积福东路98号A区
电　　话：021－51087086
网　　址：https：//www.brazweld.com
E-mail：longmaojidian@hotmail.com

单位名称：蓝点(辽宁)人工智能技术研发有限公司
地　　址：辽宁省沈抚新区沈抚新区金枫街75－1号1507
电　　话：18860181291
网　　址：/
E-mail：yiyi@hyperganic.com

单位名称：盘星新型合金材料(常州)有限公司
地　　址：江苏省常州市金坛区薛埠百花东路169号
电　　话：0519－82663306
网　　址：https：//www.peshing.com
E-mail：sales@peshing.com

单位名称：重庆瑞佳达科技有限公司
地　　址：重庆市万州区钟鼓楼街道抗建湾98号
电　　话：023－58890747
网　　址：https：//www.cqrjd.com
E-mail：3d@cqrjd.com

单位名称：武汉必盈生物科技有限公司
地　　址：湖北省武汉市东湖新技术开发区花城大道8号武汉软件新城二期C11－101
电　　话：027－87734982
网　　址：https：//www. whbiy. com
E-mail：wuhanbiying@ 163. com

单位名称：苏州双恩智能科技有限公司
地　　址：江苏省苏州高新区金燕路8号阳山科技工业园4号4层
电　　话：0521－67326952
网　　址：https：//www. solo-additive. com
E-mail：request@ solo-additive. com

单位名称：苏州倍丰智能科技有限公司
地　　址：江苏省苏州高新区石阳路9号
电　　话：0512－69582797
网　　址：https：//www. amproinnovations. com. cn
E-mail：info@ amprogroup. com. au

单位名称：北京中显恒业仪器仪表有限公司
地　　址：北京市昌平区回龙观镇吉晟别墅19－11栋
电　　话：010－82967128
网　　址：https：//www. 3dcnmicro. com
E-mail：huogang010@ cnmicro. com. cn

单位名称：南京联空智能增材研究院有限公司
地　　址：江苏省南京市江宁空港经济开发区飞天大道69号1046室
电　　话：025－52776627
网　　址：/
E-mail：qiyy@ uaminstitute. com

单位名称：河北新立中有色金属集团有限公司
地　　址：河北省保定市清苑区发展西路338号
电　　话：0312－5997605
网　　址：https：//www. lizhong. com. cn
E-mail：info@ lizhong. com. cn

单位名称：浙江起迪科技有限公司
地　　址：浙江省温州市瑞安市瑞安经济开发区阁巷新区东二路178号29栋
电　　话：0577－66881077
网　　址：https：//qd3dprinter. com
E-mail：info@ qd3dprinter. com

单位名称：镭脉工业科技(上海)有限公司
地　　址：上海市杨浦区周家嘴路3255号9楼(集中登记地)
电　　话：021－31032702
网　　址：https：//www. laser-pulse-comm. toplogin
E-mail：Rshigb@ 163. com

单位名称：堃腾(上海)信息技术有限公司
地　　址：中国(上海)自由贸易试验区世纪大道88号金茂大厦29层01、02单元
电　　话：021－68878723
网　　址：https：//www. oqton. cn
E-mail：customerservice@ oqton. com

单位名称：未来三维教育科技(厦门)有限公司
地　　址：福建省厦门市湖里区祥店里27号1401
电　　话：15980858443
网　　址：/
E-mail：67746727@ qq. com

单位名称：苏州西帝摩三维打印科技有限公司
地　　址：江苏省苏州市相城区方桥路569号
电　　话：0512－69573529
网　　址：https：//www. xdm3d. com
E-mail：service@ xdm3d. com

单位名称：江苏锐力斯三维科技有限公司
地　　址：江苏省苏州市吴中区木渎镇走马塘路59号4幢
电　　话：0512－68085114
网　　址：https：//www. runice. com. cn
E-mail：info@ runice. com. cn

单位名称：博纳云智（天津）科技有限公司
地　　址：天津市西青区中北镇中北工业园北园曦霞路16号4门201
电　　话：18802274194
网　　址：/
E-mail：2428979997@ qq. com

单位名称：北矿新材科技有限公司
地　　址：北京市昌平区科技园区超前路9号3号楼
电　　话：010－69731966
网　　址：https：//www. bamstc. com
E-mail：office@ bamstc. com

单位名称：广州瑞通增材科技有限公司
地　　址：广东省广州市荔湾区花地大道南海南工贸区B栋
电　　话：020－81509265
网　　址：https：//www. riton3d. com
E-mail：sales@ riton3d. com

单位名称：江苏金物新材料有限公司
地　　址：江苏省泰州市海陵区济川东路56号
电　　话：0523－86926699
网　　址：https：//www. jsjinwu. com
E-mail：sales@ jsjinwu. com

单位名称：西普曼增材科技（北京）有限公司
地　　址：北京市怀柔区乐园西大街13号院28号楼1层28－3
电　　话：0952－8328688
网　　址：www. shapememory. cn
E-mail：xpm_ majing@ 163. com

单位名称：乔治费歇尔精密机床（上海）有限公司
地　　址：中国（上海）自由贸易试验区富特东三路526号4幢C部位
电　　话：021－58685000－116
网　　址：/
E-mail：yi. lu@ georgfischer. com

单位名称：深圳升华三维科技有限公司
地　　址：广东省深圳市光明区凤凰街道塘家社区观光路汇业科技园厂房4栋B区四层401
电　　话：0755－27109017
网　　址：https：//www. uprise3d. cn
E-mail：sales@ uprise3d. cn

单位名称：上海航翼高新技术发展研究院有限公司
地　　址：上海市杨浦区政高路218号第一、二、三、四、六层
电　　话：021－65050908
网　　址：www. hangyii. com
E-mail：Quincy@ hangyi. com

单位名称：南京英尼格玛工业自动化技术有限公司
地　　址：江苏省南京市江宁经济技术开发区将军路681号
电　　话：025－52791463
网　　址：https：//www. enigma-am. com
E-mail：wx@ enigmaautomation. com

单位名称：EDF（中国）投资有限公司（法国电力中国）
地　　址：北京市朝阳区建外大街丁12号楼－5至25层101英皇集团中心内12层06单元
电　　话：010－56511300
网　　址：https：//www. edflabschina. cn
E-mail：Edfchina-acc@ edf. fr

单位名称：任丘市云维电子科技有限公司
地　　址：河北省任丘市会战道西侧
电　　话：15132773673
网　　址：/
E-mail：Yunweikeji3ddy@ qq. com

单位名称：山西智航增材制造有限公司
地　　址：山西省长治市太行北路168号钜星研发中心1层101室
电　　话：13111151771
网　　址：
E-mail：2403865806@ qq. com

单位名称：上海典翔自动化设备有限公司
地　　址：上海市奉贤区庄行镇南亭公路1176号7幢1519室
电　　话：15026665481
网　　址：/
E-mail：262444949@ qq. com

单位名称：洛阳易普特智能科技有限公司
地　　址：中国（河南）自由贸易试验区洛阳片区高新区滨河北路96号
电　　话：0379－64288386
网　　址：https：//www. ept3d. com
E-mail：ydd@ ept3d. com

单位名称：安徽哈特三维科技有限公司
地　　址：安徽省芜湖市繁昌经济开发区3D产业园
电　　话：0553－7861507
网　　址：https：//www. hit3d. com
E-mail：hit3dah@ 163. com

单位名称：河北英曼卡科技有限公司
地　　址：河北省承德市隆化县蓝旗镇工业园区高新技术产业园1号综合楼二层
电　　话：0314－7478665
网　　址：/
E-mail：56919871@ qq. com

单位名称：承德钛能轧钢有限公司
地　　址：河北省承德市隆化县经济开发区园区路1号
电　　话：0314－7478663
网　　址：/
E-mail：admin@ tnzg. ltd

单位名称：天津镭明激光科技有限公司
地　　址：天津市西青区中北镇星光路31号
电　　话：022－27937545
网　　址：https：//www. lim-laser. com
E-mail：leiming@ tsc-bj. com

单位名称：江苏泰特尔新材料科技股份有限公司　网　址：https：//www. tetrachem. com. cn
地　址：江苏省泰兴经济开发区中港路 6－2 号　E-mail：domestic@ tetrachem. com. cn
电　话：0523－87673111

单位名称：常州欧亚咨询有限公司　网　址：/
地　址：江苏省武进经济开发区腾龙路 2 号 2 号楼　E-mail：1595015520@ qq. com
电　话：021－63508150

单位名称：江苏科技大学海洋装备研究院　网　址：https：//justmeti. just. edu. cn
地　址：江苏省镇江市梦溪路 2 号　E-mail：jskd0608@ 163. com
电　话：0511－84401505

单位名称：桂林狮达技术股份有限公司　网　址：https：//www. chinaebw. cn
地　址：广西壮族自治区桂林市七星区英才科技园创业一道 3 号　E-mail：mthd@ 163. com
电　话：0773－5804393

单位名称：南京威布三维科技有限公司　网　址：https：//www. wiiboox. com. cn
地　址：江苏省南京市江宁区秣周东路 12 号未来科技城 4 栋 14 层　E-mail：yuki@ wiiboox. net
电　话：025－83377132

单位名称：运城黑麦科技有限公司　网　址：/
地　址：山西省运城市盐湖高新技术产业开发区复旦大街 3 号创新大厦 9 层　E-mail：heimaikeji@ yeah. net
电　话：0359－6302118

单位名称：厦门五星珑科技有限公司　网　址：https：//www. 3dmetalwerks. com
地　址：福建省厦门市集美区灌口中路 1616 号 1313 室　E-mail：market@ 3dmetalwerks. com
电　话：0592－6684611

单位名称：北京绿程生物材料技术有限公司　网　址：https：//www. naton. cn
地　址：北京市海淀区澄湾街 9 号院 1 号楼 3 层 G330　E-mail：naton@ naton. cn
电　话：010－83022565

单位名称：浙江维彬三维科技有限公司　网　址：https：//wanhao3dprinter. com
地　址：浙江省杭州市富阳区场口镇甄山路 18 号　E-mail：account@ wanhao3dprinter. com
电　话：0571－63379608

单位名称：德世爱普认证（上海）有限公司　网　址：https：//www. dqsglobal. com
地　址：上海市青浦区华青南路 481－485 号 1701－08 室　E-mail：info.　china@ dqs. de
电　话：021－62895083

单位名称：上海云匙科技有限公司
地　　址：中国（上海）自由贸易试验区东方路877号1306室
电　　话：021－58368055
网　　址：/
E-mail：kevin@sina-thc.com

单位名称：嘉兴颐投模具有限公司
地　　址：浙江省嘉兴市海盐县澉浦镇长墙山工业园区
电　　话：0573－89858330－802
网　　址：/
E-mail：xuyangicn@163.com

单位名称：必印科技股份有限公司
地　　址：浙江省台州市聚海大道4298号
电　　话：0576－81123122
网　　址：https://www.china-biyin.com
E-mail：zjamcc@163.com

单位名称：北京龙宇互联科技有限公司
地　　址：北京市海淀区东升科技园
电　　话：010－61199879
网　　址：https://www.longl.cc
E-mail：service@longl.cc

单位名称：优你造科技（北京）有限公司
地　　址：北京市海淀区中关村南大街乙12号天作国际中心A座22层
电　　话：010－85216080
网　　址：https://www.uniz.com
E-mail：sales_cn@uniz.com

单位名称：爱思特科技发展有限公司
地　　址：浙江省杭州市萧山区所前镇新光路1号
电　　话：18606889889
网　　址：/
E-mail：wuguoping@zjist.com

单位名称：苏州艾诺得贸易有限公司
地　　址：江苏省苏州工业园区新平街388号腾飞园B栋412室
电　　话：0512－62954772
网　　址：https://www.anoder.cn
E-mail：monica@anoder.cn

单位名称：吉林省世纪归来智能科技有限公司
地　　址：吉林省长春市朝阳区西安大路与同志街交会处国际大厦C座207－20室
电　　话：18686686036
网　　址：/
E-mail：153464536@qq.com

单位名称：青海圣诺光电科技有限公司
地　　址：青海省西宁市城中区兴业路8号
电　　话：0971－7795539
网　　址：https://www.snopto.com
E-mail：Postmaster@snopto.onaliyun.com

单位名称：中国机电产品进出口商会
地　　址：北京市东城区建国门内大街18号2座8层
电　　话：010－58280809
网　　址：https://www.cccme.org.cn
E-mail：office@cccme.org.cn

单位名称：南京神舟航天智能科技有限公司
地　　址：江苏省南京市江宁区秣周东路 12 号紫金科技创业特区 4 幢 8 - 9 层
电　　话：025 - 52299698
网　　址：https：//www. njszzn. com
E-mail：lizhexuan@ njszzn. com

单位名称：浙江云印三维科技发展股份有限公司
地　　址：浙江省台州市经济开发区开发大道南侧创业服务中心大楼 734 号
电　　话：0576 - 88672577
网　　址：/
E-mail：zjyy3d@ qq. com

单位名称：上海睿现信息科技有限公司
地　　址：上海市松江区洞泾镇莘砖公路 3366 号 3 幢 5 层 506 室
电　　话：021 - 57687918
网　　址：https：//www. achwisdom. cn
E-mail：service@ ach-wisdom. com

单位名称：广东九聚智能科技有限公司
地　　址：广东省佛山市南海区大沥镇黄岐广佛路 105 号宏威大厦办公楼 5D - B 室(住所申报)
电　　话：18824192835
网　　址：/
E-mail：jiujuzhineng@ 163. com

单位名称：山东迈得新材料有限公司
地　　址：山东省临沂市费县岩滨路与岩坡路交会处经济开发区工业园
电　　话：17661552965
网　　址：https：//www. sdmdmat. com
E-mail：sdmeda@ 163. com

单位名称：西安国宏天易智能科技有限公司
地　　址：陕西省西安市未央区红旗路 25 号西航工程机械厂院内 1 号厂房
电　　话：18149395155
网　　址：/
E-mail：wuxuelu1129@ 163. com

单位名称：杭州聚丰新材料有限公司
地　　址：浙江省杭州市西湖区三墩镇金蓬街 358 号 4 幢 116 室
电　　话：0571 - 82256192
网　　址：https：//www. polyful. cn
E-mail：sales@ polyful. cn

单位名称：杭州始足体育科技有限公司
地　　址：浙江省杭州市拱墅区萍水街太合中心 7 幢 506
电　　话：18658187813
网　　址：/
E-mail：30297205@ qq. com

单位名称：深圳市优奕视界有限公司
地　　址：广东省深圳市宝安区西乡街道固戍三围工业区茶树 B 栋 8 楼
电　　话：400 - 660 - 3306
网　　址：https：//www. chinasunyee. com
E-mail：tangshouzhi@ chinasunyee. com

单位名称：深圳市云图创智科技有限公司
网　　址：https：//www. artillery3d. cn
地　　址：广东省深圳市龙岗区坂田街道岗头社区天安云谷产业园二期(02－08 地块)11 栋 1601
E-mail：info@ artillery3d. com
电　　话：0755－28260064

单位名称：青岛德创表面技术工程有限公司
网　　址：/
地　　址：中国(山东)自由贸易试验区青岛片区太白山路 172 号中德生态园双创中心 6070 室
E-mail：41729803@ qq. com
电　　话：15634210858

单位名称：深圳撒罗满科技有限公司
网　　址：https：//www. solomonsz. com
地　　址：广东省深圳市龙华区大浪街道同胜社区金城工业园第 5 栋 601
E-mail：45893245@ qq. com
电　　话：13723448223

单位名称：浙江中环瑞蓝科技发展有限公司
网　　址：https：//www. skrnmt. com
地　　址：浙江省宁波高新区宁波新材料创新中心东区 7 幢 38 号 10－1
E-mail：annlin@ azuratech. com
电　　话：0574－27917885

单位名称：宁夏锐界信息科技有限公司
网　　址：/
地　　址：宁夏银川市兴庆区丽景北街众一福鑫公寓 9 号楼 1 单元 601 室
E-mail：455175689@ qq. com
电　　话：15769512299

单位名称：重庆三迪时空网络科技有限公司
网　　址：/
地　　址：重庆市北部新区金渝大道 22 号金泰智能产业园 13 栋 1 楼 A 区
E-mail：zxm13017@ foxmail. com
电　　话：023－67883878

单位名称：三迪时空网络科技(北京)有限公司
网　　址：/
地　　址：北京市丰台区汽车博物馆东路 6 号 3 号楼 1 单元 6 层 603(园区)
E-mail：6954958372@ qq. com
电　　话：15901360015

单位名称：江苏三迪时空网络科技有限公司
网　　址：/
地　　址：江苏省无锡市无锡新区清源路 20 号太湖国际科技园传感网大学科技园立业楼 E105 号
E-mail：30937872@ qq. com
电　　话：18100650765

单位名称：四川省增材制造技术协会
网　　址：https：//www. sczcxh. com
地　　址：四川省成都市彭州市天彭镇西大街 534 号 1－3 层
E-mail：sczc2017@ 126. com
电　　话：028－84560177

单位名称：北京神州三维创想科技有限公司
网　　址：https：//www. skimedu. com
地　　址：北京市怀柔区桥梓镇兴桥大街 1 号南楼 203 室
E-mail：shcw168@ 163. com
电　　话：/

单位名称：青岛三迪时空增材制造有限公司
网　　址：/
地　　址：山东省青岛市即墨区潮海街道办事处埠惜路 211 号
E-mail：498861658@ qq. com
电　　话：15192588185

单位名称：深圳三迪时空网络科技有限公司
网　　址：/
地　　址：广东省深圳市前海深港合作区前湾一路 1 号 A 栋 201 室（入驻深圳市前海商务秘书有限公司）
E-mail：3280282202@ qq. com
电　　话：13502848121

单位名称：上海三迪时空网络科技股份有限公司
网　　址：/
地　　址：上海市闵行区申南路 168 号 3 幢 217 室
E-mail：1159573910@ qq. com
电　　话：15963274890

单位名称：青岛三迪时空智能科技发展有限公司
网　　址：/
地　　址：山东省青岛市莱西市经济开发区梅山路 6 号
E-mail：1807737803@ qq. com
电　　话：18669774157

单位名称：上海中冶医院
网　　址：https：//www. mccshhospital. com
地　　址：上海市宝山区春雷路 456 号
E-mail：464716070@ qq. com
电　　话：18901651098

单位名称：上海云铸三维科技有限公司
网　　址：https：//www. cm-3d. com
地　　址：上海市浦东新区临港新城天高路 868 号
E-mail：market@ cm-3d. com
电　　话：400 －900 －8515

单位名称：上海创克加科技有限公司
网　　址：/
地　　址：上海市宝山区蕰川路 512 号 4 幢 401 室
E-mail：bgs@ kefan. com
电　　话：021 －64287160

单位名称：长沙麓创增材制造有限公司
网　　址：/
地　　址：湖南省长沙高新开发区文轩路 27 号麓谷钰园 C2 栋 206 室
E-mail：lczc_ changsha@ 163. com
电　　话：18229488895

单位名称：上海德济医院有限公司
网　　址：https：//www. shneuro. com
地　　址：上海市普陀区古浪路 378 －388 号
E-mail：fangxu －8112@ 163. com
电　　话：18721170669

单位名称：精唯信诚(北京)科技有限公司
地　　址：北京市海淀区知春路108号1号楼10层
电　　话：010－84260862
网　　址：https：//www. trustworthy. com. cn
E-mail：lingling. ruan@ trustworthy. com. cn

单位名称：上海福斐科技发展有限公司
地　　址：上海市浦东新区秀浦路2388号3幢312室
电　　话：021－61183210
网　　址：https：//www. 3dsystems-china. cn
E-mail：Ying. Zhou@ 3Dsystems. com

单位名称：山东创瑞激光科技有限公司
地　　址：山东省烟台市经济技术开发区长江路300号业达科技园C栋
电　　话：0535－8010103
网　　址：https：//www. charmray. cn
E-mail：limingjie045@ charmray. cn

单位名称：锐力斯传动系统(苏州)有限公司
地　　址：苏州市吴中区木渎镇走马塘路59号4幢
电　　话：0512－68085114
网　　址：https：//www. runice. com. cn
E-mail：info@ runice. com. cn

单位名称：暨南大学
地　　址：广东省广州市黄埔大道西601号
电　　话：15521266486
网　　址：https：//www. jnu. edu. cn
E-mail：xiaojian. wang@ jnu. edu. cn

单位名称：广州康科三维数字技术有限公司
地　　址：广东省广州市白云区金沙街西就街3号408室
电　　话：15820208504
网　　址：/
E-mail：kangke3d@ 163. com

单位名称：北京斯克莱特科技有限公司
地　　址：北京市朝阳区奥运村街道特立奥森国际体育文化中心35幢
电　　话：010－59747615
网　　址：https：//www. scrat3d. com
E-mail：yaqi. li@ scrat3d. com

单位名称：南通金源智能技术有限公司
地　　址：江苏省南通市经济技术开发区齐心路20号
电　　话：0513－80950066
网　　址：https：//www. jyznjs. com
E-mail：info@ jyznjs. com